KB071898

우리가 모르는 사이에

BEFORE YOU KNOW IT

인생을 다시 설계하는 무의식의 힘

BEFORE
YOU 우리가
모르는 사이에

존 바그 지음 | 문희경 옮김

KNOW IT

청림출판

나의 영웅 대니얼에게
이 책을 바칩니다.

들어가며
숨겨진 마음은 우리를
어떻게 지배하는가

과거와 현재와 미래의 구분은 끈질기고 집요한 착각에 불과하다.

– 알베르트 아인슈타인Albert Einstein

대학에서 내 전공은 심리학이고 부전공은 레드 제플린Led Zeppelin
이었다. 어쩌면 그 반대였을 수도 있다. 1970년대 중반, 나는 어바
나 샴페인에 위치한 일리노이 대학교에 다녔다. 심리학과 실험실
에서 연구할 때 말고는 주로 대학교 FM 라디오 방송국 WPGU에
서 시간을 보냈다. 나는 심야방송의 DJ를 맡았다. 디지털 시대가
오기 전에는 레코드판 시대였다. 당시 레코드판은 간단한 기술로
조작할 수 있는 것이 아니었다. 직관과 전문지식이 있어야 음악
을 내보낼 수 있는 기예에 가까운 일이었고, 나도 생방송에서 몇
번 사고를 치고서야 방음시설이 갖춰진 라디오 부스 안에서 편안
하게 진행할 수 있었다. 한 곡이 끝나고 다음 곡을 잘 이어 붙이려

면 앞 곡 마지막 부분의 리듬뿐 아니라 조성調性까지 맞춰야 했다. 식당 입구에서 나가는 사람과 들어가는 사람이 스칠 때처럼 두 곡이 몇 초 정도 포개지면서 유쾌한 연속성을 자아낸다. 내가 유독 레드 제플린을 좋아한 이유 중 하나는 특유의 분위기를 길게 끌면서 끝나는 곡이 많아 다음 곡을 얹을 때 나만의 창의력을 좀 더 발휘할 수 있어서였다. 예를 들어 레드 제플린의 리드싱어 로버트 플랜트Robert Plant가 〈램블 온Ramble On〉이라는 곡에서 "Mah baby, mah baby, mah baby"를 나직이 읊조릴 때 천둥과 빗소리로 시작하는 도어스Doors의 〈라이더스 온 더 스톰Riders on the Storm〉을 얹는 식이었다.

　미국 중서부에서 자란 내가 앞으로 뭘 하고 살지 고민할 즈음 심리학에 끌린 이유는 심리학이 여러 가지 질문에 대한 설명을 약속하기 때문이었다. 우리는 좋은 행동이든 나쁜 행동이든 왜 할까? 마음의 무엇이 생각과 감정을 좌우할까? 날로 깊어지는 지식의 우물을 어떻게 활용해야 우리 자신과 세계의 변화를 꾀할 수 있을까? 그에 반해 내가 음악에 심취한 이유는 음악이 설명을 거부하기 때문이었다. 나는 왜 그 밴드를 좋아할까? 어떤 곡을 들으면 팔뚝의 털이 쭈뼛 서거나 몸이 절로 들썩이는데, 다른 곡을 들으면 몸에서 아무 반응도 일어나지 않는 이유는 무엇일까? 음악은 어째서 내 감정을 이렇게 강렬히 뒤흔들까? 음악은 내가 모르지만 분명 내 안에 존재하는 중요한 숨은 보고를 건드렸다. 1978년에 앤아버에 위치한 미시간 대학교에서 박사과정을 밟을 때 지도교

수 로버트 자이언스Robert Zajonc가 나를 연구실로 불러서 박물관에서 파는 현대미술 작품 엽서 두 장을 나란히 들고 어느 쪽이 더 마음에 드는지 물었다. 그는 두 장씩 네다섯 차례 엽서를 보여주었다. 나는 매번 어느 쪽이 더 마음에 드는지 바로 알았지만 왜 그쪽이 더 좋은지 설명하려 하자 적당한 말이 떠오르지 않았다.

자이언스 교수는 쩔쩔매는 나를 지그시 바라보며 빙긋 웃고는 고개를 끄덕였다. "바로 그거야."

당시 심리학자들은 인간의 생각과 행동을 유도하거나 생성하는 숨은 기제가 존재한다는 것은 막연히 알았지만, 어떤 기제이고 어떻게 작동하는지에 관해서는 그제야 조금씩 이해하기 시작했다.[1] 다시 말해서 인간을 인간답게 만드는 핵심 요소가 무엇인지 아직 알아내지 못했지만, 인간의 중요한 경험이 그 숨은 기제에서 나온다는 것은 기정사실이 되어갔다.

1970년대 말인 그즈음 마이클 가자니가Michael Gazzaniga라는 연구자가 7.9미터짜리 GMC 캠핑카를 타고 뉴잉글랜드 일대를 돌아다녔다.[2] 현대 신경과학의 아버지인 가자니가가 캠핑카를 타고 놀러 다닌 것은 아니었다. '분리 뇌split-brain' 환자를 찾아다녔다. 분리 뇌 환자란 간질 발작을 줄이기 위해 뇌의 좌반구와 우반구를 연결하는 뇌들보corpus callosum라는 신경다발을 절단한 환자를 말한다. 가자니가는 뇌의 여러 영역이 어떻게 소통하는지 알아내고 싶었다. 환자들을 캠핑카에 있는 화면 앞에 앉히고, 우반구에 일정한 자극을 주면서 좌반구에는 다른 정보를 제시했다. 환자들은 대체로 우반구의 정보를 인식하지 못한 채 좌반구의 정보만 인지했다. 화면으로 우반구에 "걸으세요"와 같은 시각적 명령을 제시하자 컴퓨터 앞에 앉아 있던 환자가 당장 의자를 뒤로 밀치고 실험실에서 나가려고 했다. 어디 가느냐고 물으면 "집에 음료수를 가지러 가요"라는 식으로 대답했다. 합리적인 대답처럼 들리지만 사실은 엉뚱한 대답이었다. 가자니가는 환자들이 의도하거나 생각하지 않은 행동을 쉽고 빠르게 해석하고 합리적인 설명을 내놓는 데 놀랐다.

가자니가는 일련의 실험을 통해 일상에서 무수한 행동을 유발하는 충동이 의식 너머의 뇌 작동 과정에서 나온다는 통찰을 얻었다. 그리고 이런 뇌 작동 과정이 의식 너머에 있지 않았다면 우리가 이미 이해했을 것이라는 사실도 알았다. 누구나 주관적으로 의지를 느끼지만, 이런 느낌은 어떤 식으로 행동하겠다고 마음먹는 것의 타당한 증거가 아니다. 의지가 없어도 행동할 수 있다. 1950년대에 몬트리올 맥길 대학교의 와일더 펜필드Wilder Penfield 박사가 뇌수술 환자에게 한 실험에서 입증된 사실이다. 펜필드가 환자의 뇌에서 운동피질의 한 영역을 자극하자 환자가 팔을 움직였다. 그리고 환자에게 팔을 움직일 거라고 경고하자 환자가 왼손으로 오른팔을 붙잡으려 했지만 여전히 팔이 움직였다.[3] 팔을 움직이는 데 꼭 의지가 필요한 것은 아니었다. 게다가 의지로는 팔이 움직이는 것을 막지 못했다. 가자니가의 설명에 따르면, 무의식적으로 행동한 후 나중에 의식이 그 행동을 이해해서 어떤 행동을 왜 하는지에 대한 바람직하고 그럴듯한 서사를 구성하는 것이다. 물론 사후의 설명이 정확하다는 보장은 없다. 가자니가는 "너 자신을 알라"라는 델포이의 격언을 새롭게 통찰하고 인간의 자유의지에 새로운 질문을 던졌다.

　우리는 하루 동안 말하고 느끼고 행동하는 것을 의식적으로 얼마나 통제할까? 나아가 의식적으로 얼마나 통제하지 못할까? 더나아가 무의식이 어떻게 작동하는지 이해한다면, 다시 말해서 **우리가 어떤 행동을 왜 하는지 안다면** 스스로를 완벽하게 이해할 수 있을까? 우리의 숨은 동인을 이해한다면 갖가지 생각과 감정과 행동의 이유를 밝혀낼 수 있을까? 그러고 나면 우리 삶에 어떤 의미로 작용할까?

　이 책에서는 이런 몇 가지 질문과 함께 못지않게 복잡하고 중요한 수십 가지 질문의 답을 찾아보겠다. 그 전에 인간의 경험이 **왜** 이런 식으로 작동하는지 알아보아야 한다. 의식과 무의식의 상호작용을 이해하기 위한 제대로 된 틀을 갖춘다면 새로운 기회가 열릴 것이다. 자신의 상처를 치유하고 습관을 깨고 편견을 극복하고 관계를 새롭게 다지고 잠재력을 발견하는 법을 찾아낼 수 있을 것이다. 레드 제플린의 음악 두 곡을 더 소환하자면 이제 변화의 가능성이 "Over the Hills and Far Away(언덕 너머 멀리)" 있지 않고 "In the Light(빛 속에서)" 나타나기 시작할 때다.

이제 우리는 무엇을 모르는지 안다

내 매형 피트는 로켓 과학자다. 정말이다. 피트와 나는 샴페인이라는 소도시에서 함께 자랐고, 내 누이까지 셋이 함께 일리노이 대학교에서 학부를 마쳤다. 내가 미시간 대학교 석사과정에 들어갔을 때 피트는 해군에 들어가 안테나 유도 미사일 시스템 전문가가 되었다. 피트는 아주 명석한 사람이다.

나는 1980년대에 뉴욕 대학교에서 몇 년간 강의를 하던 즈음, 미시간주의 '새끼손가락'으로 유명한 리라노 카운티의 작은 오두막에서 가족과 함께 2주 정도 지냈다. 겨울에는 눈 덮인 들판과 잿빛 하늘이 드넓게 펼쳐진 춥고 황량한 곳이지만, 여름에는 캐리비언 바다 빛깔의 호수가 반짝거리고 아이들이 모래언덕에서 신나게 뒹굴고 짙푸른 나무 위에 걸친 석양을 배경으로 바비큐와 생선조림에서 김이 모락모락 나는 그림 같은 곳이었다. 아버지는 우리 남매가 어릴 때 난방이 잘 안 되는 이 작은 오두막을 사들였고, 그 뒤로 오랫동안 우리 가족은 이 집에서 여름을 나면서 소중한 추억을 쌓았다.

소리 없이 부는 바람이 이따금 잔잔한 호수 수면에 잔물결을 일으키던 어느 날이었다. 한 해의 나머지 50주를 보내는 시끌벅적한 뉴욕에서 벗어나 잠시 숨을 돌리기에 최적의 공간인 그곳에서 일찍 일어나는 사람들인 피트와 나는 거실에 앉아 커피를 홀짝이고 아침 햇살을 받으며 대화를 나누었다.

"요즘 자네 실험실에서 제일 괜찮은 발견이 뭔가?" 피트가 물었다.

나는 주변 세계에 대한 반응이 의식과 의도에서만 나오는 것이 아님을 밝히는 연구를 설명했다. "예를 들어 '칵테일파티 효과 Cocktail Party Effect'4라는 게 있어. 자네가 파티에 왔는데 갑자기 반대편에서 누가 자네 이름을 부르는 소리가 들려. 그 사람이 자네 이름을 부르기 **전에는** 그 사람 말소리가 전혀 들리지 않았어. 사실 그 사람이 파티에 있는 줄도 몰랐어. 자네는 온갖 소음 속에서 다른 소리를 모두 걸러내고 그 사람이 자네한테 하는 말만 듣고 어떤 식으로든 자네 이름은 남아. 왜 다른 건 걸러지고 자네 이름은 남을까? 이게 우리가 처음 시도한 연구야. 우리도 모르는 사이에 우리 이름과 자기개념의 중요한 정보를 자동으로 처리하는 현상을 보여주는 연구지."

피트는 멍하니 나를 보았다. 나는 명확히 설명하지 못한 것 같아서 계속 말을 이었다. 타인에 대한 우리의 생각, 이를테면 어떤 사람을 만나기 직전의 경험이 무의식중에 그 사람의 첫인상에 어떻게 영향을 주고 나아가 조종당하기까지 하는지 설명했다. 실제로 나는 우리 실험실에서 이 현상을 직접 확인하고 무척 놀랐다. "우리 연구에서 반복해서 나오는 결과가 있어. 마음이 작동하는 과정은 대부분 우리에게 보이지 않고, 우리가 모르는 방식으로 우리의 경험과 행동에 영향을 준다는 거야. 그런데 재미있는 건 우리가 실험으로 이런 무의식적 기제를 발견해서 마음의 보이지 않는 양상을 **보기** 시작했다는 거야."

그러자 피트가 내 말을 끊으며 고개를 저었다. "그럴 리가 없어, 존. 나는 무의식에 영향을 받은 기억이 없거든!"

바로 그거야. 나는 속으로 대꾸했다. 그게 핵심이 아닐까? 아무 것도 기억나지 않는 이유는 애초에 인식하지 못하기 때문이다.

로켓 과학자인 피트는 모든 행동이 의식적 선택의 결과라고 믿었다. 나는 그가 평생의 경험에서 얻은 이런 확고한 신념을 허물지 못했다. 물론 이해가 가고도 남았다. 경험은 말 그대로 인식에 국한된다. 우리가 생각하는 것만큼 우리의 생각과 행동을 통제하지 못할 수도 있다고 하면 기분이 이상하고 섬뜩하기까지 하다. 의식이라는 선장이 아닌 다른 어떤 힘이 우리라는 배를 이끈다고 인정하기가 쉽지 않다.

무의식이 매일 매 순간 우리 내면에서 어떻게 작용하는지 온전히 이해하려면, 우선 우리가 어떤 순간에 의식하는 내용과 그 순간 우리 마음에서 일어나는 배후의 작용 사이가 단절된다는 사실을 받아들여야 한다. 마음에서는 우리가 의식하는 것보다 훨씬 많은 일이 일어난다. 물리학에서 가장 작은 파장부터 가장 큰 파장까지 표시되는 전자기파 그래프와 같다. 우리 눈에는 가시 스펙트럼이라는 일부 파장만 보인다. 그렇다고 다른 파장이 존재하지 않는 것이 아니다. 우리 눈에만 보이지 않을 뿐이다. 적외선과 자외선, 방사선, X선 외에도 다양한 파장이 존재한다. 원래 육안으로는 볼 수 없지만 지금은 이런 파장을 감지하고 측정하는 새로운 장비와 기술이 개발되었다. 보이지 않는 정신 과정도 마찬가지다. 우리가 직접 인지하지는 못하지만, 이제는 과학으로 감지할 수 있고 우리도 인지하는 법을 배울 수 있다. 숨겨진 정신 과정을 보는 법을 배워서 새로운 눈을 얻을 수 있다. 혹은 이제껏 필요한지도 몰랐던 새 안경을 얻을 수 있다("내가 놓친 모든 것을 보라!"). 더욱이, 이 안경을 쓰는 데 당신이 꼭 로켓 과학자일 필요는 없다.

과거, 현재, 미래라는 세 가지 시간대

최근까지 무의식이 우리의 생각과 행동에 어떤 영향을 미치는지를 체계적이고 정밀하게 측정할 방법이 없었다. 수많은 가설과 환자들의 임상 사례와 오락가락한 실험 결과만 있어서 논쟁이 끝없이 이어졌다.

우리 마음에서 무의식의 개념, 곧 의식 없이 작동하는 정신 과정이라는 개념은 지그문트 프로이트Sigmund Freud보다 한참 이전부터 존재했다.5 예를 들어 찰스 다윈Charles Darwin은 1859년에 대표 저서 《종의 기원On the Origin of Species》에서 이 개념을 여러 번 언급하면서 당시 농부와 목장 주인 들이 무의식중에 자연선택의 원리를 적용해 옥수수자루를 더 크게 재배하고 소를 더 살찌우고 양털을 더 풍성하게 기른다고 설명했다. 여기서 무의식중이라는 말은 농부와 목장 주인 들이 이런 방법이 효과적인 이유와 근본적인 기제를 모르고, 특히 모든 동물과 식물이 사는 세상을 창조한 초자연적인 존재에 대한 종교적 믿음과 관련해서 자연선택이 어떤 의미를 갖는지 모른다는 뜻으로 한 말이었다. 19세기 후반에 에두아르트 폰 하르트만Eduard von Hartmann은 《무의식의 철학Philosophy of the Unconscious》이라는 책을 내놓았다. 마음과 마음의 내적 작용을 자유롭게 사색한 수준에 불과하고, 근거 자료도 제시하지 않고 논리와 상식도 부족한 책이었다. 하지만 이 책은 당시 큰 인기를 끌면서 1884년에는 이미 9번이나 재판되었다.

현대 심리학의 아버지 윌리엄 제임스William James는 무의식 영역에 대한 폰 하르트만의 비과학적 고찰을 못마땅하게 여기고 무의식을 "엉뚱한 생각이 재주넘는 곳"[6]이라고 일축했다. 하지만 20년 후 그는 프로이트를 만나 꿈의 의미에 관한 강연을 듣고 나서 무의식에 대한 의학적 접근을 긍정적으로 바라보고 프로이트의 연구가 심리학의 미래라고 칭송했다.[7] 제임스는 프로이트가 안락의자에 파묻혀 성찰하기만 하는 것이 아니라 임상적 관찰과 개입으로 환자의 고통과 증상을 경감시키려고 시도하는 모습을 높이 평가했다.

하지만 심리학의 두 거장 제임스와 프로이트가 처음이자 유일하게 만난 지 몇 년 후 주류 과학계에서 마음의 연구에 대한 거센 반발이 일어났다. 심리학 연구에서 참가자가 내적 경험을 의식적으로 보고하는 방법을 내성법內省法, introspection이라고 하는데, 같은 사람이라도 같은 상황에 대해 때에 따라 다르게 보고할 수 있기 때문에 신뢰할 만한 증거로 받아들여지지 않았다(사실 이 책의 주제 중 하나도 인간은 마음이 어떻게 작동하는지 정확히 성찰하거나 이해하지 못한다는 것이다.[8] 하지만 당시 연구자들은 참가자들이 마음의 작용을 정확히 보고할 수 있다고 믿었다).

　1913년에 존 B. 왓슨John B. Watson은 과학 심리학에서는 생각과 의식의 경험을 연구하려고 시도해서는 안 된다고 주장했다. 왓슨의 주장은 여파가 컸다. 아서 쾨슬러Arthur Koestler가 1967년에 행동주의를 비판한 저서 《기계 속의 유령The Ghost in the Machine》에서 주장하듯이 왓슨과 행동주의자들은 이후 50년에 걸쳐 마음의 과학(의식이든 무의식이든)을 과학 심리학에서 배제시키는 심각한 논리적 오류에 빠졌다. 반면에 다른 과학은 장족의 발전을 이루었다.[9] 왓슨이 주도한 '행동주의'에서는 인간을 전적으로 환경의 산물로 보았다. 우리가 보고 듣고 만지는 것이 행동을 결정한다는 것이다. 우리가 먹이를 얻기 위해 막대 누르는 법을 학습할 수 있는 쥐와 비슷하게 살아간다는 것이다. 의식은 착각, 즉 실제처럼 보여도 삶에서 적극적인 역할을 하지 않는 부수 현상epiphenomenon이라는 것이다. 물론 이런 극단적인 관점은 틀렸다.

　1960년대에는 인지심리학이 새로운 패러다임으로 등장해서 인기를 끌었다. 인지심리학자들은 인간이 똑똑한 실험쥐에 불과하다는 주장을 뒤집기 위해 의식적 선택의 중요성을 부각시켰다. 그러나 인간에게 자유의지를 돌려주고 막강한 주류 행동주의자들과 맞서느라 반대 방향으로 너무 멀리 가버렸다. 한마디로 인간 행동이 항상 의도적이고 의식의 통제를 받고 환경의 단서에서 영향을 받는 경우는 드물다고 주장한 것이다. 이런 정반대로 극단적인 주장도 틀렸다. 진실은 양극단 사이 어딘가에 있다. 그리고 세상 모든 생물이 존재하는 데 가장 기본적인 조건인 **시간**을 고려해야만 진실에 더 가까이 다가설 수 있다.

이 책의 대전제는 마음이 (아인슈타인이 우주의 진실이라고 주장한 것처럼) 과거와 현재와 미래에 동시에 존재한다는 것이다. 의식적 경험은 뇌에서 이 세 가지가 상호작용해서 나오는 총합이다. 하지만 마음의 시간대를 이루는 요소는 그리 단순하지가 않다. 그중 하나는 비교적 쉽게 확인할 수 있지만 나머지 두 가지는 그렇지 않다.

숨겨지지 **않은** 과거와 현재와 미래는 일상에서 바로 확인할 수 있다. 언제든 뇌의 방대한 저장고에서 기억을 끄집어낼 수 있고, 일부는 무척 생생하다. 또 기억이 우리를 찾아올 때도 있다. 어떤 계기로 과거의 기억이 불쑥 떠올라 스크린처럼 마음의 눈앞에 펼쳐지는 것이다. 찬찬히 돌아볼 시간이 있다면, 혹은 호기심 많은 배우자가 물어보거나 심리치료를 받는 중이라면 과거가 현재의 생각과 행동에 어떤 식으로 영향을 미치는지 밝혀낼 수 있다. 그 사이 우리는 끊임없이 진행되는 현재를 인지한다. 우리는 깨어 있는 모든 순간에 오감으로 들어오는 삶(장면, 냄새, 맛, 소리, 촉감)을 경험한다. 인간의 뇌는 현재 주위에서 **일어나는 현상**에 유용하게 반응하도록 진화했다. 따라서 우리가 통제하지 못하는 변화무쌍한 세계에서 영리하게 행동하는 데 신경계의 막대한 자원을 투입한다. 영겁에 가까운 진화의 시간에 우리의 양쪽 귀 사이에 자리잡은 회색 물질은 우리 몸의 정교한 지휘본부로 정착했다. 사실 인간의 뇌는 체중의 평균 2퍼센트밖에 차지하지 않지만 우리가 깨어 있는 동안 쓰는 에너지의 20퍼센트 정도를 소모한다(자, 이쯤에서 간식을 가지러 가고 싶어질 것이다).[10]

하지만 우리가 상상하는 미래는 우리가 통제할 수 있다. 우리는 (승진으로 보상받을) 야망과 (휴가를 꿈꾸는) 욕망과 (가족에게 집을 선물할) 중요한 사건을 적극 추구한다. 마음에 떠오르는 이런 생각은 과거나 현재만큼 숨겨져 있지 않았다. 어떻게 그럴 수 있을까? 우리가 직접 생각해낸 것이기 때문이다.

다음으로 의식이 풍부하고 의미 있는 경험의 공급원이라는 데는 반론의 여지가 없다. 그러나 세 가지 시간대에서 당장 눈에 보이는 현상보다는 마음에서 일어나는 현상이 훨씬 많다. 숨겨진 과거와 숨겨진 현재와 숨겨진 미래도 존재하고, 이 모든 것이 우리가 모르는 사이에 우리에게 영향을 미친다.

인간은 살아남아 번식해야 한다는 유기체의 명령에 따라 진화했다. 그 밖에 종교와 문명, 1970년대 프로그레시브 록과 같은 모든 것은 나중에 생긴 것이다. 인간이 살아남으면서 힘겹게 얻은 교훈이 오늘날 우리의 숨겨진 과거를 이루고 우리 몸의 자동 '프로토콜'로 남았지만, 우리는 이런 특질이 발생한 배경의 원시 역사를 기억하지 못한다.

　　예를 들어 버스가 내 쪽으로 달려온다면 당장 피할 수 있다. 직접 아드레날린을 분비하라고 명령하지 않아도 신경계에서 알아서 분비한다는 뜻이다. 또 좋아하는 사람이 내게 입을 맞추려고 다가오면 입맞춤을 받아줄 줄도 안다. 반세기 전에 프린스턴 대학교의 교수 조지 밀러George Miller는 우리가 모든 행위를 의식적으로 수행해야 한다면 매일 아침 침대에서 일어나지도 못할 거라고 말했다(사실 아침에 눈을 뜨는 것조차 어려울 때가 많다).[11] 매 순간 어떤 근육을 움직일지 결정하고 정해진 순서에 따라 정확히 움직여야 한다면 누구도 감당하지 못할 것이다. 하루하루 정신없이 살다보면 매 순간 최선의 반응을 숙고할 여유가 없다. 따라서 무의식적으로 작동하는 진화의 과거가 간단한 시스템을 가동해서 우리의 시간과 에너지를 벌어준다. 그러나 앞으로 살펴보겠지만, 진화의 과거는 또한 중요하고도 그리 선명하지 않은 방식으로 우리의 행동을 유도한다. 데이트나 이민정책과 같은 상황에서 그렇다.

　　마음의 현재는 우리가 직장에 출퇴근하거나 가족과 시간을 보내거나 스마트폰을 들여다보는 동안(물론 권하고 싶지는 않지만 가끔 세 가지를 동시에 하는 동안) 의식적으로 인지하는 현상보다 훨씬 많은 것을 포함한다. 나의 오랜 연구와 동료들의 연구에서는 거의 모든 행위에는 숨겨진 현재가 영향을 미치는 것으로 나타났다.

　　예를 들어 쇼핑하러 가서 무엇을 얼마나 구입할지, 새로운 사람을 만날 때 어떤 표정(혹은 몸짓)을 지을지, 심지어 시험과 면접을 어떻게 볼지 숨겨진 현재의 영향을 받는다. 이런 상황에서 우리의 생각과 행동은 의식의 통제만 받는 것이 아니다. 주어진 순간 마음에 작용하는 숨겨진 힘에 의해 다른 물건을 (다른 용량으로) 사고, 사람들과 다른 방식으로 소통하고, 시험과 면접에서 다르게 수행한다. 우리에게는 또한 말콤 글래드웰Malcolm Gladwell이《블링크Blink》에서 설명한 든든한 예감과 직감과 육감이 있다. 현재의 마음이 유연하다는 것은 '순간적인blink' 반응이 생각보다 훨씬 더 오류에 빠지기 쉽다는 뜻이기도 하다. 그래도 순간적인 반응이 실제로 뇌에서 어떻게 작용하는지 알면, 정확한 직감과 잘못된 직감을 알아채는 능력을 기를 수 있다.

다음으로 숨겨진 미래가 있다. 우리는 마음과 삶의 방향을 희망과 꿈과 목표에 맞출 뿐 아니라, 지워지지 않는 두려움과 불안과 걱정을 안고 산다. 이런 생각이 신경회로를 따라 흐르면서 우리에게 보이지 않는 막강한 위력을 발휘한다. 우리가 무엇을 원하고 무엇을 필요로 하는지에 따라 무엇을 좋아하고 무엇을 싫어할지가 결정되는 것이다. 어느 유명한 실험에서는 여자들에게 배우자를 찾는 생각을 떠올리게 하자 태닝 살롱과 다이어트약(매력을 높이기 위한 방법)에 대한 반감이 줄어드는 것으로 나타났다.[12] 왜 일까? 무의식중에 목표로 채색된 안경을 통해 세상을 보기 때문이다. 무의식중에 배우자를 만나기 위해 매력적인 사람이 되는 데 몰두하면 태닝 살롱과 다이어트약이 갑자기 긍정적인 것이 된다.

보이지 않는 미래는 우리가 **누구**를 좋아하고 싫어할지에도 영향을 미친다. 경력에 중점을 두면 직업적 목표와 관련된 사람과 정서적으로 더 많이 교감한다. 반면에 즐기는 데 중점을 두면 색다른 느낌을 주는 사람에게 매력을 느낀다. 한마디로 친구들뿐 아니라 삶의 여러 측면에 무의식적 목표, 곧 숨겨진 미래가 작용할 때가 많다. 욕구가 은밀한 방식으로 우리 삶에 미치는 영향을 들여다보면 삶의 진정한 우선순위와 가치관을 보다 적절히 배치할 수 있다.

과거. 현재. 미래. 마음은 숨겨진 방식으로든 드러난 방식으로든 동시에 모든 시간대에 존재한다. 일직선으로 매끄럽게 이어지는 경험처럼 보이지만 알고 보면 다차원적 시간왜곡이 존재한다. 누구도, 제아무리 명상의 고수라고 해도 오직 현재에만 살 수는 없다. 또 현재에만 살고 싶어 하지도 않는다.

사실 마음은 내가 1970년대에 WPGU에서 DJ를 볼 때 쓰던 스테레오 장비와 매우 유사한 방식으로 작동한다. 마음은 중첩된 부분이 훨씬 풍성하고, 사운드믹서에 입력되는 정보가 방대하다는 점만 다르다. 항상 3곡이 동시에 연주되는 것처럼 들린다. 기본 곡(현재)이 가장 크게 들리고(전성기의 레드 제플린이니까 〈하트브레이커Heartbreaker〉로 하자) 다른 2곡(과거와 미래)이 끊임없이 들어왔다 나가면서 전체 사운드를 은밀하게 변화시킨다. 여기에 우리가 파악하기 어려운 미묘한 특징이 있다. 말하자면 마음 깊이 숨겨진 곳에는 우리가 인지하지 못하는 중요한 가사와 선율과 백 비트가 있고, 이런 요소가 우리가 듣는 음악의 전반적인 성격에 가장 큰 영향을 미치는데도 우리는 이런 요소에 귀 기울여야 한다고 생각하지 못한다.

이 책은 여러분을 각자 마음의 DJ 부스로 들여보내서 실제로 일어나는 현상을 더 잘 듣고 스스로 음악을 제어하게 만드는 데 목표를 둔다.

무의식은 벽이 아니라 문이다

인류는 무의식을 이해하기 위해 먼 길을 여행하면서 기발하긴 하지만 엉뚱한 길에 숱하게 들어섰다. 중세시대에는 누군가 혼잣말하거나 헛것을 보는 등의 이상한 행동을 하면 마귀나 귀신이 들렸다고 믿었다. 종교에서 인간이 하느님의 형상으로 만들어졌다고 설파했는데, 하느님께서 결코 혼자 횡설수설하면서 돌아다닐 리가 없을 것이기 때문이었다.

17세기 초 "나는 생각한다. 고로 나는 존재한다"라는 말로 유명한 철학자 르네 데카르트René Descartes는 인간의 영혼, 즉 초자연적이고 신과 닮은 자질을 의식에서 찾았다. 누군가 사회적으로 용납되지 않는 행동을 한다면 그런 행동이 신과 닮은 의식에서 나올 리가 없었다. 그 사람의 육체를 사로잡은 것은 외부의 힘이어야 했다.

그로부터 3세기쯤 지난 1900년경에 파리의 피에르 자네Pierre Janet와 비엔나의 지그문트 프로이트는 각각 마음의 병은 자연스러운 현상이고, 병의 원인은 육체에 있다고 주장했다. 자네와 프

로이트는 정신과 의사였다. 각자의 병원과 진료실에서 분리성 성
격장애*와 같은 정신질환을 앓는 환자들을 치료하면서 병의 원인
이 마음의 어디에 있는지 알아내려 했다.[13] 자네는 정신질환을 단
순히 뇌 기능 이상으로 간주한 반면에 프로이트는 환자 마음에서
독립적인 무의식적 자아가 병을 일으킨다는 결론에 이르렀다. 더
나아가 프로이트는 독립적인 무의식이 정신질환 환자뿐 아니라
우리 모두의 마음에 존재한다고 주장하면서 독단적인 입장을 고
수했다.

　프로이트는 조수인 칼 융Carl Jung을 비롯해 여러 사람에게 그의
이론을 정설로 받아들여야지, 과학적 검증을 거쳐야 할 가설로 간
주하지 말라고 요구했다(그래도 융은 계속 검증했다[14]). 프로이트가
무의식적 욕구에 주목한 것은 물론 획기적인 통찰이었다. 하지만
그는 정상적인 마음의 무의식적 작용을 악마적인 것으로 치부하
면서 누구에게나 음침하고 뒤틀린 무의식적 충동의 지하 세계가
있고 오직 심리치료로만 그 세계를 정화할 수 있다고 주장했다.[15]
역시 무의식을 연구한 자네는 프로이트의 주장에 전혀 동의하지
않았지만, 결국에는 알다시피 대중문화에 깊이 뿌리 내리고 여전
히 널리 퍼져 있는 것은 프로이트의 이론이다.

　프로이트는 자신의 이론을 폭넓고 상세히 정립하면서 무의식
을 우리를 고통스럽고 슬프게 만들려고 덤버드는 부적응적인 콤

─────────────
• split-personality disorder, 지금의 조현병

플렉스가 펄펄 끓는 가마솥으로 표현하고, 인간의 고통과 슬픔은 오직 의식의 개입으로만(물론 좋은 정신과 의사의 도움으로만) 극복할 수 있다고 설명했다. 한편 데카르트는 의식은 신과 같은 자질을 의미하고, 무의식은 비도덕적이고 동물적인 본성을 의미한다고 주장했다. 데카르트와 프로이트의 유산은 오늘날에도 과학 심리학의 일부 분과에 남아 있다.[16] 한마디로 의식은 **좋고** 무의식은 **나쁘다**는 것이다. 편리한 단순화이지만 몹시 불편하게 **틀린** 생각이다.

우리는 왜 이런 믿음을 고수하고 그토록 소중하게 간직할까? 무엇보다도 간절히 믿고 **싶어서다**. 어쨌든 의식은 인간을 지구상의 다른 모든 동물과 구별해주는 인간만의 강력한 능력이다. 여기서 잠깐 어린이 TV 프로그램이나 할리우드 영화의 줄거리와 등장인물(〈어벤저스〉, 〈배트맨〉, 〈스파이더맨〉)을 떠올려보자. 특별한 지적 능력을 가진 주인공이 나오는 어른들의 TV 프로그램은 말할 것도 없다. 우리는 영화와 TV 프로그램의 주인공처럼 남보다 특별한 능력을 보유하고, 그 능력으로 불의를 바로잡고, 악당에게 복수하고, 가족과 친구와 사회의 억압받는 약자 들을 구해주고 싶어 한다. 현실에서 탈피하게 해주는 근사한 탈출구다. 그래서 우리는 이런 미디어의 환상에서 즐거움을 찾기 위해 많은 돈과 소중한 시간을 투자한다. 우리가 초능력을 간절히 원하는 이유는 물론 동물에게는 없고 우리에게만 있는 것(의식)에 대한 믿음을 잃고 싶지 않아서다.

흔히 의식을 선의 원천으로 여기고, 잘못이나 악은 무의식에서 나온다고 생각한다. 스스로 눈살 찌푸릴 짓을 하면서 "그러려고 그런 게 아니다"라고 말하고 그럴듯한 핑계를 찾으려 하지, "맞다, 그럴 생각으로 한 짓이고 들키지 않았으면 좋았을 걸 그랬다"라고 말하지 않는다. 이렇게 행동의 원인을 의도 이외의 다른 데서 찾는 성향을 직접 확인할 방법이 있다. 행동을 책임지고 싶지 않을 때 의도 이외의 다른 원인만 찾으려 하는 성향을 알아채는 것이다. 우리는 갑자기 의도가 아닌 다른 이유로 그런 행동을 하게 되었다고 진심으로 믿는데, 스스로에게 솔직하려면 부정하고 싶은 행동만이 아니라 바람직한 행동에도 같은 원칙을 적용해야 한다.

하지만 오늘날 인지과학의 출현과 인지과학의 새로운 방법론 덕분에 이제 우리는 새로운 무의식의 시대에 진입했다. 이제는 무의식이 내면에서 나름의 규칙에 따라 작동하는 제2의 마음이 아니라는 것이 밝혀졌다.[17] 보통 사람의 마음이 어떻게 작동하는지에 관한 과학 이론이 나왔다. 새로운 과학 이론은 보통 사람의 반응에서 나온 실험 자료를 토대로 검증되었기에 프로이트의 이론처럼 정신적, 정서적으로 심각한 문제를 보이는 소수의 이례적인 환자의 임상 사례를 토대로 정립된 이론보다는 보통 사람의 마음을 안전하게 일반화할 수 있다.[18]

뇌 영상 연구에서는 무의식의 심리 과정이 의식과 동일한 뇌 영역이나 조직에서 일어나는 것으로 나타났다. 레드 제플린의 음악을 빌자면 "The Song Remains the Same(노래는 늘 변함없다)"인 것이다. 하나의 통일된 마음이 진화를 거치며 미세하게 조정된 동일한 기본 장치를 사용해, 때로는 의식적으로 때로는 무의식적으로 작동하는 것이다. 숨겨진 마음(지식과 의도 이외에 작동하는 정신 과정)은 우리가 살아가는 데 도움을 주기 위해 존재한다. 그리고 이런 숨겨진 마음을 이해하면 도움이 되는 여러 가지 복잡한 효과가 있다. 이런 무의식적인 정신 과정이 바로 내가 40년간 연구한 주제다.

2003년 여름에 나는 NYU에서 예일 대학교로 옮겼다. 예일 대학교에서 동료들과 함께 연구를 진행하는 실험실에 인지, 동기, 평가의 자동성 실험실Automaticity in Cognition, Motivation, and Evaluation Lab, 줄여서 ACME라는 이름을 붙였다. ACME는 의미가 명확히 드러나는 이름이었다(사실 처음에는 잠시 후에 설명할 다른 이유로 ACME라는 이름을 붙이려던 것이지만 이름을 붙이고 나서야 첫 글자를 딴 약어의 의미를 알아챘다). 'acme'는 '정점'이나 '절정'이라는 뜻이고, 사람들은 의식을 완성의 최고점, "Crown of Creation(창조의 왕관, 레드 제플린이 아니라 제퍼슨 에어플레인Jefferson Airplane의 노래다)"이라고 생각한다. 현재 우리가 3억 6,000만 년에 이르는 생명 진화의 과정에서 정점에 있는 것이 맞지만, 내가 우리 실험실에 ACME라는 이름을 붙이고 싶었던 진짜 이유는 아니었다.

탐욕스럽고 굶주린 와일 E. 코요테가 끝없이 펼쳐진 사막의 고속도로에서 순진한 로드러너를 쫓는 옛날 만화 〈로드러너Road

Runner〉를 기억하는 사람이 많을 것이다. 와일 E. 코요테가 먹잇감 사냥에 사용한 모든 기상천외한 장치와 폭발물을 공급한 회사가 바로 Acme라는 회사였다(실제로 우리 실험실 홈페이지에는 Acme의 좋은 제품을 소개하는 카탈로그 링크가 걸려 있다). 그런데 이들 장치는 결국 폭발하거나 역효과를 냈다. 로드러너는 우리의 날렵하고 생각보다 영리한 무의식이고, 와일 E. 코요테는 교활하고 생각만큼 영리하지 않은 의식이다. 우리는 와일 E. 코요테처럼 스스로 아주 교활하고 영리한 줄 알지만 결국 의식으로 세운 계획이 무너질 때가 많다. 사실 살면서 이런 일을 겪을 때는 만화영화에서만큼 재미있지 않다. 좀 더 정확히 말하자면, 현실에서는 이런 일이 남에게 일어날 때는 재미있지만 우리에게 일어날 때는 그리 즐겁지 않다.

나는 우리 실험실의 실험을 설계하면서 가능한 자연스럽고 현실적인 상황을 설정하는 데 목표를 두었다. 심리학 실험에 참가하는 것은 그 자체로 특이한 체험이다. 참가자는 인간의 생각과 행동 전문가인 **심리학자**에게 평가받는다는 것을 알고 있다(나도 대학에 다닐 때 심리학 실험에 10여 차례 참가했다. 그때마다 하얀 실험복을 입은 사람이 나타나서 내가 과제를 마치면 나를 빤히 쳐다보고 고개를 절레절레 흔들면서 〈아담스 패밀리The Addams Family〉의 러치처럼 툴툴거릴 것만 같았다). 그래서 참가자들은 다소 경계하면서 평소보다 더 많이 고민하며 행동하고, 가장 호감 가는 모습을 보여주려고 애쓴다. 하지만 심리학자들은 사람들이 경계하는 순간에 어떤 행동을 하는지 연구하려는 게 아니다. 자의식이 발동해서 행동을 바로잡지 않는 자연스러운 순간의 실제 상황을 연구하고 싶어 한다. 따라서 우리 실험실에서는 참가자들이 실험 과정을 알아채지 못하게 만드는 방식으로 실험을 설계했다.

예를 들어 권력이 있는 상태와 없는 상태의 영향을 연구할 때는 참가자들을 교수 연구실(내 연구실)로 불러서 넓은 책상 뒤 교수의 커다란 가죽 의자(강력한 권력)에 앉히거나 책상 앞의 허술한 학생 의자(약한 권력)에 앉혔다. 또 한 연구에서는 참가자들에게 실험이 끝났다고 말하고 그들이 실험실을 나와서 복도를 걷는 데 걸리는 시간을 측정했다. 세 번째 연구에서는 실험자가 참가자들에게 서류철이나 질문지를 꺼내도록 잠깐만 따뜻한 커피나 차가운 커피를 들어달라고 부탁했다. 참가자에게 실험의 일부라는 사실을 눈치채지 못하게 한 채 따뜻한 감각이나 차가운 감각을 주는 것이다. 우리는 이런 식으로 실험의 '생태학적 타당성', 즉 실험 결과가 실험실을 벗어난 현실에서도 나타날 가능성을 높였다. 수십 년간 이런 연구를 통해 무의식은 뚫리지 않는 벽이 아니라 열리는 문이고, 그 문의 열쇠는 과학에 있다는 사실이 드러났다.

내 매형처럼 무의식의 영향력에 관해 처음 들은 사람은 자신에게 자유의지나 삶의 통제력이 없어질까봐 두려워한다. 그러나 얄궂게도 자유의지에 대한 믿음을 버리고 싶지 않아서 명백히 드러난 증거를 부정할수록 자유의지가 더 줄어든다. 피被암시성이나 자기가 인지하지 못하는 영향력을 부정하는 사람일수록 가장 조종당하기 쉽다. 역설적으로 무의식적 영향력의 존재와 자유의지의 한계를 인지해야 자유의지를 늘릴 수 있다.

예를 들어 내가 연구실에서 겪은 일이 퇴근하고 집에 들어설 때 내게 뛰어오는 다섯 살짜리 딸아이에게 보이는 반응에 영향을 미친다는 사실을 인정하면, 나 스스로 그 영향력을 통제하고 일상의 작은 사건이라도 내가 진심으로 원하는 즐거운 경험으로 반응하도록 조치를 취할 수 있다. 하지만 내가 이런 영향력을 깨닫지 못한다면 애꿎은 딸아이에게 짜증을 내고는 이내 후회할 것이다. 인간에게는 자기 정신의 대장이 되어 삶의 결과를 직접 통제한다고 생각하고 싶은 실질적이고 의미 있는 욕구가 있다. 우리에게 아무 힘이 없다는 생각이 들면 애초에 뭐 하러 시도하겠는가? 그러나 우리가 모르는 어떤 힘이 우리에게 영향을 미칠 수 있다는 사실은 우리가 의식적으로 통제하는 것이 생각보다 적다는 뜻이지 우리에게 통제력이 **전혀 없다**는 뜻은 아니다. 우리가 모르는 힘이 존재하지 않는다고 믿으려 하기보다는(그래서 그 힘에 휘둘리기보다는) 그 힘을 인정하고 고려해서 통제력을 얼마나 더 많이 얻을 수 있는지 생각해보라.

선장도 배의 항로를 완벽히 통제하지는 못한다. 해류나 풍향 같은 힘을 고려해야 한다. 멀리 있는 항구로 곧장 달려가는 것이 아니다. 그러면 오히려 암초에 부딪히거나 먼바다에서 표류할 것이다. 그보다는 항로에 영향을 미치는 강력한 힘에 보조를 맞추어 항해하도록 끊임없이 상황을 조율하고 수용해야 한다. 골프를 치는 사람도 늘 이렇게 한다. 맞바람이 거세면 곧장 홀을 겨냥하지 않고 바람을 고려한다. 우리도 무의식의 해류와 맞바람에 적응하는 법을 익히면 잘 치지도 못하는 골프를 칠 때보다는 더 잘 살아갈 수 있다.

이 책은 이런 해류와 맞바람을 발견하는 과정을 다룬다. 1부에서는 숨겨진 과거를 들여다보고, 현재의 우리가 먼 과거의 진화의 역사와 지금은 거의 망각한 유년기의 기억과 성장 과정의 문화에서 어떤 영향을 받는지 알아본다. 기억이 거의 남지 않은 먼 과거가 현재 우리의 의식 체험에 놀라운 방식으로 영향을 미친다. 한두 시간 전의 가까운 과거 역시 삶의 다양한 장면에서 우리의 행동에 은밀히 영향을 미치며, 생각보다 돈을 더 쓰게 하거나 더 먹게 하거나 타인의 직무 수행을 부당하게 평가하게 만든다. 숨겨진 과거가 미래의 취업과 임금 협상에도 영향을 미칠 수 있다. 모든 것이 미래의 고용자가 손에 어떤 음료를 들고 있는지, 혹은 어떤 의자에 앉아 있는지에 좌우된다.

2부에서는 숨겨진 현재를 알아본다. 다시 말해서 우리가 순간적인 판단과 '얇은 조각thin slice'에 어떤 영향을 받는지 살펴본다. 직감을 믿어야 할 때는 언제이고, 순간적인 반응을 신중히 고민해야 할 때는 언제인지 알아본다. 다른 사람(이나 대상)을 판단할 때 중립을 지키기는 거의 불가능하다. 하지만 세계를 '선'과 '악'으로 나누는 성향을 이용해서 알코올중독 재발률을 크게 낮추는 방법을 알아본다.

현재는 놀랍도록 유연하다. 주변에 낙서가 많이 보이면 평소 준법정신이 투철한 사람도 쓰레기를 투기하는 경향을 살펴보고, 오래 같이 산 부부일수록 서로 닮아가는 이유도 알아본다. 페이스북 상태 업데이트가 친구들의 기분에 길게는 사흘까지 영향을 미치는 과정과 자녀와 함께 보는 일요일 오후의 축구경기를 생방송으로 보지 않고 녹화해서 보려 하는 이유를 알아본다.

마지막으로 3부에서는 미래 계획의 숨은 효과를 알아보고, 무의식적 동기에 관한 최신 연구에 주목한다. 목표와 욕구는 우리에게 강력한 영향을 미쳐 우리가 무언가를 소망할 때 신중을 기하게 만들면서도 예상치 못한 방식으로 우리를 자극하기도 한다.

학생들에게 단순히 어머니를 떠올리게 해서 구두시험의 성적을 끌어올리는 방법을 살펴본다. 그리고 마음이 무의식중에(잠자는 중에도) 문제 해결을 돕는 방식과 숨겨진 마음에 관해 새로 밝혀진 지식을 활용해서 이루기 힘든 목표를 달성하는 방법을 알아본다. 그리고 실행 의도implementation intention, 즉 노인들이 약을 챙겨 먹도록 기억하게 해주고 사람들을 소파에서 일으켜서 운동하러 나가게 만들어주며 청년들이 쑥스러운 마음을 떨치고 아버지에게 사랑한다고 말하게 해주는 기법을 알아본다.

과학자가 아닌 사람들에게 내 연구에 관해 이야기하면 다들 의식적 자기와 무의식적 자기 중 '진짜' 자기는 어느 쪽이냐고 묻는다. 일각에서는 의식적 자기가 우리의 의도와 우리가 우리 행위를 어떻게 인지하는지 반영하므로 진짜 자기라고 생각한다. 반대로 무의식적 자기가 우리가 세상에 보여주고 싶은 우리 모습만이 아니라 마음 깊이 진실이라고 믿는 모습을 반영하므로 진짜 자기라고 생각하는 사람들도 있다. 정답은 "둘 다"이다. '내'가 누구인지의 개념을 확장해야 한다. 데카르트처럼 우리는 우리의 의식만 동일시한다. 그러면서 적응력이 뛰어나고 대부분의 상황에서 우리를 도와주는 무의식은 마치 우리 몸에 침투한 외부 생명체처럼 취급한다.[19] 무의식의 영향을 이해하지 못하면 무의식에 의해 길을 잃을 수 있다. 무의식이 진화하고 존재하는 이유는 우리의 생존을 지키고, 보다 더 잘살게 해주기 위해서라는 사실을 잊지 말아야 한다(프로이트의 무의식에 대한 비판 중 하나는, 프로이트의 주장처럼 무의식이 그렇게 부적응적인 것이라면 어떻게 자연선택을 거쳐서 이제껏 진화할 수 있었느냐는 점이다). 마찬가지로 의식은 무의식을 전략적으로 제어할 수 있는 운전대로 진화했다. 마음의 의식적 작용과 무의식적 작용을 모두 적극적으로 통합해서 양쪽 모두의 소리를 듣고 활용할 때 마음의 절반을 보지 못하는 위험을 피할 수 있다.

요컨대, 진정한 자기가 어느 쪽인지 물을 필요가 없다. 둘 다이기 때문이다. 무의식이 우리의 감정과 믿음, 결정과 행동에 어떤 영향을 미치는지 이해하지 못하면 자신을 **온전히** 이해하지 못한다. 무의식은 언제나 우리의 행동을 이끌어준다. 물론 가자니가의 분리 뇌 환자들처럼 의식이 행동을 주도한다고 볼 수 있는 예도 있다. 무의식은 우리를 도와주고 때로는 방해하기도 하지만 궁극적인 목적은 우리를 안전하게 지켜주는 데 있고, 그러기 위해 결코 잠들지 않고 잠시도 쉬지 않는다. 우리는 무의식을 꺼버릴 수도 없고 꺼서도 안 된다. 우리가 어떤 행동을 하는 이유에 관한 흥미롭지만 단순한 사실을 이해하고, 과거와 현재와 미래의 마음이 우리가 모르는 사이에 우리에게 어떤 영향을 미치는지 이해한다면 숨겨진 마음은 더 이상 숨어 있지 않을 것이다.

로버트 플랜트는 레드 제플린의 첫 앨범에 실린 곡에서 "Been dazed and confused for so long……(아주 오랫동안 멍하고 혼란스러웠지……)"이라고 노래한다. 오래전 나는 이 노랫말이 어떤 느낌인지 공감할 수 있었고, 어쩌면 그래서 심리학자의 길을 선택하고 그간의 모든 연구를 선택했을 것이다. 레드 제플린과 심리학, 두 가지 모두가 나를 여기까지 이끌어왔다. 의식의 바로 밑에서 우리에게 심오한 영향을 미치는 힘을 통찰하게 해주었다. 지금도 나는 가끔 멍하기는 하지만 혼란스러운 마음은 훨씬 줄었다. 10년 전 푸른 눈의 악어를 만난 뒤로는 더더욱.

1부

숨겨진 과거

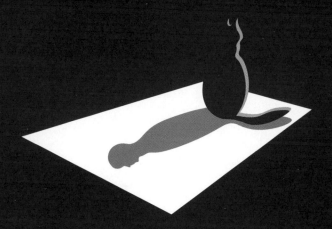

BEFORE YOU KNOW IT

과거는 결코 죽지 않는다.
지나가지도 않는다.

— 윌리엄 포크너 William Faulkner

1장

과거는
항상 현재다

　　　　　　　　　　　기원전 3200년경, 갈색 눈의 곱슬
머리 남자가 현재 이탈리아 알프스의 해발 3킬로미터 이상 높이
에 있는 바위로 덮인 협곡에 쓰러져 죽어갔다. 얼굴이 바닥을 향
해 추락했고, 왼팔이 목 아래 끼었다. 키 158센티미터 정도에 나이
는 45세가량이고 피부에 문신 같은 표시가 있고 앞니 사이가 벌어
져 있었다. 곡식과 야생 염소고기를 먹은 지 얼마 안 되었고, 갈비
뼈가 부러졌다. 남자가 죽은 시점은 봄이나 초여름이지만, 고도가
높은 지역은 눈 덮인 산봉우리에 둘러싸여서 날씨를 종잡을 수 없
었다. 남자는 염소가죽 외투를 입고 다리에는 각반을 차고 구리도
끼와 다른 연장과 작은 약통도 가지고 있었지만 목숨을 건지지는

못했다. 남자는 죽었고, 죽은 지 오래지 않아 폭설이 내려 시신이 얼음 속에 봉인되었다.

5,000년이 흐른 1991년 9월 19일, 독일인 등산객 2명이 외츠탈러 알프스에서 하산하면서 지름길을 택했다. 그들은 길을 벗어나 계곡 옆으로 내려오다가 얼음 녹은 물에 반쯤 잠긴 바위투성이 바닥에서 이상한 형체를 보았다. 가까이 가서 보니 시신이었다. 놀라서 당국에 알렸고, 관계자들이 아직 얼음에 반쯤 박혀 있는 시신을 꺼냈다. 얼마 후 시신은 처음의 짐작과 달리 불의의 사고로 조난당한 산악인이 아니라 세계에서 가장 오래된 미라로 밝혀졌다. 갈색 눈의 남자 시신은 얼음에 감싸인 데다 그 협곡이 빙하가 쓸고 지나가는 길에서 벗어난 외딴 곳에 있었던 까닭에 과학사에서 기념비적인 발견이 되었다. 동기시대Copper Age의 인간이 놀랍도록 온전히 발견된 덕분에 우리는 인간의 죽음을 통찰할 수 있었다.

외츠티(Ötzti, 언론이 외딴 협곡에서 생을 마감한 이 남자에게 붙여준 몇 가지 별명 중 하나)가 발견된 후 몇 년 동안 과학자들은 유해와 함께 나온 물건을 면밀히 분석했다. 과학자들이 알아내려던 것 중 하나는 외츠티의 사인이었다. 사실 평범한 법의학적 과제가 아니었다. 외츠티는 폭설이 내려서 얼어붙기 한참 전에 머리에 부상을 입었지만 그것이 주요 사인인지는 확실치 않았다. 몸에서 기생충이 검출되었고(위에서 기생충 알이 나왔다), 손톱 검사 결과에서는 만성질환(라임병일 가능성이 있었다)을 앓았던 것으로 밝혀졌다. 또한 같은 검사에서 사망 전 4개월간 급성 면역계 질환을 3차례

앓은 것으로 나타났다. 어쩌면 외츠티는 높은 고도와 허약한 건강 상태로 인해 몸이 약해져서 협곡으로 떨어졌을 수도 있다. 게다가 혈액에서 비소가 위험한 수준으로 검출되어서 연구자들은 그가 금속 다루는 일을 했을 것으로 추정했다. 뿐만 아니라 과거에 골절상을 입은 흔적도 있고 동상 후유증처럼 보이는 낭종도 발견되었다.

오늘날의 우리도 이런 건강 문제를 한두 가지 이상 다 갖고 있을 것이다. 이렇듯 외츠티의 죽음에 관한 단서가 많지만 명백한 것이 하나 있었다. 그가 살면서 끊임없이 환경의 도전을 받았다는 사실이다. 그 나이까지 무척 힘들게 살아남았을 것이다. 구리도끼를 가지고 있었던 것으로 보아 그가 겪은 일은 모두 공동체에서 높은 지위에 오른 남자가 겪었을 법한 일이다. 그런데 과학자들의 연구에 따르면 외츠티는 건강 문제로 사망한 게 아니었다. 사인은 보다 직접적이었다. 다른 인간들에게 살해당한 것이다.

2001년에 X선 검사에서 외츠티의 왼쪽 어깨 살갗 속에 파묻힌 물체가 발견되었다. 연구자들은 이 물체를 면밀히 검사해서 돌 화살촉이라고 판단하고, 화살촉의 예리한 끝이 혈관을 뚫어서 단시간에 피를 많이 흘린 것으로 결론지었다. 한마디로 외츠티는 살해당해서 인류 역사상 가장 차가운 미제 사건으로 남은 것이다.

이런 사실이 밝혀지자 외츠티의 죽음을 새로운 각도로 보기 시작했다. 머리 부상은 이제 그의 목숨을 앗아간 공격과 연관된 것으로 보였다. 상대가 쏜 화살에 머리를 맞았거나, 피를 많이 흘려서 협곡으로 추락하다가 머리를 어딘가에 부딪친 것으로 보였다. 그를 공격한 자들에게 떠밀려 협곡으로 떨어졌을 수도 있다. 죽음에 이르기까지 정확히 어떤 순서로 사건이 일어났는지 모르겠지만 어쨌든 무시무시한 광경이었을 것이다. 생사를 건 싸움에서 외츠티가 패한 것이다. 그래도 운명의 그날 외츠티가 사십 몇 년의 생애보다 더 큰 육체적 외상을 입지는 않았을 것이다. 그는 사십 몇 년을 살면서 병을 앓고 심각한 부상을 입고 환경에서 온갖 적대적인 문제에 부딪혔을 것이다. 외츠티의 삶은 그의 죽음만큼이나 오랜 진화의 시간에서 평범한 인간이 마주하는 험난한 위험과 난관을 말해준다.[1] 그리고 그가 처했을 위험과 난관을 알아내야 하는 이유는 조상과 같은 환경에서 우리 뇌의 적응적인 무의식이 발생하고 진화했을 것이기 때문이다(그리고 무의식의 발생 시기는 인간의 오랜 진화 역사로 보면 어제와도 다름없는 동기시대보다는 한참 거슬러 올라간다).

명백하고 중요한 한 가지 사실은 현재의 우리가 어떤 사람인지 결정하는 개인적인 경험과는 달리 **이런 먼 과거의 기억이 우리에게 없다**는 점이다. 우리에게는 진화의 기억이 없다. 우리가 모르는 진화의 기억이 우리의 생각과 행동에 얼마나 막대한 영향을 미치는지 생각하면 조금 불안해진다. 우리는 진화의 역사에서 각기 다른 시기에 형성된 기본적인 동기들을 '장착하고' 태어난다(또 사전에 조립된 채로 태어나서 나중에 크기가 커지기도 한다). 다윈은 1877년에 이렇게 썼다. "아이들이 느끼는 막연하지만 실질적인 공포는 경험과는 비교적 무관하므로, 원시 야만시대의 실질적인 위험과 인류의 비굴한 미신에서 내려온 유산이라고 의심하지 않을 수 있겠는가?"[2] 물론 의심해볼 만하다. 인간은 백지 상태로 태어나지 않았다. 우리는 생각과 행동에 무의식적으로 은밀히 영향을 미치는 두 가지 기본적이고 원시적인 욕구를 타고났다. 생존 욕구와 짝짓기 욕구다(다음 장에서는 세 번째 타고난 욕구로 생존과 번식, 두 가지 모두에 도움이 되는 협조 욕구를 살펴볼 것이다). 하지만 현대인의 삶에서 이렇게 망각한 원시의 욕구 혹은 마음의 '영향'이 우리가 모르는 사이에 작용할 때가 많다. 그래서 무언가를 느끼거나 어떤 행동을 하면서도 스스로 왜 그러는지 이해하지 못할 수 있다. 따라서 여전히 우리에게 영향을 미치는 숨겨진 과거의 층위를 들춰내고, 생존과 번식의 욕구가 우리 마음에서 항상 작동하는 방식을 밝혀내면 현재를 더 잘 이해할 수 있을 것이다.

내 버튼은 어디에 있나

나는 외츠티처럼 알프스에서 돌화살촉이 달린 화살로 무장하고 죽일 기세로 달려드는 적들을 피해 달아나야 했던 적이 없다. 그럼에도 나는 외츠티에게 엄습했을 그 느낌, 생존의지가 온몸을 관통하는 느낌을 받은 적이 있다.

1981년 8월이었다. NYU에서 강의하기 위해 뉴욕으로 이사 온지 얼마 되지 않은 때였다. 그때 나는 대학원을 갓 졸업한 26세 젊은이였고, 뉴욕은 몇 달 전 면접을 보러 온 게 전부였다. 뉴욕에 도착한 순간부터 신경이 곤두섰다. 매일 아침 6시에 웬 남자가 내 원룸 아파트 아래 대로변에서 고래고래 소리를 질러댔다. 한여름에 에어컨도 없어서 창문을 활짝 열어둔 터였다. 일주일 정도 그 남자의 고함에 눈을 떴고, 간간이 내 방 창문 근처로 병이 날아와 깨지는 소리도 들렸다. 나중에 알고 보니 재선에 도전한 에드 코크^{Ed} ^{Koch} 시장이 우리 아파트의 펜트하우스에 살고 있었고, 격분한 남자가 던진 병은 코크 시장의 집을 겨냥한 것이었다. 펜트하우스까지 못 가고 우리 집으로 날아왔지만. 그 남자가 겨냥한 상대가 내가 아니란 사실에 조금 (아주 조금) 안도했지만, 아파트 밖 도시는 여전히 안심할 수 없는 곳이었다.

1980년대 뉴욕의 워싱턴 광장은 지금보다 험악한 분위기였다 (맨해튼의 다른 동네들도 사정이 다르지 않았다). 도착한 지 일주일이 지나지 않았을 때의 일이다. 워싱턴 광장 아치 근처에서 남자 둘이 나를 지나쳐 뛰어갔는데, 뒷사람이 주머니칼을 들고 앞사람을 쫓는 것이었다. 처음 몇 달은 불안해서 낮에 직장에만 오가고 다른 데는 전혀 돌아다니지 못했다. 해가 떨어지면 **절대로** 밖에 나가지 않았다. 집에 있는 가구라고는 나무의자와 접이식 테이블이 전부였다. 밤마다 문에 달린 자물쇠 4개를 거듭 확인하고 현관문 손잡이 밑에 의자를 끼워두었다. 매일 밤 잠들고 또 하루를 살아냈지만 나의 싸움-도주^{flight-fight} 기제는 항상 극도의 경계 상태였다. 아직 내가 뉴욕에 속한다는 느낌이 들지 않았다. 그런 느낌이 생긴 건 몇 년이 지나서였다.

나는 미국의 소도시에서 어린 시절을 보내며 나무에 기어오르고 야구를 하고 동네 친구들과 어울려 자전거를 타고 돌아다녔다. 같은 지역에서 학부를 마치고 중서부 대학도시 앤아버에서 대학원을 마쳤다. 어디서도 이렇게 북적대고 소음이 끊이지 않는 다문화 도시 뉴욕의 삶에 대비하지 못했다. 문화 충격이 심했다. 뉴욕에서 살아남으려면, 더구나 잘 살려면 항상 두 눈을 부릅뜨고 바짝 경계해야 했다.

뉴욕에 오기 1년 전, 미시간 대학교에서 박사과정을 밟던 시절에 심리학자 엘렌 랭어Ellen Langer가 사회심리학 실험실 연구의 인위성을 지적한 논문을 읽었다.[3] 그 논문은 뉴욕으로 옮긴 이후의 내 상황을 예고했는데, 아마 랭어가 뉴욕에서 실시한 실험을 토대로 그 논문을 썼기 때문일 것이다. 랭어는 논문에서 현실 세계는 정신없이 돌아가는 분주한 곳으로, 실험자가 참가자들을 불러 실험하는 차분하고 조용한 심리학 실험실과는 다르다고 지적했다. 앤아버에서 랭어의 논문을 읽을 때는 머리로만 이해했고, 뉴욕에 와서는 피부로 직접 느꼈다.

내가 NYU로 옮긴 즈음에 출현한 '사회 인지social cognition' 분야의 심리학 연구에서는 참가자에게 버튼을 주고 다음 정보로 넘어갈 준비가 되면 버튼을 누르게 했다. 참가자는 원하는 만큼 오래 문장(가령 이야기 속 인물의 특정 행동을 기술하는 문장)을 읽고 생각한 다음 버튼을 눌러 다음 정보로 넘어갈 수 있었다. 랭어는 실제로도 그러면 참 좋겠지만 현실에는 잠시 세상을 멈추고 무슨 일이 왜 일어나는지 파악하고 싶을 때마다 누를 수 있는 마법의 버튼이 없다고 했다. 실시간으로 상황을 보면서 대처해야 하고, 같이 있는 이들이 어떤 사람인지 생각하는 것 말고도 매 순간 할 일이 많다. 당장 해야 할 일만이 아니라 동시에 몇 가지 과제에 집중해야 해서 한가하게 앉아서 세계를 찬찬히 돌아볼 여유가 없다.

뉴욕은 내게 압도적인 공간이었다. 사람도 많고 차도 많고 신경 써야 할 일도 많았다. 나는 이 도시가 주는 인상과 랭어의 주장을 연결해서 새로운 연구를 설계할 수 있을지 고민했다. 어느 날 아침, 연구실을 나와서 거리의 인파를 헤치고 교차로에서 주위를 살피며 걷다가 워싱턴 광장의 인도 한복판에서 갑자기 멈춰 섰다. 문득 이런 의문이 들어서였다. "내 버튼은 어디에 있지?" 나는 버튼을 눌러 현실 세계를 멈추고 세계를 파악하면서 안전하게 탐색하고 싶었다. 물론 그런 버튼은 없다. 이어서 이런 의문이 들었다. 그런데 다들 버튼 없이 어떻게 살아가지?

인류 역사에서 인간은 '올바르게/최선으로/안전하게' 처신할 방법을 찾을 때까지 주위에서 벌어지는 일을 멈출 수 있는 호사를 누려본 적이 없다. 우리는 의식적으로 생각할 수 있는 속도보다 빠르고 효율적으로 세계를, 특히 위험한 사회적 상황을 파악해야 했다. 위험한 상황에는 즉각 반응해야 했다.

정지 버튼이 있으면 좋겠다고 생각한 지 얼마 지나지 않은 어느 날 집으로 돌아가는 길에 연석에서 내려서다가 즉각적인 무의식적 기술의 혜택을 경험했다. 일방통행 도로에서 반대 방향으로 달려오던 자전거에 치일 뻔했던 것이다. 나는 생각할 겨를도 없이 연석으로 뛰어올랐다. 사실은 연석 위에 올라선 걸 깨달은 후에나 쌩하고 지나간 자전거를 인식했다(그리고 누구나 일방통행 표지판을 보고 준수하는 것이 아니므로 다음부터 항상 양쪽을 살피자고 다짐했다). 신체적 안전을 위해 반사적이고 자동적인 기제(혹은 본능)가 작동해서 나를 보호하는 동안 의식으로 천천히 생각하는 과정은 생략되었다. 그래서 이런 신속하고 무의식적인 생각과 행동이 우리가 분주한 세계에 실시간으로 대처하면서 살아갈 수 있게 해주는 중요한 요인이라는 생각이 들었다.

그 길로 다시 실험실로 돌아가 이런 통찰을 검증하기 위한 연구를 설계했다. 우리 연구팀은 사람들이 사회적 상황에서 상대적으로 느리고 의식적인 사고 과정과 함께 신속하고 자동적이고 의식과 무관한 사고 과정으로 반응한다고 전제했다. 당시 심리학계에서는 주로 우리가 결정하고 행동하는 모든 것은 의도적이고 의식적인 생각의 산물이라고 보는 추세였기 때문에 우리의 전제는 상당히 급진적이었다. 우리도 랭어처럼 끊임없이 돌진하는 세계를 반영해서 실험실 연구를 진행하고 싶었다. 사실 우리 연구의 핵심은 조용하고 단순한 실험실 환경에서 벌어지는 상황만이 아니라 현실에서 벌어지는 현상을 이해하는 데 있었다. 초기의 실험에서는 '버튼' 실험을 재현해서 참가자들에게 우리가 준 정보를 원하는 만큼 오래 검토한 뒤 대상을 판단하고 버튼을 눌러 다음 단계로 넘어가게 했다. 다만 우리는 실험 내용을 살짝 비틀었다.[4]

참가자들은 컴퓨터 화면 앞에 앉아 가상의 인물 그레고리가 지난주에 한 24가지 일을 하나씩 읽었다. '정직한 그레고리' 조건에서 그레고리는 '누군가 흘린 지갑을 주워 주인에게 돌려주는' 행동과 같은 정직한 행동을 12가지 하고, '실수를 인정하지 않는' 행동과 같은 정직하지 않은 행동을 6가지 하고, '쓰레기를 내다 놓는' 행동과 같은 가치중립적인 행동을 6가지 했다. 그리고 '부정직한 그레고리' 조건에서는 정직하지 않은 행동을 더 많이 했다. 정직한 그레고리와 부정직한 그레고리의 24가지 행동은 무작위로 제시됐다.

우리는 참가자들에게 그레고리의 행동을 읽으면서 그에 대한 인상을 형성하게 했다. 참가자들 절반에게는 버튼을 주어 각각의 행동을 원하는 만큼 오래 생각한 뒤 다음 행동으로 넘어가게 했다. 여기까지는 랭어가 비판한 일반적인 사회 인지 실험과 다르지 않다. 다만 우리의 비틀기는 나머지 조건은 동일하지만 버튼을 제공하지 **않은** 두 번째 조건이었다. 그레고리의 행동이 아주 빠르게 제시되어, 다음 행동이 나오기 전까지 한 가지 행동을 읽을 시간만 주어져서 참가자들은 그레고리라는 사람을 '실시간'으로 파악해야 했다.

우리가 예상한 대로 버튼이 결과에 큰 영향을 미쳤다. 버튼이 있으면 상황을 파악할 때까지 세상을 멈출 수 있는 마법 같은 능력이 생기므로 참가자들이 정직한 그레고리를 부정직한 그레고리보다 더 정직하다고 판단하는 데 아무 문제가 없었다. 어쨌든 정직한 그레고리는 부정직한 행동보다 정직한 행동을 2배 많이 했고, 부정직한 그레고리는 정직한 행동보다 부정직한 행동을 2배 많이 했다. 하지만 정지 버튼이 주어지지 않자 참가자들은 두 가지 행동의 차이를 알아채지 못했다! 참가자들의 인상 평가는 나중에 기억나는 행동에만 기초했고, 그레고리의 행동이 연속적으로 일어나자 판단에 결정적인 인상을 형성하지 못했다. 결정적인 순간에 세상을 멈추는 버튼이 주어지지 않자 참가자들은 정직한 그레고리와 부정직한 그레고리의 명백한 차이를 알아보지 못했다. 그런데 이들은 알아보지 못했지만, 다른 집단의 참가자들은 알아보았다. 다른 집단은 정보가 빠르게 제시되는 조건에서 정지 버튼 없이도 정직한 그레고리와 부정적한 그레고리의 차이를 **알아볼 수 있었다**. 이들은 과도하게 쏟아지는 과제도 무리 없이 처리할 수 있을 것으로 예상되는 사람들로, 우리가 연구를 위해 미리 선별한 사람들이었다.

 이 특별한 사람들은 누구였을까? 여러분과 나다. 그러니까 특별한 건 없고, 단지 정직과 부정에 유독 잘 대처하는 사람들일 뿐이라는 뜻이다. 어떤 사람의 정직성은 그 사람에게 호감이 가는지 여부의 측면에서 중요한 요인이다. 정직은 물론 일반적으로 중요한 자질이지만 특히 이 집단에서는 가장 중요한 자질로 꼽힌다. 이 집단에서 정직은 (예비 참가자 전원에게 몇 달 전 돌린 질문지에서)

좋아하는 사람의 특징을 꼽을 때 제일 먼저 떠올리는 자질이고, 부정은 싫어하는 사람의 특징을 꼽을 때 제일 먼저 떠올리는 자질이었다. 이 집단의 사람들은 어떤 사람을 좋아하는지 싫어하는지 판단할 때 습관적으로 맨 먼저 정직을 떠올렸다. 누구에게나 유독 민감한 부분이 있다. 당신은 너그러움을 중요한 자질로 생각하지만, 옆에 있는 사람은 지적 능력을 중요하게 생각할 수 있다.[5] 혹은 수줍어하는 정도나 적대적인 정도나 자만하는 정도를 가장 눈여겨보는 사람도 있을 수 있다. 이런 안테나가 자동으로 향하는 방향은 개인마다 천차만별이다. 우리 연구팀은 수많은 자질 중 한 가지를 골라서 나머지를 대표하는 예로 연구했을 뿐이다.

정직이라는 자질에 유독 안테나를 세우는 사람들은 버튼이 없어도 버튼이 있는 조건에서처럼 반응하는 것으로 보아, 누구나 사회적 상황에서 일단 멈추고 의식적으로 파악하지 않고도 중요한 신호를 포착하는 레이더를 개발할 수 있는 듯하다. 머리가 복잡할 때도 상대의 성격과 행동에서 우리가 가장 중시하는 자질을 알아보는 것이다. 사춘기나 청년기만 되어도 가능하지만 어린아이들은 사회적 경험이 충분히 쌓이지 않아서 아직 불가능하다. 키보드를 두드리거나 차를 운전하는 등의 여느 기술처럼 몸에 익으려면 시간이 걸린다. 처음에는 어렵고 부담스럽지만, 일단 경험이 쌓이면 수월해지고 자연스러워진다.

우리 실험실의 버튼 연구에서 구상하는 더 큰 그림은, 찰스 다윈이 감정에 관한 주요 저서에서 주장한 것처럼 동일한 심리 과정이 무의식뿐 아니라 의식에서도 작동할 수 있다는 점이다. 정직이라는 정보에 자동적이고 무의식적으로 반응하는 능력을 가진 참가자들은 그레고리에 관해서 같은 능력은 없지만 버튼은 있는 참가자들과 비슷한 인상을 형성했다. 달리 말하면 버튼이 있는 사람들은 정보를 의식적으로 처리할 수 있도록 세상의 속도를 늦춰주는 버튼을 이용해 정보를 처리할 수 있을 뿐 아니라, 무의식적으로 훨씬 빠르고 효율적으로 정보를 처리하는 사람들과 동일한 방식으로 정보를 처리할 수 있다는 뜻이다. 하지만 둘 중 어느 쪽도 아닌 참가자들, 그러니까 정직한 행동을 포착하는 무의식의 안테나도 없고, 의식적으로 처리할 수 있는 버튼도 없는 사람들은 정직한 그레고리와 부정직한 그레고리의 극명한 차이를 알아보지 못했다.

이제 우리는 그날 아침 내가 뉴욕의 워싱턴 광장에서 처음 던진 질문에 답할 수 있게 되었다. 현실 세계에서 빠르고 효율적이고 무의식적으로 작동하는 지각 능력을 개발할 수 있으므로 버튼이 없어도 될 때가 많다.

무의식의 악어

그레고리와 마법의 버튼을 이용한 우리의 연구는 인간에게 사회적 세계에서 대처하는 자동적이고 무의식적인 방식이 존재한

다는 사실을 보여준 최초의 연구였다. 나아가 인간이 진화하면서
조성된 바쁘고 위험한 환경, 특히 다른 사람들과 연관된 상황을
고려했을 때 인간이 이런 무의식적 능력을 갖추는 것이 합리적이
란 사실을 입증했다. 인류가 진화한 과거에는 (지금도 마찬가지지
만) 생각할 시간이 없어서 다른 사람들의 행동 양식을 재빨리 판
단하고 신속히 반응할 수 있어야 했다. "주저하는 자는 잃는다."
목숨이든, 팔다리든, 건강이든, 자식이든. 그러나 (잠시 후 다시 살
펴볼) 불쌍한 외츠티의 사연처럼 생존과 안전을 위해 진화한 무의
식적 동기와, 빠르게 전개되는 현실 세계에서 정직이나 수치심이
나 지능을 포착하는 무의식적 능력 사이에는 중대한 차이가 있다.

생존과 안전의 동기는 기본으로 장착되지만, '사람 레이더'는
우리가 경험과 연습을 통해 개발해야 하는 기술이다. 숨쉬기와 운
전의 차이로 이해하자. 하나는 날 때부터 타고난 능력으로 학습의
대상이 아니고, 다른 하나는 학습해야 얻을 수 있는 능력이다. 그
래도 지금은 두 가지 모두 (정상적인 조건이라면) 의식의 안내가 없
어도 작동할 수 있다. 자세히 들여다보면 운전할 때도 진화적으로
'타고난' 장치가 필요하다. 어쨌든 개는 아무리 연습시켜도(내 옆
에는 데려오지 마시길) 운전을 못 한다. (다만 우리 동네 몇몇 운전자만
큼은 할 수 있을지도 모르겠다.) 요컨대 운전은 상당한 경험과 연습
이 쌓여야 가능하다. 버튼 연구에서 경험과 연습이 쌓여야 개발할
수 있는 '사람 레이더'와 비슷하다. 두 가지 모두 세계와의 사적인
경험에서 새로 얻은 유용한 무의식을 원래 타고난 능력에 '추가하

는' 능력에서 나온다.[6]

1980년대 초 내가 바쁘게 돌아가는 세계에 대처하는 적응적이고 무의식적인 기제를 연구하기 시작할 무렵에는 '운전'이나 경험에 기초한 무의식적 과정이 사회심리학에서 밝혀낸 전부였다. 그즈음 폴 에크먼Paul Ekman을 비롯해 데이비드 버스David Buss와 더글러스 켄드릭Douglas Kendrick 같은 선구적인 연구자들 덕분에 진화심리학이 출현했다. 인지심리학은 B. F. 스키너B. F. Skinner의 주도로 시작되어 당시 심리학을 지배하던 행동주의를 끌어내렸다.

서론에서 소개했듯이 행동주의에서는 인간의 마음에 중점을 두지 않고 의식적 생각은 중요하지 않다고 보았다. 나아가 언어와 말을 비롯한 복잡한 인간 행동도 주변 환경의 자극에 대한 반사적이고 훈련된 반응이라고 보았다. 반면에 인지심리학에서는 의식적 사고에 중점을 두고, 인간의 거의 모든 선택과 행동에 반드시 필요한 요소로 간주했다. 인지심리학의 관점에서 보면 의식적이고 의도적으로 접근하지 않으면 아무 일도 일어나지 않는다. 둘 다 옳지 않았다(극단적인 흑백논리가 늘 그렇듯이).

인지심리학의 이런 '의식 우선' 이론 체계에서 당시 내가 몸담은 사회심리학으로 주도권이 넘어왔지만, 여전히 무의식적 과정이 존재하려면 반드시 우선 의식되어야(그리고 의도적이어야) 한다고 보았다. 그리고 상당한 경험이 쌓여야 간결하고 효율적(당시 우리가 사용한 용어는 '자동적automated')으로 변해 더 이상 의식이 주도하지 않아도 되었다(자동차를 운전할 때와 같다. 윌리엄 제임스도

1890년에 같은 말을 했다. "의식은 더 이상 쓸모없어진 과정에서 떨어져 나간다"[7]). 그로부터 25년이 흘러 21세기로 접어들 때까지도 나와 우리 분야의 연구자들은 여전히 무의식적 정신 과정은 이런 식으로만 존재할 수 있다고 믿었다. 요컨대 우선 의식적 노력으로 시작하지만, 경험이 쌓이고 자주 사용하면 무의식적으로 작동할 수 있다고 믿었다. 그러나 우리는 틀렸거나 적어도 불완전한 그림을 붙잡고 있었다. 옆에서 역시나 새로 출현한 진화심리학의 풍부한 이론과 증거에 충분히 관심을 기울이지 못한 결과였다. 우리의 모래상자 안에서만 노느라 바쁘게 돌아가는 놀이터 전체를 살피지 못했다.

내가 결국 모래상자에서 고개를 들고 주위를 둘러보게 된 계기는 '의식 우선'의 전제가 무너지기 시작할 무렵이었다. 우리 실험실에서도 '의식 우선'으로는 설명되지 않는 결과가 나오기 시작했을 뿐 아니라, 발달심리학처럼 세상 경험이나 연습이 아직 부족한 영아와 유아를 대상으로 하는 분야에서도 아동의 자동적이고 무의식적인 행동은 아주 어릴 때부터 나타나므로 의식적인 연습이나 경험을 통해서만 그런 자연스러운 행동을 하게 된다고 보기 어렵다는 흥미로운 연구 결과가 속속 나왔다. 우리가 타인을 대하는 능력을 갖추고 세상에 나온다는 개념을 뒷받침하는 흥미로운 증거일 뿐 아니라, 무의식적 정신 과정은 먼저 의식적으로 사용하고 경험이 쌓인 후 아동과 성인에게만 나타난다는 기본 가정을 전면으로 반박하는 증거였다.

새로운 증거는 25년에 걸친 나의 초반 연구 인생에 수수께끼를 제기했다. 도무지 생각을 끊을 수 없는 수수께끼였다. 오랫동안 이 문제를 고심하던 중에 딸이 태어났다. 나는 한 학기 동안 배우자 출산 휴가를 내고, 집에서 아이를 관찰하며 아이와 놀아줄 수 있게 되었다. 아이가 놀이방 울타리 안에서 기어 다니며 장난감과 인형을 가지고 노는 동안 나는 옆에 앉아 전보다 더 폭넓은 분야의 책을 읽었다. 진화생물학, 철학과 같은 다른 분야의 책을 읽으면서 오래 매달리던 수수께끼의 답을 찾으려 했다. 무의식적으로 작동하지만 오래전부터 무의식의 필수불가결한 요소로 여겨진 의식적 경험이 없는 정신 과정, 이를테면 평가와 동기와 실제 행동을 처리하는 고차원적 정신 과정이 어떻게 존재할 수 있을까?

뉴욕 거리 한복판에서 문득 의문을 품은 지 수십 년에 지난 2006년 어느 아름다운 가을날, 나는 코네티컷주 뉴헤이븐의 나무 집 꼭대기 방에서 창문을 다 열어놓고 내 앞에서 기어 다니는 어린 딸을 보고 있었다. 주변에는 리처드 도킨스Richard Dawkins, 에른스트 마이어Ernst Mayr, 도널드 캠벨Donald Campbell 같은 위대한 학자들이 인간의 진화에 관해 쓴 고전이 쌓여 있었다. 아기 방 창문으로 오후의 따스한 햇살이 쏟아졌고, 나는 조금 졸렸다. 그즈음 나는 아기를 둔 여느 부모만큼만 잤다. 거의 못 잤다는 소리다. 드디어 여느 때처럼 자기 싫어 보채는 아기를 달래서 낮잠을 재우고 침대 위에 논문과 노트를 펼쳐놓았다. 내가 뭔가 놓치고 있는 줄은 알았지만 그게 뭔지 감이 오지 않았다. 책을 읽기 시작하자 눈

꺼풀이 점점 내려왔다. 졸음과 싸우다 결국 노트와 논문 위로 고꾸라져서 깊은 잠에 빠졌다.

꿈속에서 나는 플로리다의 에버글레이즈 국립공원에 있었다. 늪지대를 둘러볼 수 있게 높이 설치한 목재 산책로에 서 있었다. 주위에 다채로운 빛깔이 펼쳐지고, 축축하고 묵직한 공기가 살갗에 닿았다. 어둡다 못해 검은색에 가까운 늪지 가장자리로 사이프러스와 맹그로브 나무가 둘러서 있었다. 산책로에 서서 늪지를 내려다보는데 잔물결이 일면서 시커먼 물속에서 비늘 덮인 악어가 나타났다. 내가 산책로를 따라 걷자 물속에서 악어가 나를 따라왔다. 악어는 험악해 보였지만 꿈속의 나는 악어가 무섭지 않았다. 5초나 10초쯤 걷다 보니 악어가 나를 조금 앞질렀다. 그러고는 멈춰서 천천히 몸을 뒤집기 시작했다. 완전히 뒤집혀 아주 연하고 부드러워 보이는 길고 하얀 배가 드러났다.

나는 놀라서 잠이 깨어 벌떡 일어나 앉았다. '그거야.' 눈을 크게 떴지만 눈앞에 아직 뒤집힌 악어가 보였다. 10년이 지난 지금도 거대한 안도감이 들고 긴장이 탁 풀리던 느낌이 생생히 기억난다. 10년 넘게 나를 짓누르던 무거운 짐을 내려놓은 듯 홀가분했다. '당연하지!' 나는 침대에 앉은 그대로 펜과 종이를 집어 꿈에서 본 것을 모두 적었다. 무엇보다도 방금 전 꿈에서 들은 말이 중요했다. 점점 머리가 맑아지면서 마침내 수많은 연구에서 새로 나타난 무의식적 결과가 어떻게 의식적 경험이 충분히 쌓이지 않고도, 혹은 관련 경험이 없어도 나타날 수 있는지 이해되었다.

'무의식이 먼저야.' 악어가, 정확히 말하면 몸을 뒤집은 악어가 내게 해준 말이었다. '이 멍청아.'

오랜 세월, 나는 완전히 헛짚고 있었던 것이다. 그리고 악어는 내게 전제를 뒤집으라고 말해줬다. 실제로 새로 보고되는 연구 증거들은 정신 과정을 의식적으로 폭넓게 사용한 뒤에야 그 과정이 무의식적으로 작동할 수 있다는 확고부동한 전제에 들어맞지 않았다. 문제는 증거가 아니었다. 문제는 '의식 우선'이라는 전제에 있었다. 악어의 하얀 배는 무의식이었다. 악어는 내게 인간 진화에서든 영아기에서 아동기를 거쳐 성인이 되기까지의 인간 발달에서든 무의식이 먼저라는 사실만 깨달으면 모든 증거가 맞아떨어진다고 말해주었다. 나는 우리가 어떤 정신 과정을 먼저 의식적으로 반복해서 사용한 뒤에야 그 과정이 무의식적으로 작동할 수 있다는 확고한 전제를 뒤집고, 인간의 기본 심리와 행동 체계가 원래 무의식적으로 존재하고, 더 나아가 진화의 역사에서 비교적 후반에 출현하는 언어와 의식적이고 의도적인 사고보다 앞서 출현했다고 전제했어야 했다.[8] 여기서 '체계'란 우리가 좋아하는 대상(과 사람)에 다가가고 좋아하지 않는 대상을 피하는 것처럼 우리가 자연스럽게 세계에서 현재의 욕구를 충족시켜줄 대상을 찾아내도록 유도하는 타고난 기제를 의미한다. 싸움-도주 반응과 그 밖에 위험을 피하게 해주는(어둠을 무서워하고 근처에서 요란한 소리가 나면 깜짝 놀라는) 타고난 기제와 같은 중요한 생존 본능은 말할 것도 없다. 영아기에는 기본으로 발달한 동기와 성향이 있어서, 몸과 마음을 의식적이고 의도적으로 통제하기 시작하는 4세 이전까지 자동으로 작동한다. 악어는 내 꿈에 나타나 모든 것이 의식적이고 의도적으로 시작하지 않으며, 의식적이고 의도적으로 시작한 뒤에만 (연습과 경험을 통해) 무의식적으로 작동하는 것도 아니라고 말해주었다. 악어는 하얀 배를 드러내면서 무의식이 먼저이지, 의식이 먼저가 아니라고 말해준 것이다.

돌이켜보면 이 꿈은 다른 의미에서도 놀라웠다. 꿈 자체가 무의식이기 때문이다. 나는 마치 스크린에 펼쳐지는 영화처럼 수동적으로 꿈을 보고 경험했다. 과거에도 오래 고민하던 문제의 해결책이 꿈속에서 상징적으로 나타난 경험을 보고한 과학자가 많았다.[9] 그런데 내가 고심하던 문제는 무의식 자체에 관한 것이므로, 인류 역사상 처음으로 **무의식이 누군가에게 그 자신에 관해 말해준 사건**일 수 있다. 무의식에 관한 근본적인 질문의 답을 찾아 헤맨 10년 세월에 대한 답이 마침내 나의 무의식적 정신 작용에서 나타난 것이다.

다윈과 문화(인지)인류학, 현대의 진화생물학과 진화심리학에서 밝혀낸 바에 의하면, 인간의 뇌는 오늘날과 같은 이성과 통제의 의식적인 능력 없이 원초적인 무의식으로 시작해서 진화했다.[10] 무수한 유기체의 마음은 인간의 의식과 같은 것을 타고나지 않았어도 생존을 위해 적응적인 행동을 했으며, 의식을 필요로 하지도 않았다. 하지만 원시의 뇌에서 발달한 원시적이고 무의식적인 기제는 의식과 언어(지구상의 생물 중에서 인간만 가진 고유하고

우월한 능력)가 진화의 역사 후반부에서 출현했다고 해서 갑자기
사라지지는 않았다. 의식은 하루아침에 기적적으로 생겨난 완전
히 새로운 마음이 아니다. 여전히 우리 안에 존재하는 원시의 무
의식적 장치에 새로 추가된 것이다.[11] 원래의 장치가 아직 우리 안
에 있지만, 의식이 새로 추가되면서 욕구와 갈망을 충족시킬 새로
운 방법, 이를테면 오래된 장치를 의도적이고 계획적으로 활용하
는 능력이 생겼다.

　　그러면 무의식이 의식의 근간이고 그 반대가 아니라는 것은 어
떤 의미일까? 우선 행동주의자와 인지학자 사이의 이분법적 논쟁
이 해결된다. 우리는 외부에서 들어오는 자극에 휘둘려서 아무 생
각 없이 자동으로 움직이는 태엽 감는 인형도 아니고, 반대로 혼
자서 모든 것을 꿰뚫어 보고 모든 생각과 행동을 통제하는 존재
도 아니다. 그보다 뇌의 의식적 작용과 무의식적 작용 사이에, 외
부 세계의 사건과 머릿속의 사건(현재의 관심사와 목적, 최근 경험의
잔상) 사이에 끊임없이 상호작용이 일어난다. 행동주의자와 인지
학자는 둘 다 옳기도 하고 틀리기도 하다(서로의 주장에도 타당성이
있다고 인정하지 않는다면 둘 다 틀렸다). 우선 인지학자 편을 들자
면, 현재의 목표와 동기가 우리가 세계에서 주목할 대상을 찾아내
고 (우리가 현재 원하는 것을 얻는 데 도움이 되는지에 따라) 그 대상을
좋아할지 싫어할지 결정한다. 행동주의자 편을 들자면, 세계는 그
자체로 우리의 감정과 행동과 동기를 자극하고 때로는 다윈의 주
장처럼 우리가 알아채지도 통제하지도 못하는 사이에 강력하게

감정과 행동과 동기를 자극한다.[12] 철학자 수전 울프Susan Wolf의 말처럼, 외부의 영향에서 완전히 자유롭다고 자신하는 사람은 바다에 빠진 아이를 외면하고 떠날 수 있어야 한다. 다행히 우리는 그럴 수 없다(그럴 수 있다고 해도 신이 도와주신다). 울프는 우리가 원하지 않는 자유가 있다고 주장한다.[13] 그중 다수는 물론 우리 마음을 이루는 원시 과거의 가장 중요한 동기, 즉 유전자가 살아남게 만드는 동기와 관련이 있다.

호리병 속의 지니

인류의 생존은 기정사실이 아니었다. 사실 인류는 살아남지 못할 가능성이 훨씬 컸다. 어쨌든 지구상에 존재했던 종의 99퍼센트 이상이 멸종했다.[14] 외츠티의 이야기에서 생생히 그려지듯이 인간은 위험하고 척박한 환경에서 진화했다. 그럼에도 현대적 삶의 편의가 시각피질에서 깜빡거리기 오래전부터 우리의 '현대적인 뇌'가 진화를 통해 빚어졌다는 사실을 우리는 쉽게 잊는다. 외츠티들에게는 법이나 항생제나 냉장고도 없었고, 구급차나 슈퍼마켓이나 정부도 없었으며, 배관시설이나 가드레일이나 옷가게도 없었다. 다행히 우리는 외츠티의 시대에 살고 있지 않다. 그럼에도 우리의 마음은 아직 그 시대에 산다. 중요하게 이해해야 할 지점이다.

오랜 인류 진화의 역사에서 가장 큰 위험은 같은 인간이었다. 외츠티가 산에서 살해당한 사건은 운 좋게 시신이 잘 보존됐다는 점을 제외하고는 사실 그리 놀라운 일이 아니다. 우리 조상들의 삶에서 남의 손에 잔인하게 살해당하는 사건은 흔하디흔했다. 고대 도시에서 출토된 유골을 분석해보면 셋 중 하나는 살해당했다.[15] 오랫동안 현대 문명과 동떨어져 살아온 열대우림의 야노마미족은 1970년대까지도 남자들이 살해당하는 비율이 4명당 1명 꼴이었다.[16] 그에 반해 오늘날 유럽과 북아메리카에서 살해당하는 비율은 10만 명당 1명 정도다.[17]

오늘날 우리는 위험을 가능한 줄이면서 생명과 안전을 추구한다. 현대인에게는 법 집행기관, 신호등과 교통표지판, 노동을 음식과 주거지로 교환해주는 효율적인 교환체계(돈)가 있다. 의학과 위생조사관도 있다. 그래서 우리의 무의식적 성향이 과거 조상들이 살던 위험한 세계에 맞춰져 있다는 점을 간과하기 쉽다. 사실 무의식적 성향은 추위와 더위, 가뭄과 기아, 그리고 인간뿐 아니라 야생동물이나 해로운 세균이나 독초 같은 인간 이외의 위험한 생명체가 우리의 목숨을 노리는 세계에서 만들어졌고 여전히 그 세계에 맞춰져 있다. 신체적 안전에 대한 기본 욕구는 진화의 강력한 유산으로 우리 마음 구석구석에까지 스며든다. 그리고 현대의 삶에서 누구에게 투표할 것인가와 같은 면에서 놀라운 방식으로 반응한다.

프랭클린 루스벨트Franklin Roosevelt 대통령이 1933년에 첫 연두교서에서 남긴 유명한 말이 있다. "나는 우리가 두려워해야 할 것은 오로지 공포 그 자체라고 확신합니다. 그것은 후퇴를 진군으로 바꾸는 데 필요한 노력을 마비시키는, 이름도 없고 근거도 없고 정당하지도 않은 공포입니다." 그로부터 80년 이상 흐른 2016년 1월, 버락 오바마Barack Obama 대통령이 마지막 연두교서에서 루스벨트의 말을 되풀이했다.[18] "미국은 거대한 변화를 겪었습니다. …… 그때마다 미래를 두려워하라고 말하는 사람들, 변화에 제동을 걸 수 있다고 주장하는 사람들, 미국을 지배하겠다고 위협하는 집단이나 생각을 수용하기만 하면 과거의 영광을 재현할 수 있다고 약속하는 사람들이 있었습니다. 그때마다 우리는 공포를 극복했습니다."

루스벨트와 오바마 두 전직 대통령 모두 공포가 **사회 변화**에 미치는 영향을 두고 한 말이다. 루스벨트는 대공황이 불러온 공포가 경기회복에 필요한 법 체제와 경제 제도의 변화를 방해할까봐 우려해서 한 말이었다.[19] 오바마는 국가의료제도와 이민 정책을 두고 한 말이었다. 두 대통령 모두 민주당이고, 정치적으로 진보에 속했다. 둘 다 사회 변화를 거부하는(그래서 **보수**라 불리는) 보수적인 정치 성향에 반대했다. 흥미롭게도 둘 다 공포가 사회 변화를 회피하게 만든다는, 다시 말해서 정치적으로 보수적인 성향을 강화하고 진보적인 성향을 약화시킨다는 사실을 간파했다.

왜 보수 정치인들은 유권자에게 공포를 심어주려 하고, 진보 정치인들은 유권자의 공포를 축소하려 할까? 위협을 받으면 보수적

인 성향이 강해지고 변화를 거부하게 되는 현상은 오래전에 알려
졌다. 정치 심리학 연구에서는 보수주의자가 진보적으로 행동하
게 만드는 것보다 진보주의자가 보수적으로 행동하게 만드는 것
이 훨씬 쉬운 것으로 밝혀졌다. 한 연구에서는 진보적인 대학생들
에게 자신의 죽음을 구체적으로 상상하게 하자[20] 사형, 낙태, 동성
애 결혼과 같은 사회 쟁점에 대해 위협받지 않은 조건의 보수적인
대학생들과 (일시적으로) 같은 입장을 보이는 것으로 나타났다.[21]
반대로 보수주의자를 진보주의자로 바꾸기는 불가능에 가깝다.
사람들은 위협이나 공포를 느끼면 위험을 무릅쓰려는 성향이 줄
어들고 변화를 거부한다. 그리고 이것이 바로 보수주의의 정의다.
이 연구 결과를 근거로 나와 여러 연구자들은 보수적인 정치 성향
에는 안전과 생존을 향한 무의식적 동기가 작용할 수 있다고 가정
했다. 이 사실을 어떻게 실험으로 검증할 수 있을까? 우리는 우선
이미 발표된 연구를 검토했다.

　캘리포니아 대학교 연구자들은 흥미롭게도 4세 미취학 아동 집
단을 20년간 추적해서 성인 초기의 정치 성향을 조사했다.[22] 4세
일 때 공포와 억압의 수준을 측정하고 20년 후 이들의 정치 성향
을 평가한 것이다. 결과적으로 4세에 공포와 억압 수준이 높았던
아동은 23세에 보수적인 성향이 강한 것으로 나타났다.

　사회 문제에 보수적인 성인(동성 결혼이나 마리화나 합법화 같은
사회 변화에 반대하는 사람)은 심리학 실험에서 예기치 않은 요란
한 소음에 두려워하거나 놀라는 반응을 보이는 경향이 강했고, 또

'무서운' 이미지를 보고는 생리적 각성 수준이 높아졌지만 기분 좋은 이미지를 보고는 각성 수준이 높아지지 않는 것으로 나타났다.[23] 다른 연구에서는 보수적인 성인은 진보적인 성인에 비해 위험하거나 혐오스러운 물건에 더 민감하게 반응하고, 잠재적 위험이나 실험실에서의 위협적인 사건에 더 많이 경계하는 것으로 나타났다. 최근에는 이런 차이가 감정, 특히 공포와 관련된 뇌 영역의 크기와 연관 있는 것으로 알려졌다. 뇌 신경계의 공포 중추인 우측 편도체 영역은 실제로 정치적으로 보수를 자처하는 사람의 뇌에서 더 컸다.[24] 실험실에서 위험을 감수하는 과제를 수행하는 동안 뇌의 공포 중추는 민주당 지지자를 자처하는 참가자보다 공화당 지지자를 자처하는 참가자에게서 더 많이 활성화되었다.

따라서 신체적 안전에 대한 무의식적 동기의 강도와 정치적 태도 사이에는 연관성이 있어 보인다. 연구에서도 진보주의자에게 공포를 심어주면 좀 더 보수적으로 유도할 수 있는 것으로 나타났다. 그런데 사람들에게 안전하다고 느끼게 해주면 어떻게 될까? 만약 정치적 태도가 끓는 물과 같아서 신체적 안전의 욕구라는 불꽃으로 온도를 높이기도 하고(보수주의) 낮추기도 할(진보주의) 수 있다면, (일시적으로) 안전하다고 느끼게 된 보수주의자가 좀 더 진보 쪽으로 넘어가야 할 것이다.

우리는 두 가지 실험에서 효과적인 상상 연습으로 참가자들이 신체적으로 완벽하게 안전하다고 느끼도록 조작했다.[25] 참가자들에게 호리병 속의 지니에게 초능력을 선물로 받는 상상을 하도록 주문했다. 한 조건의 초능력은 어떤 행동을 하고 무슨 일이 생기든 신체적으로 완벽하게 안전하고 전혀 해를 입지 않는 능력이었다. 총알이 몸에서 튕겨 나가는 슈퍼맨을 생각해보라. 한편 통제 조건의 참가자들은 하늘을 날 수 있다고 상상했다. 우리는 참가자들이 신체적으로 완벽하게 안전하다고 상상하면 일시적으로 만족감이 생겨서 무의식중에 신체적 안전에 대한 걱정이 줄어들고 (우리의 이론이 옳다면) 보수주의자도 진보적인 태도를 보일 거라고 예측했다. 적어도 일시적으로는 말이다.

당신도 상상력을 발휘해서 이 연구 참가자가 되어보자. 아래와 같은 상황을 상상해보라.

―――― 쇼핑하러 가서 간판을 내걸지 않은 이상한 가게에 들어선다. 실내가 어둑어둑하고 주인은 처음 보는데도 당신의 이름을 부른다. 당신에게 가까이 오라고 하고는 기묘한 목소리로 말을 건다. "당신한테 선물을 주기로 했소. 내일 아침에 눈을 뜨면 초능력이 생겼을 거요. 엄청난 능력이지만 철저히 비밀에 부쳐야 하오. 발설하거나 초능력을 과시하면 그 능력을 영영 잃어버릴 거요." 그날 밤 당신은 잠을 못 이루다 아침에 눈을 떠보니 정말로 초능력이 생겼다.

이제부터 당신이 어느 실험 조건에 무작위로 배정되는지에 따라 이야기가 달라진다. '안전' 조건에 배정되면 아래와 같은 지문이 이어진다.

—— 유리컵이 바닥에 떨어지고 당신은 어쩌다 깨진 유리를 밟는다. 그래도 전혀 아프지 않다. 당신은 이제 신체적 상해로부터 완전히 안전하다는 사실을 깨닫는다. 칼과 총알이 몸에서 튕겨 나가고 불에도 데지 않고 절벽에서 떨어져도 멀쩡하다.

하지만 '날기' 조건에 배정되면 아래와 같은 지문이 이어진다.

—— 당신은 계단을 내려가다가 발을 헛디디지만 굴러떨어지지 않고 가볍게 떠서 바닥에 착지한다. 다시 계단 꼭대기에서 뛰어내리다가 날 수 있다는 사실을 깨닫는다. 당신은 새처럼 날아오를 수 있다. 땅에 발을 딛지 않고 이동할 수 있다.

우리는 참가자들에게 둘 중 한 가지 초능력을 가졌다고 상상하게 한 다음 기존 연구에서 보수주의자와 진보주의자의 차이가 명백히 나타나는 표준 척도로 참가자들의 사회적 태도를 측정했다. 마지막에는 최근 대통령 선거(2012년)에서 누구에게 투표했는지, 혹은 누구에게 투표했을 것 같은지 물어서 전반적으로 보수 성향인지(공화당 지지자) 진보 성향인지(민주당 지지자)를 측정했다.

하늘을 나는 초능력을 받았다고 상상한 사람들, 곧 통제 조건의 사람들은 예상대로 사회적 태도 척도에서 큰 차이를 보였다. 진보적인 사람은 보수적인 사람보다 훨씬 덜 보수적이고, 이런 태도는 하늘을 날 수 있다고 상상해도 전혀 달라지지 않았다. 하지만 '신체적 위험으로부터 안전한' 초능력을 받은 조건에서는 사정이 달랐다. 물론 진보적인 사람은 완벽하게 안전하다고 상상해도 전혀 영향을 받지 않고, 사회적 태도도 '하늘을 날 수 있는' 조건의 참가자들과 동일했다. 하지만 보수적인 참가자의 사회적 태도는 훨씬 진보적으로 바뀌었다. 신체적으로 안전하다는 느낌이 들자, 보수적인 참가자의 태도가 사회 쟁점에 대해 원래 진보적인 참가자의 태도에 훨씬 가까워졌다. 현대인의 기억에서 사라졌지만 인류가 진화해온 과거의 신체적 안전에 대한 무의식적 욕구가 지니의 상상 연습을 통해 어느 정도 충족되자 현재의 사회적 쟁점에 대해 의식적인, 지적인 신념이 형성된 것이다.

　이어서 두 번째 실험에서는 첫 번째 실험과 거의 동일하지만, 사회적 변화에 개방적인지 폐쇄적인지(정치적 이념이 보수적인지 진보적인지 결정하는 특징) 묻는 질문만 추가했다. 하늘을 나는 초능력을 가진 조건에서는 추가 질문에서 보수적인 사람이 진보적인 사람보다 더 보수적이라고 답했다. 하지만 신체적으로 안전한 초능력 조건에서 완벽하게 안전하다고 상상하자 보수적인 사람이 사회적 변화에 보이는 저항 수준이 진보적인 사람과 비슷하게 떨어졌다. 우리 실험의 지니가 실제로 마술을 부린 것이다. 이제껏 아무도 하지 못한 일을 해냈다. 보수주의자를 진보주의자로 만드는 일!

다시 말하지만 우리는 현대의 사회적 동기와 태도의 근간을 이루는 개념이자 궁극적으로 무의식적 진화의 목표, 즉 신체적으로 안전하고 싶다는 강력한 동기에 도움이 되는 개념을 토대로 이런 결과를 예측했다. 따라서 지니 상상 연구로 신체적 안전에 대한 기본 욕구가 충족되자, 사회적으로나 정치적으로 보수적인 입장을 고수하려는 욕구가 사라지거나 적어도 감소했다. 가스 불을 끄면 주전자 물이 끓다가 마는 것과 같은 원리다.

세균과 대통령

우리가 진보주의자와 보수주의자에 대한 지니 상상 연구를 실시한 후 2016년에 미국의 대통령 선거가 있었다. 굉장한 선거의 해였다! 2월 9일에 도널드 트럼프Donald Trump가 뉴햄프셔 공화당 예비선거에서 승리했다. 그날부터 딸기 헬멧 같은 헤어스타일에 리얼리티 TV 프로그램에서 호통치던 억만장자는 공화당 후보가 되기 위한 길을 닦으면서, 다른 곳에서는 심지어 자기 당에서조차 엄청난 저항에 시달렸지만 예비선거에서는 별다른 저항 없이 승승장구했다. 급기야 앞서가던 민주당의 힐러리 클린턴Hillary Clinton을 누르고 미국의 제45대 대통령으로 선출되었다.

트럼프는 즉흥적이고 자극적인 연설로 연일 논란을 불러일으키며 24시간 뉴스 채널에 먹잇감을 던져주었다. 여성을 모욕하고

비난하고, 장애인을 조롱하고, 자신의 성기 크기와 재산을 떠벌렸
다. 특히 세균에 대한 강박증이 있는 듯 보였다. 트럼프의 선거운
동을 따라다니며 무대 뒤에서 종종 같이 있던 한 기자는 트럼프를
이렇게 묘사했다. "악수를 싫어하고 음료수도 밀봉된 캔이나 병에
든 것만 마시는 세균혐오자다. 그의 집회에 찾아오는 지지자들과
도 거리를 두려고 한다."[26]

트럼프는 선거운동에서 상대 후보들에게 "역겹다"란 표현을 썼
다. 가장 유명한 예는 힐러리 클린턴이 버니 샌더스Bernie Sanders 와
의 민주당 후보 TV 토론에서 화장실에 다녀오느라 몇 초 정도 늦
게 돌아왔을 때 한 말이다. 이튿날 트럼프는 미시간주 그랜드래
피즈의 집회에 모인 지지자들에게 "그 여자가 어디 갔다 왔는지
알아요. 역겹네요. 내 입에 담고 싶지도 않아요"라고 말하면서 코
를 찡긋거리고 오만상을 찌푸리며 지지자들을 즐겁게 해주었다.
"그래요, 정말 역겨워요. 말도 마요. 역겨워요." 몇 달 후 클린턴과
의 첫 토론에서 트럼프는 미스 유니버스 출신의 알리시아 마차도
Alicia Machado를 두고도 "역겹다"라고 표현했다.[27] 여기서 이런 이
상한 선거운동을 다시 언급하지 않아도 앞으로 오래 기억에 남을
대통령 선거 시즌이었다. 대다수 평론가들에 따르면 미국의 공공
대담에서 최악의 수준을 기록한 사건이었다.

신체적 안전은 상해를 피하기만 한다고 보장되는 것이 아니다.
세균과 질병도 피해야 한다. 우리는 상하거나 썩은 냄새가 나는
음식을 먹지 않으려고 조심하고(이런 냄새를 감지하는 감각이 진화

했다) 더럽거나 오염된 듯 보이는 물건을 만지는 데 예민하다. 다윈의 주장처럼 우리는 또한 주변 사람들이 역겨움을 표현할 때 민감하게 알아채고, 그 사람들이 방금 먹거나 만지거나 스친 것을 접촉하지 않으려고 애쓴다. 이것은 합리적인 반응이다. 인류의 역사에 세균과 바이러스가 인구의 상당수를 휩쓸어버린 사건이 간간이 등장하기 때문이다.

감염은 우리 조상들이 살던 세계에서 실질적인 죽음의 원인이었다. 살이 베이거나 찢어지면 벌어진 상처로 세균과 바이러스가 침투할 수 있으므로 생명을 위협할 만큼 매우 심각한 위험이었다.[28] 미국 남북전쟁이 발발한 1860년대만 해도 상황이 심각했다. 전쟁 중에 1,000명당 62명이 총에 맞거나 칼에 찔려서가 아니라 감염으로 사망했다. 현미경이 발명되고 루이 파스퇴르Louis Pasteur가 미생물을 발견한 이후에야 인류는 질병이 어떻게 감염되는지 이해했다. 오늘날은 위생 상태가 좋아지면서 전염병과 오염과 질병의 확산이 감소했다. 세상이 발전하고 개인도 위생관념이 생기고 상처를 보호하는 치료의 중요성을 이해하면서 과거보다는 세균과 질병으로부터 훨씬 안전해졌다. 그러나 인간이 계속 진화하듯이 바이러스와 세균도 진화한다. 예를 들어 독감 바이러스는 철마다 새로운 변종이 나타난다.

마음이 현재처럼 진화하기까지 인류 역사의 방대한 시간에서 세균이나 박테리아가 득실거리는 것처럼 보이거나 냄새가 나는 대상을 피하는 방법은 실제로 우리의 생존에 도움이 되었다. 어쨌든 원시 세계에는 냉장고도 없고, 보건부에서 땅에서 나는 식품에 등급을 매기지도 않았다. 냄새가 '나쁜' 물질에는 그만한 이유가 있다(우리에게는 나쁜 냄새가 나는 물질이 쇠똥구리에게는 좋은 냄새가 나는 물질로 받아들여질 수도 있다). 더럽고 세균이 득실거리는 물질의 냄새를 싫어하면 그 물질을 피해서 감염되거나 질병에 걸릴 가능성이 줄어든다. 따라서 역겨움을 느끼고 세균을 피하는 행동은 신체적 안전을 지키고, 자신과 가족을 질병으로부터 보호하려는 인간 보편적인 동기의 지극히 적응적인 부분이었다.

같은 맥락에서 오늘날 이민 문제에 대한 정치적 갈등을 살펴보자. 보수주의자는 이민을 격렬히 반대하고 진보주의자는 이민에 우호적이다. 2016년, 이민 문제는 대선을 앞둔 미국 정치권과 다른 지역에서 뜨거운 쟁점으로 떠올랐고, 시리아 난민 문제로 인해 더 중요한 현안으로 대두되었다. 보수주의자가 이민에 반감을 느끼는 이유 중 하나는 이민이 국가와 문화에 가져오는 변화 때문이다. 이민자들의 문화적 가치관, 관행, 종교, 신념, 정치가 들어오면 사회 변화가 일어난다. 하지만 신체적 안전과 생존에 대한 보수주의자의 걱정과 관련해서 이민에 반대하는 또 하나의 이유는 과거 보수 정치인들이 국가(정치적 몸)로 유입되는 이민자를 개인의 몸에 침투하는 세균이나 바이러스에 비유했기 때문이다. 아돌프 히틀러Adolf Hitler 같은 극우 보수 지도자들은 사회의 외가집단을 희생양으로 삼았고, 이민자들을 국가 내부로 침투해서 파괴하려고 시도하는 '세균'이나 '박테리아'로(따라서 박멸해야 할 대상으로) 명시

적이고 반복적으로 표현했다.[29] 무의식 차원에서 이민이 세균이
나 질병과 연결되면 이민에 반대하는 정치적 신념이 질병을 피하
려는 강력한 진화적 동기에 효과적으로 작용한다.

　우리는 이런 가능성을 검증하기 위해 2009년 가을에 H1N1 독
감 바이러스가 발생해서 사람들에게 독감 예방주사를 맞도록 권
장하던 즈음 두 가지 연구를 고안했다.[30] 그해에는 바이러스가 유
독 독해서 예일 대학교도 캠퍼스에 최초로 항균소독본부를 설치
했다. 우리는 점심시간에 커먼스 학생식당 앞에서 첫 번째 실험을
실시했다. 커먼스는 색이 짙은 목재 벽판에 스테인드글라스 창문
이 나 있고, 아치형 천장에 달린 주철 샹들리에 아래 기다란 나무
테이블이 놓여 있는 호그와트 같은 분위기의 식당이었다. 우리는
참가자들의 질병 회피 동기를 자극하기 위해 우선 당시 한창 기승
을 부리던 독감을 상기시키면서 백신 접종의 중요성을 설명하는
인쇄물을 나눠주거나 직접 설명했다. 다음으로 참가자들에게 이
민에 대한 태도를 알아보는 설문조사를 실시했다. 그리고 설문조
사가 끝나면 독감 예방접종을 받았는지 여부를 물었다.

　우리의 예상대로 실험을 시작할 때 독감의 위협에 관해 들었지
만 예방접종을 받지 않은(그래서 독감 바이러스에 다소 위협을 느끼
는) 사람은 이민에 훨씬 더 부정적이었다. 반면에 예방접종을 받
은 사람은 이민에 좀 더 긍정적인 태도를 보였다. 실험자는 참가
자들에게 독감 바이러스에 관해 설명하면서 독감 예방주사를 맞
으면 안전하다고도 말해주었다.

우리는 같은 자리에서 추후 연구를 실시했다. 모든 참가자에게 첫 번째 연구와 같은 방식으로 독감이 유행하는 계절이라고 상기시켰다. 다만 이번에는 손을 자주 씻거나 퓨렐Purell를 비롯한 항박테리아 세정제를 쓰는 습관이 독감을 예방하는 효과적인 이유를 설명했다. 다음으로 참가자들을 무작위로 (1) 손 세정제를 쓸 수 있는 집단과 (2) 손 세정제를 쓸 수 없는 집단으로 나누었다. 그런 다음 이번에도 독감을 상기시킨 후 이민에 관한 문항이 포함된 정치 태도 설문조사를 실시했다. 그 결과, 손을 씻은 참가자들은 이민에 긍정적인 태도를 보이고, 손을 씻지 못한 참가자들은 이민에 부정적인 태도를 보였다.

이상하거나 충격적인 결과로 보일지 몰라도 사실 정치적 태도는 진화적 과거에 크게 영향을 받는다. 우리 내면에 깊이 뿌리박힌 원시적 욕구가 신념의 근간이 된다. 다만 우리가 그 신념을 고수하는 이유를 알아채지 못할 뿐이다. 나를 비롯해 모든 사람은 우리의 생각이 철저한 개인주의와 명예에 대한 합리적인 원칙과 이념에서만 나와서 남들에게 공정하고 관대하다고 확신한다. 진화적 과거의 바람이 우리의 태도와 행동에 불어오는 것을 우리가 의식하지 못한다고 해서 존재하지 않는 것은 아니다.

하지만 역겨움의 영향력은 추상적인 정치적 태도보다 더 크다. 버지니아 대학교의 시몬 슈날Simone Schnall과 그 동료들은 더러운 방에서 생기는 신체적 역겨움이 여러 가지 행동의 도덕성을 판단하는 **도덕적** 역겨움에 영향을 미친다고 입증했다. 이를테면 참가

자들은 배우자를 살리는 데 필요하지만 형편 때문에 사지 못하는
약을 훔치는 행동과 같은 갖가지 행동의 도덕성을 평가했다. 같은
행동이라도 깨끗한 방에서 평가할 때보다 더러운 방에서 평가할
때 덜 도덕적이라고 판단했다.[31]

　기본적이고 궁극적이고 뿌리 깊은 생존과 신체적 안전에 대한
진화적 동기는 우리의 다양한 태도와 신념의 근간을 이룬다. 이런
무의식적 동기는 우리가 무슨 일이 일어나는지 인식하지 못하는
사이에 우리에게 커다란 영향을 미친다. 물론 나쁘다는 것은 아니
다. 맥락이 중요하다. 신체적 안전과 질병 회피에 대한 걱정은 물
론 적응에 도움이 된다. 개인으로서든 하나의 종으로서든 생존에
도움이 되기 때문에 유전자 구성의 일부로 남은 것이다. 이런 기
본적이고 강력한 영향은 상해를 입지 않고 살아남아야 한다는 구
체적이고 비교적 단순한 과제를 한참 뛰어넘는다. 도덕적 판단뿐
아니라 정치적, 사회적 쟁점에 대한 추상적이고 의식적인 추론은
우리가 모르는 사이에 이런 강력한 무의식적 동기의 도움을 받을
수 있다.

공유는 보살핌이다

　우리가 생존하고 신체적으로 안전하게 사는 데 도움이 되는
또 하나의 진화적 특질은 사실상 사회적 성격을 띤다. 바로 우리

가 느끼고 타인에게 드러내는 즉흥적이고 무의식적인 감정이다. 다윈이 진화에 관한 세 번째 저서 《인간과 동물의 감정 표현The Expression of Emotions in Man and Animals》에서 주목한 특질이기도 하다. 《종의 기원》과 《인간의 유래와 성선택The Descent of Man》에 이은 이 책은 인간의 사회생활에 중점을 두었다. 다윈은 인간의 감정이 안전과 질병에 대한 중요한 정보를 공유하기 위해 진화했고, 협조와 공유는 인간의 더 큰 본성의 일부라고 보았다.[32]

1860년대 말이나 1870년대 초 즈음, 다윈은 친구와 지인 20명을 잉글랜드 켄트의 자택으로 불러서 사진 슬라이드를 보여주었다. 그는 기욤 벤저민 아망 뒤센Guillaume-Benjamin-Amand Duchenne이라는 프랑스 의사와 편지를 주고받았는데, 뒤센은 인간이 특정 안면 근육과 연결된 표정으로 60가지 다양한 감정을 표현한다고 확신했다.[33] 뒤센은 그의 이론을 입증하기 위해 다소 기괴한 실험 방식으로 사람들의 얼굴에 약한 전기충격을 가해서 근육을 자극한 다음 사진을 찍었다. 적갈색 사진 속 이미지는 이상하고 기괴했지만 각기 다른 표정이 모두 일상의 감정처럼 익숙해 보였다.

항상 품격 있고 명쾌한 이론가였던 다윈은 뒤센의 이론에 반박했다. 다윈은 슬라이드를 보면서 사람의 안면근육과 감정이 결합해서 6가지 기본 상태만 표현할 뿐이지, 60가지 감정이 각기 다른 근육 집단과 연결된 것은 아니라고 결론지었다. 피터 스나이더Peter J. Snyder의 연구팀은 오랫동안 잊혔던 실험 기록을 발견하고 2010년에 발표했다. "다윈은 뒤센의 이론 모형에 의문을 품고 감정을 드러내는 얼굴 표정의 인지에 관한 최초의 단순맹검 실험일 법한 실험을 실시했다. 잘 알려지지 않은 실험이지만 현대적인 임상 실험과 연관된 중요한 실험이었다."

다윈은 뒤셴의 슬라이드 11개를 손님들에게 보여주고 각 슬라이드가 어떤 감정을 드러내는지 물었다. 편견을 유도할 만한 정보나 암시가 전혀 없는 상태에서 사람들은 사실상 다윈의 주장에 동의한 듯 슬라이드를 공포나 행복과 같은 몇 가지 보편적인 감정 상태로 분류했다. 이 결과는 인간이 마음과 몸에 특정 감정을 장착하고 태어난다는 다윈의 이론을 확인해주는 듯했다.

이상하게도(그리고 불행히도) 다윈의 감정에 관한 책이 출간된 지 한 세기 가까이 지나고도 심리학은 다윈의 통찰에서 크게 나아가지 못했다. 1969년에 폴 에크먼과 그 동료들이 다윈의 이론을 확인하고 확장한 논문을 발표했다.[34] 에크먼과 윌리스 프리센 Wallace V. Friesen은 세계 각지에서 방대한 자료를 수집해서 인간의 감정에만 보편적인 유형이 있는 것이 아니라 감정 표현에도 보편적인 유형이 있음을 입증했다. 지구상 각지의 문화에서, 심지어 지난 수천 년간 우리와 동떨어져 존재한 원시 문화에서도 사람들은 **동일한 안면근육과 표정으로 동일한 감정**을 표현했다. 연구자들이 어느 지역에 가든 사람들은 똑같이 이를 드러내고 미간을 찌푸리면서 분노를 표현했고, 또 누가 그런 얼굴을 하면 화가 난 거라고 알아챘다. 행복을 비롯한 몇 가지 주요 정서도 마찬가지였다. 결국 다윈이 옳았다.

　다윈이 저서에서 설명했듯이 인간은 무심결에 자동으로 감정을 느끼고 표현하도록 진화했다. 그래야 생존에 도움이 되었기 때문이다. 결정적으로 다윈은 우리가 특정 감정을 느끼도록 선택하는 것이 아니라 무의식중에 감정이 드러난다고 이해했다(우리가 스스로 불안과 걱정을 느끼도록 선택하지 않지만 이런 감정은 유용한 기능을 한다. 늦기 전에 문제에 대한 조치를 취하게 해준다). 다윈은 우리가 자발적이고 의식적으로 감정을 표현할 수 있을 뿐 아니라 감정을 거짓으로 꾸민다고도 보았다. 역겨워 보이는 선물(변기 모양의 장난스러운 머그잔)을 받고도 기쁘고 행복한 척 꾸밀 수도 있고, 회의실에서 경쟁자가 발표 중에 큰 실수를 저질러도 애써 고소해하는 감정을 숨길 수도 있다. 그럼에도 다윈은 감정이 무의식중에 더 잘 드러나고 아무리 조절하려고 해도 새어 나온다고 믿었다. 이글스Eagles의 노랫말처럼. "You can't hide your lyin' eyes(너의 거짓된 눈을 숨길 수 없어)."

　무엇보다도 다윈은 무심결에 표현되는 감정이 주위 사람들과의 의사소통에서 중요한 기능을 하고(원시시대에 어떤 우물의 물을 마시거나 어떤 산딸기를 먹으면 위험해질 수 있다고 알리는 기능), 또 이런 정보가 타당하려면 감정 표현도 무심결에 자동으로 나와야 한다고 보았다. 얼굴 표정에 관한 다윈의 설명은 유아기에도 사회적 관계를 맺는 동안, 서로 **협력**하는 동안 우리가 무의식중에 갖는 또 하나의 기본적이고 본능적인 욕구인 생존과 번식의 욕구로 이어진다.

감정 표현은 세계의 상태에 관해 정보를 교환하는 인간 고유의 방식이었다. 영장류 동물학자 마이클 토마셀로Michael Tomasello는 인간과 유전적으로 가까운 유인원이나 침팬지 같은 영장류와 인간을 비교하는 연구에 평생을 바쳤다. 토마셀로는 "남들과 감정, 경험, 활동을 공유하는 인간 고유의 욕구"[35]가 있다고 주장한다. 토마셀로가 수십 년의 연구에서 내린 결론은 남들과 협력하고 행동을 조율하려는 진화적 동기가 인간을 다른 영장류와 구별해주는 가장 중요한 특질이라는 것이다. 인류 문명을 얼핏 보아도 (다른 종이 집단으로 이룬 위업과 잠깐 비교해봐도) 우리와 다른 동물 사이의 이 한 가지 차이가 얼마나 중요한지 알 수 있다.

협력이 진화적 동기로 생긴 것이라면, 궁극적으로 우리가 먹고 숨 쉬는 것처럼 생존에 도움이 된다면, 경험을 충분히 쌓기 이전의 어린아이에게서도 협력하는 성향이 나타나야 한다. 독일 라이프치히의 막스플랑크 진화인류학연구소Max Planck Institute for Evolutionary Anthropology의 해리엇 오버Harriet Over와 맬린다 카펜터Malinda Carpeter는 협력이 선천적인 성향인지 알아보기 위해 18개월 된 아기 60명을 모은 다음 조교를 통해 선홍색 플라스틱 장난감 찻주전자와 신발과 책처럼 집에서 흔히 볼 수 있는 물건이 찍힌 컬러사진 8장을 보여주었다.[36] 사진의 오른쪽 상단 구석에는 주제가 아닌 작은 물건들이 있었다. 이 물건들은 아이에게 무의식적 협력의 목표를 끌어내기 위한 장치였다. 한 집단에는 오른쪽 상단 구석에 인형 2개가 있는 사진을 보여주었다. 인형 2개는 항상 가까이서 마주보면서 끈끈한 우정을 보여주었다. 다른 집단에는 오른쪽 상단에 다른 물건이 있는 사진을 보여주었다. 어느 집단에 보여준 사진에는 역시 인형 2개가 있지만 서로 다른 방향을 보고 있고, 또 어느 집단에 보여준 사진에는 형형색색의 블록이 있었다. 연구자들은 서로 친해 보이는 인형을 본 아이들이 다른 사진을 본 아이들보다 실험자에게 협조할 가능성이 높을 것으로 예측했다. 두 인형 사이의 우정이 서로 도와주고 협조하려는 인간 고유의 진화적 동기를 자극하는 단서가 되기 때문이다. 다른 집단 조사에는 서로 친한 인형이라는 중요한 요소가 빠졌다.

조교가 아기에게 컬러사진 8장을 보여준 후 실험자가 나무막대를 들고 와 아기와 놀다가 실수로 막대를 떨어뜨리는 척했다. 10초간 기다리면서 아기가 실험자의 부탁을 받지 않고도 도와주려고 나서는지 관찰했다. 결과는 비교적 확연했다. 서로 친한 인형 사진을 본 조건에서는 아기의 60퍼센트가 당장 실험자가 막대 집는 것을 자발적으로 도와주려 한 반면에 다른 조건에서는 20퍼센트만 도와주려 했다.

이 연구에서 몇 가지 중요한 사실이 확인되었다. 첫째, 18개월밖에 안 된 아기도 도와달라는 요청을 받지 않고도 자발적으로 도와주려 했다. 인간이 협조 성향을 타고난다고 본 다윈과 토마셀로의 주장과 일치하는 결과다. 둘째, 모든 아이가 도와준 것이 아니라 (서로 친한 두 인형을 보고) 신뢰의 유대라는 개념이 마음속에 활성화된 경우에만 도와주었다. 실험실 밖의 일상에서는 사랑하고 신뢰하는 가족 같은 사람들과 같이 있을 때 이런 신뢰와 우정의 개념이 작동한다. 셋째, 우정 단서와 협력 목표는 모두 무의식적으로 작동한다.[37] 단서는 사진 한가운데 크게 있지 않고 배경에 보일 듯 말 듯 표시되었다. 그런데도 귀퉁이의 서로 친한 인형 2개는 아기의 사회적 유대 개념에 무의식적 단서를 제시하기에 충분했고, 신뢰와 우정의 단서는 자발적인 협력 행동을 끌어내는 수단이 되었다.

간혹 선천적이거나 진화적인 성향이 삶에서 발현되지 않을 때가 있다. 우리는 물론 협력하지만, 믿을 수 있는 사람들에게만 협력한다. 진화적 적응의 의미에서 지극히 합리적이다. 아무나 무턱대고 믿고 협력하면 이용당할 수 있다(실제로 그런 사람이 많다). 누구를 믿고 누구를 믿지 말아야 할지 배우는 것은 인생의 중대 과제이고, 18개월 된 아기를 대상으로 한 오버와 카펜터의 연구에서 나타나듯이 우리는 태어나는 순간부터 이런 선택을 할 줄 안다. 여기서 다음 장의 기본 개념으로 이어진다. 숨겨진 진화적 과거에서 장착된 본능은 아기가 생애 초기에 부모와 형제와 사회 집단을 접하는(역시 숨겨진) 경험에도 영향을 받는다는 개념이다. 2장에서는 양육과 천성이 상호작용해서 누구를 믿고 도와주어야 하고, 누구를 믿지 말아야 하는지를 판단하는 데 무의식이 어떤 영향을 미치는지 알아본다. 그 전에 우선 우리 마음에 숨어 있지만 망각된 진화적 유산의 또 한 측면을 살펴보자. 유전자는 특히 안전과 생존에 관심이 많은데, 기본적인 목표는 하나다. 자녀를 낳을 때까지 살아남아야 한다는 목표다. 생존 능력이 무작위로 유전적으로 향상되면 짝짓기 기회가 많아지고, 이렇게 향상된 특질은 자손에게 유전된다. 따라서 이 마지막 목표는 물론 우리의 여러 근본적인 욕구 중 하나인 **번식** 욕구다.

이기적 유전자

2013년에 과학자들은 외츠티에 관한 새로운 사실을 발견했다. 외츠티에게 자식이 있었다는 사실이다.

알프스에서 살해당해 미라로 남은 외츠티가 알고 보니 사실 계속 살아남았던 것이다. 물론 유전자를 통해서 말이다. 연구자들은 외츠티가 마지막으로 잠든 곳 인근의 오스트리아 지역에 사는 4,000명 정도에게서 혈액 표본을 수집하고 분석해서 외츠티와 일치하는 표본을 찾아냈다. 정확히 19명이었다. 이들에게서 사후에 유명해진 조상 외츠티와 연결된 유전자 변이가 발견되었다. 외츠티의 아주 먼 친족이 존재한다는 사실이 밝혀지자 그의 이야기가 새로운 국면으로 접어들었다. 물론 외츠티는 의식적으로든 무의식적으로든 가장 중요한 욕구인 생존 욕구를 충족시키는 데 실패했다. 그러나 뇌가 진화한 이유이기도 한 다른 중요한 목표를 달성하는 데는 성공했다. 유전자를 다음 세대에 물려주는 것, 보다 완곡하게 말해서 아이를 낳는 것 말이다.

진화심리학의 초기 연구는 주로 '짝짓기'에만 주목했다. 리처드 도킨스가 저서 《이기적 유전자The Selfish Gene》에서 주장했듯이 유전자에게는 다음 세대까지 살아남는 것이 지상 최대의 목표다. 생각해보면 우리의 직계 조상에게는 예외 없이 자녀가 있었다. 그들 모두가 성공했다. 성공하지 못했다면 여러분은 지금 이 책을 읽고 있지 않을 것이다.

신체적 안전에 대한 무의식적 욕구에서 보았듯이 번식에 대한 생물학적 명령은 오늘의 세계에서 놀랄 만큼 발현될 수 있다. 가장 좋은 예로 2011년 8월에서 2012년 9월까지 실시된 이탈리아의 한 연구가 있다. 연구자들은 참가자들을 실험실로 부르지 않고 고용 현장에서 신체적 매력의 효과에 관한 흥미로운 실험을 실시했다.[38] 연구자들은 채용공고 1,500개에 이력서 1만 1,000부를 보냈다. 이력서와 채용공고의 수가 크게 다른 이유는 공고마다 이력서를 여러 장 보냈기 때문이다. 이력서에 기재된 내용이 정확히 동일하므로 직무 자격도 동일하다고 볼 수 있다. 다만 일부 이력서에는 사진을 붙이고 일부에는 사진을 붙이지 않았다(그리고 물론 이름도 달랐다). 지원자는 이탈리아인이나 외국인, 남성이나 여성으로 기술되었다. 사진을 붙인 이력서는 매력적인 남자와 매력적이지 않은 남자, 매력적인 여자와 매력적이지 않은 여자로 고르게 나뉘었다(연구자들이 연구 자료를 개발할 때 다른 집단에게 참가자들의 매력을 평가하게 했다). 이력서의 다른 조건이 동일하므로, 참가자마다 다른 답변을 받는다면 그 이유는 사진 때문일 것이다.

결국 연구자들은 이런 질문을 던진 것이다. 이력서에 매력적인 사진을 붙이면 면접 기회가 늘어날까?

대답은 물론 "그렇다"이다. 전반적으로 이탈리아인 지원자가 외국인 지원자보다 유리했다. 놀라운 결과는 아니다. 다만 이탈리아인 지원자들 중에서는 매력적인 외모가 특히 여자 지원자에게는 결정적인 장점으로 작용했다. 말하자면 다른 자격 조건이 동일할 때 외모가 매력적인 여자가 매력적이지 않은 여자보다 면접을 볼 가능성이 훨씬 높았다. 자그마치 54퍼센트 대 7퍼센트였다. 여자만큼 극적이지는 않지만, 매력적인 남자가 매력적이지 않은 남자보다 면접 기회를 얻을 가능성도 47퍼센트 대 26퍼센트로 꽤 높은 편이었다. 이런 결과로 보면 이력서에 매력적이지 않은 사진을 붙이는 것보다는 사진을 붙이지 않는 편이 나을 것이다. 사진 없는 조건에서 면접 제안을 받는 비율이 매력적이지 않은 사진을 붙인 조건보다 높았다. 그리 놀라운 결과는 아니라고 해도 평등주의의 관점에서 의기소침하게 만드는 것이 사실이다. 이런 현상에 '외모 프리미엄'이라는 이름까지 붙었다.

좋든 싫든 매력적인 외모는 승진의 주요 예측 요인이다. 외모가 평균 이상이면 평균 이하인 직원보다 10~15퍼센트 더 많이 번다.[39] 인종이나 성별 차이에 비견할 만한 수준이다. 이런 현상이 나타나는 이유를 물어야 한다. 어쨌든 차별금지법도 있고, 많은 기업에서 채용에 관한 엄격한 규정을 마련하고 있다. 게다가 훌륭한 사장과 인사 담당자 들이 동등한 기회에 초점을 맞추고 외모와 상관없이 해당 직책에 가장 적합한 직원을 채용하려고 노력한다. 문제는 이런 선한 의도를 가진 사람들조차 자신도 모르게 외모 프리미엄에 휩쓸린다는 데 있다. 이 연구의 저자들에 따르면 무의식적 짝짓기 욕구가 한 가지 원인으로 작용한다.

의식적으로 성적인 생각과 감정에 자주 사로잡히는 것은 청소년만이 아니다. 누구나 매력적이지 않은 사람보다 매력적인 사람을 보고 싶어 한다(뇌 영상 연구에서는 이성애자들에게 매력적인 이성의 얼굴을 보여주자 뇌의 보상 중추가 활성화되는 것으로 나타났다). 이런 감정이 우리의 행동에 영향을 미치지 '않아야' 할 순간에 은밀히 영향을 미치는 방식은 그리 명확하지 않다. 모두가 동의하는 평등주의와 개인의 장점을 기준으로 선택한다는 이상에 어긋나기 때문이다. 아마도 이탈리아의 채용 담당자들은(실험에 참가하는 줄 몰랐다) 사진이 결정에 영향을 미치지 않았다고 주장하거나 외모 프리미엄에 무의식적으로 영향을 받은 사실이 입증되면 기꺼이 선택을 재고하려 할 것이다.

이처럼 매력적인 외모에 끌리는 이유는 이기적 유전자의 역사 때문이다. 우리에게는 멸종하지 않도록 번식하고 또 번식하고 또 번식하라는 무의식적 명령이 주어진다. 연구에 의하면 이런 뿌리 깊은 충동이 강해서 남자들은 매력적인 여자들을 보기만 해도 짝짓기 동기가 발동하는 것으로 나타났다. 한 연구에서는 실험실에서 어렵고 집중해야 하는 과제를 수행할 때 남자 참가자들은 여자와 대화하면 더 산만해지고 과제 수행 능력이 떨어지고(남자와 대화할 때는 떨어지지 않았다), 나아가 매력적인 여자와 대화할 때는 수행 능력이 더 떨어졌다.[40] 남자들이 야만적으로 흥분하는 낯익은 모습이 과학에서 입증된 것처럼 들릴 수 있겠지만 사실 이런 숨겨진 '행동'은 누구에게나 나타난다. 어떤 의미에서 우리의 육체는 끊임없이 은밀히 무의식과 내통한다.

　매력적인 외모만 짝짓기 동기를 자극하는 것은 아니다. 무의식은 생식 능력을 알리는 호르몬 신호를 코로 감지한다.[41] 플로리다 주립대학교의 연구자들이 실시한 호르몬 영향에 관한 흥미로운 연구에서는 이성애자 남학생들이 여학생 참가자들 가운데 생리주기상 임신 가능성이 가장 낮은 여자보다 가장 높은 여자에게 더 매력을 느끼는 것으로 나타났다. 물론 의식적으로는 이런 영향을 전혀 인지하지 못했다.[42] 게다가 가임기가 아닌 여자보다 가임기 여자의 행동을 무의식중에 따라 할 가능성이 높았다. 7장에서 살펴보겠지만, 이렇게 미세한 모방 행동은 새로운 사람과 유대관계를 맺을 때 사용하는 자연스럽고 무의식적인 전략이다. 남자 참가자들은 물론 이런 미묘한 가임기 단서가 여자에게 매력을 느끼는 정도와 행동에 얼마나 영향을 미치는지 의식적으로는 알아채지 못했다. 물론 이 모든 무의식적 능력을 통해 우리는 인간의 가장 보편적인 경험인 가족을 이룬다.

　나는 호수 건너 시골마을에 사는데, 시골길을 따라 내려다보면 작은 농장이 하나 나온다. 봄에 그 길로 달리면 주위에서 무의식중에 작동하는 진화적 목표가 눈에 들어온다. 매년 봄에 새끼 거위들이 엄마 거위와 아빠 거위에 가까이 붙어 다닌다. 한쪽 부모가 앞에서 이끌고 다른 한 부모가 맨 뒤에서 따라가면서 일렬종대로 길을 건너는 동안 우리는 차에서 참을성 있게 기다려야 한다. 송아지들이 어미 소와 함께 드넓은 풀밭에서 어슬렁거린다. 새끼 사슴은 어미 꽁무니에 바짝 붙어 다닌다. 다들 본능적으로 제 부모와 같은 종의 동물들에게 붙어 다닌다. 갖가지 동물의 새끼들이, 송아지와 새끼 사슴과 새끼 거위 들이 유아원에 모이듯 마당에 함께 모여서 노는 광경은 보이지 않는다. 다들 제 부모나 형제들하고만 붙어 다닌다. 새끼 오리든 인간의 아기든 갓 태어난 새끼들은 부모와 보호자에게 의존해서 따뜻한 보금자리와 먹이와 천적으로부터의 안전을 구해야 한다. 동물과 인간의 본성 일부이자 생존이 걸린 문제다.

농장의 새끼들과 부모들은 유대관계를 맺는다. 다른 종이나, 같은 종이라도 각자의 작은 사회를 벗어난 외부의 동물을 무턱대고 믿지 않는다. 잘못 믿었다가 착취당할 수 있고, 상대에게는 유리하지만 자신에게는 해가 되는 식으로 이용당할 수도 있다.[43] 이렇듯 생애 초기 경험이 생존에 매우 중요하다.

인간의 경우도 생애 초기 경험은 유아기와 아동기에 누구를 믿어도 될지만이 아니라 일생 동안 다른 사람을 믿을 수 있을지 여부에 중요한 영향을 미친다. 우리가 신체적 안전을 갈망하고, 정신없이 돌아가는 세상에서 멈춰 생각하지 않고도 적절히 대처하고, 오염과 질병을 피하고, 감정으로 정보를 공유하고, 친구와 가족을 도

와주게 만드는 생존과 번식의 진화적 과거와 마찬가지로 개인의
생애 초기 경험은 지워지지 않는 무의식적 영향을 남긴다. 하지만
생애 초기에 대한 기억이 있다고 해도 아주 적어서 대개는 이런 기
억이 우리의 감정과 행동에 얼마나 큰 영향을 미치는지 알아채지
못한다. 생애 초기의 경험은 우리에게 영향을 미치는 제2의 숨겨
진 과거다. 다음 장에서 좀 더 자세히 살펴보자.

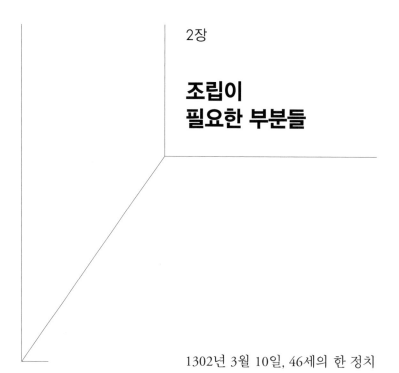

2장

조립이
필요한 부분들

1302년 3월 10일, 46세의 한 정치인이 고향 피렌체에서 화형 선고를 받았다. 전직 군인이던 그는 시를 짓고 부업으로 약을 짓는 낭만적인 사람이었지만 치열한 권력투쟁에 휘말렸다. 14세기의 피렌체에서는 심심치 않게 벌어지던 일이었다. 그로부터 3세기 전에 교황과 신성로마제국 황제 사이에 주도권 다툼이 시작되었다. 백색당이라고도 불리던 기벨린 Ghibelline 일파는 황제를 지지한 반면에, 흑색당이라고도 불리던 궬프Geulph 일파는 교황의 충직한 지지자들이었다. 중세 이탈리아는 아직 통일국가가 아니었다. 영지들이 조각보처럼 이어진 땅이라서, 교황과 황제 사이의 갈등이 도시의 작은 지역에서도 자주 분출했다. 인간 본성의 최악의 일면으로 음모와 배신, 복수가 난무하던 시대였다.

피렌체에서 새로운 십자군 포데스타^{podestá}, 즉 집정관이 권력을 잡았다. 흑색당이던 집정관은 이내 백색당이던 이 정치인에게 부패 혐의를 적용하여 결국 사형을 언도했다. 사형수가 된 이 정치인은 심판의 시간에 화형을 피해 피렌체를 떠나 토스카나 등지의 여러 지역으로 망명했고, 다시는 피렌체 땅을 밟지 못했다. 잘못된 사람들과의 유대를 선택했다가 인생행로가 바뀌었다. 그의 이름은 단테 알리기에리$^{Dante Alighieri}$, 오늘날《신곡$^{La divina}$ ^{commedia}》의 작가로 알려진 인물이다.

1308년경 단테는 그를 역사에 길이 남게 해준 시를 썼다. 망명 시절에 인간 본성의 심연을 깊이 파고들어 1320년에 마침내《신곡》을 완성했다. 1만 4,000행이 넘는 시를 통해 사후세계를 여행하면서 인간 행위의 영적인 결과를 탐구했다.《신곡》은 기독교 신학에 따라 〈지옥편〉, 〈연옥편〉, 〈천국편〉의 세 부로 구성된다. 단테는 고대 로마 시인 베르길리우스^{Vergilius}와 함께 지하세계로 내려가 모든 죄인의 사후에 기다리는 콘트라파소^{contrapasso}, 곧 시적 정의$^{poetic justice}$를 목도한다. 단테는 실제로 시적 정의라는 개념을 소개했다.《구약》의 "눈에는 눈" 식의 정의가 아니라 죄인들이 각자 저지른 죄의 유형에 따라 보다 균형 잡힌 기준으로 심오하고 만족스러운 징벌을 상상했다. 단테는 음울하고 광대한 상상력으로 지옥을 상상하면서 지도 같고 영화 같은 세밀하고 무시무시한 지옥도를 그렸다. 단테의 지옥에는 9개의 '고리'가 있다. 각 고리는 죄의 정도와 내용으로 정의되는데, 5단계에는 변호사가 떨어지고 7단계에는 살인자가 떨어진다(6층은 남성복 매장이 아닙니다). 지옥의 마왕 루키페르Lucifer(루시퍼)가 사는 지옥의 맨 밑바닥인 9번째 고리, 코키토스cocytus에는 최악의 죄인들이 떨어진다. 단테가 말하는 최악의 죄는 (어쨌든 살인자는 몇 층 위의 7단계로 떨어진다) 가까운 사람들의 신뢰를 저버리는 행위다. 그 자신이 배신당한 적이 있어서였으리라.

9번째 고리 코키토스는 다시 네 구역으로 나뉘는데, 각 구역은 배반과 배신이 자행될 수 있는 삶의 영역을 반영한다. 가족을 배신한 자들을 위한 곳으로, 형제 아벨을 죽이고 이곳에서 제일 유명한 죄수가 된 카인의 이름을 딴 카이나. 조국을 배신한 자들을 위한 곳으로, 그리스인들과 공모해서 트로이를 파멸시킨 트로이 장군의 이름을 딴 안테노라. 친한 친구들을 배신한 자들을 위한 프톨레미아. 단테는 친구들을 배신한 자들에게 내리는 벌을 추가해서 특히 이런 유형의 죄에 대한 강한 혐오감을 드러냈다. 친구들을 배신하면 아직 목숨이 붙어 있는 동안 영혼은 지옥으로 떨어지고 육체는 악령에 씐 채 살아 있는 벌을 받는다. 코키토스의 가장 안쪽에 위치한 마지막 구역에는 이곳의 유명인으로 그리스도를 배신한 주다스 이스가리옷Judas Iscariot(가룟 유다)의 이름을 딴 주데카가 있다. 주데카에는 은인을 배신하고 역사적으로 막대한 결과를 초래한 죄를 저지른 저주받은 영혼들이 떨어진다.

9번째 고리의 한가운데에는 태초에 하느님을 배반하고 지옥이 처음 만들어진 계기를 제공한 지옥의 마왕 루키페르가 산다. 단테는 루키페르를 이렇게 묘사했다. "지옥의 비열한 마왕, (거인도 난쟁이로 만드는) 그 비대한 몸뚱이는 그의 모자란 힘과 대조를 이룬다. 그가 날개를 퍼덕이면 바람이 일어 그 호수가 얼어붙고, 그의 3개의 입이 최악의 배반자 세 놈의 죽은 몸을 잘근잘근 씹자 피와 눈물이 뒤범벅되어 세 쌍의 눈에서 솟구친다."[1] 환상적이고 기괴한 묘사다. 그런데 이 책을 읽으면서 내 눈에 들어온 대목은 바로 '그 호수'였다.

단테가 최악의 악랄한 죄인을 위해 마련한 지옥의 9번째 고리는 그 이름처럼 불길이 치솟고 고문이 자행되는 불지옥이 아니다. 정반대로 얼어붙은 거대한 호수다. 저주받은 자들은 얼음에 갇힌다. "유리잔 속의 빨대"[2]처럼 외츠티의 유해가 수천 년간 갇혀 있었던 그만의 차가운 지옥과 닮았다. 단테는 왜 《신곡》의 극악한 상상극장에서 배신자들을 "차가운 껍질" 속에 얼려버리려 했을까? 그의 적들이 그를 화형에 처하려 한 것처럼 불지옥으로 태워버리지 않았을까?[3]

단테는 모든 위대한 시인처럼 인간 본성을 섬세하게 들여다보고, 우리가 직관으로만 경험할 수 있는 언어로 표현했다. 위대한 산문이나 시가 그렇듯이 천재적인 작가들은 우리가 즉시 공감할 수 있는 생각을 표현한다. 배신에 대한 **콘트라파소**. 가슴이 차가워서 자신의 이익을 위해 친구들을 배신할 수 있는 자들을 영원히

얼려버리는 이 시적 정의에는 1,000년도 더 이전의 성 베드로의
정서가 반영된다. 기원후 첫 세기에 베드로는 《묵시록Apocalypse》
에서 지옥을 이렇게 묘사했다. "그들 위로 해가 떠올라도 몹시 춥
고 눈이 내리는 이곳에서 그들의 몸은 따뜻해지지 않는다."[4] 오늘
날 우리도 이런 식의 비유로 "따뜻한 친구"나 "차갑고 냉담한 아
버지"라고 말하면서 무슨 뜻인지 완벽히 이해한다. 우리는 왜 이
처럼 정서와 신체 감각을 연결하는 은유를 말하고, 수천 년간 사
용해왔을까?

　단테는 몰랐겠지만(혹시 현대 과학의 혜택 없이도 어찌어찌 알았을
지도 모르지만) 700년 후 신경과학을 통해 우리가 사회적 냉기(신
뢰를 저버리는 행위)를 경험할 때 차가운 물건을 만지거나 한겨울
에 외투 없이 밖에 나가서 한기를 느낄 때와 같은 뇌 신경 구조가
활성화된다는 사실이 밝혀진다. 마찬가지로 가족과 친구에게 문
자메시지를 보낼 때처럼 사회적 온기를 느끼면 따뜻한 물건을 손
에 들고 있을 때와 같은 뇌 신경 구조가 활성화된다. 뇌가 이런 연
상을 일으킨다는 점에서 사회적 배신을 영원히 얼려버리는 방식
으로 처벌하기로 한 단테의 선택은 죄와 벌의 완벽한 균형을 보
여주는 셈이다.

　우리는 부모나 가족과 유대를 맺고 가까이서 살도록 태어났고,
별다른 문제가 없다면 이런 유대가 형성되어 일생의 사회적 관계
에 긍정적인 영향을 미친다. 하지만 진화는 우리의 본능적인 신뢰
가 적절한지, 친밀감이나 부모와의 유대에 대한 타고난 욕구가 충

족될지 보장해주지 않는다. 따라서 1세 미만의 생애 초기에 이런 유대가 생길 수도, 생기지 않을 수도 있다. 그래서 우리는 누구든 우리를 보호해주는 사람에게 안정 애착이나 불안정 애착을 형성한다. 생애 초기 경험은 일생의 친구나 연인 관계가 얼마나 친밀하고 안정적인지에 강력한 영향을 미친다. 하지만 우리는 물론 생애 초기 경험의 영향을 인지하지 못한다. 그때의 기억이 거의 남아 있지 않기 때문이다. 개인에게 미치는 과거의 은밀한 영향력은 진화적 과거에서 기인하는데, 우리는 진화적 과거가 어떤 영향을 미치는지도 인지하지 못한다.

　단테가 제대로 이해했다. 신뢰와 신뢰의 음흉한 형제인 배신이 인간 삶의 핵심임을 간파했다. 단테가 친구와 조국과 대의명분을 저버린 배신 행위를 최악의 죄로 여기고, 이런 죄를 저지른 자들을 살인자보다 더 깊은 지옥으로 떨어뜨린 데는 그만한 이유가 있었다. 신뢰는 모든 친밀한 관계의 근간이다. 한마디로 친밀한 관계가 개인의 삶에서 가장 중요하다. 친구를 신뢰하여 사적이고 내밀한 이야기를 털어놓는 순간 우리 자신은 매우 취약해지지만, 우리는 더 친밀한 관계를 다지기 위해 이런 위험을 기꺼이 감수한다. 내밀한 이야기를 꺼내서 상대에게 털어놓는 행위는 애초에 친밀한 관계를 만드는 통화currency이자 둘 사이에 신뢰를 쌓기 위한 칩chip이다.[5] 또 친한 관계가 갈라지는 가장 큰 이유도 이런 신뢰가 깨지기 때문이고, 우리가 친구나 배우자를 더 이상 받아주지 않는 이유도 상대가 뒤에서 딴짓을 하기 때문이다.[6]

하지만 우리가 아주 조그맣고 무력한 아기로 세상에 나올 때는 부모의 손에 삶을 맡기고 무조건 믿는 수밖에 없다. 부모가 보살 펴줄 거라고, 먹여주고 재워주고 따뜻하고 안전하게 지켜줄 거라 고 믿어야 하는 이유는 아기 혼자서는 이런 욕구를 충족할 수 없 기 때문이다. 하지만 대자연은 자연선택의 원리로 작동하면서 항 상 배신에 대한 단테의 가르침, 즉 남을 신뢰하는 행위는 안타깝 지만 항상 확실한 것도 아니고 완벽하게 안전한 도박도 아니라는 교훈을 높이 평가한다. 리처드 도킨스는 "사기꾼cheater" 부류를 "봉sucker" 부류의 신뢰와 협력에 얹혀서 손 쉽게 살아가는 종이라 고 기술했다.[7] 갓난아이는 부모와 형제자매와 이웃을 신뢰할 준비 와 능력과 의지를 갖췄지만, 상대가 신뢰할 만한 대상이 아닌 것 으로 밝혀질 수도 있다. 우리가 태어나자마자 터득하는 삶의 진실 이다.

아기가 부모와 맺는 유대의 성격에는 진화적 과거가 반영된다. 바로 천성과 양육이 만나는 접점이자, 인류가 영겁의 시간 동안 진화하면서 획득한 성향과 세계에 대한 가정이 실제 경험의 불길 속에서 검증되는 지점이다. 그리고 각자의 현실에 따라 그 타당성 이 입증되거나 입증되지 않는다. 사람들을 믿어도 될까, 믿어서는 안 될까? 이 질문에서 다시 악어 꿈이 떠오른다.

이빨을 드러내며 허연 배를 뒤집은 악어는 나의 뿌리 깊은 가정 을 뒤집어 무의식이 삶에서 어떤 식으로 중요한지 말해주었다. 첫 째 우리가 타고난 강력한 동기가 중요하고, 둘째 영아기와 유아기 때 경험에서 얻은 타인에 대한 최초의 지식이 중요하다. 놀랍게도 5세가 지나면 이런 중요한 인상을 형성한 기억이나 인식에 대한 선명한 생애 초기의 기억을 간직하지 못한다. 미래의 생각과 행동이라는 두 가지 기반 모두 숨겨진 과거에서 형성되어, 평생 무의식적으로 작용하면서 일상의 행동을 유도하고 우리가 생각하고 말하고 행동하는 내용의 상당 부분에 영향을 미친다. 좋은 쪽으로도 영향을 미치지만 나쁜 쪽으로도 영향을 미친다.

따뜻하고 차가운 원숭이들

대다수 성인들을 보면 알 수 있듯이 부모와 부모의 양육방식은 우리가 어떤 사람으로 성장할지에 중대한 영향을 미친다. 부모가 의식적으로 주는 것들로 인해 나타나는 현상이다. 말하자면 부모의 사랑과 지도와 처벌의 결과다. 한편으로는 부모가 무의식중에 주는 사랑과 지도와 처벌의 결과기도 하다. 부모가 의식적이고 의도적으로 사랑과 지도와 처벌을 주기도 하지만 아이가 직접 부모가 모르는 사이에, 심지어 무방비 상태일 때 부모를 보고 배우기도 한다. 말하자면 부모는 특히 아이가 어리고 부모에게 민감하게 영향을 받는 시기에, 의식적으로든 무의식적으로든 아이에게 막대한 영향을 미친다. 부모는 아이를 어떻게 키울지 신중히 고민하고 결정하기도 하지만, 하루하루 사느라 바쁘고 다른 할 일에 치여서 고민할 겨를이 없을 때도 있다. 어릴 때는 자연히 부모의 행동을 흡수하고 모방한다(24개월짜리 내 손자 제임슨이 우리 집에 놀러 왔다가 인디애나의 집으로 돌아간 지 일주일이나 지나고도 자꾸만 허공에 손을 던지는 시늉을 하면서 "야!" 하고 소리친다고 한다. 언젠가 내가 베란다에서 돌아다니다 바비큐에서 떨어진 뜨거운 석탄을 맨발로 밟는 순간을 본 것이다).

부모가 우리에게 영향을 미치고, 그 영향이 평생 지속되는 영역이 있다. 바로 타인에게 기본적인 신뢰를 형성할지 여부에 관한 영역이다. 무엇보다도 부모나 보호자와의 경험, 그들과의 관계, 그들과 있을 때 안전한 느낌이 드는지 여부가 관건이다. 아동 발달 연구자들은 이것을 부모와의 **애착**attachment이라고 부른다. 우리는 부모와 안정 애착이나 불안정 애착을 형성할 수 있다. 머리로든 마음으로든 부모에게 기댈 수 있고, 필요한 순간에(아기일 때는 더 자주) 부모가 항상 우리 곁을 지켜줄 거라고 믿는다. 놀랍게도 애착(혹은 애착의 결핍)에 대한 감정은 12개월만 되어도 거의 형성된다.

현재는 애착 감정이 일생 동안 어떻게 작용하는지에 관한 연구가 한창이다. 미네소타 대학교의 제프 심슨Jeff Simpson과 동료들은 아이들을 20년 이상 추적 조사해서 삶의 궤도에 관한 새로운 통찰을 얻었다.[8] 연구자들은 12개월 된 영아들과 그 엄마들에게 '낯선 상황 검사Strange Test'라는 검사를 받게 했다. 검사의 이름은 낯설지만 아이가 부모와 안정 애착을 얼마나 형성했는지 측정하는 일반적인 검사다. 괴상한 짐승(용 인형 탈을 쓴 남자)이 방에 들어올 때 아이가 엄마와 얼마나 가까이에 있는가? 혹은 엄마가 방에서 나간 뒤 상냥해 보이지만 처음 보는 실험자와 단둘이 남겨졌을 때 아이가 얼마나 힘들어하는가?

이런 상황에서 안정 애착인 아이는 불안정 애착인 아이만큼 두려워하거나 당황하지 않는다. 엄마가 금방 돌아올 테고, 자기를 위험에 방치하지 않을 거라고 믿기 때문이다. 다시 말해서 안정 애착인 아이는 엄마를 신뢰한다. 반면에 불안정 애착인 아이는 낯선 상황에서 울음을 터뜨리고 당황하고 무서워한다. 경험상 엄마가 곧 돌아오지 않을 수도 있고, 자신의 힘든 상태에 꼭 반응해줄 거라는 보장이 없기 때문이다. 불안정 애착인 아이에게는 엄마가 필요한 순간에 '곁에 있어줄' 거라는 믿음과 확신이 없다.

심슨과 그 동료들은 아이들이 아동기와 청소년기를 거쳐 청년으로 성장하는 과정을 추적해서 생애 초기 엄마와의 애착으로 향후 사회생활을 얼마나 예측할 수 있는지도 알아보았다. 실제로 1세에 '낯선 상황 검사'로 아이가 엄마를 얼마나 신뢰하는지를 측정한 결과가 초등학교 친구와 고등학교 친구와 현재 연인과의 관계의 질과 결과를 예측해주는 것으로 나타났다. 1세에 안정 애착을 형성한 아이는 나중에 자라서 1세에 안정 애착을 형성하지 못한 아이와 어떻게 비교될까? 안정 애착인 아동은 초등학교 저학년(6세)에 교사들에게 사회적 관계가 원만하다는 평가를 받았다. 고등학교(15세)에서는 친한 친구가 더 많았다. 20대 초반에는 연인과의 관계에서 일상적으로 긍정적인 정서 경험을 더 많이 하고, 상대에게 더 많이 헌신하고, 친밀한 관계에서 벌어지는 정상적이고 일상적인 갈등을 더 잘 해소했다.[9] 이런 행동과 전반적인 삶의 양상이 12개월일 때 엄마와의 애착 수준에 의해 예견되었다.

나는 처음 아빠가 되었을 때 친밀한 관계와 애착을 연구하는 동료에게 조언을 들었다. 동료는 딸을 되도록 많이 안아주라고 말했다. 나는 동료의 조언에 고맙다고 하면서도 여느 부모처럼 이런 주제로는 남의 조언이 필요하다고 생각하지 않았다. 어차피 나는 딸을 세상에서 가장 사랑하는 데다 워낙에 잘 안아주는 사람이었다. 딸이 24개월이 되었을 때 내 연구실에 데려온 적이 있다. 연구실에는 소파가 하나 있고, 소파와 모서리가 날카로운 딱딱한 목재 테이블 사이에 틈이 있었다. 동료가 딸을 보러 내 연구실에 들렀다가 아이가 기어서 소파와 테이블을 오가는 모습을 지켜보았다. "안정 애착이 확실히 형성됐네요!" 안정 애착이 아이의 삶에서 긍정적인 결과를 끌어낸다는 걸 잘 알았기에 동료의 한마디 평가는 내게 무척 기분 좋은 소식이었다.

심슨의 연구팀은 생애 초기의 경험이 타인을 신뢰하는 능력을 길러주어 친구를 사귀고 연인을 만나는 데 얼마나 강력한 영향을 미치는지 보여주었다. 하지만 **우리는 이런 생애 초기의 경험을 기억하지 못한다.** 생애 초기 기억의 상실은 정도가 심하고 예외가 없다. 생애 초기 몇 년에 대한 기억의 양은 오랜 진화적 과거에 대한 기억의 양과 비슷하다. 한마디로 둘 다 제로에 가깝다는 뜻이

다. 삶에서 가장 중대한 영향을 미치는 시기를 가장 적게 기억한
다는 점에서 우리는 스스로를 이해하는 데 이중의 타격을 입는다.

부모라면 누구나 자식과 함께 나눈 소중한 시간의 기억을 잃어
버리는 아픔을 안다. 부모는 그 시절을 생생히 기억하고 아이가
자라서도 이따금 소중한 기억을 일깨워주지만, 아이는 그저 멍하
니 쳐다볼 뿐이다.

내 딸은 어릴 때, 거의 날마다 자신의 영웅인 라이트닝 맥퀸이
나오는 영화 〈카Cars〉를 보여달라고 졸랐다. 아이는 빨간색 장난
감 라이트닝 카(물론 95번)를 타고 집 안을 돌아다니고, 라이트닝
맥퀸 의자에 앉고, 라이트닝 맥퀸 담요를 덮고 자고, 내 차를 타고
가다가 길에서 빨간색 콜벳을 보기만 하면 라이트닝인 줄 알고 신
나서 꺅꺅 소리를 지르며 손으로 가리켰다(한동안 아이가 라이트
닝 맥퀸이 코네티컷주의 더햄에 사는 줄 알아서 나도 덩달아 그런 척했
다). 몇 년이 흘러 다섯 살이 된 아이가 자기 전에 영화를 보고 싶
다고 해서 나는 〈카〉를 보여주려고 했다. 같이 이 영화를 본 지 한
참 지난 터였다. 나는 아이가 이 영화를 얼마나 좋아했는지 말해
주었다. 아이가 멀뚱멀뚱 쳐다보면서 이 영화를 본 적이 없다고
딱 잘라 말했을 때 내가 얼마나 놀랐을지 짐작이 갈 것이다(공교롭
게도 아이가 이 말을 할 때 TV 앞의 라이트닝 맥퀸 의자에 앉아 있었다).
아닌 게 아니라 아이는 이 영화를 다시 보면서도 기억하는 기색이
전혀 없었다. 아이는 스토리 전개에 진심으로 놀랐고, 다음에 어
떻게 되는지 전혀 모르는 눈치였다. 처음 보는 영화 같았다.

불안정 애착인 사람들은 성인이 되고 나서도 친구나 연인을 사귀는 데 어려움을 겪고 배우자를 잘 믿지 못한다. 그러나 문제의 원인이 어느 정도는 개인사의 숨겨진 파일에 들어 있을 수 있다고는 생각하지 못한다. 그보다는 현재에, 의식적으로 인식할 수 있는 현실에 주목한다. 어쨌든 어찌 된 일인지 이해하려 애쓰는 주체는 마음에서 의식이 차지하는 부분이기 때문이다. 의식은 마음에 인식되는 자료만 참조할 수 있다. 따라서 친구의 행동이나 동료의 반응이나 관계를 삐걱거리게 만드는 다른 무언가로 인해 문제가 발생한다고 생각한다. 현재 남에게 갖는 감정이 생애 초기에 형성된 부모와의 애착에서 기인할 수 있다는 점을 이해하지 못한다.

이처럼 기억에서 지워진 과거는 저주인 동시에 축복일 수 있다. 친구들을 신뢰하고, 남들이 다가오게 허용하고, 사랑하는 사람과 행복하고 지속적인 관계를 유지하는 사람들도 기억에서 지워진 과거의 영향을 받는다. 이들도 친구와 연인을 믿을 만한 사람이라고 생각하면서도 믿음의 원인이 주로 영아기 경험에 있다는 사실을 인지하지 못한다.

따라서 사실상 우리가 논의해야 할 것은 **천성**이 아니라 **양육**이다. 앞 장에서는 우리가 천성, 곧 신체적 안전을 지키고 번식하고 싶어 하는 두 가지 욕구를 장착하고 태어나는 과정을 알아보았다. 하지만 진화의 공장에서는 글자판을 여러 개 빠뜨리고 조립해서 미세하게 조정할 수 있는 여지를 남겼다. 그래서 처음에는 기본 옵션이 똑같이 설정된 위치에서 시작하더라도 생애 초기의 경험

에 따라, 즉 양육을 통해 먼 과거의 느리게 작용하는 진화의 영향
력과 별개로, 각자의 가정과 주변 환경의 구체적인 특징을 정확히
반영할 수 있다.

　자연선택의 과정은 매우 느리다. 우리가 세계에 적응하는 타고
난 유전적 방식은 까마득히 먼 과거에 발생했다. 진화가 현대 기
술의 발전과 그것의 사회적 용도처럼 점차 빨라지는 변화를 따라
잡을 방법은 없다. 인간의 문화와 사회적 행동 규범은 지렁이처럼
느린 생물학적 진화의 속도보다 훨씬 빠르다. 그래서 적응의 **후생
적**epigenetic 단계가 존재하는 것이다. 이것은 양육과 천성이 결합
하고, 경험이 유전자에 내장된 특정 행동과 생리의 스위치를 켜거
나 켜지 않는 단계를 의미한다. 아이가 자신을 첫 번째 보호자에
맞게 신속히 미세하게 조정한 다음에 더 큰 공동체와 문화에 적응
하는 과정은 한 개인의 성공적인 발달에 매우 중요하다.

　후생유전학epigenetics이라는 새로운 학문은 이 과정이 우리의 뇌
와 몸에 어떻게 작용하는지 이해하는 분야의 최전선에 서 있다. 후
생유전학의 발견을 단순하게 이해하면, 우리는 DNA나 환경만이
아니라 이 둘의 상호작용으로 우리가 된다고 볼 수 있다. 유전자와
경험, 우리가 망각한 진화적 과거와 생애 초기의 과거 사이의 상호
작용이 우리의 운명을 결정한다는 뜻이다.

　유리멧새를 예로 들어보자. 유리멧새는 아메리카 원산의 작은
철새로, 밤하늘이나 '별자리 지도'를 이용해서 장거리를 비행하는
능력을 타고났다. 다만 의외의 복병이 있다. 진화 과정에서 유리

멧새의 뇌에 꼭 맞는 정확한 별자리 지도가 주어진 것이 아니다. 밤하늘의 별자리는 우주의 팽창에 따라 끊임없이 서서히 변화한다. 현재의 밤하늘은 1,000년 혹은 500년 전 밤하늘과 같지 않다. 따라서 자연이 유리멧새를 위해 내놓은 해결책은 유리멧새가 살면서 **자신들에게** 딱 맞는 밤하늘의 양상을 재빨리 흡수하는 능력이다.

1960년대에 미시간주 플린트의 한 천문관에서 스티븐 엠렌Stephen Emlen과 로버트 T. 롱웨이Robert T. Longway는 유리멧새를 잉크 패드가 깔린 장치에 집어넣어 걸면 발바닥에 잉크가 묻게 했다. 위로는 외부로 넓어지는 종이 원뿔이 붙어 있었다. 바닥 쪽은 좁고 위로 갈수록 넓어지는 컵 모양이었다. 그리고 위를 망판으로 덮어서 새를 원뿔 안에 가두면서도 망판을 통해 안에서 밖이 보이게 해놓았다. 새가 바깥을 보려고 위로 올라가면서 정확히 원뿔의 어디를 딛는지 잉크 발자국으로 알 수 있었다. 엠렌과 롱웨이는 이런 독창적인 장치로 어둡기만 한 천문관 천장으로 다양한 별의 방위를 유리멧새에게 보여주고, 이튿날 종이 원뿔을 제거해서 유리멧새가 이동하고 방위를 파악한 방향을 확인할 수 있었다. 그리고 연구자들은 별의 양상을 원하는 대로 바꿀 수 있었다. 예를 들어 북극성의 위치를 옮기거나 별들이 서로를 기준으로 이동하는 방식을 바꿀 수 있었다. 엠렌과 롱웨이가 천문관의 별 위치를 바꾸자 유리멧새도 그에 따라 자신의 방위를 변경했다. 이튿날 아침에 종이 원뿔에 찍힌 잉크 발자국으로 확인할 수 있었다. 유리멧새가 별의 회전을 관찰하면서 '하늘 지도'를 학습한 것이다. 새의 머리로 어떻게 이렇게 신속하게 변화에 반응해 방위를 바꿀 수 있었을까? 방위를 탐색하는 하드웨어를 장착하고 태어난 데다 경험을 통해 현재 위치에서 도움이 되는 실제 지도를 '다운로드'한 덕분이었다.[10]

　인간 애착의 역동에 대해 밝혀진 바에 따르면, 우리도 이렇게 태어난 이후에 추가로 조립하고 세밀하게 조정하는 과정을 거쳐야 하는 것으로 보인다. 우리는 천성의 효과를 구성하는 선천적인 성향과 동기와 목표를 가지고 태어나고, 이런 천성이 삶의 전반적인 조건을 어느 정도 예견해준다. 하지만 이후 양육을 통해 현실의 조건에 적응할 수 있다. 천성의 가능성이 특히 생애 초기의 망각된 시기의 양육 현실에 맞게 적응하는 것이다.

　해리 할로우Harry Harlow가 1950년대에 실시한 유명한 원숭이 연구를 들어본 사람이 많을 것이다.[11] 할로우는 부모나 다른 양육자 없이 혼자 자란 새끼 원숭이들의 사회 적응 문제를 살펴보면서, 원숭이들에게 엄마 대신 헝겊 엄마와 철사 엄마를 줬다. 할로우는 원숭이들의 행동을 관찰한 결과, 생애 초기에는 포근하고 편안한 감각이 먹이에 대한 기본 욕구보다 중요하다고 설명했다. 새끼 원숭이들은 철사 엄마의 몸에 튀어나온 젖병에서 먹이를 먹으면서도 포근한 카펫으로 감싸인 엄마와 같이 있으려 했다. 그런데 이 실험에서 잘 알려지지 않은 사실이 하나 있다. 헝겊 엄마가 **따뜻한** 엄마이기도 했다는 점이다. 포근한 헝겊에는 100와트 전구가 들어 있었다.[12] 철사 엄마의 주위도 주변 조명으로 어느 정도 따뜻하게 유지되었지만, 헝겊 엄마와 달리 직접 조명이 아니었다. 엄마의 온기를 박탈당한 외로운 새끼 원숭이들은 엄마를 대체할 대상을 찾아 물리적으로 따뜻한 헝겊 엄마와 같이 있고 싶어 했다. 그리고 물리적 온기(와 포근한 헝겊)마저 박탈된 원숭이들이 있었다. 대학교 심리학 강의에서 애처로운 원숭이들이 한구석에서 다른 원숭이들과 떨어져 몸을 떨며 웅크리고 있고, 다른 원숭이들은 함께 뛰노는 모습이 담긴 영상을 본 기억이 지금도 내 머릿속에서 지워지지 않는다. 헝겊 엄마와 같이 있는지, 철사 엄마와 같이 있는지가 유아기를 한참 지나 성인기의 사회생활 전반에 영향을 미쳤다.

할로우는 제프 심슨과 동료들이 '낯선 상황 검사' 아이들을 20년 동안 추적한 종적 연구를 간단한 원숭이 버전으로 실시한 셈이었다. 혼자 자란 원숭이도 품에 안겨 애착을 형성할 물리적 온기의 대상만 있으면 비록 그 대상이 헝겊 몸통에 전구가 든 모형일지라도 나중에 자라서 더 잘 지낸다(완벽하게 원만하지는 않아도 사회적으로 기능할 수 있다).

할로우의 연구에서는 원숭이가 헝겊 엄마에게 매달릴 때 온기가 피부로 느껴지면, 안락하지만 이상하게 반응이 없는 헝겊 엄마에게라도 어느 정도 신뢰와 애착을 형성할 수 있는 것으로 나타났다. 인간(과 새끼 원숭이)이 부모가 안아줄 때의 물리적 온기와 신뢰와 보살핌을 받을 때의 사회적 온기를 강력하게 연결하는 방식은 지옥의 9번째 고리의 물리적 냉기와 영원히 그곳에 살아야 하는 벌을 받은 배신자와 배반자의 사회적 냉기를 연관시킨 단테의 예리하고 시적인 연상의 이면이다. 헝겊 엄마와 같이 있는 새끼 원숭이로서는 다행히도 헝겊 엄마의 온기가 뇌의 잠재적 스위치를 켜서 (가까이 달라붙어 있어서 생기는) 물리적 온기와 (이 사람이 나를 보살펴주고 안전하게 지켜줄 거라는 믿음에서 생기는) 사회적 온기를 연결했다. 그래서 헝겊 엄마의 새끼들이 철사 엄마의 새끼들에 비해 나중에 사회적으로 잘 적응한 것이다. 같은 영장류인 인간도 영아기에 사회적 온기의 원천만 주어지면 나중에 타인에게 **사회적** 온기와 신뢰를 키울 수 있는 잠재력과 성향을 타고난다(흥미롭게도 할로우의 연구에서는 물리적 온기가, 완벽하지는 않아도 사회적 온기를 대신하는 것으로 나타난다).

영국의 애착 이론가 존 볼비John Bowlby는 물리적 온기가 생애 초기의 안전한 느낌과 연결되고, 물리적 냉기가 안전하지 못한 느낌과 연결되는 현상에 처음으로 주목한 연구자들 중 한 사람이다.[13] 특히 젖을 먹여 새끼를 키우는 포유류에게는 먹이고 안고 보호하는 경험이 따스함과 친밀감의 물리적 경험과 밀접히 연관된다. 두 가지가 항상 같이 일어나기 때문에 마음에서 자연히 두 가지가 연결된다. 이런 단순한 연결 덕분에 살면서 벌어지는 사건을 예측하고 예견할 수 있다. 이를테면 노란 신호등이 보이면 곧 빨간 신호등이 켜질 거라는 뜻이고, 번갯불이 번쩍이면 곧 요란한 천둥이 울릴 거라는 뜻이며, 에드 삼촌이 문 앞에서 맞아주면 (늘 그렇듯이) "와, 이게 누구야?"라고 말할 거라는 뜻이다. 부모와의 생애 초기 경험, 가장 신뢰하는 사람이 꼭 안아준 경험이 있다면 물리적 온기를 신뢰와 보살핌의 '사회적 온기'와 연결할 수 있다. 볼비는 이처럼 물리적 온기와 사회적 온기를 동시에 느끼는 경험이 아주 오래전부터 변함없이 나타나서 결국에는 진화의 과정에서 둘의 연결이 뇌에 각인되었다고 주장했다.

나는 로렌스 윌리엄스Lawrence Williams와 함께 자연스러운 일상의 상황에서, 가령 뜨거운 커피나 차가운 커피를 들고 있는 상황에서 이 개념을 검증했다. 물리적 온기(뜨거운 커피를 들고 있을 때)와 사회적 온기(남을 믿고 남에게 관대한 태도)가 무의식중에 연결된다면 뜨거운 커피와 같은 따뜻한 물건을 들고 있을 때 사회적 온기와 사람들과의 친밀감도 높아져야 한다. 또 차가운 커피와 같은 차가운 물건을 들고 있을 때도 마찬가지로 사회적 냉기와 사람들과의 거리감이 커져야 한다. 그러나 따뜻한 경험과 차가운 경험이 성인에게 미치는 영향을 나타내는 두 가지 사이의 연결 강도는 부모와의 생애 초기 경험, 즉 아주 어릴 때 부모와 형성한 **애착**에 따라 달라져야 한다. 이런 따뜻함과 차가움의 효과는 오래전 숨겨진 진화적 과거만이 아니라 한 개인의 숨겨진 영아기 과거에도 달려 있다.

우선 따뜻하거나 차가운 물건을 들고 있는 것이 사회적 감정에 영향을 미치는지부터 확인해야 했다. 첫 번째 연구에서는 사회심리학의 선구자 솔로몬 애쉬Solomon Asch의 유명한 연구인 인상 형성 연구를 재현했다.[14] 애쉬는 참가자들에게 어떤 사람을 설명하면서 6가지 성격 특질만 제공한 다음 그 사람이 얼마나 마음에 드는지 평가해달라고 했다. 6가지 중 5가지는 동일하게 제시되고 한 가지만 달랐다. 참가자의 절반에게는 그 사람이 **따뜻하다**고 설명하면서 나머지 5가지 특질을 제시했고, 나머지 절반에게는 그 사람이 **차갑다**고 설명하면서 나머지 5가지 특질을 제시했다. 짐작대로 참가자들은 **따뜻하고** 독립적이고 섬세하다고 묘사된 사람을 **차갑고** 독립적이고 섬세하다고 묘사된 사람보다 좋아했다.

내가 로렌스와 함께 실시한 실험은 꽤 단순했다. 우리는 애쉬의 실험 절차를 재현하면서 모든 참가자에게 5가지 단어만 동일하게 사용했다. 참가자에게 어떤 사람을 설명하면서 **따뜻하다**거나 **차갑다**는 말로 표현하지 않았다. 우리는 이런 표현 대신에 참가자들이 그 사람에 관한 설명을 읽기 직전에 실제로 따뜻하거나 차가운 물리적 경험을 제공했다.[15] 그러면 그 사람이 따뜻하다거나 차갑다는 설명을 읽을 때와 동일한 결과가 나올까? 물리적으로 따뜻하거나 차가운 효과가 참가자의 마음에서 사회적으로 따뜻하거나 차가운 효과와 연결될 때만 같은 결과가 나올 터였다. 볼비가 예상하고 사도 바울과 단테와 할로우가 직관했듯이.

우선 예일 대학교 심리학 실험실 건물 로비에서 참가자를 맞았다. 다음으로 엘리베이터를 타고 4층 실험실로 올라가면서, 실험자가 참가자에게 가벼운 투로 서류가방에서 몇 가지 서류를 꺼내야 하니 커피가 담긴 종이컵을 잠시 들어달라고 부탁했다. 그런 다음 커피를 돌려받고 참가자에게 클립보드의 서류를 건넸다. 모두 10초 안에 벌어진 상황이지만, 근처 커피숍에서 사 온 뜨겁거나 차가운 커피를 들고 있는 잠깐의 시간이 우리 연구의 결정적 순간이었다.

그런 다음 실험실에 들어가서는 애쉬의 연구와 동일하게 어떤 사람에 관한 설명을 읽었다. 모든 참가자가 동일한 설명을 읽었다. 예상대로 볼비의 이론처럼 잠깐 따뜻한 커피를 들고 있었던 사람은 차가운 커피를 들고 있었던 사람보다 그 사람을 더 좋게 보았다. 따뜻함이나 차가움의 단순한 물리적 경험이 사회적 따뜻함이나 차가움의 감정을 활성화시켰고, 이것은 다시 참가자들이 그 사람에게 느끼는 호감에 영향을 미쳤다. 모두 무의식중에 벌어진 일이었다. 실험이 끝나고 참가자들에게 자세히 물어보자, 엘리베이터에서 커피를 든 경험이 설명받은 사람에 대한 인상에 어떤 식으로든 영향을 미쳤을 거라고는 전혀 생각하지 못했다.

그런 생각을 못 한 것은 당연했다. 따뜻하거나 차가운 무언가를 잠깐 들고 있는 행위가 직접 만나거나 글로 읽은 누군가에게 느끼는 감정에 영향을 미칠 것이라고 누가 상상이나 하겠는가? 나도 결코 상상 못 했다. 이 연구를 진행하고 발표한 **이후** 필라델피아의 한 호텔방에서 이런 일을 경험해서 잘 안다. 오전 9시쯤에 학회에 참석하기로 해서 방에서 옷을 갈아입고 학회장으로 내려가려던 참에 전화벨이 울렸다. 과학 전문 기자에게 온 전화였다. 몇 달 전에 발표한 커피 논문에 관해 물어보고 싶은 게 있다고 했다. 심리학과 대학원생들에 관한 기사라서 특히 나와 함께 연구한 로렌스 윌리엄스를 물어보고 싶어 했다. 나는 열정적인 표현을 써가며 로렌스를 칭찬하고 그가 얼마나 대단한 연구자인지를 여러 가지 방식으로 설명했다. 그러다 잠시 숨을 고를 때 기자가 던진 한마디에 나는 무척 놀랐다.

"혹시 지금 뜨거운 커피를 들고 계신가요?"

나는 믿기지 않는 얼굴로 오른손을 보았다. 기자 말이 맞았다. 오른손에는 객실 커피머신에서 뽑은 종이컵에 담긴 커피가 들려 있고, 왼손에는 전화기가 들려 있었다. "맙소사, 그렇군요. 와."

기자가 웃으며 말했다. "딱 걸리셨네요!" 이어서 기자는 내가 로렌스를 좋게 생각한다는 건 알겠지만, 그래도 다소 흥분해서 과장된 표현으로 설명하는 것 같았다고 했다. 그래서 따뜻한 커피 효과가 나처럼 그 효과를 잘 알지만 당장에는 주의를 기울이지 않는 사람에게도 나타날 수 있겠다는 생각이 들었다고 설명했다. 내가 필라델피아의 호텔방에서 겪은 일은 네덜란드의 연구자 한스 이저만Hans IJzerman과 건 세민Gun Semin의 연구에 참가한 사람들의 경험과 상당히 유사했다. 이 연구에서 따뜻한 음료를 잠깐 들고 있었던 참가자들은 차가운 음료를 들고 있었던 다른 참가자들에 비해 그들이 생각해야 할 대상과 더 친밀한 느낌이라고 보고했다.[16]

10년 후 다른 심리학과 신경과학의 여러 실험에서 물리적 온도와 사회적 온도 사이의, 즉 따뜻한 온기를 느끼고 나서 따뜻하고 친사회적인 행동을 하는 것 사이의 원시적 연관성을 확인했다.[17] 사실 뇌 영상 실험에서는 섬엽insula이란 뇌의 작은 영역이 두 가지 유형(전기담요 같은 따뜻한 물건을 만질 때와 가족이나 친구에게 문자 메시지를 보낼 때) 모두에 반응해서 활성화되는 것으로 나타났다.[18] 예일 대학교의 신경과학자 강유나와 제러미 그레이Jeremy Gray는 사회심리학자 마거릿 클라크Margaret Clark와 나와 함께 섬엽이 차가운 물건을 들고 있을 때와 경제 게임에서 다른 참가자에게 배신당할 때 모두에 반응한다고 밝혔다.[19]

믿었다가 배신당하는 경험은 극단적인 사회적 차가움이다(단테와 사도 바울이 하늘에서 고개를 끄덕이는 것 같다. 어쩌면 존 볼비도 그 옆에 있을지도). 단테가《신곡》을 쓴 지 700년이 지나고 사도 바울이《묵시록》을 쓴 지 2,000년 가까이 지난 지금, 우리는 그들의 직관이 어디서 기인하고 둘 다 얼음 속에 얼리는 벌을 배신자에 대한 시적 정의로 생각한 이유를 이해한다. 오늘날 우리가 따뜻한 친구나 차가운 아버지라고 말하는 이유도 이해한다.[20] 앞으로도 언제나 이럴 것이다. 물리적 온기와 사회적 온기, 물리적 냉기와 사회적 냉기 사이의 연결이 인간의 뇌에 새겨져 있기 때문이다.

그럼에도 우리는 제프 심슨(과 다른 연구자들)의 애착 연구를 통해 부모와 보호자를 신뢰하는 능력이 진화에 의해 자동으로 장착된 것은 아니라는 것도 안다. 이런 연결이 장착되었든 아니든, 태어난 후 경험에 따라 애착이 형성되는 결정적인 시기가 존재한다. 부모를 믿을 수 있을까, 믿지 못할까? 할로우의 연구에서 물리적 온기조차 경험하지 못한 새끼 원숭이들은 나중에 자라서도 다른 원숭이들을 믿지 못하고, 소통하지도 못했다. 원숭이들 놀이에 끼지도 못하고 혼자 한구석에 숨어 있었다. 물리적 온기조차 접하지 못하면 친구를 사귀고 노는 능력도 내면에서 시들어 사라지는 것 같았다.

따라서 누구나 물리적 온기와 사회적 온기를 연결하는 것은 아니고, 적어도 누구나 같은 수준으로 연결하는 것은 아니다. 안정 애착인 아이는 불안정 애착인 아이보다 물리적 온기와 사회적 온기를 더 강력히 연결할 것으로 예상된다.[21] 그리고 이런 예상을 검증하기 위해 한스 이저만과 동료들은 네덜란드의 탁아시설을 찾아가 4~6세까지의 아동 60명을 대상으로 따뜻함-차가움 효과를 연구했다.[22] 우선 아이들에게 안정 애착인지 불안정 애착인지 알아보는 질문을 15개 던졌다. 그런 다음 아이들을 무작위로 나눠 서늘한 방(15도 정도)과 따뜻한 방(23도 정도)에 들여보내서 실험을 진행했다. 방에 들어간 모든 아이에게는 다채로운 스티커를 나눠주었다(아이들은 스티커를 좋아한다. 스폰지밥과 디즈니 공주에 얼마나 눈을 빛내는지). 다음으로 스티커 일부를 다른 아이에게 나눠줄 기회를 주었다.

따뜻한 방에 들어간 아이들은 다른 아이에게 스티커를 많이 나눠주었고, 서늘한 방에 들어간 아이들은 스티커를 나눠주려 하지 않았다. 역시 물리적 온기가 사회적 온기와 너그러운 마음을 활성화시킨 것이다. 하지만 따뜻한 방에서도 안정 애착인 아이들만 스티커를 많이 나눠주었다. 실내 온도는 사전 질문지에서 부모와 안정 애착을 형성한 것으로 나타난 아이들의 너그러움(혹은 인색함)에만 영향을 미치는 것으로 나타났다. 따뜻한 방은 불안정 애착인 아동이 얼마나 나누는지에 영향을 미치지 않았다. 할로우의 원숭이처럼 아기의 뇌에서도 온기와 너그러움, 온기와 신뢰, 온기와 호의를 연결하는 스위치가 확고히 설정되는 정도는 생애 초기 결정적인 몇 년의 가정환경에 좌우되는 것으로 보인다.

지금까지 까마득한 진화적 과거부터 신체적 안전과 생존에 대한 뿌리 깊은 기본 동기가 우리의 사회적, 정치적 태도에 어떤 식으로 영향을 미치는지 알아보았다. 그리고 갓난아이 시절의 먼 과거가 친밀한 관계와 사람들을 대하는 방식에 어떤 영향을 미치는지도 살펴보았다. 이 두 가지 숨겨진 과거는 모두 기억에 남아 있지 않으므로 무의식중에 우리 삶에 영향을 미친다.

좋은 것, 나쁜 것, 문화적인 것

하지만 자연은 우리에게 누구를 믿고 누구와 협력할 수 있는지에 관한 또 하나의 단서를 주었다. 외츠티도 뼈저리게 깨달았을 테지만, 같은 인간이야말로 주위에서 가장 위험한 생명체라는 지식은 인류의 오랜 유산이다. 자연이 우리에게 준 단서는 남들이 우리와 유사한지 여부와 관련이 있다. 상대가 부모, 형제, 친한 이

옷 등 주위의 가까운 사람들과 외모, 말소리가 비슷한가? 내가 속한 사회심리학 분야에서는 지난 50년간 이런 **내집단**과 **외집단**의 차이에 관한 방대한 연구가 이루어졌다. 이들 연구에서는 우리가 아주 어릴 때부터 내집단과 외집단의 차이에 맞게 조정된 것으로 나타났다. 따라서 우리는 내집단과 외집단의 차이를 구분하는 능력을 타고나는 것처럼 보인다. '순진무구해서 나쁜 생각은 전혀 하지 않는' 아기의 작은 안구 운동에서도 자기 집단의 구성원을 선호하는 성향이 나타난다.[23]

이런 성향은 존 볼비가 동물의 새끼들에게서 알아챈 사실과도 관련이 있다. 새끼들은 대개 자기와 비슷하게 생긴 대상에게 가까이 붙어 있도록 진화했다. 동물의 새끼들은 밖에 나가 농장 마당이나 숲에서 다른 동물의 새끼들과 어울리지 않는다. 대신 자기와 같은 종에 가장 닮았고, 자기를 보살펴주고 먹여주고 따뜻한 잠자리를 제공해주고, 무엇보다도 자기를 잡아먹으려 하지 않는 동물과 가까이 붙어 지내려 한다. 볼비가 확인한 것처럼 인간도 이와 유사하게 행동한다. 발달심리학자 데이비드 켈리David Kelly와 동료들이 3개월밖에 되지 않은 아기에게 같은 인종(백인)의 얼굴과 다른 인종(아프리카인, 중동인, 아시아인)의 얼굴을 보여줬고, 아기는 같은 인종의 얼굴을 선호했다. 애착과 신뢰와 마찬가지로 이 효과 역시 생애 초기 경험에 따라 달라진다. 켈리의 실험에서 신생아에게는 이런 선호도가 나타나지 않았기 때문이다. 유사한 다른 여러 연구에서도 아직 한 마디도 알아듣지 못하는 아기가 다른 언어보

다 모국어를 선호하는 것으로 나타났다.[24]

자기와 비슷한 사람들을 선호하는 성향은 진화적 과거에 비춰 보면 합리적이다. 수렵채집 시대에는 낯선 사람과 마주칠 일이 거의 없고, 설령 마주친다 해도 생존의 위협을 의미할 수 있었다(낯선 얼굴의 사람들이 말을 타고 성문 앞에 나타나면 대개 좋은 소식이 아니었다). 인간 진화의 한 유산으로 우리가 낯익은 사람들과 같이 있을 때 더 안전한 느낌이 들고, 낯선 사람들과 같이 있을 때 안전한 느낌이 줄어드는 것도 이해가 간다. 그런데 현재는 기술 발전이 달팽이처럼 느린 진화의 속도를 한참 앞질렀다.

이제 우리는 먼 나라로 훌쩍 떠날 수 있고, 그곳 사람들도 우리가 사는 지역으로 여행을 올 수 있다. 우리는 날마다 지구 구석구석에서 벌어지는 일들을 거의 실시간으로 보고 듣는다. 처음에는 라디오와 TV로, 그다음에는 위성으로, 요즘은 인터넷으로 보고 듣는다. 많은 도시에서 이제는 여러 언어를 쓰고 세계 각지의 문화권에서 이주해온 사람들이 날마다 어깨를 부딪치며 살아간다. 한마디로 오늘날의 사회 환경은 중세 이전의 도시나 마을과는 판이하게 다르다. 그러나 개인의 내면에는 여전히 자기 집단을 선호하고 생김새나 말이나 행동이 다른 집단을 배척하는 진화적 성향이 남아 있다. 진화의 우울하고 불행한 유산이다. 오늘을 사는 우리는 겉으로는 여러 면에서 달라도 서로 공유하는 것이 훨씬 많기 때문이다. 이를테면 안전에 대한 욕구, 온기와 신뢰에 대한 갈망, 잘 살고 싶고 사랑하는 사람들을 보살피고 싶은 마음은 모든 인간이 가진 기본 욕구다.

하지만 사회적 세계를 **우리**와 **그들**로 나누는 것은 불가피하다. 피부색이나 출신지처럼 개인이 통제하지 못하는 임의의 요소가 기준이 되어도 어쩔 수가 없다. 영국의 사회심리학자 헨리 타이펠Henri Taifel과 동료들은 내집단-외집단 편향에 관한 연구에서 이렇게 '우리와 그들'을 나누는 단서가 얼마나 사소한지 보여주었다.

이들은 참가자들에게 색색의 공이 든 단지에서 공을 꺼내게 했다. 빨간 공을 꺼낸 참가자도 있었고 파란 공을 꺼낸 참가자도 있었다(선택은 전적으로 무작위였다). 다음으로 다른 참가자들에게 돈을 나눠주는 기회를 주자, 참가자들은 자기와 같은 색 공을 꺼낸 사람에게 돈을 더 많이 주고 다른 사람들에게는 돈을 적게 주었다. '우리 집단'과 '다른 집단'으로 나누고, 우리 집단에는 호감과 긍정적인 태도를 보이고 다른 집단에는 혐오와 부정적인 태도를 보이는 과정은 자연스럽게 일어난다.[25] 사실 **우리**라는 단어조차 무의식중에 긍정적으로 받아들여지고, **그들**이라는 단어는 무의식중에 부정적으로 받아들여지는 것으로 나타났다. 5장에서 소개할 '자동 평가automatic evaluation' 실험에서, **우리**는 '케이크', '생일', '금요일' 같은 단어처럼 사람들에게 자동으로 (즉각적이고 의도하지 않게) 긍정적인 영향을 미치는 데 반해, **그들**은 '독', '토네이도', '월요일'처럼 자동으로 부정적인 영향을 미쳤다.[26]

무작위로 빨간 공이나 파란 공을 꺼낸 것만으로도 '우리 대 그들' 감정이 생긴다. 하물며 다른 언어나 억양, 다른 피부색, 다른 종교와 문화처럼 더 눈에 띄는 실질적인 차이로 인해 집단에 대한 고정관념과 편견이 생기는 것은 놀랍지도 않다. 지구상 모든 문화는 자기네 사회 안에서도 상대적으로 힘이 약하거나 생김새가 다르거나 행동 양식이 다른 집단에 대한 고정관념을 형성한다.[27]

우리 분야 연구자들은 오래전부터 이런 고정관념이 아동기 후기나 청소년기에 발달하고 빨라야 10세 무렵에 시작된다고 보았다. 그래서 교육이 부정적인 집단 고정관념을 개선하는 데 중요한 역할을 할 수 있을 것으로 기대했다. 하지만 데이비드 켈리가 진행한 영아의 얼굴 선호 연구 같은 최근의 아동 사회심리학 분야 연구에서는 훨씬 비관적인 그림을 그리기 시작했다. 한마디로 내집단-외집단 선호가 아이가 학교에 들어가기 한참 전 생애 초기에 생길 수 있다는 것이다.

예일 대학교의 발달심리학자 야로우 던햄Yarrow Dunham은 인종과 사회 집단에서 자기 집단과 다른 집단에 대한 아동의 무조건적 호감을 연구했다.[28] 던햄은 성인의 무의식적이고 자동적인 편견을 측정하는 일반적인 기법인 '내재적 연관 검사IAT, Implicit Association Test'를 아동에게 적용해서 실험을 진행했다. '좋음'과 '나쁨'이 표시된 버튼을 준 다음 컴퓨터 화면에 맛있는 파이 같은 좋아하는 그림이 나오면 최대한 빨리 '좋음' 버튼을 누르고, 무서운 거미 같은 그림이 나오면 최대한 빨리 '나쁨' 버튼을 누르게 했다. 이제까지는 아주 좋다(그리고 나쁘다). 다음으로 아이들은 이와 무관한 활동을 해야 한다. 그런 다음 (백인) 아이들이 앞 단계와 같은 버튼을 사용하는데, 이번에는 버튼에 '백인'과 '흑인'이라고 붙어 있다. 아이들은 백인과 흑인의 얼굴 사진을 최대한 빨리 분류해야 한다.

이어서 이 연구의 결정적인 부분이 나온다. 아이들에게 두 과제를 동시에 수행하게 한 것이다. 왼쪽과 오른쪽 버튼이 각각 두 가지 용도로 쓰인다. 예를 들어 화면에 얼굴이 뜨는지 다른 것이 뜨는지에 따라 왼쪽 버튼은 '백인'이나 '좋음'을 표시하고, 오른쪽 버튼은 '흑인'이나 '나쁨'을 표시한다. 그러고 나서 같은 실험을 반복하는데, 이번에는 한쪽 버튼은 '흑인'과 '좋음'을 표시하고 다른 버튼은 '백인'과 '나쁨'을 표시한다. 그러니까 화면에 얼굴이 뜨면 '백인'이나 '흑인' 버튼으로 백인의 얼굴인지 흑인의 얼굴인지에 따라 해당 버튼(왼쪽이나 오른쪽)을 누르지만, 화면에 다른 그림이 뜨면 '좋음'이나 '나쁨' 버튼(똑같이 왼쪽과 오른쪽 버튼)으로 해당 버튼을 눌러야 한다. 요컨대 아동에게 '좋음'과 '백인'에 같은 버튼(예: 왼쪽)을 누르고 '나쁨'과 '흑인'에 같은 버튼(예: 오른쪽)을 누르는 과제가 쉬운지, 반대로 '좋음'과 '흑인'에 같은 버튼을 누르고 '나쁨'과 '백인'에 같은 버튼을 누르는 과제가 쉬운지가 이 연구의 핵심이었다.

아동뿐 아니라 성인도 속으로 '백인'과 '좋음'을 연관시키고 '흑인'과 '나쁨'을 연관시킨다면 자기도 모르게 '백인'과 '좋음'에 같은 버튼을 누르고 '흑인'과 '나쁨'에 같은 버튼을 누르는 과제를 더 수월하게 받아들일 것이다. 그래서 '백인'과 '좋음'을 연결하고 '흑인'과 '나쁨'을 연관시키는 과정이 수월할 것이다. 그리고 연관성이 강할수록 분류 과제의 수행 속도가 빨라질 것이다. 같은 이유로, 버튼의 라벨을 바꿔서 '백인'과 '나쁨'을 같은 버튼에 붙이고, '흑인'과 '좋음'을 같은 버튼에 붙이면 수행 속도가 느려질 것이다. 던햄은 백인 아동 참가자의 백인 선호와 흑인 혐오의 정도를 측정하기 위해 두 조건의 수행 시간 차이를 측정했다. 좋음과 백인(나쁨과 흑인)이 같은 버튼에 있을 때 얼마나 빠르게 수행하고, 나쁨과 백인(좋음과 흑인)이 같은 버튼에 있을 때 얼마나 느리게 수행하는지를 비교했다. 그 결과 아동의 자동적이거나 내재적인 인종 선호의 측정치가 나올 터였다.[29]

이 실험에서는 아동에게 백인과 흑인에게 어떤 감정을 느끼는지 물어보지 않으므로 내재적이고 무의식적인 편견을 확인할 수 있다. 아동의 마음속에서 '좋음'이 한 집단을 연상시키고 '나쁨'이 다른 집단을 연상시키는 정도가 간접적으로 드러난다. 던햄과 동료들은 이런 내재적 검사를 통해 6세 백인 아동이 백인 성인과 같은 수준으로 무의식적인 백인 선호 편견을 갖는다는 결과를 얻었다.[30] 실제로 이와 같은 인종 선호 정도는 모든 연령 집단(6세, 10세, 성인)에 동일하게 나타났다.

반면에 백인 선호와 흑인 혐오를 묻는 질문지로 측정한 명시적 측정치에서는 연령이 높아지면서 백인 선호가 사라지는 것으로 나타났다. 물론 우리는 사회에서 특정 집단을 다른 집단보다 좋아하거나 호감을 가져서는 안 된다고 배우므로 이런 질문지에 답할 때는 집단에 대한 편견을 드러내지 않는 방향으로 답한다(또 그렇게 바라고 그렇게 믿는다). 하지만 내재적이고 무의식적인 집단 선호는 일생 동안 조금도 달라지지 않는다. 6세 때의 내재적이거나 자동적인 인종 편향이 평생 남는다.

아동의 내집단 선호에 관한 유사한 연구 결과가 미국과 일본과 영국의 다수집단 인구에서도 나타났다. 생애 초기의 선호가 평생 다른 집단을 희생시키고, 자기 집단을 선호하는 성향의 근간을 이룬다. 영아기부터 어느 한 집단을 더 좋아한다면 그 집단 사람들과 시간을 더 많이 보내고 싶어 하고, 다른 집단 사람들과는 시간을 적게 보내고 소통도 적게 하므로 편견이 더 공고해진다. 다시 말해 나와 다른 사람들을 만날 기회가 제약되는 사회경제적 조건을 뛰어넘어 존재의 다양성을 추구하는 노력을 무의식중에 회피하는 것이다.

물론 실망스러운 결과이기는 하지만 희망이 전혀 없는 것은 아니다. 부모나 형제와 비슷한 얼굴을 바라보고 싶어 하는 3개월 된 아기와 무의식중에 다른 인종 집단에 비해 자기 집단을 선호하는 6세 아동 사이에는 큰 차이가 있다. 사실 부모들이 돌이켜보면 아이가 너무 빨리 커버렸다고 말할 때가 많다. 유치원에 들어간 것이 엊그제인데 벌써 대학에 들어갔다고 말한다. 그런데 가만히 생각해보면 특히 어린애가 집에 있을 때는 하루하루가 얼마나 아름답지만 진을 빼는 시간인지 알 것이다. 3개월과 6년 사이에는 2,000일이 넘는 길고도 험난한 나날이 있다. 이 시기에 사회적 세계에 관한 지식을 스펀지처럼 흡수하는 아이들은 날마다 무수한 일들을 접한다. 이런 나날이 이어지는 2,000일 동안 아이들은 (TV 와 기타 매체, 놀이터에서 만난 동네 아이들을 통해) 자기 도시의 문화, 자국의 문화, 자기 지역(유럽인지, 아시아인지)의 문화에 노출된다. 아이들은 가치관, 무엇이 중요한지에 관한 개념, 문화적으로 선호 되는 것, 좋은 사람과 나쁜 사람, 다양한 상황에서의 행동 방법을 터득한다.

하지만 이렇게 스펀지처럼 흡수하는 과정에는 태생적인 위험 이 따른다. 아이들은 문화를 흡수하면서 다양한 사회 집단에 관한 사회적 관념을 비롯해 갖가지 단점도 흡수한다. 맹목적으로 믿어 버릴 수 있다. 무엇이 옳은 지식이고, 무엇이 무지에서 나온 편견 인지 모른다. 아이들에게는 둘을 구별할 방법이 없다. 더욱이 이 런 문화적 지식은 남들에게 어떤 행동을 기대하는지에만 영향을 미치는 것이 아니라, 자신이 속한 사회 집단에 따라, 곧 남자인지 여자인지, 백인인지 흑인인지, 이슬람교도인지 기독교도인지에 따라 스스로에게 기대하는 행동 양식에도 영향을 미친다. 아이들 은 무의식중에 그들이 속한 더 넓은 문화 안에서 스스로 어떤 모 습이어야 하고 무엇을 할 수 있고 또 할 수 없어야 하는지에 관한 개념을 선택한다.

우리는 생애 초기의 몇 년을 기억하지 못한다. 그렇다고 그 시 간이 우리에게 중요하지 않은 것은 아니다. 오히려 그 시간에 세 상에 대한 가정과 타인에 대한 감정, 자기 자신에 대한 자신감을 키우는 많은 일이 벌어진다. 인생은 꽃과 같다. 잔뜩 오므린 봉우리였다가 꽃잎을 밖으로 펼치면서 외부 세계를 향해 점점 더 벌어진다. 한 인간은 자라면서 부모 품에서 벗어나 혼자 집 안을 돌아다니다가 주위의 더 넓은 동네로, 도시로, 문화 공동체로 나아간다. 하지만 더 넓은 세상으로 나가면서, 어린 시절부터 계속 앞으로 나아가면서 (다른 아이들과 TV와 대중매체를 통해) 보이고 들리는 정보를 순진하게 믿고 잘 속아 넘어가면서 곧이곧대로 흡수한다. 문화는 우리의 숨겨진 과거가 현재까지 계속 영향을 미치는 세 번째 경로다.

3장

황금시간대

5~6세의 어린아이에게는 세상이 덜 혼란스럽고 덜 위협적으로 보인다. 그러다 세상을 알아가고 옳고 그름을 분별하고 다음에 무슨 일이 벌어질지 예측할 수 있게 된다. 내 도시와 내 지역과 내 나라 사람이라는 데 긍지를 가진다. 존경할 사람은 누구인지, 친구에게 해도 되는 유쾌한 장난은 무엇이고 별로 재미없는 장난은 무엇인지, 그냥 넘어가도 될 일과 넘어가서는 안 될 일은 무엇인지 안다. 이런 문제로 깊이 고민하지 않는다. 세상은 그냥 그렇게 돌아간다. 어릴 때는 몰랐지만, 우리가 생각하고 느끼고 행동하는 방식이 유일하게 가능한 방식은 아니다. 모든 면에서 얼마나 쉽게 달랐을 수 있는지 모른다. 만약 우

리가 다른 가치관과 다른 신념의 국가에서 태어났다면 지금과 전혀 다른 사람으로 살았을 것이다.

갓난아이를 먼 오지로 데려가면 아기는 처음부터 거기서 태어난 사람처럼 그 나라 말과 문화와 이념을 학습한다. 당연한 결과이긴 하지만 놀랍지 않은 것은 아니다.[1] 만약 우리도 다른 곳에서, 다른 말을 쓰는 다른 문화에서 태어났다면 여러모로 전혀 다른 사람이 되었을 것이다. 요즘처럼 세계화되고 복잡하게 뒤얽힌 시대에는 수천 년 전부터 아시아계인 조상을 두고 스페인어를 모국어로 말하는 사람을 만나는 일이 드물지 않다. 예를 들어 페루에는 일본계 사람들이 모여 사는 거대한 공동체가 있다. 그리고 미국이 아닌 나라에서 미국인 아버지에게서 태어난 두 형제의 특이한 사례도 있다. 이들 형제는 자연히 그 나라 언어를 완벽히 습득하고 그 밖에 많은 것을 학습했다. 이들이 주변 환경에서 무엇을 흡수했는지를 보면 가족 문화부터 국가 문화에 이르기까지, 개인의 숨겨진 마음이라는 것이 주어진 문화에 의해 길러진다는 사실을 확인할 수 있다.

미국인 아버지를 둔 두 아들은 북한에서 나고 자랐다.

공산주의자와 신교도

1962년, 미군 병사 제임스 드레스녹James Dresnok은 북한과 남한의 경계선인 비무장지대, 곧 DMZ에 배치되었다. 그로부터 9년 전에 한국전쟁이 중단된 후 공산주의 국가인 북한과 자본주의 국가인 남한을 가르는 무인지대인 DMZ는 한반도 분쟁의 유산으로 남았다. 당시 미국 드레스녹의 집에서 그의 아내가 세상을 떠난 지 얼마 되지 않았다. 드레스녹의 삶은 무너졌다.

어느 날 밤 드레스녹은 불안하고 외로워서였는지, 그저 지루해서였는지 휴가 서류를 위조해서 몰래 기지를 빠져나가다 체포되었다. 그는 무시무시한 군법재판을 기다리지 않고 삶의 궤도를 수정하는 극단적인 방법을 선택했다. DMZ를 넘어 공산주의 국가인 북한으로 들어간 것이다. 수십 년 후 그는 영국인 영화감독 2명에게 이렇게 말했다. "8월 15일, 다들 점심을 먹던 정오의 대낮에 길을 나섰습니다. 네, 무서웠어요. 살아남을까, 죽을까? 지뢰밭에 들어섰다가 지뢰가 보이니까 식은땀이 나더군요. 넘어갔어요, 새 삶을 찾아서."

드레스녹은 새 고향에서 당시 북한에 거주하던 루마니아인 여자와 결혼해 테드와 제임스라는 자녀를 두었다. 드레스녹 가족이 어떻게 살았는지는 거의 베일에 가려져 있지만, 미국 출신이라는 예외성 덕분에 비교적 잘살았던 듯하다. 드레스녹과 2명의 아들들은 북한영화에서 주로 미국인 악당으로 출연했다. 하지만 이런 특이한 가족사에 또 하나의 반전이 생겼다. 2016년 5월에 성인이 된 테드와 제임스가 호리호리한 30대 남자의 모습으로 미국을 공격하는 인터넷 선전 영상에 등장한 것이다. 왜였을까? 미국을 영

화 속 악당 국가처럼 보이게 하기 위해서였다.[2]

"미국은 세계를 정복하려고 반북反北 정책을 펼치면서 아시아를 지배하려 합니다." 외교관 지망생인 테드가 정장을 차려입고 나와서 말했다. 회의실 테이블에서 테드 옆에 앉은 제임스는 암녹색 군복에 북한 상징을 단 장군의 모습이었다. 제임스는 테드의 말에 동조하면서 북한 지도자 김정은을 찬양했다. 이 영상은 진의에 관한 갖가지 외교적 추측을 불러일으키면서 며칠간 흥미로운 뉴스거리가 되었다.

미국인들은 드레스녹의 두 아들이 북한 정부로부터 세뇌를 당했거나 사상을 주입받았을 거라고 생각할 것이다. 그러나 굳이 그럴 필요가 없었다. 여러분이나 내가 각자의 신념을 지키기 위해 누군가에게 세뇌당할 필요가 없는 것과 마찬가지다. 그들의 아버지가 극단적인 방법으로 북한으로 넘어가지 않고 미국으로 돌아가 다른 여자를 만나 결혼했다면 어땠을까? 테드와 제임스는 한국어가 아니라(아버지가 한국인과 결혼하지 않았다면) 영어로 말하고, 지금과는 전혀 다른 가치관과 이념을 가졌을 것이다. 드레스녹의 두 아들은 북한에서 성장하면서 우리와 똑같이 살았다. 그들이 나고 자란 나라의 언어와 문화를 흡수했다.

북한의 이념은 미국과 많이 다르지만, 사실 미국의 이념도 나머지 세계의 다른 국가나 문화의 이념과 많이 다르다. 다만 미국인들은 어릴 때부터 미국에서 자라면서 아무런 의심 없이 미국의 이념을 흡수하기 때문에 이를 가장 자연스럽고 정당하게 여긴다. 마찬가지로 테드와 제임스 드레스녹에게는 북한의 이념이 자연스럽고 정당해 보였을 것이다. 사실 미국 주류 사회의 전통적인 도덕과 윤리 중에서 세계인들에게는 다소 이상해 보이는 부분이 있다. 정치, 즉 민주주의와 사회주의의 대립을 두고 하는 말이 아니다. 지금으로부터 거의 400년 전에 신세계에 도착한 초창기 청교도들과 현재까지 미국 문화에 강력한 영향을 미치는 부분에 관한 이야기다.

우리에게 문화는 물고기에게 물과 같다. 문화는 우리를 에워싸고 어디에나 항상 존재해서 그 존재를 알아채기 어렵다. 일리노이대학교의 도브 코헨Dov Cohen처럼 문화가 개인에게 미치는 영향을 오래전부터 연구해온 학자들은 문화가 우리의 일상에 파고들어 저음으로 배경에 깔리고 어디나 존재해서 우리의 가치관과 선택, 의견과 행동에 은밀히 강력한 영향을 미치는 여러 가지 방식을 설명했다.[3] 어느 나라의 문화든 그 나라 사람들이 공유하는 역사적 과거, 즉 학교나 책에서 배우지만 직접 기억하지 못하는 과거에서 형성된다. 우리는 학교에도 들어가기 전 아주 어릴 때부터 문화를 흡수하기 시작한다. 학자들은 미국의 신교도 윤리가 미국인이 선호하는 문화적 수사법일 뿐 아니라 대다수 미국인이 무의식중에 보유한 가치관이라고 강조한다. 뉴잉글랜드 플리머스록에 유럽인들이 도착한 지 4세기가 흐른 지금도 청교도적 뿌리가 여전히 성과 돈과 일에 관한 미국인의 행동에 영향을 미친다.

이야기는 16세기에 교회를 타락시키고 성서의 가치관과 금기를 저버린 행태에 반발해서 신교도가 로마 가톨릭 교회와 결별한 시대로 거슬러 올라간다.⁴ 영국은 신교도의 새로운 교회로 성공회 교회를 세웠다. 하지만 영국 신교도의 하위 집단인 청교도들은 성공회 교회가 로마 가톨릭 교회와 완전히 결별하지 못했다고 여겼다. 청교도들의 기대만큼 개혁적이지 않았던 것이다. 그래서 청교도들은 신세계로 건너가 그들의 엄격한 가치관에 따라 그들만의 새로운 교회를 세우기로 했다. 그들은 종교적 열정에 이끌려 멀고도 위험한 항해 끝에 대양을 건너 미지의 원시 대륙에 도착해 신앙의 도약을 꾀했다. 청교도들이 아메리카 대륙으로 건너온 이유는 오늘날의 미국 땅에서 종교적 유토피아를 건설하기 위해서였다. 이렇게 청교도들은 1600년대 초 아메리카 대륙에 도착한 최초의 대규모 집단이 되었다. 이들은 먼저 도착했다는 이유로 이후 미국에 정착한 모든 집단의 문화적 가치관에 지나치게 강력한 영향을 미쳤다.

청교도들은 미국인에게 두 가지 핵심 가치관, 즉 '윤리'를 남겼다. 우선 청교도 윤리라는 주요 가치관은 열심히 일하면 영원히 구원받는다는 것이다. 열심히 일하는 사람은 선한 사람이므로 천국에 간다. 반대로 열심히 일하지 않으면 선한 사람이 아닌 "게으른 손"으로 "악마의 놀이터"로 간다. 그리고 청교도 윤리 혹은 그냥 청교도주의라고 부르는 또 하나의 핵심 윤리는 난혼亂婚과 공공연한 성생활을 악으로 규정하는 것이다. 청교도들은 청교도주의 원칙을 의복과 언어를 선택하는 기준으로 삼고 가벼운 성생활을

비난했다. 물론 청교도 유산의 중요한 자리에는 하나님과 성서에
대한 기독교적 신념이 있다.

　미국 문화에 여전히 깊이 뿌리 내리는 성과 일에 대한 청교도적
가치관과 윤리는 오늘날 서구의 다른 산업화 사회의 흐름과 충돌
한다. 세계적으로 부와 민주주의가 세속적이고 덜 전통적인 사회
를 낳는다. 역사적으로 신교도적이고 민주적이고 산업화된 부유
한 국가들이 먼저 세속화되어 정부와 문화에서 종교적 색채를 걸
어냈다. 그리고 이들 현대적인 국가들은 세계에서 가장 전통적이
지 않은 사회가 되었다. **미국만 예외다.** 미국은 기본적으로 신교
도적이고 민주적이고 부유한 국가이면서도 세계에서 **가장** 전통
을 지향하는 국가들 중 하나다. 세계 각국 사람들을 대상으로 하
는 표준 가치관 설문조사인 '세계가치관조사WVS, World Values Survey'
에서 미국은 전통적인 가치관 지수, 이를테면 전통적인 가족 구
조, 민족주의, 성적 억압, 도덕적 절대주의, 선과 악의 명백한 차이
와 같은 지수에서 세계 평균을 한참 웃돌 뿐 아니라 이혼, 동성애,
낙태, 안락사, 자살을 거부하는 성향을 보인다.

　산업화된 다른 신교도 국가들에서는 지난 70년간 종교적이고
전통적인 성향이 크게 감소한 데 반해 미국은 여전히 종교적인 나
라다. 2000년에 실시된 조사에서는 미국인의 50퍼센트가 1-10
척도에서 최대 10의 수준으로 삶에서 신이 중요하다고 평가했고,
60퍼센트는 한 달에 한 번은 교회에 나간다고 응답했다. 2003년
조사에서는 일주일에 한 번 교회에 나가는 사람의 비율이 2차 세

계대전 이전인 1939년 3월과 같았다. 1947년에는 거의 모든 미국인(94퍼센트)이 신의 존재를 믿는다고 답했고, 이 수치는 2001년에도 크게 달라지지 않았다. 브라질을 제외한 다른 모든 국가에서는 1947년에서 2001년까지 신의 존재를 믿는 사람의 비율이 감소했다. 마지막으로 미국인 10명 중 7명은 악마의 존재를 믿는다고 답한 반면에 영국인은 10명 중 3명, 독일과 프랑스와 스웨덴 사람은 10명 중 2명 이하가 악마의 존재를 믿는다고 답했다.

미국의 신앙심과 전통적 가치관이 유별난 이유는 가치관 자체 때문이 아니라 급속한 경제적 번영에도 이런 가치관을 유지했기 때문이다. 사실 경제적 부와 발전 수준을 기준으로 다른 모든 국가와 비교했을 때 미국인의 5퍼센트만이 종교를 삶의 중심으로 받아들여야 한다. 따라서 미국의 문화적 유산이 매우 강력해서 세계적 추세를 완전히 거스른다는 결론에 이른다. 그리고 이것은 영국의 종교적 박해를 피해 도망친 청교도들에게 무려 **400년 전에** 물려받은 유산이다.

에릭 울만Eric Uhlmann과 앤디 폴먼Andy Poehlman은 예일 대학교 대학원생 시절에 나와 함께 이런 청교도의 문화적, 이념적 유산이 미치는 무의식적이고 내재적인 영향에 관한 몇 가지 연구를 진행했다.[5] 우리는 우선 청교도적 문화 이념이 무의식중에 오늘날 미국인의 판단과 행동에 영향을 미치는지 알아보았다. 나아가 이런 이념이 미국만의 고유한 것이라는 점에서 미국인이 아닌 사람들의 판단과 행동에는 영향을 미치지 않는다는 점을 검증해야 했다.

그래서 우리는 어떤 조작을 사용했을까? 우리는 주요 문화심리학 연구자들의 방법을 따랐다. 이들은 문화적 이념과 가치관이 사람들의 판단과 행동에 무의식적으로 어떤 영향을 미치는지 알아보기 위해 주로 **점화**priming 기법을 사용했다.[6] 지금까지 50년 이상 사용된 방법이다. 일반적으로 중요한 정보를 위장하거나 잠재의식 차원으로 제시하는 방식으로 참가자에게 영향을 미치면서도 당사자는 인지하지 못하게 해야 한다.[7] 그러면 영향력이 의식 차원이 아니라 무의식 차원에서 작동하는 것으로 나타난다.

예를 들어 1950년대 인지심리학 초기의 일부 점화 연구에서는 1차 실험에서 참가자들에게 암기할 단어 목록을 제시했다.[8] 2차 실험에서는 1차 실험과 무관한 다른 단어 목록을 나눠주고 항목마다 맨 먼저 떠오르는 단어를 말하게 했다. '자유 연상 검사free association test'라는 방법이다. 당시로서는 놀라운 결과가 나왔다. 1차 실험에서 나온 '멈추다', '나비', '거친' 같은 단어가 2차 자유 연상 실험에서 '고속도로', '동물', '나무'라는 단어를 듣고 맨 먼저 떠오르는 단어일 가능성이 높았던 것이다. 이런 점화 효과는 참가자가 1차 실험에서 받은 단어를 잊어버린 뒤에도 나타났다. 1차 암기 실험에서 나온 단어가 2차 자유 연상 실험에 접근하기 쉬워져서, 그러니까 말하거나 적기 쉬워져서 단어에 대한 기억의 위치가 **점화**되거나 일시적으로 더 많이 활성화된 것이다. 참가자가 인지하지 못하는 사이에 나타난 효과이고, 아무도 의도하지 않은 결과였다. 이들 단어가 1차 실험에 나눠준 단어 목록에 있었는지조차 기억하지 못하는 사람도 있었다.

사회심리학에서는 이렇게 '무관한 두 가지 실험' 기법으로 최근의 경험이 사람들에 대한 인상과 판단에 어떤 영향을 주는지 입증하기 시작했다. 예를 들어 최근에 소방관이 불타는 건물 안으로 다급히 뛰어 들어가는 모습을 보거나 주요 전쟁사에 관한 글을 읽었다면 용기와 영웅주의 개념이 점화될 것이다. 점화 연구에서 제시한 단어처럼 용기와 같은 광의의 개념이 여느 때보다 더 많이 활성화되는 것이다. 따라서 어떤 사람에 관한 뉴스 보도를 접하면, 가령 혼자 배를 타고 대서양을 횡단하려는 사람의 이야기를 들으면 매우 용감하고 영웅적이라고까지 생각할 가능성이 높아진다. 정신 나간 무모한 짓이고, 심지어 자살행위라고 생각하지는 않을 것이다.[9]

점화 효과는 자연스럽게 자동적으로 나타난다. 일상의 경험이 생각과 욕구, 나아가 세계관까지 건드린다. 점화는 우리가 알아채든 아니든 우리에게 상기시킨다.[10] 공항에서 탑승구 쪽으로 가다가 어디선가 향긋하고 강렬한 시나본Cinnabon 냄새가 퍼지면, 그 냄새가 얼마나 좋고 우리가 지금 얼마나 배가 고프고 얼마나 그것을 먹고 싶은지 떠올린다. 그 순간 의식은 전혀 다른 데 가 있다. 제시간에 탑승구에 도착할 생각을 하지, 시나본을 생각하지는 않는다. 따라서 여기서 모든 '점화' 작업을 수행한 것은 냄새다. 또 며칠 후 아침 출근길에 교통체증을 뚫고 회사에 도착했는데, 회사 동료가 사무실 프린터로 한참 서류를 뽑는 걸 보고는 참 이기적인 인간이라고 생각한다. 다음 장에서 살펴보겠지만, 일상의 이런 흔한 경험은 시간이 한참 지나 이미 다른 상황으로 넘어간 뒤에도 영향을 미친다. 하지만 실험실의 연구자들은 점화와 접근성(어떤 개념을 사용할 수 있는 준비성)의 기본 원리를 이용해서 참가자가 한 가지 경험의 효과를 인지하든 인지하지 못하든 그 경험이 이후의 행동이나 생각에 무의식중에 영향을 미치는 방식을 연구했다. 문화가 어린아이에게 미치는 무의식적 영향에 관한 연구에서도 이런 점화 기법을 사용했다.

이제 다시 점화 기법을 활용한 우리의 신교도 윤리 실험으로 돌아가자. 우리는 미국인 참가자(효과가 나타날 것으로 예상한 대상)뿐 아니라 캐나다, 이탈리아, 독일 같은 산업화된 서양 국가의 참가자(효과가 나타날 것으로 예상하지 않은 대상)도 포함시켰다. 신교도 윤리에서는 천국과 사후세계가 세속의 삶에서 열심히 노동한 대가로 주어진다고 믿기 때문에 우리는 '무관한 두 가지 실험'을 통해 미국인이 실제로 '천국' 개념과 '근면' 개념을 강력히 연결하는지 알아보았다. 우선 참가자들에게 1차 실험을 언어검사라고 소개하고, 섞여 있는 여러 단어 중에서 네 단어를 골라 짧은 문장을 만들도록 주문했다. 한 집단의 단어에는 사후세계와 관련된 단어를 포함시켰다. 예를 들어 'trip', 'dormitory', 'heaven', 'was', 'the'가 포함됐다(참가자들은 "The trip was heaven."이라고 쓸 수 있고, 대학생에게 나올 가능성은 적지만 문법적으로는 틀리지 않은 문장으로 "The dormitory was heaven."이라고도 쓸 수 있다). 통제 조건에는 역시나 긍정적이기는 하지만 종교와는 무관한 단어를 점화 단어로 제시했다(예: 'trip', 'dormitory', 'wonderful', 'was', 'the'). 이처럼 일부 참가자에게는 은밀히 천국과 사후세계의 개념을 점화시키거나 활성화시키고, 다른 참가자(통제 집단)에게는 천국과 사후세계의 개념을 점화시키지 않았다.

우리는 참가자들에게 종교와 사후세계의 개념을 점화시키면 신교도의 노동 윤리도 함께 점화될 것으로 예상했다. 미국 문화(와 미국인의 정신)에는 두 가지 개념이 뒤얽혀 있기 때문이다. 우리는 이런 '신성한' 단어가 나오면 미국인 참가자들은 이후 과제(여기서는 철자 순서를 바꾼 단어를 맞히는 문제)에 더 열심히 임할 것으로 가정했다. 그리고 독일이나 이탈리아나 캐나다 사람들은 동일한 점화 과제를 접하고도 더 열심히 과제에 임하지 않을 것으로 가정했다. 이들이 성장한 문화에서는 구원과 근면의 연관성이 중요하지 않다. 마음속에서 천국과 사후세계의 개념이 근면과 강하지만 내재적으로 연결되어야만 앞의 단어를 점화시킬 때 뒤의 단어도 영향을 받는다.

우리는 다음과 같은 결과를 얻었다. 미국인 참가자에게 종교 개념을 점화시키자, 통제 집단의 미국인(천국과 관련된 단어에 노출되지 않은 집단)에 비해 철자 바꾸기 과제를 더 열심히 풀고 더 높은 점수를 받았다. 또 예상대로 천국 개념을 점화시키는 조작은 미국인의 과제 수행에만 영향을 미쳤다. 다른 나라 참가자들은 영향을 받지 않았다. 끝으로 실험이 끝나고 추가로 실시한 설문조사에서는 실험 참가자들 가운데 첫 번째 실험의 종교 관련 점화 단어와 두 번째 실험의 철자 바꾸기 과제를 열심히 풀거나 잘 푼 결과 사이의 연관성을 알아챈 사람이 없는 것으로 나타났다. 전적으로 무의식적인 문화가 그들의 행동에 영향을 미쳤다는 뜻이었다.

우리는 더 나아가 이런 문화적 영향이 무의식적으로 작동하도록 두 번째 연구 실험을 설계했다. 미국인 참가자들에게 감자 깎는 청년 2명이 함께 복권을 사서 당첨된 이야기를 읽게 했다. 복권이 당첨된 후 첫 번째 청년은 당장 일을 그만두었지만, 두 번째 청년은 백만장자가 되었는데도 감자 깎는 일을 계속했다. 우리는 참가자들에게 두 청년에 대한 직관적이고 본능적인 느낌과 의식적이고 신중한 평가를 물었다. 직관적인 느낌으로는 복권에 당첨된 후에도 감자 깎는 일을 계속하는 청년이 복권으로 부자가 되어 편하게 사는 청년보다 좋은 점수를 받았다. 반면에 신중하고 세심한 평가에서는 두 청년 모두 도덕적으로 동등한 평가를 받았다. 신교도 윤리가 작용한 것이다. 경제적으로 일하지 않아도 되는데도 계속 일하려는 자세가 그 사람을 더 좋은 사람으로 만들어준다.

그래서 다음으로 청교도 윤리로 넘어갔다. 세 번째 연구에서는 예상대로 미국인이 신교도 윤리와 청교도 윤리를 강력히 연관시키는지 알아보았다. 두 개념은 미국 건국이념의 핵심이다. 우리는 미국인이 두 개념을 강력히 연관시킨다면 일을 생각한 후 성에 더 보수적인 태도를 보일 거라고 예상했다. 또 미국 문화만의 효과라는 것을 입증하기 위해 이중문화 집단으로 아시아계 미국인을 참가자로 선정했다. 우선 우리는 아시아인 또는 미국인의 정체성을 점화시켰다. 두 가지 문화 정체성 중 현재 어느 쪽이 발현되는지에 따라 일에 대한 점화 효과가 다르게 나타날 수 있기 때문이다. 다시 말해서 우리는 참가자의 문화 정체성에 영향을 미치는 초기의 망각된 과거의 여러 측면을 점화시킨 것이다.

일부 참가자에게는 "어떤 아시아 음식을 좋아합니까?" 같은 문항이 포함된 질문지를 제시해서 아시아인의 정체성을 먼저 점화시켰다. 다른 참가자에게는 "어떤 미국 음식을 좋아합니까?" 같은 문항이 포함된 질문지로 좋아하는 영화와 책, 음악 밴드에 관해 물어서 미국인의 정체성을 점화시켰다. 그런 다음 철자 순서를 바꾸어 문장 맞히는 검사를 완성하게 했다. 다만 한 집단에는 '사무실', '일', '직업'처럼 일과 관련된 단어를 포함시켰다. 통제 집단에는 일과 관련된 단어를 전혀 제시하지 않았다. 다음으로 모든 참가자에게 학교에서 노출 의상을 금지하도록 복장 규정을 강화하자는 어느 고등학교의 제안에 관한 기사를 읽힌 다음 이 연구에 관해 물었다. 우리는 아시아인-미국인 정체성에서 미국인이 먼저 점화되어 미국의 독특한 문화적 가치관이 활성화된 집단에서만 일을 점화시키면 성 문제에 더 보수적이고 청교도적인 반응을 보일 것으로 예상했다. 그래서 엄격한 복장 규정에 우호적인 반응을 보일 것으로 예상했다. 물론 예상한 결과가 나왔다. 아시아인 정체성 조건의 참가자들은 학교 복장 규정에 대한 응답에서 먼저 일을 점화시킨 효과를 보이지 않았다. 신교도 윤리(일)와 청교도 윤리(성)가 아시아 문화에서는 연결되지 않기 때문이다. 따라서 도덕성에 관한 견해, 곧 다양한 사회적 행동의 옳고 그름에 대한 생각은 어릴 때부터 흡수하므로 숨겨진 무의식적 과거의 일부가 된 문화적 이념의 영향을 받는다.

신교도와 청교도의 쌍둥이 같은 두 가지 윤리인 일과 성의 윤리는 미국만의 뿌리 깊은 문화적 가치관에서 공고히 연결된 것으로 보인다. 400년이 지난 지금도 신교도와 청교도의 건국이념이 21세기 미국인의 도덕적 판단에 강력한 영향을 미친다. 그러나 대다수 사람들은 이런 영향을 인지하지도 의식하지도 못한다. 이런 문화적 영향은 (모두는 아니지만 많은) 미국인 '물고기'가 헤엄치는 물과 같고, 1600년대 독실한 청교도 조상들의 감정이나 도덕적 가치관과 놀랍도록 일치한다.

비용과 혜택

아시아계 미국인 참가자를 대상으로 한 미국적인 가치관 실험에서 나타나듯이 사람마다 현재 정체성의 어느 측면이 활성화되는지에 따라 다르게 느끼고 다르게 행동할 수 있다. 정체성에는 여러 측면이 있다. 엄마이자 음악가이자 교사이자 요가를 좋아하는 사람이자 NASCAR* 팬일 수 있다. 정체성의 각 측면에는 적절한 가치관과 행동, 좋아하는 것과 싫어하는 것에 대한 타고난 내재적 지식이 저장되어 있다. 존재의 여러 가지 방식이다. 아이들은 남자아이나 여자아이, 아시아계 미국인이나 아프리카계 미국인, 아이나 어른으로 사는 게 어떤 의미인지, 이를테면 어떻게 행동해야 하고 무엇을 할 수 있고 또 할 수 없는지에 관해 문화적 신념을 학습한다. 아이들은 이런 문화적 신념을 적극적으로 수용해서 아주 어릴 때부터 정체성의 어느 측면이 점화되는지에 따라 다르게 행동한다.

나는 2000년에 성격 및 사회심리학 학회Society for Personality and Social Psychology의 첫 연례회의에 참가했다. 이 학회는 이후 우리 분야의 연구자와 학생, 교수 수천 명이 참석하는 세계 최대 규모 학회로 성장했다. 연례회의는 기본적으로 학술토론회와 위원회와 강연으로 구성된다. 열정적인 연구자들이 각자의 의견과 최신 연구 결과를 내놓고 잠깐 주장을 펼치며 토론한 다음 곧바로 만찬장이나 캐시 바**로 향한다. 그해 내슈빌에서 열린 첫 학회는 무척 흥미로웠다. 새로운 동료를 많이 만나기도 했지만 가장 선명한 기억은 대연회장에서 지금은 고인이 된 널리니 앰배디Nalini Ambady와 나눈 대화다.

앰배디는 인도 케랄라 출신의 유능한 사회심리학자로 하버드 대학원에서 스키너 학파 연구자들과 세미나를 가졌다. 그러나 2013년에 백혈병으로 너무 일찍 우리 곁을 떠났다. 내가 매우 존

• 전미 스톡 자동차 경주협회
•• 연회장에서 돈을 내고 술을 마시는 곳

경하는 동료였고, 그분을 존경하는 사람이 나만은 아니었다. 그 날 내슈빌의 넓은 대연회장에 빼곡히 들어찬 청중이 앰배디와 마 거릿 쉬Margaret Shih가 아시아계 미국인 아이들을 대상으로 진행한 최신 연구 발표에 귀를 기울였다. 20년 가까이 흐른 지금까지도 그들의 연구는 문화가 얼마나 일찍부터 개인의 동기와 행동에 영 향을 미치는지를 보여준 가장 중요한 실험으로 남았다.

사실 클라우드 스틸Claude Steele의 선구적인 연구로 인해 개인 의 사회적 정체성을 점화시키는 단서가 시험이나 학업 수행에 주 로 부정적인 영향을 미칠 수 있다는 결과가 알려진 지는 조금 되 었다. 표준화된 시험지의 상단에 인종이나 민족 집단을 표시하게 하면, 아프리카계 미국인들은 인종 정보를 표시하지 않을 때보다 시험에서 낮은 수행을 보였다.[11] 사회는 우리에게 우리가 속한 사 회 집단이 삶의 여러 영역에서 좋거나 그리 좋지 않다고 가르친 다. 예를 들어 흑인은 공부를 못한다거나 여자는 남자만큼 수학 과 과학을 못한다거나 노인은 느리고 기억력이 떨어진다고 가르 친다.[12] 〈덩크슛White Men Can't Jump〉('백인은 높이 뛸 수 없다'라는 의 미)이라는 영화도 있지 않은가?[13] 스틸은 이런 현상을 '**고정관념 위협**stereotype threat'이라고 불렀다. 시험이나 과제를 수행하기 전 에 개인이 속한 집단의 지위를 상기시킨다고 해보자. 문화적 고정 관념상 그 사람이 속한 집단이 주어진 과제를 그리 잘하지 못한 다면, 그 사람의 과제 수행이 영향을 받을 수 있다. 우리는 의식적 으로든 무의식적으로든 고정관념을 '수용하는' 것이다. 이런 현상은 주로 어려운 상황에서 나타난다. 어려운 상황에서는 (가령 여학생이 고급 수학 수업을 듣는 경우) 고정관념 조건의 실험 집단이 자신들에게 직면한 어려움을 자기 집단의 무능("여자라서 어려운 거야") 탓으로 돌리고 잘하려고 노력하지 않기 때문이다. 그사이 남들은 더 노력하고 더 열심히 도전하고 그래서 더 잘한다.

좋은 소식도 있다. 같은 효과에 따라 자기 집단이 과제를 잘할 것으로 기대하면 과제 수행이 향상될 수 있다. 이것을 '**고정관념 이득**stereotype gain'이라고 한다. 예를 들어 아시아계 미국인 청소년들에게는 공부벌레이고 성취욕이 강하며 수학을 잘한다는 고정관념이 있다. 이렇게 널리 퍼진 문화적 신념이 잘 드러난 예로 1987년 〈타임Time〉에 실린 표지기사가 있다. 똑똑해 보이는 아시아계 아이들 6명이 함께 포즈를 취한 사진에 '아시아계 미국인 신동들'이라는 제목이 붙었다.

당신이 아시아계 미국인 여자아이라면 스스로에게 어떤 믿음을 형성하겠는가? 사회적 정체성의 한 측면(아시아인)으로는 수학을 잘해야 하지만 다른 측면(여성)으로는 못해야 한다. 앰배디와 쉬는 아시아계 미국인 여자아이의 딜레마에서 개인의 사회적 정체성이 실제 행동과 수행에 미치는 자동적이고 무의식적인 영향을 측정하기 위한 기회를 포착했다.[14]

첫 번째 연구에서는 고등학생과 초등학교 4학년 여자아이에게 사전에 아시아인 정체성을 점화시키고 시험을 치르게 했다. 아시아인 정체성을 점화시키고 나서 연령에 따른 표준화된 수학 시험을 치르게 했더니 성적이 좋아졌다. 반면에 여성 정체성을 점화시키고 시험을 치르게 하니 성적이 떨어졌다. 놀랍게도 4학년 여학생에게도 이런 효과가 나타난다. 두 연구자는 초등학교 교사들이 1학년부터 이미 남학생과 여학생을 다르게 대하면서 여자는 남자만큼 수학을 잘하지 못한다는 메시지를 전했을 것으로 의심했다. 그래서 4학년만 되어도 여학생의 머릿속에 이런 고정관념이 자리 잡은 것이라고 보았다.

앰배디가 내슈빌의 대연회장을 가득 채운 청중에게 소개한 두 번째 연구에서는 학교에도 들어가지 않은 5세 아시아계 미국인 여자 아이들을 대상으로 했다. 앞선 실험보다 더 때 묻지 않은 실험 대상이었다. 여기에 앞선 연구처럼 4학년과 고등학교 학생들도 포함시켰다. 연구자들은 아이들이 4학년 이전에는 초등학교 교사와 문화적으로 편향된 학습 환경에 노출되지 않아서 고정관념 효과가 나타나지 않을 것으로 가정했다. 실제로 아시아인이나 여성 요인을 점화한 과정이 유치원생의 수학 시험 결과에는 영향을 미치지 않았지만, 4학년과 고등학생에게는 영향을 미쳤다. 연구자들의 가정이 입증된 것이다.

앰배디와 쉬의 연구팀은 아시아계 미국인 여학생 81명(71퍼센트가 미국에서 출생)을 하버드의 실험실로 불러서 아시아인 정체성을 점화시킨 집단과 여성 정체성을 점화시킨 집단과 정체성을 점화시키지 않은 통제 집단으로 나누었다. 5세 여아의 한 집단에는 아시아인 여자아이 2명이 젓가락을 들고 밥공기에 담긴 밥을 먹는 사진을 색칠하게 해서 아시아인 정체성을 활성화시켰다. 5세 여아의 다른 집단에는 인형을 들고 있는 여자아이 사진에 색칠하게 해서 여성 정체성을 활성화시키고, 통제 집단에는 특성 없는 풍경 사진에 색칠하게 했다. 4학년과 고등학교 여학생 집단에는 앰배디와 쉬의 이전 연구와 같은 방법으로 정체성을 점화시켰다. 그런 다음 모든 참가자에게 연령을 고려한 표준화된 수학 시험을 치르게 했다. 5세 여아의 정체성 점화는 효과가 없어야 하지 않을까?

그날 오후 대연회장에 모인 청중이 앰배디의 연구 결과를 듣고 내뱉은 탄식이 아직도 잊히지 않는다. 사실 그 자리에 있었던 사람들은 대부분 해로운 신념을 바로잡기 위한 방편으로 교육제도에 희망을 걸고 있었다. 소중한 인적 자본을 낭비하고, 능력과 재능을 충분히 개발해 활용하지 못하게 한다는 점에서 학생뿐 아니라 사회에도 해로운 신념이기 때문이었다. 그 자리의 청중뿐 아니라 앰배디나 쉬 역시 여자아이는 수학을 못한다는 문화적 신념이 학교에 **들어가기도** 전인 5세 아이의 머릿속에까지 이미 단단히 자리 잡았을 거라고는 예상하지 못했다. 신념의 뿌리가 깊어서 미세한 점화 조작만으로도 정체성에 암시를 주고 수학 시험 결과에 무의식적으로 영향을 미칠 수 있을 거라고는 상상도 못 했다.

그러나 영향을 미쳤다. 아시아인과 여자아이의 색칠공부 과제가 5세 아이들에게 영향을 미쳤고, 이런 점화 효과는 4학년과 고등학교 여학생에게도 동일하게 나타났다. "여자아이는 수학을 못한다"는 믿음이 유치원 아이들을 비롯한 모든 참가자의 머릿속에 뿌리박힌 것이다. 앰배디가 오버헤드 프로젝터에 이와 같은 결과를 띄우자 순간 회의장에서 공기가 싹 빠져나가는 느낌이었다. 사람들은 망연히 서로를 쳐다보며 믿기지 않는 듯 고개를 가로저을 뿐이었다. 아이들이 초등학교 1학년에 들어가자마자 잘못된 신념을 주입받는다는 가설을 접어야 했다.

이제 우리는 바람직하든 아니든(방금 보았듯이 대개는 바람직하지 않지만) 아이들이 학교에 들어가기도 전에 문화적 고정관념이 뿌리내릴 수 있다는 사실을 알았다. 그렇다고 학교에서 교사들에 의해 더 영구히 뿌리내리지 않는다는 뜻은 아니다. 이것은 1960년대에 로버트 로젠탈Robert Rosenthal의 '교실의 피그말리온' 연구에서 보여준 현상이다. 로젠탈의 연구에서는 교사들에게 학생들의 표준화된 시험 결과에 대한 거짓 자료를 제공했다. 학생에게 높거나 낮은 점수를 무작위로 배정했다. 학생의 실제 능력과는 무관하지만(학생도 부모도 점수를 보거나 알지 못했다) 한 학년이 끝날 즈음 학생들의 성적과 시험 점수가 거짓 점수에 상응하게 나왔다. 점수는 교사만 아는 데다 학생의 실제 능력과 무관하기 때문에 교사가 기대치에 따라 학생들을 다르게 대해서 이런 결과가 나왔다고밖에 해석할 길이 없었다.

하지만 아시아계 미국인 5세 아동의 실험에서는 "여자아이는 수학을 못한다"는 부정적인 고정관념이 학교에 들어가기도 **전부터** 나타났다. 고정관념은 어떻게 아이들의 무의식을 파고들어 이렇게 뿌리를 깊게 내렸을까? 부모가 자녀에게 여자는 수학을 못한다고 말했을 가능성도 고려해볼 수 있지만, 최근에 내가 물어봤을 때 쉬는 이런 가능성을 일축했다. "다들 성공에 대한 열망이 큰 부모들이었어요. 딸들에게 거는 기대가 높았죠. 하버드 연구에 참가하면 나중에 딸이 하버드에 가는 데 유리할 거라고 기대하는 부모도 있었으니까요."

물론 적어도 미국 문화에서는 여자아이와 남자아이의 사회화 과정이 다르다. 결정적으로 여자아이에게는 남자아이보다 신체적 매력과 외모를 더 많이 강조한다. 어릴 때부터 집에서 아침 등교 준비를 할 때 남자아이보다 여자아이의 머리를 빗겨주거나 머리모양을 만들어주고 옷을 입히는 데 더 많이 신경 쓴다. 아이들이 자라면 외모에 대한 관심은 성적 매력으로 넘어간다. 연구자들은 여자아이들과 젊은 여자들이 '여성의 몸을 성적으로 대상화하는 문화'와 '여자들에게 이상적인 신체적 매력을 충족시키라는 요구가 강한 문화'에 맞게 사회화되는 과정을 설명했다.[15] 미국 문화에서는 여자들이 (아주 어릴 때부터) 두 가지 정체성, 곧 몸의 정체성과 마음의 정체성을 가지면서 성장하는 듯하다. 또 사회는 이 두 가지가 배타적인 것인 양 "똑똑한 것보다는 예쁜 게 낫다"고 말하는 듯하다.

이처럼 무의식적 과거가 은밀히 흡수되는 현상으로 볼 때 여자에게 몸의 정체성이 부각되는 상황(예: 해변)에서는 '마음'의 정체성(지능) 역시 침해당할 것으로 예상할 수 있다. 여자는 몸과 매력이 부각되는 해변에서 지식과 지적 능력이 아니라 외모로 가치를 평가받는다는 문화적 고정관념이 활성화된다. 미시간 대학교의 바버라 프리드릭슨Barbara Fredrickson과 동료들은 통제된 실험실 조건에서 이런 특성을 보여주었다.[16] 남녀 대학생이 '감정과 소비자 행동'에 관한 연구에 참가하기 위해 1명씩 심리학 실험실을 방문했다. 참가자들은 세 가지 소비재를 평가하라는 주문을 받았다. 소비재는 남녀 공용 향수와 의류와 식품이었다. 참가자들은 향수를 평가한 후 전신거울이 달린 탈의실에 들어갔다. 무작위로 수영복 조건과 스웨터 조건에 배정되었다. 여자 참가자는 4~14사이즈까지 원피스 수영복이나 S, M, L 사이즈의 스웨터를 입어보았다. 남자 참가자는 수영복 바지(S부터 XL까지 네 가지 사이즈)나 스웨터(M, L, XL 사이즈)를 입어보았다. 그리고 헤드폰으로 옷을 입고 거울을 보라는 지시를 받고, 자신의 몸을 어떻게 생각하는지에 관한 질문지를 작성했다.

참가자들은 옷을 갈아입고 나와서 다음 단계로 GMAT(MBA 대학원에 지원할 때 치러야 하는 시험)에서 20문항을 추출한 어려운 수학 시험을 보았다. 문제를 푸는 데는 15분이 주어졌다. 참가자들에게 수학 능력을 측정하는 시험이라고 명시했다. 마지막 단계는 트윅스 초콜릿을 이용한 미각 검사였다. 참가자 앞 쟁반에 포장이 뜯긴 트윅스 2개, 물 1잔, 냅킨이 놓여 있었다. 참가자들은 양껏 먹어도 된다는 지시를 받았다.

참가자가 작성한 질문지를 보니 예상대로 수영복을 입으면 스웨터를 입을 때보다 몸의 정체성이 활성화되는 것으로 나타났다.

이는 남녀가 동일했다. 마지막으로 초콜릿을 먹는 단계에서 전반적으로 여자가 남자보다 적게 먹었고, 또 수영복을 입고 자신의 몸매에 기분이 상한 참가자는 다른 참가자들보다 초콜릿을 적게 먹었다. 하지만 놀라운 결과는 수학 시험에서 나왔다. 다시 말하지만 참가자들은 무작위로 수영복이나 스웨터 조건에 배정되었다. 더욱이 연구자들은 참가자의 전반적인 수학 능력과 같은 중요한 요인을 통제했다. 그런데도 스웨터가 아니라 수영복을 입어본 여자들의 수학 점수가 크게 떨어졌다(스웨터와 수영복 조건에서 정답을 맞힌 비율이 평균 2.5 대 4였다). 관심이 몸으로 가자 지적 능력이 떨어진 것이다. 그리고 예상 밖의 결과가 있었다. 남자들의 수학 점수는 수영복을 입었든 스웨터를 입었든 영향을 받지 않은 것이었다. 남자들은 몸의 정체성이 점화되어도 '해'를 입지 않았다.

　신교도와 청교도 윤리 연구와 마찬가지로 이런 결과에도 갖가지 문화적 신념이 얽혀 있고 모두 연관되어 있다는 것을 알 수 있다. 어쨌든 신체적 매력을 강조하거나 몸에 주목하게 만드는 과정과 수학 시험 점수가 떨어진 결과 사이에는 논리적 연관성이 없다. 여자에 대한 두 가지 신념 모두가 여자에 대한 (미국의) 문화적 고정관념을 구성한다고 볼 수밖에 없다. 따라서 이런 고정관념을 부각시키면 두 가지 신념, 곧 여자는 외모를 아름답게 꾸며야 하고 남자보다 수학을 못한다는 신념이 점화되어 여자들의 마음속에 떠오르는 것이다. 여자에게 수영복을 입혀서 문화적 정체성의 한 측면을 점화시키자 다른 측면이 활성화된 것이다. 다시 말하지

만 참가자들은 미국 10대 대학교에 다니는 대학생들로, 누구보다
도 학문적 정체성이 뚜렷했다. 그럼에도 자기도 모르게 여자와 수
학에 대한 해로운 문화적 신념에 굴복한 것이다.

　이와 같은 무의식적 영향력이 미취학 아동의 마음에도 이미 자
리 잡았다면 교육제도만 탓할 수는 없는 노릇이다. 게다가 신체
적 매력에 대한 편견은 교육제도만의 문제로는 보이지 않는다(설
사 있다고 해도 미미해 보인다). 그러면 이런 미묘한 바람은 어디서
불어오는 것일까? 앰배디와 쉬는 여자아이들이 어릴 때부터 많이
노출되는 미디어와 사회 전반의 문화를 통해 고정관념을 습득할
가능성을 의심했다. 아동이 인종과 성별을 이해하는 주제에 관해
서는 아직 풀어야 할 문제가 많다. 다만 성별에 관해서는 어디서
영향을 받는지 어느 정도 명백해 보인다. 쉬는 여자아이들이 아주
어릴 때부터 가지고 노는 장난감과 인형을 지목하며 "인형이랑 공
주요. 우주선이 아니에요"라고 지적했다.

　TV를 잠깐 보거나 신문 가판대를 훑어보기만 해도 미국 문화
(와 다른 많은 문화)에서 여자아이와 여자 들에게 어떤 메시지가 주
어지는지 읽을 수 있다. 아이들을 위한 만화나 오락채널에서 광고
를 내보내는 여아용 장난감은 머리를 빗기고 옷을 갈아입히는 예
쁜 인형이 대부분이다. 팔찌와 목걸이와 각종 장신구도 주로 여자
아이들을 대상으로 한다. 따라서 앰배디와 동료들은 이어지는 연
구에서 미국의 인종적 편견이 대중매체를 통해 문화적으로 전파
되는 현상에 주목했다.[17] 미국 TV 황금시간대의 인기 프로그램

을 분석한 것이다. 2006년에 진행된 이 연구에서는 〈본즈Bones〉, 〈CSI〉, 〈프라이데이 나이트 라이트Friday Night Lights〉, 〈그레이 아나 토미Grey's Anatomy〉를 비롯해 미국 내 평균 시청자가 900만 명 이상인 11개 프로그램을 선정했다. 다만 참가자는 이들 프로그램을 본 적이 없는 사람으로만 선발했다. 선정된 프로그램에는 지위가 동등한 백인과 흑인이 등장했다. 말하자면 해당 프로그램의 주제에서 비슷한 비중을 차지하고 직업적 지위도 비슷하다는 뜻이다 (가령 둘 다 수사관이다). 연구자들은 이들 프로그램에서 백인 15명과 흑인 15명을 선정했고, 참가자들에게 각 인물이 등장하는 9개 장면을 무음으로 보여주었다.[18]

이제 이 연구의 비틀기 장치가 나온다. 장면 속 백인이나 흑인 등장인물을 편집해서 참가자들에게 마크 하몬Mark Harmon이나 데이비드 카루소David Caruso 같은 주연배우가 해당 인물에게 보이는 반응만 보여주었다. 참가자들은 장면을 보면서 실제로 프로그램에서 주연배우가 누구와 대화하는지 몰랐다. 디지털로 오디오를 제거해서 참가자에게 주어진 정보는 주인공이 (화면 밖) 인물에게 보이는 비언어적 행동(표정, 몸짓, 보디랭귀지)이 전부였다. 연구자들은 주인공이 흑인이나 백인 등장인물과 대화할 때 다르게 행동하는지 알아보고 싶었다. 참가자마다 이런 동영상 265개를 무작위 순서로 보았다. 동영상이 끝날 때마다 참가자는 (화면 속) 인물이 화면 밖 인물을 얼마나 좋아하거나 싫어하는지 답했다. 또 두 인물의 대화가 전반적으로 긍정적인지도 평가했다. 두 가지 평가에서 참가자들 사이에 의견이 일치하는 비율이 높았다.

이 실험에서는 주인공의 비언어적 행동이 백인 인물에게 더 긍정적이고, 흑인 인물에게 더 부정적인 것으로 나타났다. 참가자들은 주인공이 실제로 누구와 대화하는지 몰랐는데도 주인공의 표정과 몸짓에서 흑인에게 더 부정적인 태도를 보인다는 것을 알아챘다. 이렇게 백인과 흑인을 대하는 태도의 미묘한 차이와 TV 프로그램에서 주인공의 소통 횟수를 곱하고, 여기에 프로그램의 횟수를 곱하고, 여기에 인기 TV 프로그램 수를 곱하고, 이런 프로그램을 보는 수백, 수천만의 시청자를 곱해보라. 문화적 고정관념이 시청자들에게, 시청자들의 흑인과 백인에 대한 부정적이고 긍정적인 태도에 얼마나 큰 영향을 미칠지 감이 올 것이다. 미세한 차이기는 했지만, 참가자들이 알아채지 못할 만큼 미세하지는 않았다. 아이들을 비롯해 가정에서 프로그램을 시청하는 수백만 시청자들 눈에도 띌 것이다.

실제로 TV 프로그램에서 흑인을 그릴 때 나타나는 부정적인 태도가 시청자에게 영향을 미치는지 여부가 중요하다. 어느 정도 알아챈다고 해도 반드시 인종적 태도에 영향을 미친다는 의미는 아닐 것이다. 이런 프로그램을 많이 볼수록 흑인에 대한 무의식적 태도가 더 부정적으로 변할까? 안타깝게도 그런 것 같다.

앰배디와 동료들은 다음 연구에서 이런 TV 프로그램이 시청자의 인종적 태도에 어떤 영향을 미치는지 알아보았다. 프로그램마다 흑인에 대한 상대적인 (미묘한, 비언어적인) 부정성의 수준을 주

인공이 화면에 보이지 않는 흑인과 백인에게 보이는 호감과 긍정
성의 수준으로 측정했다(일부는 남들보다 부정성을 더 많이 드러냈
다). 그런 다음 새로운 참가자 53명에게 11개 프로그램 중 어떤 프
로그램을 자주 보는지 확인하고, 더불어 좋음-나쁨과 백인-흑인
단추를 이용해서 무의식중에 백인을 좋음과 연관시키고 흑인을
나쁨과 연관시키는 정도를 알아보는 내재적 연관 검사, 즉 IAT 성
인 버전을 실시했다. 이 방법으로 인종에 대한 편견이 비교적 강
한 황금시간대 프로그램을 많이 시청할수록 인종에 대한 편견이
심해지는지 확인할 수 있었다. 실제로 그렇다는 결과가 나왔다.
자주 시청하는 프로그램에서 비언어적 편견이 심할수록 흑인에
대한 내재적 태도가 부정적이었다. 배우들의 숨은 편견이 무의식
중에 시청자들에게 흡수되는 것이다.

　대중매체를 통한 고정관념과 신념의 문화적 전파력의 근거는
확실하다. 황금시간대 프로그램의 인종적 편견에 많이 노출될수
록 개인의 인종적 편견 수준도 높아진다. 그리고 이런 편견은 이
후 우리가 모르는 사이에 우리의 생각과 행동에 영향을 미친다.
우리는 이런 편견이 어디서 나오는지도 알아채지 못한다. 뉴스마
저 문화적 고정관념을 전파한다. 뉴스는 좀 더 은밀하게 문화적
신념을 전달할 수 있다. 사람들은 뉴스가 현실을 정확히 보도할
것으로 기대한다. 그래서 사회의 다양한 집단에 대해 부정적인 편
견으로 가득한 '뉴스'를 내보내면 시청자들은 사실로 믿는다. 아
이들이 주위에서 들어오는 모든 정보를 의심 없이 흡수하는 것처

럼 말이다.

케이블 TV와 인터넷 혁명 이전 시대의 사람들은 주로 3대 방송국(CBS, NBC, ABC)의 저녁뉴스를 보고 신문과 주요 시사 주간지(〈타임〉, 〈U.S.뉴스&월드리포트U.S. News & World Report〉)를 읽었다. 요즘도 수천만 명이 이런 뉴스를 보거나 잡지를 읽거나 비슷하게 파급력 있는 뉴스 방송국과 매체를 접한다. 인터넷이 출현하기 전 이런 뉴스 매체가 호황을 누리던 1996년에 예일 대학교의 정치학자 마틴 길렌스Martin Gilens는 최초로 이런 주제에 관해 연구했다. 주요 주간지와 3대 TV 저녁뉴스의 내용을 분석하면서[19] 앵커나 기자가 미국의 빈곤 문제를 보도할 때 내보내는 시각 자료에 주목했다. 잡지 기사나 TV 보도의 배경으로 어떤 사진이나 영상을 선택할까?

1990년 미국 인구조사 결과에 따르면 아프리카계 미국인은 미국 빈민의 29퍼센트를 차지한다. 따라서 미국에서 빈민으로 사는 사람들 사진의 30퍼센트 정도가 아프리카계 미국인이어야 하지 않을까? 길렌스가 1988년부터 1992년까지 조사한 빈민 관련 뉴스 잡지 기사 182개에서 배경 사진의 **62퍼센트**에 흑인이 등장했다. 실제보다 2배나 많은 수준이었다. 시청자들은 자연히 미국 빈민 대다수가 아프리카계 미국인이라는 강렬하지만 크게 잘못된 인상을 받는다. 3대 TV 방송국의 저녁뉴스도 비슷했다. 미국의 빈곤에 관한 TV 뉴스 보도에 등장하는 사람의 65퍼센트가 흑인이었다. 이처럼 흑인 이미지를 과도하게 많이 내보내는 보도는 시

청자들의 빈곤에 대한 태도뿐 아니라("가난한 사람들은 대부분 흑인
이다") 흑인들이 자신과 그들의 공동체에 갖는 무의식적 신념에도
영향을 미친다.

　길렌스는 저널리스트 월터 리프먼Walter Lippmann이 1920년대에
처음으로 심리학적 의미로 **고정관념**이라는 용어를 쓰면서 우리
의 태도와 행동에 실제보다 더 많이 영향을 미치는 '마음속 그림'
이라고 정의한 사실을 언급했다. 누구나 뉴스 매체에 의존해 세계
에 대한 '마음속 그림'을 그린다면, 사람들이 미국 빈민 대다수가
아프리카계 미국인이라는 고정관념과 거짓 신념을 갖는 것이 놀
랄 일일까? 이제 이런 신념을 미국의 문화 이념에서 여전히 중요
한 부분을 차지하는 신교도 윤리와 연결해보자. 길렌스는 같은 기
간에 실시된 전국 단위의 설문조사를 소개하면서 응답자의 70퍼
센트가 "미국은 누구나 열심히 일하면 발전할 수 있는 기회의 땅"
이라 믿는다는 결과를 지적했다. 이렇게 믿는다면 가난한 사람들
은 남들만큼 열심히 일하지 않거나 열심히 일하고 싶어 하지 않는
다고 판단할 수 있다. 다시 말해 가난한 사람들은 게으르고 (뉴스
에서 항상 나오는 것처럼) 가난한 사람 대다수가 흑인이므로 흑인은
게으르다고 생각할 수 있다. 문화와 개인의 무의식에 파고든 이런
강력하고 부당한 편견은 뉴스를 통제하는 사람들의 의도치 않은
무의식적 편견에서 기인한다.

　대중매체는 오락 프로그램을 통해서든 뉴스를 통해서든 대중
의 문화적 신념과 태도에 강력한 영향을 미친다. 최고 시청률을

유지하는 TV 프로그램에 나타난 부정적인 인종적 태도를 조사한 앰배디의 연구와 '미국의 빈곤'을 다룬 뉴스 매체의 보도에서 인종적 편견을 조사한 길렌스의 연구에서도 이런 영향이 선명하게 드러난다. 따라서 자연히 이런 의문이 든다. 왜 미국의 대중매체는 흑인을 이런 식으로 그릴까? 책임 편집자나 제작자가 인종적 편견을 가졌을까? 빈곤 관련 뉴스 보도의 경우, 길렌스는 이런 설명에 반하는 증거를 내놓는다. 사진 자료를 선택하는 사진 편집자와 관련 영상을 선택하는 TV 뉴스 편집자는 대체로 대다수 미국인보다 인종적으로 **진보적**이었다. 최고 시청률을 기록하는 오락 프로그램에서도 마크 하몬과 다른 배우들이 같은 프로그램에 출연하는 흑인을 좋아하지 않는 태도를 의도적으로 내비쳤을 것 같지는 않다. 무엇보다도 앰배디의 연구에서 선정한 프로그램은 인종을 평등하게 보여주려는 시도에서 (다소 의도적으로) 흑인과 백인을 비슷한 지위의 역할로 등장시켰다.

책임자의 의식적이고 의도적인 태도에 원인이 있지 않다면 무의식적이고 의도하지 않은 태도에 원인이 있을 것이다. 길렌스는 주요 뉴스 매체에 관한 연구에서 이런 결론에 이르렀다. "인종과 관련해 잘못된 보도의 일관된 양상을 보면 (편집자들의 인종적 불평등에 대한 신념이 의식적으로는 일관되게 진보적이라는 점에서) 흑인에 대한 부정적인 이미지가 무의식 차원에서 작동한다고 볼 수 있다."[20] 뉴스 잡지나 TV 뉴스 업계 종사자들은 시청자나 독자와 같은 문화에 속한다. 그들도 우리와 같은 문화를 흡수한 것이다. 최고 시청률을 기록하는 오락 프로그램에서 주인공으로 나오는 배우들도 마찬가지다. 그리고 우리가 속한 문화는 뉴스 보도에 내보낼 사진이나 영상을 선택하는 일과 오락 프로그램 속 흑인 인물에 대한 비언어적 표정과 몸짓에 무의식적으로 영향을 미쳤다. 이런 행동과 선택은 대중매체 종사자의 의식적인 신념과 가치관을 거스르는 듯 보인다. 그래도 무의식적 신념이 강력한 영향을 미치는 것까지는 막을 수 없다.

우리가 소비하는 콘텐츠의 편집자와 제작자는 어찌 보면 우리와 같은 문화적 편견을 흡수하면서 살아왔다는 점에서 우리와 같은 입장이라고 볼 수도 있지만, 사실은 우리와 입장이 상당히 다르다. 그들은 우리가 일반적으로 신뢰하는 (신뢰할 수 있어야 하는) 매체에서 무의식적으로 학습하는 '사실'을 결정하는 막강한 권한을 쥐었기 때문이다. 그들은 우리가 모르는 사이에 우리에게 영향을 미치고, 유년기의 숨겨진 마음을 형성하는 데 일조한다. 따라서 그들은 이런 막강한 힘을 책임감 있게 써야 한다. 길렌스의 연구처럼 그들이 보다 책임감을 느끼게 만드는 노력은 긍정적인 방향으로의 발전이다.

터널 빠져나가기

지금까지 문화적 신념과 가치관이 우리의 숨겨진 마음에 어떻게 파고드는지 알아보았다. 이제 생애 초기를 일종의 터널로 생각하면 도움이 될 것이다. 우선 영아기에는 좁은 터널과 같은 주의력 안으로 들어오는 정보, 이를테면 가족이나 집이나 다른 스쳐가는 자극만 보인다. 이것이 아기의 세계다. 유아기에는 걸음마를 떼고, 사물이나 사람과 소통하기 시작하면서 터널이 확장되어 시골길 정도로 넓어진다. 그 길을 걷다보면 감각이 눈앞에 보이는 도로와 다른 여행자들에게 집중되지만, 스쳐 가는 풍경과 간간이 나타나는 건물과 앞에서 교차하는 다른 길도 눈에 들어온다. 이런 풍경은 보다 미세한 자극을 준다. 문화와 대중매체와 타인에 대한 태도가 켜켜이 쌓여서, 아이는 의식적으로 알아채거나 의문을 품지 않고 그대로 흡수한다. 아이가 자라서 아동기를 거쳐 청소년으로 성장하는 사이, 주위 공간은 계속 확장된다. 우리의 경험이 분주한 고속도로로 진출하고, 이제는 간간이 고속도로를 벗어나 여러 도시에 머물고 그 도시 사람들을 만나고 시내를 구경한다. 학교와 친구, 여행, 각종 매체를 비롯해 우리가 관찰하고 인지하는 대상이 늘어난다. 이제 처음의 터널에 대한 기억은 남아 있지 않고 시골길에 대한 기억도 어렴풋하다. 주변 환경을 점점 더 많이 받아들이고, 이제 성인용 운전석에 앉는다. 정식으로 자격을 갖춘 문화의 대표자로서 목적지에 도착한다. 좋은 점도 많지만 옹이도 많이 간직한 채로.

뜨거운 커피를 들고 있는 것과 같은 일상의 경험은 깊이 뿌리박힌 문화적 신념과 가치관을 끊임없이 자극하거나 점화시킨다. 천

국이나 사후세계에 관한 단어를 접한 미국인들은 여느 때보다 과
제를 더 열심히 수행하고, 몸매가 드러나는 드레스나 성적 행동에
더 비판적인 태도를 갖는다. 우리에게는, 심지어 초등학교에 입학
도 하지 않은 어린아이들에게도 여러 가지 정체성이 있어서, 어떤
정체성이 점화되는지에 따라 문화적 정체성이 우리에게 미치는
영향을 알아채지 못한 채 전혀 다른 태도를 보이고, 전혀 다르게
행동한다. 우리는 이런 문화적 영향을 어린아이처럼 열심히 흡수
한다. 주위의 모든 것에서, 장시간 시청하는 TV와 다른 매체에서
도, 다른 사회 집단 구성원에 대한 부모나 형제의 표정과 비언어
적 행동에서도 영향을 받는다. 이런 고정관념과 신념이 제2의 천
성처럼 우리에게 깊이 뿌리내린 탓에 인종에 대해 진보적인 입장
을 보이는 대중매체 책임자들조차 시청자와 독자에게 이런 고정
관념을 전파한다(그리고 영속시킨다). 미취학 아동이 순진하게 들
이마시는 문화적 배경이 성인기에도 내내 배경에 남아서, 어린 시
절 생일파티에서 꼭두각시 인형을 조작하던 사람처럼 배후에서
우리의 마음을 조종한다. 드레스녹의 두 아들의 사례에서 미군 병
사의 아들을 미국의 원수로 바꿔놓을 만큼 강력한 영향력이다.
  "커튼 뒤의 남자는 신경 꺼!" 오즈의 마법사는 이렇게 호통쳤지만
도로시와 친구들처럼 지금이야말로 신경 써야 할 때인지 모른다.

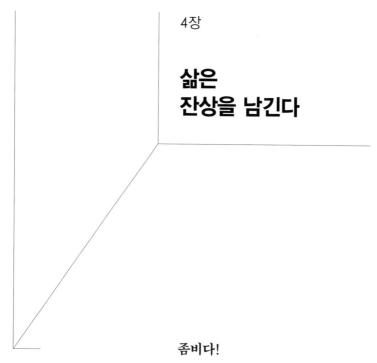

4장

삶은
잔상을 남긴다

좀비다!

40년이 지난 지금도 어두컴컴하고 비가 추적추적 내리던 10월의 그날 밤이 기억난다. 내 평생 가장 무서운 날들 중 하루였다. 밤 10시쯤 대학 대강당에서 캠퍼스 반대편에 있는 내 아파트 쪽으로 걷고 있었다. 맞은편에서 내 쪽으로 오는 사람들을 스쳐 지나갔다. 그런데 그들은 사람이 아니었다. **좀비**였다. 좀비들이 비틀거리며 내 살을 뜯어 먹고 뇌수를 빨아 먹을 기세로 다가왔다! 나는 그들을 피해 골목길로 들어가서 그림자 속으로만 지나가려 했지만 거기서도 그들이 달려오는 게 아닌가! 그렇게 식은땀을 흘리고 덜덜 떤 끝에 무사히 집으로 돌아올 수 있었다.

좀비가 유행하고 2016년에 마이애미 말린스 야구 경기에서 좀비 나이트("최고의 좀비 복장에게 투표하세요!" 마이애미 말린스가 경기 중에 날린 트윗) 같은 행사가 열리기 한참 전의 일이다. 1970년대 중반 공포 컬트영화의 고전인 조지 로메로George Romero의 〈살아 있는 시체들의 밤Night of the Living Dead〉이 개봉한 지 몇 년밖에 지나지 않은 때로, 그날 나는 대학 대강당에서 이 영화를 관람하고 나오는 길이었다. 영화를 보고 집으로 가는 내내, 주위의 평범해 보이는 사람들 중에 적어도 몇 명은 영화에 나오는 것 같은 좀비일 거라는 확신이 들었다. 나는 극심한 편집증적 경계심에 사로잡혔다.

나한테 무슨 일이 벌어진 걸까? 몸은 이미 극장을 빠져나와 집으로 향하지만 마음은 아직 극장에 남아 〈살아 있는 시체들의 밤〉의 줄거리와 논리에서 벗어나지 못한 채 본능적인 공포에 허우적거리고 있었다. 분명 내 무의식에서 무슨 일이 벌어져서 비합리적이고 유치한 공포가 나를 가득 채우고 온몸에 아드레날린을 퍼뜨리며 경고한 것이다.

일상에서 한 가지 경험에서 다음 경험으로 넘어갈 때 우리의 감각은 당장 따라가서 새로운 상황과 새로운 현재에서 정보를 받아들인다. 하지만 마음은 앞선 경험의 영향을 떨쳐내는 데 뜸을 들인다. 가까운 과거에 머무르며 새로운 상황으로 천천히 넘어가는 것이다. 가까운 과거의 잔상이 계속 남아서 우리가 새로운 상황을 해석하는 방식과 그 상황에서 행동하는 방식은 물론 우리의 선택과 감정에도 영향을 미칠 수 있다. 사실 나는 좀비를 믿지 않지만 그날 밤에는 믿었다.

다시 대학 시절로 돌아가보자. 앞서 말했듯이 나는 대학교 방송국의 FM 라디오 DJ였다. 당시는 프로그레시브 록의 시대였고, FM 라디오는 비교적 새로운 매체였다. 상업적인 AM 방송국과 달리 FM에서는 음악을 더 많이 틀 수 있었다. 음악을 내보내는 시간을 늘리고, 중간의 DJ 멘트를 줄였다. 서론에서 말했듯이 당시 방송으로 내보내는 노래나 연주에서 다음 곡으로 자연스럽게 넘어가는 방법은 FM 라디오 록 음악 프로그램의 기술 중 하나였다. 요즘 클럽이나 댄스파티의 DJ처럼 최대한 자연스럽게 넘어가야 했다. 나는 로빈 트라워^{Robin Trower}의 〈브리짓 오브 사이(비탄의 다리)〉의 길게 늘어지는 엔딩에 사보이 브라운^{Savoy Brown}의 〈헬바운드 트레인(지옥행 열차)〉의 역시 길게 늘어지는 오프닝을 얹어 다음 곡으로 '크로스 페이드^{cross-fade}' 했다. 앞 곡의 잔상이 남은 채 다음 곡으로 이어졌다.

우리의 마음도 항상 한 상황에서 다음 상황으로 자연스럽게 넘어간다. 여기서 반드시 이해해야 할 사실이 있다. 어느 한순간에 활성화되고 영향을 미치는 부분이 지금 이 순간 일어나는 일보다 많다는 점이다. 최근의 경험은 시간이 가면서 서서히 소멸한다. 흔히 새로운 상황에서 우리에게 영향을 미치는 것은 바로 이전에 감각을 통해 의식으로 들어오는 경험이라고 **생각한다**. 하지만 배후에는 생각보다 훨씬 많은 일이 벌어진다.

이 장에서 다룰 주제는 한 경험에서 다음 경험으로 넘어가는

'이월효과carryover effect'와 그 효과가 현재에 영향을 미치는 방식
이다.

연속적인 두 가지 경험은 서로 동떨어져 있고 무관할 때가 많
다. 예를 들어 어머니가 회사로 전화했는데, 통화가 끝나자마자
상사가 찾아와 부담스러운 업무를 떠안긴다고 해보자. 혹은 패스
트푸드점에 들어갈 때 누군가 문을 잡아주었고, 이어서 당신은 꽉
막힌 주말의 도로로 나간다고 해보자.[1] 어머니와의 통화가 상사에
태도에 영향을 미치거나 맥도날드에서 누군가 베풀어준 친절이
95번 주간고속도로에서 당신의 운전 태도에 영향을 미치는 데는
합리적이거나 논리적인 이유가 없다. 상황 1의 생각과 감정, 욕구,
목적, 희망, 동기는 이미 상황 2로 넘어갔다고 해서 스위치 끄듯이
당장 사라지는 것이 아니다. 상황 1의 온갖 감정이 잔상을 남기며,
이어지는 경험에 미세하지만 강력한 영향을 미친다.

모터사이클과 잘못된 귀인

〈살아 있는 시체들의 밤〉이 개봉한 1968년, 전혀 다른 분위기의
영화도 개봉했다. 심리학에 기묘한 방식으로 영향을 미치고 "삶은
잔상을 남긴다"는 발견에 이르게 해준 영화다. 지금도 유튜브에서
이 영화의 예고편을 볼 수 있다.

"당신은 이제 폭발할 듯 으르렁거리는 피스톤 엔진 위에 올라

타는 짜릿함을 맛볼 것이다!" 걸쭉한 남자의 목소리가 흐르고, 화면에서는 가죽옷을 입은 여자가 으르렁거리는 모터사이클에 올라타는 장면에서 남자가 이로 여자의 지퍼를 내리는 장면으로 넘어간다. "그녀는 야생마 100마리의 힘에 올라타고 원하는 만큼 멀리, 원하는 만큼 빨리 떠난다!"

1968년에 잭 카디프Jack Cardiff가 감독한 영국과 프랑스의 합작 영화인 〈그대 품에 다시 한 번Girl on a Motorcycle, Naked Under Leather〉의 예고편이다. 이 영화에 섹시한 금발의 마리안느 페이스풀Marianne Faithfull이 출연했다. 어느 작가는 페이스풀을 보고 이렇게 묘사했다. "한마디로 1960년대에 지구상에서 페이스풀만큼 멋지고 섹시한 여자는 없다. 역사상 가장 아름다운 고전미가 흐르는 얼굴을 타고났고, 어떤 여자도 범접할 수 없을 정도로 시대를 상징하는 **그런 외모**를 가졌다."[2] 영화에서 갓 결혼한 페이스풀은 숨 막힐 것 같은 결혼생활이 그려지는 남편을 배신하고 모터사이클에 올라타, 고전적으로 잘생긴 알랭 드롱Alain Delon이 연기한 애인을 만나 관능적 환각에 빠져드는 모험(가죽과 나체, 그리고 물론 쿵쾅거리는 피스톤 엔진)을 시작한다. 영화는 영국에서 크게 성공하고 X등급을 받으며 물의를 일으켰다.

이후 1975년에 심리학자 돌프 질만Dolf Zillmann과 제닝스 브라이언트Jennings Bryant, 조앤 캔터Joanne Cantor는 〈그대 품에 다시 한 번〉을 이용한 실험으로 신체 활동이 의식적이고 합리적인 생각에 어떤 영향을 미치는지 보여주었다.[3] 모든 참가자가 운동한 다음에

이 영화를 보았다. 피스톤 엔진의 쿵쾅거리는 느낌은 거의 없는 실내 운동용이긴 하지만 모두 직접 자전거를 탔다. 실험의 핵심은 피험자가 운동 후 생리적 각성 상태의 3단계 중 1단계에서 마리안 느 페이스풀의 연기를 보는 데 있었다. 첫 번째로 신체 활동이 끝 난 직후에는 운동해서 각성 수준이 높다는 것을 스스로 인식한다 (심장이 쿵쾅거리고 숨이 찰 수 있다). 다음으로 중요한 단계인 2단계 는 참가자는 자신이 어느 정도 진정되고 정상의 각성 상태로 돌아 왔다고 생각하지만 실제로는 아직 생리적으로 각성된 상태다. 각 성 상태는 신체 활동이 끝났다고 생각한 이후에도 한동안 지속된 다. 세 번째로 마지막 단계는 각성 상태가 실제로 정상 수준으로 돌아오고 더 이상 생리적으로 각성되지 않는다고 제대로 인식하 는 단계다.

　질만과 동료들의 연구 질문은 운동 이후 각성 상태가 〈그대 품 에 다시 한 번〉을 본 이후의 성적 각성 상태에 어떤 영향을 미치느 냐는 것이었다. 운동을 마치고 생리적으로 고양된 1단계의 참가 자들은 아직 운동 효과를 온전히 인식할 수 있어서 운동하지 않은 통제 집단보다 영화를 본 후 성적 각성 수준을 더 높게 보고하지 않았다. 3단계의 참가자들은 더 이상 운동의 효과로 각성되지 않 은 상태로 역시 영화를 보고 성적으로 각성되지 않았다. 사실 1단 계와 3단계 집단 모두 이 영화를 보고 상당히 부정적인 감상을 보 고했다. 두 집단 모두 자신의 각성 수준을 정확히 인식했다. 그런 데 2단계 집단은 달랐다. 여기서 흥미로운 이야기가 시작된다.

2단계 집단의 참가자들은 영화를 보는 동안 생리적으로 각성된 상태를 지각했다. 사실은 운동의 여파로 각성된 상태지만 운동 효과가 끝났다고 생각해서 자기가 느끼는 각성 상태의 원인을 마리안느 페이스풀과 그녀의 가죽에 감싸인 모험에서 찾았다. 또 다른 두 집단보다 이 영화를 훨씬 좋게 보았다. 몸에는 아직 운동 효과가 남아 있지만 의식에는 남아 있지 않아서 무의식적 감각을 그 순간 "실제로 의식되는 경험", 곧 영화에 갖다 붙이는 것이다.

캔터와 질만과 브라이언트는 이 연구에서 **흥분 전이**excitement transfer라는 중요한 개념을 정립했다. 이들은 한 가지 경험(운동뿐 아니라 무섭거나 폭력적인 만남)에 의한 생리적 각성 상태를 뒤이은 다른 경험의 결과로 착각할 수 있음을 보여주었다. 각성 상태를 경험한 후, 각성 상태의 실제 원인을 착각해서 앞선 과거에서 넘어온 이월효과가 아니라 그 순간 일어나는 사건에서 찾기 쉬운 시간대가 있다.

같은 효과를 연구한 다른 유명한 연구에서는 깊은 계곡에 아슬아슬하게 걸쳐 있는 다리를 건넌 남자들이 다리를 건너다 마주친 여자에게 매력을 더 많이 느끼는 것으로 나타났다. 이런 심리를 어떻게 알았을까? 같은 여자를 훨씬 안전한 다리에서 마주친 남자들보다 위험한 다리에서 마주친 남자들이 나중에 그 여자에게 전화할 가능성이 높았기 때문이다(여자는 실험자였고, 참가자들에게 설문조사를 실시한 후 전화번호를 주었다).[4] 참가자들은 여자에게 전화하기로 한 이유가 위태로운 다리를 건넌 것과는 무관하다고 보고했다. 그러나 위태로운 다리를 건넌 남자들이 안전한 다리를 건넌 남자들보다 더 많이 전화한 것으로 나타나면서 남자들의 보고가 틀렸음이 입증되었다. 기억할지 모르겠지만 영화 〈스피드Speed〉에서 길고 충격적인 하루를 함께 보내고 마지막에 키스하려는 순간에 키아누 리브스Keanu Reeves가 샌드라 블록Sandra Bullock에게 이렇게 말했다.

"경고해요. 같이 험한 경험을 하고 만나는 사이는 잘 안 풀린다는 말이 있더군요."

그러자 블록이 말한다. "좋아요. 그럼 우린 섹스로 만나야겠네요."

흠, 청소년들은 왜 그렇게 무서운 영화를 좋아할까? 도끼를 휘두르는 미치광이나 악의에 찬 귀신을 볼 때 몸에서 일어나는 각성 상태가 옆자리에서 같이 영화를 보는 사람에 대한 성적 감정과 매력으로 전이되고, (특히 극장을 나선 후) 옆 사람에 대한 감정으로 인한 각성 상태로 착각하기 때문이다. 그래서 10대 시절에 내 친구들이 미시간호 호숫가에서 모닥불 앞에 둘러앉아 밤늦도록 귀신 이야기를 주고받았는지도 모르겠다.

한편 잔상으로 남는 각성 상태를 성적 감정과 매력이 아닌 다른 방식으로 착각할 수도 있다. 1974년에 질만과 동료들은 다른 실험을 하면서 이번에는 분노와 공격성에 주목했다.[5] 운동 후 각성 효과로 인해 상대에게 분노를 더 많이 느낄까? 강렬한 감정에는 신체적 각성이 포함된다. 초기의 주요 정서 이론에서는 각성 상태를 느낀 다음에 주어진 상황에 따라 감정을 해석한다고 보았다.[6]

가령 로저 페더러Roger Federer가 윔블던에서 우승한 후 울음을 터뜨릴 때 우리는 그가 절망적인 슬픔이 아니라 기뻐서 우는 거라고 이해했다. 마찬가지로 장례식에서 누군가 울음을 터뜨리고 눈물을 흘릴 때 우리는 그가 기뻐서가 아니라 (바라건대) 전혀 다른 감정을 표현하는 것으로 이해한다.

질만과 동료들의 실험에서는 남자 참가자들에게 90초 동안 실내 자전거를 타게 했다. 자전거를 탄 직후나 잠시 시간을 두고 악명 높은 밀그램의 복종 실험을 재현하여 참가자들에게 '교사' 역할을 맡겼다. 참가자들은 처벌이 학습에 미치는 영향을 연구하는 실험으로 알고 '학습자'가 오답을 말하면 전기 충격을 가해야 했다. 그런데 이 실험에서는 밀그램의 실험 절차에 흥미로운 변주를 주어서, '학습자'에게도 '교사'에게 전기 충격을 가할 기회를 주었다. 학습자는 교사에게 당시 논쟁거리인 주제 12문항에 대한 의견을 물어보고 교사의 의견에 동의하지 않을 때마다 전기 충격을 가할 수 있었다. 교사는 12문항 중 9번 전기 충격을 받도록 설계되어 있었다. 9차례 전기 충격을 받고 나서 학습자에게 얼마나 화가 날지 짐작이 갈 것이다. 자, 이제는 오답이 나올 때마다 교사가 학습자에게 전기 충격을 가할 차례였다. 교사는 전기 충격의 강도를 1(약함)부터 10(매우 강함)까지 '가장 적절한 정도로' 자유롭게 정할 수 있었다.

관능적인 영화 연구에서 얻은 결과와 마찬가지로, 교사가 운동 직후에 전기 충격을 가하면 운동하지 않은 집단과 비교했을 때

운동 효과가 전기 충격의 강도에 영향을 미치지 않는 것으로 나타났다. 하지만 운동하고 몇 분 후 전기 충격을 가할 때는 교사가 학습자에게 화가 더 많이 나서 오답을 말할 때마다 전기 충격을 더 강하게 주었다. 운동의 각성 상태가 지속되지만, 교사는 자신에게 9차례 전기 충격을 가한 학습자에게 화가 난 것으로 오인해서 결국 전기 충격을 더 강하게 주었다. 다시 말하지만 참가자들은 실내 자전거가 학습자에게 가한 전기 충격의 강도와 관련이 있다고 생각하지 않았다. 그들은 운동의 여파가 이후 학습자에게 화가 난 정도에 미치는 영향을 인지하지 못했다.

이런 **잘못된 귀인**misattribution은 최근의 경험이 무의식중에 계속 영향을 미치는 상황에서 발생한다.[7] 잘못된 귀인은 인류의 오랜 진화적 과거나 영아기와 유아기의 망각된 과거나 문화 속에서 성장하면서 흡수한 집단적 편견의 과거에서 기인하는 것이 아니다. 바로 5시간 전, 5분 전, 5초 전 과거의 영향으로 발생한다. 기억은 하지만 그 경험이 이후에 어떤 영향을 미칠 수 있는지 이해하지 못해서 생기는 것이다. 〈그대 품에 다시 한 번〉을 보거나 낡고 오래된 다리를 건넌 남자들처럼 우리는 스스로 인지하는 것과 다른 이유에서 성적 흥분을 느낄 수 있다. 또 '학습 실험'에서 전기 충격을 강하게 가한 참가자들처럼 분노의 원인을 현재 순간에서 찾기도 한다. 이와 같은 의식의 혼동과 착각은 **항상** 일어나는 현상이다.

우리가 흔히 분노를 느끼는 상황으로 고속도로가 있다. 다른 운전자의 이기적이고 무모한 운전 태도로 인해 도로를 달리다가 분노가 치솟는다. 평생 운전해온 나로서는 남들의 고약한 운전 습관에 대한 분노가 어떤 식으로 쌓이는지 잘 안다. 대여섯 번째로 끼어드는 운전자나 구불구불한 2차선 시골길에서 시속 40킬로미터로 달리는 운전자가 첫 번째나 두 번째로 끼어드는 운전자보다 더 화나게 한다. 왜 첫 번째나 두 번째보다 대여섯 번째로 끼어드는 운전자에게 더 화가 날까? 각자는 '나쁜 짓'을 한 번만 했을 뿐이지만 나는 나중에 끼어든 운전자에게 **계속 나를 짜증나게 만든 사람**인 양 반응한다. 같은 사람이 처음 몇 번 끼어들 때보다 대여섯 번 끼어들 때 더 화가 나는 것은 당연하다. 하지만 실제로는 각기 다른 사람이 한 번씩 화를 돋웠고, 머리로는 이런 정황을 이해한다. 그럼에도 매번 분노가 쌓이다가 한 사람이 계속 끼어든 것처럼 마지막 사람에게 화가 치미는 것이다. 실제로 윌리엄 제임스는 자동차와 고속도로가 발명되기 오래전에 이런 심리를 통찰했다.[8] 그는 이런 현상을 '자극의 총합summation of stimuli'이라고 부르고, 짜증 나는 일이 처음 몇 번 일어날 때는 반응을 일으킬 정도가 아니지만 "짜증이 고조되어" 결국 다른 (그 자체로는 사소한) 짜증이 "낙타 등을 부러뜨리기"에 충분하다고 설명한다. 그래서 비논리적이고 비합리적이긴 하지만 나중에 잘못한 사람에게 화를 더 많이 내는 것이다.

날씨가 밝은 인생관에 미치는 영향

성적 각성과 분노는 강렬한 정서 체험이다. 그러나 강렬한 정서 체험만이 우리가 모르는 사이에 계속 잔상을 남기는 것은 아니다. **기분**mood처럼 비교적 가벼운 감정 상태도 예상 밖의 시간과 장소에서 우리에게 영향을 미친 사건으로 넘어올 수 있다.

"날씨는 순전히 사적인 일이다." 콜롬비아의 시인 알바로 무티스Álvaro Mutis의 글귀다. 내 삶에서는 그의 글귀가 완전히 옳았다. 내가 태어나고 자란 일리노이주 한복판은 남부러운 날씨를 자랑하는 지역이 아니다. 겨울에는 캐나다의 북극 바람(앨버타 클리퍼)이 내려올 만큼 북쪽에 있고, 여름에는 멕시코만의 뜨겁고 습한 공기가 올라올 만큼 남쪽에 있다. 내가 초등학교 4학년일 때, 우리 집에 에어컨이 처음 들어왔으니, 여름에 37도가 넘는 날이면 우리는(그리고 우리 도시 사람들은) 공영 수영장에서 살다시피 했다. 짐작하겠지만 이런 날씨가 어린 시절의 내 일상을 좌우했다.

날씨는 삶에서 항상 존재하는 기본 조건이자 배경에서 끊임없이 감정 상태를 조절하는 장치다. 누구나 밝고 화창한 날이나 축 처지는 흐린 날에 어떤 기분이 되는지는 많이 경험해봐서 잘 안다. 날씨는 우리가 주목하지 않을 때도 우리의 기분에 영향을 미칠 수 있다. 우리는 이런 기분에 휘둘리지 말아야 한다고 생각하고, 또 날씨의 영향을 알아채면 영향을 받지 않으려고 애쓰지만 결국 행동에 영향을 받는다. 사회심리학자 노버트 슈와츠Norbert

Schwarz와 제럴드 클로르Gerald Clore는 훗날 연구자들에게 자주 인용되는 연구를, 다른 곳도 아닌 내 고향 샴페인에서 진행하여 마음과 날씨의 복잡한 상호작용을 밝혀냈다.[9]

1983년의 늦봄, 여자 실험자가 따뜻하고 화창한 날이나 비 오는 날에 참가자들에게 전화를 걸었다. 시내에 위치한 일리노이 대학교 캠퍼스에서 학생 전화번호부에서 무작위로 추출한 번호로 전화를 걸었다. 발신자의 실제 위치 정보를 알려주는 발신자 확인 장치나 스마트폰이 나오기 전이라서, 실험자는 북쪽으로 240킬로미터쯤 떨어진 시카고 캠퍼스에서 전화를 걸었다고 속일 수 있었다. 실험자는 참가자들에게 멀리서 전화한 거라고 밝히면서 통화 초반에 자연스럽게 "그나저나 그쪽 날씨는 어때요?"라고 물을 수 있었다(물론 실험자도 같은 도시에 있으니 날씨가 어떤지는 잘 알았다). 다만 참가자의 절반에게만 날씨를 물어서 날씨를 상기시키고, 나머지 절반에게는 날씨를 묻지 않았다. 그런 다음 모든 참가자에게 현재의 전반적인 삶에 얼마나 만족하는지에 관한 네 가지 질문을 던졌다. 마지막에는 현재 얼마나 행복한지 물었다.

우선 실험자가 처음에 자연스럽게 "그쪽 날씨는 어때요?"라고 물어서 그날 날씨에 주목하게 만든 학생들을 살펴보자. 이들은 질만의 각성 연구에서 실내 자전거를 타고 내린 직후의 참가자들과 같은 상황이었다. 화창하거나 비가 오는 날씨를 보면서 날씨가 기분에 어떤 영향을 미칠 수 있는지 인지하는 조건이었다. 따라서 날씨와 날씨로 인한 기분이 전반적인 삶을 평가하는 데 영향을 미치지 않았다. 날씨 때문에 행복하거나 우울한 감정이 들었다고 해도 그런 정황을 인식했고, 따라서 그런 감정을 실험자가 물어본 질문에 대한 반응과 착각하지 않았다. 이월효과가 상쇄된 것이다.

하지만 처음에 날씨에 주목한 참가자들은 질만의 연구에서 자전거를 탄 후 잠시 시간이 지난 뒤에 〈그대 품에 다시 한 번〉을 본 참가자들과 상당히 유사한 조건이었다. 마침 날씨가 화창하다면 비 오는 날에 전화를 받은 학생들보다 **이제까지의 전반적인 삶에 더 만족한다**고 보고했다. 참가자들은 이 질문을 받고 내면의 감정을 돌아보고 현재 상태를 묻는 질문에 대한 반응으로 일어난 감정으로 생각하면서, 그날의 날씨에 영향을 받은 감정이라는 사실을 알아채지 못했다. 감정이 날씨에서 왔다는 사실은 마지막 질문의 대답에서 드러났다. 예상대로 화창한 날 전화를 받은 학생들은 비 오는 날 전화를 받은 학생들보다 그 순간 더 행복하다고 느꼈다. 누구나 현재 날씨가 화창한지 비가 오는지가 이제까지의 전반적인 삶에 만족하는지 아닌지에 영향을 주면 안 된다고 생각한다. 그러나 실제로는 영향을 미쳤다. 날씨 효과가 이월되어 학생들에게 무의식적으로 영향을 미친 것이다.

일리노이의 대학생들은 그저 전화로 몇 가지 설문조사에 답했을 뿐이라고 생각할 수도 있다. 이들의 답변이 그렇게 중요하지 않다고 생각할 수도 있다. 우리가 중요한 결정을 내릴 때는 좀 더 신중할 테고, 사안과 무관한 기분 따위에 영향을 받지 않을 거라고 볼 수도 있다. 일리 있는 지적이지만 좀 더 자세히 살펴보자. 주

식을 사고파는 경우처럼 막대한 돈이 걸려 있고 매 순간 재산이
증식했다가 사라지게 만드는 결정이라면 어떨까?

2003년에 미시간 대학교의 행동경제학자 데이비드 허슐레이퍼
David Hirshleifer와 타일러 섬웨이Tyler Shumway는 특정 도시의 날씨가 주
식시장에 어떤 영향을 미치는지에 관한 종합적인 연구를 발표했
다.[10] 연구자들의 분석 자료에는 세계적인 주식시장 26개의 15년
에 걸친 날씨와 주식 가격 자료가 포함되었다. 연구자들은 한 국
가의 주요 주식거래소가 있는 도시의 아침 날씨와 그날 주식시장
의 반응 사이의 상관관계를 살펴보았다.

우선 계절에 따른 주가 상승률이 주가에 미치는 영향을 제거했
다. 예를 들어 주식 수익률은 연간 경제 주기처럼 날씨와 무관한
요인에 의해 겨울(마침 구름 낀 날이 많은 계절)보다 여름(마침 햇빛
나는 날이 많은 계절)에 상승한다. 하지만 계절 효과를 제거하고도
투자자들이 주식시장이나 금융기관에 가는 길에 아침 햇살을 받
은 경험과 그날의 주가 상승률 사이에는 유의미하고 강력한 상관
관계가 나타났고, 아침에 날씨가 흐리면 주가 상승에 좋지 않은
영향을 미치는 것으로 나타났다. 26개 주식거래소에서 15년에 걸
쳐 일관되게 나타난 결과다. 연구자들은 이렇게 정리했다. "우리
가 정리한 결과는 완벽하게 합리적인 가격 설정과 조화를 이루지
않는다. 어떤 국가의 주식거래소 부근에서 아침에 해가 나는 것이
시장지수 수익률 상승과 연관되는 현상에는 합리적인 설명이 없
다. 다만 햇빛이 기분에 영향을 미치고, 기분이 가격에 영향을 미

치는 현상과 일치하는 결과다."

다시 말해서 주식시장은 햇빛 나는 날에 좋은 편이지만 이런 현상에 관해 경제적으로 타당한 설명은 없다. 전 세계에서 매일 막대한 금액의 주식 거래를 중개하는 수천, 수만 명의 기분도 일리노이 대학교 학생들만큼 무의식중에 날씨의 영향을 받기 쉬운 것이다. 날씨는 여론에도 영향을 미쳐서 주요 사회 및 환경 문제(기후 문제)에 관한 정책에도 영향을 미친다. 2014년에 국제 과학 학술지 〈네이처Nature〉에 발표된 연구에서 컬럼비아 대학교의 의사결정 연구자 엘케 웨버Elke Weber와 동료들은 따뜻하거나 추운 날씨가 지구온난화에 대한 대중의 우려에 얼마나 영향을 미치는지 살펴보았다.[11] 사실 지구온난화는 인류가 종을 보존하고 살 만한 지구를 유지하기 위해 직면해야 하는 중대한 과제다. 지구온난화가 나날이 심각해지는 현실이라 천체물리학자 스티븐 호킹Stephen Hawking은 인류가 100년 안에 새로운 행성을 찾아 나서야 할 것이라고 말했다. 그러나 기후 변화는 오늘날 정책 결정자들과 당신이나 나 같은 보통 사람들 앞에 놓인 가장 논란 많은 쟁점이기도 하다. 누군가는 북극 빙하가 녹고 해수면이 상승해 해안에 위치한 미국 조지아주나 태평양 섬들에 홍수가 나는 지금의 현실에서도 여전히 지구온난화 자체를 부정한다. 흥미롭게도(애석할 만큼 역설적으로) 기후 문제에 대한 견해는 논쟁의 주제인 기후에 영향을 받는다.

웨버와 동료들의 연구 결과에서는 사람들이 현재 날씨가 더우면 지구온난화가 일어나고 있다고 생각하고, 현재 날씨가 추우면 지구온난화를 덜 걱정하는 것으로 나타났다. 사람들은 자기가 사는 지역의 날씨를 '지구온난화'의 지표로 생각하는 것 같다. 여기서도 지금 이 순간의 경험이 항상 일어나는 현상이고, 앞으로도 계속 일어날 거라고 믿어버리는 성향이 드러난다. 현재에 대한 관심이 전반적인 판단과 추론을 지배하고, 우리는 먼 과거와 가까운 과거가 지금 이 순간의 느낌과 생각에 미치는 영향을 인식하지 못한다.

앞에서 현재 사는 지역에서 신체적으로 직접 따뜻하거나 춥다고 느끼는 날씨에 대한 경험이 신뢰와 협조, 불신과 적대감에 어떤 영향을 미치는지 알아보았다. 두 가지 물리적이거나 사회적인 '온도'가 우리 내면에서 연결되고, 해당 뇌 영역도 서로 연결된다. 다만 이것은 영아기와 유아기에 부모가 항상 곁을 지켜줄 거라고 믿을 수 있었던 사람에게 한정된 경험이다.

하지만 머릿속에서 이렇게 연결되면서 우리가 모르는 사이에 최근 경험이 넘어와 현재에 영향을 미치는 또 하나의 경로가 생성된다. 신체적으로 따뜻하거나 춥다고 느끼는 경험이 사회적으로 따뜻하거나 차가운 느낌을 끌어낼 수 있고, 반대로 사회적으로 따뜻하거나 차가운 경험에 의해 신체적으로 따뜻하거나 차갑다고 느낄 수 있다. 그럼에도 우리는 한 유형의 따뜻함과 차가움(신체적 감각)이 다른 유형의 따뜻함과 차가움(사회적 감각)에 미치는 영향을 전혀 인지하지 못한다.

　예를 들어 누구나 어떤 일에서 친구들에게 배제당한 경험이 있고, 이보다 더 빈번하게 어떤 일을 같이하자고 친구들이 불러준 경험이 있을 것이다. 심리학자 킵 윌리엄스Kip Williams는 사회적 거부나 수용의 효과를 실험실에서 연구하기 위해 사이버볼Cyberball 이라는 컴퓨터 시뮬레이션을 개발했다.[12] 화면에서 막대 3개가 서로 공을 던지는 게임으로, 참가자는 막대 하나로 화면에 표시된다. 중반쯤 지나면 거부 조건이 시작되어 나머지 두 사람이 참가자에게 공을 던지지 않고 자기네끼리만 공을 주고받는다(한편 수용 조건에서는 전처럼 계속 참가자에게 공을 던진다). 그저 컴퓨터 게임일 뿐이고, 다른 두 사람이 누구인지 전혀 모르는데도 참가자는 자기가 배제된 데 깊은 슬픔과 불행을 느낀다. 수용되는 상태는 사회적 온기이고, 배제되는 상태는 **사회적** 냉기이다.

　이어서 이 실험의 중요한 과정이 나온다. 실험이 끝나면 모든 참가자가 실험실에 관한 다른 무해한 질문과 함께 실내 온도를 추정하라는 질문을 받았다. 그리고 사회적으로 싸늘하게 '배제된' 참가자들은 사회적으로 따뜻하게 '수용된' 참가자들보다 실내 온도를 낮게 추정하는 것으로 나타났다.[13] 사회적으로 경험한 냉담함을 통해 그와 연관된 신체적 냉기가 활성화된 것이다. 사회적으로 배제된 참가자들은 실험실을 더 춥게 느끼지만 실제로는 모든 참가자가 같은 온도에 있었다.

　그러면 몸이 실제로 더 차가워진 걸까, 아니면 (마음속에서 차갑다는 생각이 점화되어서) 실내를 더 춥다고 느끼는 걸까? 이 질문의 답을 알아보기 위해 한스 이저만과 동료들은 사이버볼 게임이 끝난 후 추가 연구로 참가자들의 체온을 측정했다. 산업용 냉각기에 쓰이는 정교한 온도계로 100분의 3도까지 정확히 측정하는 장치를 참가자의 손끝에 부착했다. 실험 결과, 사이버볼 컴퓨터 게임에서 거부당하면(사회적 냉기를 경험하면) 실제로 참가자의 피부 온도가 평균 0.38도나 화씨로 0.68도 떨어지는 것으로 나타났다 (미세한 변화로 보여도 실제로 몸은 더 민감하게 느낀다).[14] 따라서 앞서 참가자들이 실내 온도를 더 춥게 느낀 것도 당연한 결과였다. 사회적 냉기를 경험하자 실제로 몸이 더 차가워진 것이다.

로스앤젤레스 캘리포니아 대학교의 나오미 아이젠버거Naomi Eisenberger의 신경과학 연구팀은 로스앤젤레스의 주요 병원에서 이저 먼의 연구를 재현해, 간호사들에게 구강 체온기로 6시간 동안 1시간에 한 번씩 참가자의 체온을 재게 했다.[15] 통제된 병원에서는 실내 온도와 함께 음식, 음료, 운동 같은 체온에 영향을 미치는 요인들을 모든 참가자에게 동일하게 유지할 수 있었다. 매시간 체온을 재면서 참가자들이 그 순간에 친구나 가족과 얼마나 연결되고 '내 주위에는 사람들이 있는 것 같다, 나는 활발하고 친근한 것 같다, 나는 남들과 연결된 것 같다'는 지문에 얼마나 동의하는지 평가했다. 역시나 체온이 높을수록(정상 범위 이내에서) 사회적 유대감에 대한 평가도 높았다. 신체적 온기와 사회적 온기가 함께 오르내리는 것이다. 놀랍게도 가족이나 친구와 가깝고 연결되어 있다고 느끼는 정도가 체온에 영향을 미치고, 그 반대도 마찬가지다.

따라서 적어도 어느 정도는 신체적 온기가 개인의 삶에서 결핍된 사회적 온기를 대체할 수 있을지도 모른다. 할로우의 연구에 쓰였던 불쌍한 새끼 원숭이들을 떠올려보자. 따뜻한 헝겊 엄마에게라도 매달릴 수 있는 새끼들은 소외된 상태로 자랐어도, 신체적 온기마저 주어지지 않은 다른 불쌍한 새끼들에 비하면 어른 원숭이가 되었을 때 사회적 관계를 그런대로 원만하게 유지할 수 있었다. 뇌에서 신체적 온기가 사회적 온기와 연결되기 때문에 신체적 온기를 주는 경험이 잃어버린 어미를 어느 정도 대신한 것이다. 그러면 거부당하거나 외로운 사회적 냉기를 경험하는 경우는 어떨까? 사회적 온기를 어느 정도라도 대신하기 위해 신체적 온기를 느끼는 경험을 찾으려 할까?

사이버볼 연구에서 공 던지기 게임 중 따돌림을 당한 참가자들은 자신을 아껴주는 사람들을 보고 싶다고 말할 가능성이 높았다. 실험에서 거부당한 상태라 가족과 친구를 만나서 기분을 풀고 싶은 것이었다. 이를테면 집 안 온도계에 냉기가 기록되면 난방 장치가 켜져서 집 안을 따뜻하게 데우는 것처럼, 사회적 온도계에 사회적 냉기가 기록되자 사회적 온기에 대한 욕구가 발동한 것이다. 거부당한 참가자들은 그날 점심식사로 가장 먹고 싶은 음식을 평가할 때 다른 (거부당하지 않은) 참가자들과는 다른 욕구를 드러냈다. 차가운 음식이나 음료보다는 따뜻한 음식이나 음료를 더 먹고 싶어했다.[16]

신체적 온기가 개인의 삶에서 결핍된 사회적 온기를 어느 정도 대체할 수 있다면 체온을 재는 저렴한 애플리케이션으로 사회적 고립감이나 유대감 감소(사회적 냉기)가 주요 특징인 우울증 같은 기분장애를 효과적으로 치료할 수 있을 것이다. 실제로 우울증을 신체 냉각 체계의 오작동으로 설명하는 경우도 있다.

어느 정신병원 의사들은 주요 우울장애 진단을 받은 지 얼마 안 된 환자 16명을 적외선 램프로 전신을 따뜻하게 데워주는 방법으로 치료하기로 했다. 이를 '온열치료'라고 한다. 연구자들은 온열치료 이전과 온열치료를 받은 지 일주일 후에 정신의학 표준척도로 환자들의 우울 수준을 측정했다.[17] 결과적으로 치료를 받기 전에는 평균 30점이던 우울 수준이 일주일 후에는 20점 이하로 크게 떨어졌다. 연구자들은 전신 온열치료가 환자의 우울 증상을 신속하고 지속적으로 경감시키고 신체적 온도와 사회적 온도를 연결하는 뇌 회로에 작용해서 긍정적인 치료 효과가 나타난 것으로 설명했다.

이런 임상 시도는 반가운 소식이다. 무의식이 마음과 감정과 행동에 미치는 영향을 이해한다면 새로운 이해를 기반으로 삶에서 긍정적인 변화를 일으킬 수 있다. 미국정신건강MHA, Mental Health America이라는 비영리 공공 서비스 기관에서는 2016년에 미국 성인의 20퍼센트(4,300만 명 이상)가 정신질환을 앓고 있고, 그중 절반 이상이 치료조차 받지 못한다고 보고했다.[18] 심리치료는 비용이 많이 들어서 다수가 혜택을 받지 못한다. 환자들이 단순한 개입으로도 도움을 받을 수 있을까? 어쨌든 따뜻한 닭고기 수프가 영혼을 달래주는 것은 사실이다. 수프의 온기가 외로움을 타거나 향수병을 앓을 때 삶에서 결핍된 사회적 온기를 채워준다.[19] 이런 단순한 민간요법이 제약업계와 정신의학계에는 큰 수익을 가져 다주지 못한다. 그래도 국민의 정신건강을 향상시키는 데 목적이 있다면 유용한 방법을 찾는 연구가 고통받는 개인과 사회에 큰 이 익을 가져올 것이다.[20]

삼관왕, 세 배의 분노

앤젤리나 콜코란, 앤젤리나 졸리, 앤젤리나 도프먼, 앤젤리나 발 레리나.

이중에서 어떤 이름이 유명하고 어떤 이름이 유명하지 않은가? 앤젤리나 졸리가 낯익은 이름이니 가장 유명하다고 자신 있게 말 할 것이다. 나머지 이름보다 더 많이 들어봤을 것이다(유치원생 자 녀를 둔 부모라면 〈앤젤리나 발레리나〉라는 애니메이션의 주인공으로, 제목과 이름이 같은 앤젤리나 발레리나라는 영리한 쥐를 알 수도 있다). 어떤 이름을 금방 알아본다면 그 이름을 자주 보거나 들었다는 뜻 이고, 명성의 본질이 그렇다. 이런 현상이 상식적으로도 일리가 있는 이유는, 어떤 일이 자주 일어날수록 우리가 그 경험을 더 많 이 기억하고 그러므로 결국 그 기억이 더 강렬하거나 떠올리기 쉬 워지기 때문이다.

무언가가 금방 떠오르는 것을 가용성 추단법availability heuristic이라고 한다. 어떤 사건이 얼마나 자주, 혹은 얼마나 쉽게 발생할지 판단할 때 누구나 사용하는 일종의 지름길이다.[21] 가용성 추단법은 대니얼 카너먼Daniel Kahneman과 그의 오랜 연구 파트너인 아모스 트버스키Amos Tversky가 발견한 개념이다. 일상에서 이렇게 빈도에 따른 판단이 중요한 이유는 우리가 이런저런 선택을 내릴 때 대체로 여러 가지 사건이 얼마나 자주, 혹은 얼마나 쉽게 일어나는지를 기준으로 삼기 때문이다. 이사할지 고민 중인 동네에서 범죄가 얼마나 자주 발생하는가? 어떤 공원에서 기분 좋은 경험을 얼마나 했는가? 어떤 음식점에서 즐거운 식사를 몇 번이나 했는가? 어디서 살고 어디서 먹고 어디서 놀지 결정할 때 모두 이런 판단에 근거한다.

어떤 일이 얼마나 금방 떠오르는지에 영향을 미치는 요인은 단지 과거의 발생 빈도만이 아니다. 최근의 경험에 의해서도 어떤 기억이 다른 기억보다 더 쉽게 떠오를 수 있다. 최근의 과거가 넘어와 무의식중에 판단에 영향을 미칠 수 있다. 따라서 어떤 일이 금방 떠오른다고 해서 과거에 빈도가 잦았을 것으로 판단하면 안 될 수 있다. 누군가는 하룻밤에 유명한 사람이 될 수도 있다.[22]

기억 연구자로 유명한 래리 저코비Larry Jacoby와 동료들은 참가자들을 실험실로 불러서 유명하지 않은 사람들 명단을 주고 공부하게 했다. 이튿날 참가자들을 다시 불러서 새 명단을 주었다. 두 번째 명단에는 마이클 조던Michael Jordan과 같은 유명인의 이름도 있었지만, 세바스찬 바이스도르프처럼 전날 나눠준 명단의 유명하지 않은 이름도 있었다. 참가자들은 어떤 이름이 유명한 사람의 이름이고, 어떤 이름이 유명하지 않은 사람의 이름이냐는 질문을 받았다. 전날 받은 명단에 이름이 있었던 유명하지 않은 사람을 유명한 사람이라고 말할 가능성이 다른 때보다 높았다. 실험자들이 참가자들에게 전날 명단에서 본 기억이 난다면 분명 유명한 이름이 **아니라고** 상기시켜주어도 결과는 마찬가지였다. 참가자들은 그 이름을 유명하다고 생각하는 것으로 나타났다. 세바스찬 바이스도르프란 사람이 밖에서 어떤 사람이든 문자 그대로 하룻밤에 유명인이 된 것이다.

따라서 최근 경험이 참가자가 명성을 판단하는 데 무의식적으로 영향을 미친 것이다. 최근에 어떤 이름을 본 경험이 이튿날 무의식 차원에서 그 이름의 가용성을 높였고, 참가자들은 이런 가용성을 단서로 그 이름이 유명하다고 판단했다. 가까운 과거의 경험과 먼 과거의 경험을 혼동한 것이다(그러니 부모들이 앤젤리나 발레리나가 앤젤리나 졸리보다 유명하다고 답한다면 나도 동의한다. 내 딸이 유치원에 다닐 무렵에 이 프로그램을 하도 많이 봐서 발레리나 양이 역대 가장 유명한 앤젤리나로 생각될 정도다. 물론 내 마음에서는).

따라서 기억은 오류를 범할 수 있다. 우리가 믿거나 바라는 것처럼 기억은 현실이 객관적으로 기록된 영상이 아니다. 기억은 최근 경험에 속을 뿐 아니라 다른 사건보다 특정 사건에 선택적으로 주목하는 현상에도 속을 수 있다. 그리고 기억에는 우리가 주목하는 대상이 저장된다. 우리가 모든 사건에 공정하고 평등하게 주목한다면 기억은 주위에서 가장 자주 일어나는 사건에 대한 정확한 지침이 될 것이다. 하지만 우리의 주의력은 평등한 기회에는 관심이 없다. 그래서 집에서 설거지를 누가 할 차례인지를 놓고 말다툼이 벌어지는 것이다.

실제로 가사노동을 주제로 한 1979년의 연구가 있다. 룸메이트나 부부에게 빨래와 청소, 설거지, 고양이 배설물 치우기나 강아지 산책시키기처럼 날마다 해야 하는 집안일을 각자 얼마나 자주 하는지 물었다.[23] 여러분도 이런 집안일을 직접 하는 비율과 동거인이 하는 비율을 비교해서 적고, 동거인에게도 똑같이 적게 한 다음 두 사람의 비율을 합산해보라. 양쪽 모두 객관적으로 정확히 평가한다면 총합이 100퍼센트여야 한다. 집안일을 하는 비율의 총합이 100퍼센트를 넘을 수는 없다. 하지만 1979년 룸메이트 연구에서는 두 사람이 집안일을 한다고 말한 백분율의 총합이 평균 100퍼센트를 한참 넘었다. 각자 자기가 반 이상을 했다고 생각한 것이다. 이것이 사실일 리는 없다. 그럼 어떻게 된 것일까?

여러분이나 룸메이트나 집안일의 비율을 적을 때 아마도 자기가 일한 기억을 떠올리려고 노력했을 것이다. 마음의 눈에 그 일을 하는 자신의 모습이 보일 것이다. 룸메이트가 일하는 모습을 떠올려보려 해도 당연히 잘 떠오르지 않을 것이다. 상대가 집안일을 할 때 자신은 그 자리에 없을 때가 많았을 테니까! 지극히 단순한 이야기다. 상대가 일할 때보다 자기가 일할 때가 더 많이 기억나는 이유는 당신이 그 일을 할 때는 반드시 그 자리에 있어야 하기 때문이다. 당연한 말 같지만 이런 식의 말다툼이 얼마나 자주 일어나는지 알 것이다("나도 설거지 했어! 지난주에 한 기억이 난다고!").

우리는 어떤 일에는 주목하고 다른 일에는 관심을 갖지 않는다. 또 우리가 주목하는 일이 우리에게는 다른 일보다 더 중요하다.

내가 어릴 때 큰 가족모임이 있었다. 나는 할머니와 할아버지, 삼촌과 이모, 사촌의 목소리를 녹음해서 대대손손 물려주고 싶었다. 대가족이 모이니 무척 시끌벅적했다. 모임이 한창 진행 중일 때 여기저기서 왁자한 가운데 소파에 앉은 할머니가 흥미진진한 이야기를 몇 개 들려주었다. 우리는 할머니의 이야기를 재미있게 들었고, 가족모임이 끝나고 며칠 지나서 다시 테이프를 들어보았다. 어찌나 실망스럽던지! 시끄러운 소음만 가득하고 여러 명이 한꺼번에 떠드는 바람에 할머니의 목소리가 사람들 말소리에 묻혀 잘 들리지 않았다. 그날은 그렇게 또렷이 들렸는데도 말이다. 우리는 곧 그날은 할머니의 이야기에 푹 빠져서 배경 소음을 알아채지 못했다는 것을 깨달았다. 다른 사람들의 말소리를 거르고 들은 것이다. 그리고 테이프에는 그날 그 방에서 실제로 들린 소리가 우리 마음속의 필터에 걸러지지 않은 채 녹음되어 있었다.

하지만 우리가 중요하게 여기는 것이라도 인생에서 커다란 변화가 일어나는 시기에는 달라질 수 있다. 이처럼 경험의 흐름을 바꾸는 새로운 극적 흐름은 도미노 효과를 일으킨다. 우리에게 중

요한 것이 바뀌고, 우리가 주목하는 대상이 바뀌고, 이어서 우리
가 저장하는 기억의 종류가 달라지고, 중요한 정치적, 사회적 쟁
점에 대한 입장도 달라진다. 하지만 코넬 대학교의 리처드 아이바
흐Richard Eibach, 리사 리비Lisa Libby, 토머스 길로비치Thomas Gilovich가
2003년 논문에서 주장한 것처럼 우리는 종종 자기도 모르게 **우리
안의 변화**를 **세계**의 변화로 착각(혹은 잘못 귀인)한다.[24]

아기가 생기면, 특히 첫 아기가 생기면 갑자기 주변의 모든 사
물이 위험하고 해로워 보이고(계단, 창문 블라인드 줄, 전기 콘센트,
싱크대 아래 세제, 욕실 선반의 처방약) 모든 것이 사악한 웃음을 터
뜨리는 것 같고 모든 것에 해골 표시가 붙어 있는 것처럼 보인다.
자식을 안전하게 보호하고 싶은 부모의 마음과 책임감 때문에 세
계를 보는 시각이 달라지고 새로운 위험에 더 바짝 경계하고 세상
이 더 위험해진 것처럼 느끼는 것이다. 아이바흐와 동료들은 이런
경향을 파악하고, 18세 이상 미국인 1,800명의 표본 집단에게 지
난 8년간 범죄율이 어떻게 달라졌다고 생각하는지 묻고 결과를
분석했다. 이 기간에 자녀를 낳지 않은 응답자는 대부분 범죄율이
감소했다고 답했다(사실이 그랬다). 하지만 이 기간에 자녀를 낳은
응답자는 대부분 범죄율이 증가했다고 답했다(실제로는 증가하지
않았다).

새로 부모가 된 사람들은 아이를 낳으면 안전에 대한 관심이 달
라지고, 그래서 최근의 경험을 재구성하고 세상에 위험한 사건이
벌어질 가능성에 기억 전체를 재구성하는 과정을 알아채지 못했

다. 작가 L. P. 하틀리L. P. Hartley의 말처럼 이런 식으로 과거는 이국 땅처럼 낭만적으로 떠올리기 쉬운 대상이 된다. 아이바흐와 동료들은 거의 모든 세대가 미술이든 음악이든, 노동관이든 다른 무엇이든 옛날만큼 좋지 않고 윤리 풍조는 타락했고 아이들이 20년 전보다 버릇없어지고 범죄율이 증가했다고 생각한다고 지적했다. 흥미롭게도 역사학자들이 밝혀낸 바에 따르면, 사회가 나쁘게 변해간다는 생각은 **수천 년 전부터** 존재했다. 고대 그리스인과 아즈텍인들도 똑같이 생각했다. 아이바흐와 동료들은 저명한 법학자 로버트 보크Robert Bork의 정곡을 찌른 말을 인용한다.

—— 세대마다 다음 세대를 두고 개탄하는 말을 들어보면 우리 문화는 급속히 쇠퇴할 뿐 아니라 항상 그래온 것 같다. 선사시대 부족의 연장자들도 젊은 세대의 동굴벽화가 자기네 기준에 못 미친다고 개탄했을 것이다. 수천 년에 걸쳐 이렇게 꾸준히 퇴보했다면 우리 문화는 지금쯤 잔해는커녕 먼지로 변했어야 한다. 현실은 그렇지 않다. 최근까지는 우리의 예술가가 동굴벽화를 남긴 선조들보다 훨씬 뛰어났다.

세상이 끝없이 나쁜 쪽으로 변해간다는 믿음이 객관적 사실은 아니라고 해도, 인류가 끊임없이 이렇게 믿어온 현상은 어떻게 설명할 수 있을까? 아이바흐와 동료들은 한 개인이 자라고 성숙하면서 수많은 변화를 겪기 때문이라고 설명한다. 어릴 때 종일 놀기만 하는 것이 아니라 학교에도 가야 되고, 부모가 대신 다 해주는 것이 아니라 스스로 할 일을 해야 하며, 청소년이 되면 패스트 푸드점에서 일해야 한다. 그다음에는 번듯한 직장에 들어가야 하고, 고지서를 납부해야 하고, 출퇴근길에 스트레스를 받아야 하고, 설상가상으로 아이까지 낳아 길러야 한다. 그러는 사이 우리는 비열함과 이기심, 증오와 배신처럼 어릴 때는 몰랐던 현실에 노출된다. 또 나이가 들면 자연히 젊음의 힘과 활력이 줄어든다. 굳이 계속 이야기해야 할까?

우리는 이처럼 내면의 변화가 우리의 마음을 속여서 외부의 변화를 어떻게 보게 만드는지 알아채지 못한 채 주어진 순간의 정서 상태를 인지한다. 우리는 물론 행복하거나 슬플 때, 화나거나 상처받을 때, 평온하거나 불안할 때를 안다. 감정은 우리의 관심과 의심을 붙잡고 놔주지 않는다. 감정과 기억을 연구하는 NYU의 심리학자 엘리자베스 펠프스Elizabeth Phelps는 아주 오래전 기억, 이를테면 삶을 돌아볼 때 떠오르는 추억에는 강렬한 감정 체험이 얽혀 있다고 지적한다.[25] 한때는 최근의 과거였다가 먼 과거가 되어도 기억에 남는 이유는 그 순간이 우리의 주의를 끌었기 때문이다. 어찌 보면 처음부터 강렬한 감정을 일으킬 만큼 중요한 사건이었던 것이다.

분노와 같은 강렬한 감정에 사로잡히면 내가 옳고, 나는 세상과 남들을 객관적으로 바라본다는 확신이 든다. 그래서 이런 확신에 따라 행동하게 되고, 순간적인 감정에서 나온 행동인 줄 전혀 알아채지 못한다. 이런 현상이 확연히 드러난 예가 있다. 2014년에 삼관왕Triple Crown 경마의 첫 관문인 켄터키 더비에서 승리한 캘리 포니아 크롬이라는 경주마의 주인인 스티브 코번Steve Coburn이 전 국 방송에서 보여준 행동이다.[26]

캘리포니아 크롬은 두 번째 관문인 프리크니스 스테이크에서 도 승리했다. 코번과 그의 아내는 3주 후 뉴욕 벨몬트파크의 마주 가 앉는 박스에서 그들의 말이 승리해서 그토록 바라던 삼관왕의 영광을 차지하도록 열심히 응원했다. 하지만 다른 말이 쫓아와 크 롬을 제치고 달려나가서 코번의 희망은 무참히 깨졌다. 코번은 당 연히 크게 실망했고, 우승을 목전에 두었던 터라 순간 이성을 잃 었다. 게다가 그날 경주에서 승리한 말은 삼관왕 경마의 앞선 두 경주에는 참가하지 않아 더 많이 쉴 수 있었던 터라 더 화가 났다. 코번은 공정한 경주로 여기지 않았고, 경주가 끝난 후 TV 인터뷰 에서 연신 화를 내면서 상대 말(과 주인)은 다른 두 경주에서 몸을 사렸으니 우승 자격이 없다고 떠들었다. 그가 장광설을 마칠 때쯤 옆에서 아내가 그만하라고 말렸지만 그는 아내의 말을 자르고 "아 니, 이 말은 꼭 해야 돼!"라고 호통쳤다. 흥분한 상태에서는 꼭 해 야 할 말 같았지만, 하루 정도 지나고 다른 인터뷰에서는 자신이 한 말과 흥분해서 감정을 쏟아낸 걸 후회한다고 말했다. 코번은 화난 상태에서 자신이 믿는 것을 진실이라고 단정해버렸다. 하지 만 화가 가라앉자 진실도 달라졌다.

감정은 잔존하는 기억보다 우리에게 더 강렬한 이월효과를 남긴다. 감정은 공격성과 위험 감수 성향, 현재 상황을 바꾸고 싶은 욕구와 같은 여러 가지 기본 동기를 자극한다. 이 주제에 관해서는 8장에서도 살펴볼 것이다. 이처럼 무의식적 동기는 우리가 좋아하는 대상과 생각하는 방식과 우리의 행동을 근본부터 바꿔놓을 수 있다. 인생이 바뀔 수도 있고, 때로는 인생이 끝장날 수도 있다.

해묵은 감정

2014년 6월에 코네티컷주 체셔라는 부유한 동네의 우편배달부가 담당 구역에 있는 어느 집 앞에 우편물이 쌓여 있는 것을 보았다. 비벌리 미첼이라는 예순여섯 살의 집주인이 우편물을 가지고 들어간 지 2주나 지났다는 것을 알고 이를 수상히 여겨 경찰에 신고했다.

경찰은 안에서 아무도 문을 열어줄 것 같지 않자 집 안으로 들어갈 다른 방법을 찾아보았다. 그런데 간단한 문제가 아니었다. 동네 사람들에 따르면 미첼은 저장강박°이 있는 사람이었다. 잡동사니가 빽빽이 쌓여서 현관문이나 다른 입구로는 안으로 진입할 수가 없었다. 미첼이 예전부터 신문과 갖가지 물건을 쌓아놓아서 집이 출구 없는 창고가 되어버렸다. 경찰은 굴착기로 한쪽 벽을

• hoarding, 물건을 버리지 못하고 모아두는 일종의 강박장애

헐어 잡동사니를 치우고 들어갔다. 1층이 무너져서 재난관리청뿐
아니라 지역과 연방 당국의 지원을 받아야 했다. 집 안으로 진입
하려고 시도한 지 사흘 만에 미첼이 평소 지내던 지하실에서 시신
으로 발견되었다. 오랜 세월 쌓아둔 잡동사니에 깔려 질식사한 것
이다.

　나는 체셔 인근 소도시에 살고 있어서 뉴헤이븐의 지역 신문
에 실린 미첼의 무섭고도 쓸쓸한 죽음에 관한 기사를 접했다. TV
리얼리티쇼 〈호더스Hoarders〉의 한 에피소드 같았다. 알다시피 저
장강박은 미국 사회의 중요한 문제다.[27] 〈사이언티픽 아메리칸
Scientific American〉에 따르면 미국에서는 500만 명에서 1,400만 명
정도가 저장강박이다.[28] 〈호더스〉에도 나오듯이 상자도 뜯지 않고
쓰지도 않은 물건이 높이 쌓여서 실내를 가득 메운 집이 많다. 이
프로그램에 나온 거의 모든 사례에서 저장강박은 이혼하거나 자
식이나 형제나 부모를 잃는 등의 외상 사건을 경험한 이후에 시작
되었다. 중요한 정서적 사건으로 촉발되지 않은 예는 찾아보기 힘
들다. 예를 들어 한 에피소드에서는 사랑하는 오빠가 군대에서 작
전 중 사망한 후 쌍둥이 자매의 저장강박이 시작되었다. 강박적으
로 물건을 사서 쌓아두는 증상이 심해져서 결국 자매는 어릴 때부
터 살던 집에서 나와야 했다. 마을 보건부에서 그 집을 건강에 위
험한 곳으로 지정한 것이다. 그러니 나는 집에서 가까운 곳에서
이런 심리학적 증상이 나타난 사례를 접한 셈이었다. 후속 보도에
서 비벌리 미첼의 친척과 이웃의 전언에 따르면, 미첼은 평생 그

집에서 어머니와 함께 살았고 어머니가 돌아가신 직후부터 저장 강박이 시작되었다.

행동경제학은 인간의 재정과 소비자 선택을 연구하는 분야로 감정 상태가 공격성이나 철수와 같은 기본적인 동기 상태를 어떻게 행동으로 바꾸고, 이런 상태가 다시 구매나 판매 결정을 내릴 때 물건에 가치를 매기는 방식에 어떤 변화를 일으키는지 보여주었다. 주로 쇼핑할 때 적용된다. 제니퍼 러너Jennifer Lerner와 동료들은 영화에서 슬프거나 역겨운 장면을 볼 때처럼 한 상황의 정서가 넘어와서 두 번째 상황의 구매 결정에 영향을 미치지만 당사자는 앞선 감정에 계속 영향을 받고 있다는 사실을 깨닫지 못하는 현상을 처음으로 입증했다.[29] 특히 무의식중에 지속되는 감정 상태에 따라 어떤 물건을 구입하는 데 기꺼이 지불하는 금액이 달라졌다.

러너는 노벨상 수상자 카너먼이 행동경제학에 기여한 또 하나의 발견인 '소유효과endowment effect'를 연구에 사용했다.[30] 소유효과란 인간 본성에서 가장 강력하고 중요한 행동경제학 성향 중 하나다. 간단히 말해서 우리는 같은 물건이라도 소유하지 않은 물건보다 소유한 물건에 가치를 더 많이 부여한다. 자기가 소유한 물건이기 때문에 가치를 더하는 것이다. 가령 어떤 사람이 내 연구실에 들어와서 머그컵 여러 개를 본다고 해보자(내가 모은 머그컵이 꽤 된다). 내가 그 사람에게 그중 하나, 스타벅스 클리블랜드 머그컵에 가치를 매겨보게 하면 "5달러"라는 식으로 답할 것이다. 하지만 내 연구실에 들어온 다른 사람에게는 스타벅스 머그컵을 가지라고 한 다음에 가치가 얼마나 되는지 묻는다. 상대는 "7달러 50센트"라는 식으로 가격을 높게 책정할 것이다. 둘 다 똑같이 오래된 머그컵이지만 그 물건을 소유하면 가치를 더 많이 부여하는 것이다. 현실의 무수한 비즈니스에 적용되는 이야기다. 싸게 사서 비싸게 파는 데 도움이 된다.

러너와 동료들의 연구에서 밝혀진 것은 최근에 특정 감정을 경험했다면 이런 기본적인 소유효과가 변형되고 뒤집히기까지 한다는 점이다. 러너가 주목한 감정은 역겨움과 슬픔이었다. 역겨움은 진화적으로 매우 강력하고 유용한 감정이다. 위험한 세균이 들어 있을지 모를 대상을 피하라고 경고해주기 때문이다. 역겨움을 느끼면 그 순간에 손에 들고 있거나 냄새를 맡거나 맛을 본 대상을 없애고 싶어진다. 기본적으로 피하고 싶고 멀리 떨어지고 싶고 먹기 싫어진다.

다음으로 경제적 행동으로 해석해보자. 역겨움을 느끼면 소유한 물건을 없애고 싶어지기 때문에 그 물건을 평소보다 낮은 가격에 팔고 싶어진다. 새 물건을 사거나 구하고 싶은 욕구가 줄어서 결국 구입 가격도 낮아진다. 역겨움 정서는 구입 가격과 판매 가격 양쪽 모두를 떨어뜨려서 일반적인 소유효과를 변형한다. 한마디로 사업성을 떨어뜨린다.

러너와 연구자들은 역겨움 연구를 거침없이 진행했다. 우선 참가자들에게 영화 〈트레인스포팅Trainspotting〉에서 어떤 남자가 더러운 변기를 사용하는 악명 높은 4분짜리 장면을 보여주었다. 그리

고 감정 경험의 강도를 높이기 위해(꼭 그래야 하는 것처럼) 참가자
들에게 같은 상황이라면 개인적으로 어떤 기분일지 적게 했다. 그
런 다음 일부 참가자에게는 형광펜을 선물로 주었다(자동차 한 대
는 줘야 하지 않을까?). 이 연구의 핵심은 참가자들이 형광펜에 얼
마나 가치를 매기는지에 있었다. 참가자들은 영화 속 장면이 가치
평가에 미치는 영향을 인지하지 못한 채 해당 영상을 보지 않은
운 좋은 통제 집단에 비해 선물로 받은 형광펜을 되파는 금액을
낮게 책정했다. 형광펜을 받지 않은 참가자들도 통제 집단에 비해
선물을 사는 데 낮은 금액을 제안했다. 역겨움이 싸게 사고, 싸게
팔게 만든 것이다.

　슬픔의 감정에서는 소유효과가 더 흥미롭게 나타났다. 슬픔은
현재 상태를 바꾸려는 기본적인 동기를 자극하는 감정이다. 슬플
때 슬픈 상태에서 벗어나고 싶어서 무언가를(무엇이든) 할 마음가
짐이 되는 것은 매우 합리적이다. 슬픔이 아닌 다른 감정을 느끼
고 싶어 하는 것이다! 러너의 실험에서는 참가자들에게 영화 〈챔
프The Champ〉에서 소년의 스승이 죽는 장면을 보여주고 그에 대한
감정을 적게 했다(하, 이 연구의 참가자들은 참으로 엄청난 경험을 한
셈이다. 4분 동안 역겨운 변기 장면을 보지 않나, 존 보이트Jon Voight가
죽는 장면을 보지 않나. 고작 형광펜 하나로 될 일인가?).

　슬픔은 현재의 정서 상태를 변화시키고 싶은 동기를 자극할 것
으로 기대된다. 그런데 참가자의 형광펜 구매 가격이나 이미 형광
펜을 소유한 참가자의 판매 가격에 어떤 영향을 미칠까? 결국 감

정의 이월효과가 기본적인 소유효과를 뒤집었다. 참가자들은 무의식적인 상태를 바꾸고 싶은 마음에서 이미 소유한 형광펜을 없애는 데 가격을 많이 부르지 않았고(낮은 판매 가격) 형광펜이 없는 참가자들은 새로 구하는 데 평소보다 돈을 더 많이 내려고 했다(높은 구매 가격). 비싸게 사고 싸게 파는 것이다. 이런 식으로는 장사를 오래 하지 못할 것이다. 일부러 채택할 만한 사업 모형은 아니다. 감정 상태의 무의식적 상태가 낳은 의도치 않은 결과다.

  그러니 슬플 때는 쇼핑하지 말아야 한다. 슬프지 않을 때에 비해 같은 물건이라도 더 비싸게 사고 싶어지기 때문이다. 말이 쉽지 실천하기는 어렵다. 쇼핑으로 기분을 풀려고 할 때가 많다. 스스로에게 선물을 주듯이 쇼핑으로 기운을 차리려는 사람이 많다. 그래도 슬픔으로 현재 상태를 바꾸고 싶은 동기가 발동해서 쇼핑할 때는 특히 주의해야 한다. 강박적으로 쇼핑하는 사람은 우울한 성향이 강하고, 쇼핑이 행복해지는 데(적어도 슬픔을 덜어내는 데) 도움이 된다는 증거가 있다. 대부분의 강박적 쇼핑의 바탕에 슬픔이 깔려 있다는 점은 항우울제가 강박적 쇼핑을 줄이는 데 효과적이라는 사실에 의해 입증된다.[31] 물건을 사면 잠깐 기분이 좋아질 수는 있지만, 결국 청구서가 날아오고 돈을 갚느라 허덕이다 보면 기분이 더 나빠질 수 있다. 게다가 슬플 때는 돈을 더 주고 물건을 사려고 한다는 점도 명심해야 한다.

  러너의 슬픔 연구가 발표되고 1, 2년쯤 지나서 단골 슈퍼마켓에 갔다가 스피커에서 흘러나오는 음악 장르가 바뀐 걸 알아챘다. 원래는 내가 찾아듣는 음악은 아니어도(레드 제플린이 나온 적이 없으니까) 활기차고 신나는 음악이 나왔다. 그런데 급격한 변화가 일어난 것이다. 금방이라도 눈물이 날 것 같은 슬픈 단조의 발라드가 흘러나왔고, 제임스 테일러James Taylor의 곡이 많았다. 그 뒤로는 배경음악이 바뀌지 않았다. 우울한 곡이 팀 맥그로Tim McGraw의 〈리브 라이크 유 워 다잉Live Like You Were Dying(죽을 것처럼 사세요)〉 같은 신곡이라는 것만 달라졌다. 그러다 얼마 전에 최악의 순간이 왔다. 내가 농산물 코너에서 가만히 서서 천정을 쳐다보는 모습을 아내가 본 것이다. 아내도 그 곡을 들었다. 매장에는 밴드 페리Band Perry의 〈이프 아이 다이 영If I Die Young(만약 내가 일찍 죽는다면)〉이 흐르고 있었는데, 코드도 우울하기 짝이 없었지만 그보다 매장 안 모든 손님에게 똑똑히 들리던 가사는 조금도 과장하지 않고 말해서 병적이고 침울했다.

　월마트에서도 비슷하게 슬픈 음악이 흘렀다. 그리고 이런 음악이 흐르는 것을 나만 알아챈 게 아니었다. 〈워싱턴포스트Washington Post〉 기사에 따르면 2015년 연례 주주총회에서 사업 발전을 위한 몇 가지 방안이 나왔는데 "그 자리에 있는 사람들에게서 가장 큰 함성을 자아낸 제안은 바로 지난 몇 달간 매장에서 주구장창 흘러나와서 직원들을 미치게 만들기 시작한 CD를 버리겠다는 약속이었다."[32] 매장에서 지겹도록 흘러나온 음반은 무엇일까? 직원들이 신물 나게 들은 음반은 무엇일까? 바로 눈물을 짜내기로 유명한 셀린 디온Celine Dion의 앨범이었다.

솔직히 말해서 슈퍼마켓에 들어갔다가 대책 없이 슬픈 음악이 흘러나오면 두 가지 이유에서 조금 화가 난다. 첫째, 매장이 돈벌이를 위해 고객의 기분을 바꾸려고 시도하는 의도가 보이기 때문이다(냉정한 방법이다). 둘째, 고객(매장에서 나가고 나면 그 매장을 피할 수 있는 우리)과 달리 온종일 몇 시간이고 슬픔 음악을 들어야 하는 불쌍한 직원들(특히 청소년들)을 생각해보라. 이런 근무환경에서는 장기간 지속적으로 기분과 행동에 영향을 받을 것이다. 다시 체셔에서 자기가 사들인 물건에 깔려 죽은 비극적인 여인의 사건이 떠오른다.

사랑하는 사람을 잃는 사건은 물론 이루 말할 수 없이 슬픈 경험이고, 남겨진 유족과 친구 들은 몇 달이 지나도록 미묘한 영향을 받을 것이다. 고인과 같이 살던 집에서 계속 살아야 하는 사람이라면 더 심각한 영향을 받을 것이다. 날마다 고인을 떠올리는 환경에서 이제는 고인이 옆에 없다는 사실을 거듭 지각해야 하기 때문이다. 슬픔이 조금도 줄어들지 않아서 감정 상태를 바꾸기 위해 계속 물건을 사들일 수 있다. 최근의 경험이 잔상을 남길 뿐 아니라 알바트로스처럼 오래 주위를 배회할 수 있다. 그 경험을 거듭 떠올려서 계속 행동에 영향을 미치게 놔둔다면 말이다. 가장 비극적이고 감정적인 경험은 그 사람과 그 사람의 삶에 극적인 변화를 일으킬 수 있다. 최선의 치유책은 (쇼핑으로) 일시적인 상태를 바꾸는 것이 아니라, 지속적으로 상실감을 불러내 뒤에 남은 사람에게 무의식적 영향을 미치는 환경에 변화를 주는 방법이다.

삶이 잔상을 남기는 이유는 뇌에 잔상이 남기 때문이다. 모든 뇌 활동은 정서적이든 아니든 신경 시냅스로 전달되는 화학전달물질을 필요로 하는데, 화학적 변화는 전기 스위치처럼 금방 켜지고 꺼지지 않는다. 변화가 진정되어 원상태로 돌아가는 데 어느 정도 시간이 걸린다. 그때까지 뇌에서는 실제로는 눈앞에 보이지 않는 과거의 파편이 번쩍거리고 부글거린다. 가령 '마음의 눈'을 보라.

1960년에 조지 스펄링George Sperling은 '시각 버퍼 visual buffer' 현상을 입증하는 연구를 실시했다.[33] 시각 버퍼는 외부 세계에서 정보가 사라진 뒤에도 계속 남는 일종의 임시 저장장치다. 참가자들은 시각 자극을 보지만 실험자가 무엇을 기억하라고 주문할지 모르기 때문에 어느 것에도 주목하지 못하고 적극적으로 연습하거나 마음에 저장하지도 않았다. 게다가 기억할 항목이 지나치게 많았다. 오래전 이 연구의 참가자들은 다음(오른쪽 상단)과 같은 그림을 보았다.

우선 왼쪽 화면이 몇 초간 표시된 다음 지연 화면으로 빈 화면이 잠시 나타났다가 이어서 세 번째 화면이 나왔다. 세 번째 화면에는 원래 화면의 위치 중 한 곳에 동그라미가 있고, 참가자는 그 위치에 원래 무엇이 있었는지 말해야 했다. 위의 그림에서 답은 "8"이다. 동그라미가 어디에 뜰지는 미리 알 수 없었다. 스펄링은 지연 화면을 띄우는 시간을 다양하게 조절해서 원래 화면이 참가자의 마음의 눈에 얼마나 오래 남는지 알아볼 수 있었다. 지연 시

간이 짧을수록 정답을 맞힐 가능성이 높았다. 앞의 화면이 아직 눈앞에 보이기 때문이다. 혹은 눈앞에 보이는 것 같기 때문이다. 참가자들이 정답을 맞힐 수 있었던 이유는 화면이 실제로는 없고 마음속에만 있는데도 바로 눈앞에 "보이기" 때문이었다.

카너먼이 발견한 또 하나의 기본적인 판단 편향은 '기준점 anchoring 효과'라는 일종의 점화 효과다.[34] 한 가지 상황의 숫자 범위가 넘어와 뒤이은 상황의 숫자 범위에 영향을 미치는 효과를 의미한다. 처음에 미취학 아동의 사진을 보고 나이를 추정하라는 주문을 받으면 2에서 5 사이의 숫자를 사용할 것이다. 혹은 처음에 고등학생의 사진을 보고 나이를 추정하라는 주문을 받으면 14에서 18 사이의 숫자를 사용할 것이다. 그런 다음 "미국 대통령 중에서 임기 중 사망한 사람은 몇 명인가?"라거나 "보스턴 레드삭스는 월드시리즈에서 몇 번 우승했는가?" 같은 질문이 나온다. 정답은 모두 8이지만, 처음에 미취학 아동의 연령 범위에 주목한 참가자는 고등학생의 연령 범위에 주목한 참가자에 비해 숫자를 낮게 추정하는 경향을 보인다(물론 정답을 알아서 추정할 필요가 없다면 이 효과에 영향을 받지 않는다). 첫 번째 과제의 숫자 범위를 점화시키면 두 번째 과제에 그 범위가 사용될 가능성이 높다.

앞서 소개한 최근 생각과 경험의 다양한 이월효과처럼 기준점효과도 무의식중에 나타난다. 카너먼은 이 효과가 서비스나 공급 가격에 관한 사업 협상, 법정 소송 사건의 손해배상금에 대한 판단, 미래의 소득이나 매출에 대한 추정치처럼 숫자가 관련된 실생활의 주요 상황에도 적용된다고 말한다. 터무니없는 숫자도 이월효과를 남길 수 있다. 가령 참가자들에게 먼저 마하트마 간디 Mahatma Gandhi가 100만 년 살았다는 글을 읽히는 연구도 있다. 카너먼은 이렇게 말한다. "이 효과는 통제할 수도 없고, 알 수도 없다. 무작위적이거나 터무니없는 기준점에 노출된 참가자들은⋯⋯ 이처럼 명백히 쓸모없는 정보가 그들의 추정치에 영향을 미쳤을 수 있는데도 그들이 틀렸다는 사실을 자신 있게 부정한다."[35]

숫자 기준점이 행동에 미치는 강력한 효과를 고려할 때 나머지 조건이 모두 동일하다면 사람들이 40번 주간고속도로보다 95번 주간고속도로에서 더 빨리 운전할지 궁금하다(누구든 이 주제로 연구를 해야 한다). 이 이야기를 꺼낸 이유는 나이 든 부인 셋이 고속도로에서 지나치게 느리게 달려서 뒤로 몇 킬로미터씩 정체시킨 탓에 경찰에 붙잡힌 이야기를 꺼내기 위해서다. 운전자는 이렇게 반박한다. "저기요, 경찰 양반, 제한속도 표지판에 20이라고 적혀 있잖아요." 경찰이 껄껄 웃는다. "아뇨, 부인, 여긴 **20번 고속도로**이고 제한속도는 55예요." 그러다 뒷좌석을 보니 부인 둘이 핼쑥한 얼굴에 눈을 크게 뜨고 가쁜 숨을 몰아쉬며 식은땀을 흘리고 있었다. "뒷자리에 계신 분들은 왜 저러십니까, 부인?" 경찰이 묻자 운전자가 이렇게 답한다. "아, 괜찮아요. 방금 143번 고속도로에서 왔거든요."

따라서 우리가 이미 다음 상황으로 넘어가고 최근 과거가 계속 영향을 미친다고 생각하지 못하더라도 삶은 마음의 우물에 잔상을 남긴다. 이런 잔상은 분노나 슬픔 같은 각성과 감정에도 적용되고, 우리가 서로에게 매력을 느끼는 정도에도 적용된다. 기분도 계속 남아서 돈과 관련된 중요한 결정에 편견을 드리울 수 있다. 사회적 만남의 효과도 잔상을 남긴다. 남들에게 수용된다고 느끼는지 배척당한다고 느끼는지와 같은 기분이 계속 남아서 평소 자주 먹는 햄샌드위치가 아니라 따뜻한 수프를 찾게 만들 수 있다. 최근 경험에 따라 지구온난화를 실질적 문제로 생각하기도 하고 별 문제가 아니라고 생각하기도 하고, 또 최근의 강렬한 경험에 의해 길에서 마주치는 사람들이 좀비일까봐 걱정하기도 한다(다행히 자주 있는 일은 아니다).

이 장에서는 최근의 과거가 현실을 명확히 지각하는 데 얼마나 방해가 되는지에 관해 알아봤다. 최근의 경험에 의해 다른 때라면 끌리지 않았을 상대에게 더 끌리기도 하고, 도로 위의 분노를 경험할 때처럼 남들에게 더 화가 치밀기도 한다. 금융에 관한 결정이 달라지기도 하고 중요한 국제 문제에 대한 견해가 달라지기도 한다. 세상은 우리의 마음보다 더 빠르게 변하고, 삶은 현실보다 주관적 경험에서 더 오래 머물러 좋지 않은 선택을 내리게 만들 수 있다. 우리는 현재의 생각과 느낌이 지금 이 순간 우리 앞에서 벌어지는 상황에 의해 결정된다고 가정하고, 이런 가정에 의문을 품기 어렵다. 하지만 지금 여기 너머의 무언가가 우리에게 작용할 때가 많다. 그것은 과거이다. 인류의 원시적 과거와 개인의 기억에서 망각된 영아기의 과거와 바로 지금 오늘의 백미러에서 서서히 멀어지는 최근의 과거이다. 이런 다양한 어제가 모두 중요한 이유는 삶에서 가장 중요한 순간이자 아인슈타인이 유일하게 실재한다고 믿은 순간인 현재에 끊임없이 영향을 미치기 때문이다.

2부

숨겨진 현재

BEFORE YOU KNOW IT

기억하라. 인간의 삶은 오직 현재,
털끝만큼의 시간에 머무를 뿐이다.
과거는 지나갔고 미래는 아직 오지 않았다.

– 마르쿠스 아우렐리우스Marcus Aurelius, 《명상록Meditation》

5장

머물러야 할까,
떠나야 할까

20세기가 시작되고 지그문트 프로이트가 대표 저서 《꿈의 해석Interpretation of Dreams》을 내놨을 무렵, 스위스의 신경과 의사 에두아르 클라파레드Édouard Claparède는 그가 진료하던 환자를 속이기로 했다. 물론 과학의 이름으로 한 일이었다.

환자는 기억상실증의 일종인 코르사코프 증후군*으로 뇌 손상을 입은 47세 여자였다. 이 환자는 15분 이상 지나면 새로운 기억을 저장하지 못했지만, 다른 지적 능력은 온전했다. 최근의 과거

---

* Korsakoff's syndrome, 과도한 알코올 섭취로 인한 기억장애

에 대한 인식이 끝없는 망각의 회로에서 말끔히 지워질 뿐이다. 환자는 매일 아침 제네바 대학교의 클라파레드 박사 연구실에 들어서면서 전에 그곳에 온 기억을 망각한 채 수염을 기르고 안경을 쓴 의사를 처음 본다고 생각했다. 클라파레드는 늘 다정하게 환자와 악수했고, 환자는 늘 만나서 반갑다면서 정중히 인사했다. 젊은 클라파레드는 프로이트가 무의식을 악으로 규정한 데 비판적인 입장이었고, 환자가 겉으로 드러난 모습처럼 기억을 완전히 상실하는지 의문을 품었다. 단기기억이 마음의 후미진 구석에 계속 남아서 의식에서 지워진 기억을 대신한다면 어떨까?

어느 날 환자가 평소처럼 연구실에 들어서자 클라파레드는 손을 내밀어 환자의 손을 잡고 흔들었다. 이번에는 평소와 다르게 자신의 손바닥에 테이프로 미리 압정을 붙여놓았다. 환자는 그의 손을 잡고 악수하다가 압정 끝이 살갗을 찌르는 따끔한 통증을 느꼈다. 15분 후 이런 불쾌한 사건이 기억에서 지워질 무렵, 클라파레드는 다시 손을 내밀어 악수를 청했다. 그러자 클라파레드가 기억이 의식에서 지워지는 순간에 무의식의 기억이 작동하는 방식 (혹은 작동하는지 여부)에 관한 새로운 통찰을 얻은 순간이 왔다. 아니나 다를까 환자가 손을 내밀었다가 클라파레드와 손이 포개지기 직전에 급히 손을 뺀 것이다.

클라파레드는 의아한 얼굴로 환자에게 왜 악수하지 않느냐고 물었다.[1] "누구든 손을 뺄 권리가 있지 않나요?" 환자는 이렇게 얼버무렸지만 불안한 기색이 역력했다. 모호한 말만 하고 자신의 직감을 제대로 설명하지 못했다. 환자는 인상 좋은 의사와 악수하면 어떤 일이 벌어질지 직감하기에 바늘에 찔리는 따끔한 통증을 다시 느끼지 않도록 행동했고, 이런 반응은 의식의 개입 없이 나왔다. 다시 말해서 앞서 악수하다가 통증을 느낀 경험을 기억하거나, 의식에서 자각하지는 못하지만 암묵적 기억이 행동에 영향을 미친 것이다. 기억이 무의식적으로 작용해서 현재의 환자를 안전하게 지켜준 것이다. 사실 기억이 진화한 이유가 이런 식의 고통을 피하기 위해서였다.

클라파레드의 다소 가학적이지만 명쾌한 실험은 심리학에서 무의식의 영향을 현대적으로 이해하는 데 작지만 중요한 첫걸음이 되었고, 그가 발견한 현상은 현대의 기억상실증 환자 연구에서도 실험으로 확인되었다. 1985년에 마르샤 존슨Marcia Johnson과 동료들은 코르사코프 증후군 환자 연구에서 환자들이 사람과 사물에 대해 일반 참가자들과 같은 양상으로 호감과 혐오를 드러내면서도 나중에 그 대상을 거의 혹은 전혀 기억하지 못한다는 것을 발견했다.[2] 예를 들어 모든 참가자에게 (허구의 신상정보를 기준으로) '좋은 사람'과 '나쁜 사람'의 사진을 보여주었다. 20일 후 코르사코프 증후군 환자들은 신상정보를 전혀 기억하지 못하면서도 78퍼센트가 사진을 보고 '나쁜 사람'보다 '좋은 사람'에게 더 호감을 보였다. 왜 그런지는 기억하지 못하면서도 무의식중에 전에 본 사람과 사물에 대한 긍정적이거나 부정적인 감정을 적절히 끌어낸 것이다.

클라파레드의 작은 장난은 우리 마음의 필수적이고 원시적인 무의식의 기능을 밝혀냈다. 현재 삶의 장애물과 과제와 당장 직면하고 대처해야 할 상황이 의식을 모두 차지하는 사이 이런 가치 평가적인 '선과 악' 구도가 배경에서 끊임없이 작동한다. 의식이 다른 일에 주목하는 동안 무의식의 감시 기제가 무엇을 수용하고 무엇을 거부할지, 언제 머물고 언제 떠날지 판단하는 데 도움을 주는 것이다.

선. 악.
예. 아니오.
머무름. 떠남.

모두 삶에서 궁극적이고 근본적인 2진법이다. 여기에는 (인간뿐 아니라 모든 동물의) 존재의 근본적인 곤경이 담겨 있다. 지극히 원시적인 형태라도 모든 생명체는 기본적으로 "머물 것인가, 떠날 것인가"의 난제를 안고 있다. "선인지 악인지, 머물 것인가 떠날 것인가"의 선택은 세계에 대한 원시적인 반응이다. 오랜 진화의 시간 동안 "머물 것인가 떠날 것인가"의 판단은 인간의 뇌에서 외부 사건에 대한 가장 신속하고 기본적인 심리 반응이 되었다. 첫 반응은 이어지는 모든 반응, 가령 선이나 악, 머물거나 떠나기, 좋아하거나 싫어하기, 다가가거나 멀리하기와 같은 반응에 영향을 미친다. 한 길을 택하면 다른 길로는 가지 않는다. 정확히 어떻게 작동하는 기제인지, 이를테면 우리가 당장 한 방향을 선택하고 다른 방향을 선택하지 않게 만드는 기제가 무엇인지 밝혀지면 어떤 행동을 왜 하는지에 대한 새로운 통찰이 생길 것이다. 때로는 복잡성의 중심에 단순성이 있다.

1940년대에 일리노이 대학교의 심리학자 찰스 E. 오스굿Charles E. Osgood은 문자 그대로 삶의 의미에 관한 획기적인 연구를 수행했다. 우리가 단어와 개념에 의미를 부여하는 데 사용하는 기본 요소는 무엇일까? 가령 우리는 얼마나 좋거나 나쁜지, 얼마나 크거나 작은지, 얼마나 강하거나 약한지를 기준으로 의미를 부여할까? 오스굿은 자료를 수집하기 위해 수천 명에게 여러 가지 '태도 대상attitude object'을 평가하게 했다. '전쟁'이든 '도시'든 '꽃'이든 태도를 정할 수 있는 대상이라면 뭐든지 해당되었다. 각 대상을 평가할 때는, 가령 '전쟁'을 평가할 때는 즐거움에서 씁쓸함까지, 공정함에서 부당함까지, 밝음에서 어두움까지 다양하게 고려한다. 이상한 척도로 대상을 평가하는 것처럼 보여도 걱정할 것 없다. 마음이 내키는 대로 고르면 된다. 다음으로 오스굿은 요인 분석factor analysis이라는 복잡한 데이터 기법으로 모든 평가 자료에서 몇 가지 기본 요인, 곧 우리가 대부분 일들을 생각하는 방식의 기본 '요소'이자 대부분 태도의 근간을 이루는 요소를 추출했다.[3] 이런 식으로 실제로 모든 것이 아주 단순하다는 사실을 알아냈다. 말하자면 우리는 마음속에 일어나는 모든 일을 세 가지 주요 요인으로 조직하고 분류하며, 세 가지 차원으로 평가의 거의 모든 가변성을 설명할 수 있다는 것이다. 모든 자료는 E-P-A, 곧 평가Evaluation, 역량Potency, 활동성Activity으로 수렴된다. 달리 말하면 좋음이나 나쁨, 강함이나 약함, 능동성이나 수동성이다. 대다수가 나무는 좋고 강하고 수동적이라고(한자리에 가만히 서 있다) 말할 것이다. 반면에 (대다수가) 기차는 좋고 강하고 능동적이라고 말할 것이다.

오스굿은 의미의 세 요인 가운데 가장 중요한 요인은 **평가**라는 것을 알아냈다. 단어와 개념의 의미는 주로 좋음-나쁨으로 요약되고 어감만 조금씩 다를 뿐이다. 두 번째로 중요한 요인은 강함과 약함의 정도를 의미하는 **역량**이고, 세 번째는 능동성과 수동성의 정도를 의미하는 **활동성**이다. 우리의 (아주) 오랜 친구 외츠티의 입장에서 생각해보자. 낯선 사람과 마주치면 우선 상대가 나쁜지(적인지) 알아야 한다. 그런 다음 상대가 얼마나 강한지 알아야하고, 마지막으로 얼마나 활동적인지(빠르고 건강하고 기동성이 있는지) 알아야 한다(휴, 저 사람이 탄 말이 우둔하군).

하지만 제일 먼저 어떤 '대상'이 좋은지 나쁜지, 우리에게 우호적인지 적대적인지 알아야 한다. 그것도 당장 알아야 한다. 오스굿은 1949년에 이 연구에 관한 책을 출간했다.[4] 10년 후 뉴욕의 미국자연사박물관 관장 T. C. 슈나이얼라T. C. Schneirla는 가장 단순한 단세포동물인 짚신벌레부터 인간에 이르기까지 모든 동물을 비교하는 논문을 발표했다.[5] 슈나이얼라의 결론은 가장 단순한 동물부터 가장 복잡한 동물에 이르기까지, 모든 동물은 좋은 것과

나쁜 것에 기본적인 **접근**approach과 **철수**withdrawal 반응을 보인다
는 것이다. 짚신벌레 가까이에 먹이(설탕)를 놓자 짚신벌레가 그
쪽으로 다가갔다. 가까이에 작은 전선을 놓고 미량의 전기 충격을
가하자 짚신벌레가 멀어졌다. 슈나이얼라는 짚신벌레부터 동물의
왕국을 거쳐 인간의 아기에 이르기까지 모든 동물에게는 두 가지
기본적인 선택이 주어진다는 사실을 보여주었다.

좋음-나쁨과 접근-철수가 동물이 세상을 대할 때의 기본 반응
이라면, 앞서 오스굿의 연구에서 좋음-나쁨에 대한 평가가 세상
의 모든 개념에 적용되는 1차적인 의미인 이유가 설명된다. 오늘
날 우리의 내면에는 인류 진화의 유산이 남아 있다. 최초의 원시
단세포 생물이 세상의 생물체에 보였던 반응이 바로 오늘날 우리
가 매 순간의 경험에 보이는 첫 번째 반응이다. 까마득한 과거의
반응이 지금도 단기간의 현재에 가장 먼저 나타난다. 원시 단세포
생물에서 시작해서 엄청난 메커니즘과 시스템이 발달한 지금도
원시적인 질문이 여전히 우리의 가장 중요한 질문이다.

머물러야 할까, 떠나야 할까?

우리는 항상 외부에서 친구를 만나고 새로운 뉴스를 접하고 일
하는 등 현대의 복잡한 활동에 몰두하면서도 여전히 머물러야 할
지, 떠나야 할지에 관한 원시적이고도 기본적인 선택을 내려야 한
다. "예"라고 답하고 주어진 자극(사람, 사물, 상황)에 가까이 머무
르면서 상대가 우리에게 유익한지, 적어도 위험하지는 않은지 평
가할 것인지, 아니면 "아니오"라고 답하고 멀리 떠나서 거리를 둘

지 판단해야 한다.

우리는 의식과 무의식 차원에서 거듭 이런 판단을 내려야 하지만, 대개는 내 꿈에 나온 악어의 배처럼 무의식이 먼저 나선다. 클라파레드의 환자 사례에서도 결정에 도움을 줄 의식적 기억이 없어서 무의식이 먼저 작동했다. 기억상실증 환자만의 이야기가 아니다. 대개는 의식이 사후에 설명하는 역할을 맡는다. 의식은 우리가 내린 판단을 이해하려고 노력하면서 이미 확실히 '아는' 것 같아서 판단이 반박할 수 없는 진실로 보이게 만든다. 앞서 대학원 시절에 지도교수 로버트 자이언스가 나를 연구실로 불러 추상화가 찍힌 박물관 엽서를 보여주면서 어떤 그림이 마음에 들고 어떤 그림에 마음에 들지 않는지 물어본 일화를 소개했다. 나는 당장 자신 있게 마음에 드는 그림을 가리켰지만(나는 칸딘스키 Kandinsky를 좋아했다. 괜찮은 동굴 벽화가 아닌가!), 자이언스 교수가 이유를 묻자 선뜻 답하지 못하고 색채와 형태에 관해 애매하게 말했다. 자이언스는 내가 불편해하는 모습을 보고, 그리고 그럴듯한 이유를 대지 못하는 모습을 보고 그저 웃기만 했다.

"예술은 잘 모르지만 내가 뭘 좋아하는지는 안다"는 말이 있다.

1970년대 말에 자이언스는 **단순 노출 효과**mere exposure effect라고, 새로운 대상을 더 많이 좋아할수록 자주 접하는 경향에 관해 연구했다.[6] 연구에서는 새로운 대상이 자주 눈에 띄기만 해도, 의식에서 기억하지 못해도 더 많이 좋아하는 것으로 나타났다. 예를 들어 마르샤 존슨의 연구에서 코르사코프 기억상실증 환자들은

앞서 본 대상을 기억하지 못하면서도 적게 접한 대상보다 자주 접
한 대상을 선호하는 경향을 보였다.

자이언스의 단순 노출 효과 연구는 여러 가지 면에서 의의가 있
다. 우선 어떤 경험을 얼마나 자주, 얼마나 일상적으로 접하느냐
에 따라 의도하지 않고 무의식적으로 호감을 느끼고 좋아할 수 있
는지 보여주었다. 진화적 적응의 관점에서는 완벽하게 합리적이
다. 우리에게 해를 주지 않는 대상을 많이 접할수록 더 좋아하고
더 많이 접근하기(머물기) 때문이다. 단순 노출 효과는 주어진 상
황이 괜찮으면 계속 머무르려는 기본 성향에 관한 것이다(괜찮지
않다면, 가령 개울가 풀숲에서 뱀이 튀어나온다면 다시 원점으로 돌아가
고 단순 노출 효과가 상쇄된다.[7] 앞서 보았듯이 클라파레드의 환자는 압
정에 딱 한 번 찔리고는 다시 악수하려고 하지 않았다).

둘째, 단순 노출 효과 연구에서는 호감과 혐오가 의식적 계산이
나 기억과 무관하게 매 순간 일어나는 기제를 보여주었다. 이런
현상은 내가 자이언스의 연구실에서 미술작품 엽서를 보고 즉흥
적으로 보인 반응뿐 아니라 단순 노출 연구의 결과와 존슨의 기억
상실증 환자 사례에서도 나타났다. 우리의 **정서**(혹은 평가) 체계는
주로 의식의 외부에서 작동한다. 꿈속의 악어가 내게 말해준 것처
럼, 진화에서는 이런 예-아니오 체계가 먼저 발달한 다음 보다 신
중히 평가하는 체계가 발달했다.

1980년대에 자이언스의 주요 논문 〈선호도는 추론할 필요가
없다Preferences Need No Inferences〉가 발표되기 전에는 연구자들이 모

든 태도가 의식 차원에서 느리고 신중하게 계산한 결과라고 믿었다. 하지만 자이언스는 이 논문에서 우리가 그림과 일몰, 음식, 사람들과 같은 대상에 대해 먼저 신중히 생각하지 않고 즉흥적으로 정서 반응을 보일 때가 많다고 주장했다. 자이언스의 주장을 시작으로 이후 몇 년 동안 태도 연구에 변화가 일어났다. 특히 인디애나 대학교의 젊은 교수 러셀 파지오Russell Fazio의 '자동적 태도automatic attitudes'에 관한 독창적인 연구가 태도 연구 전반에 크게 기여했다.

태도 연구는 20세기 중반에 한동안 다소 혼란스러운 양상을 보이며, 인간의 실제 행동을 예측하는 데는 거의 도움이 되지 않았다. 1930년대에 처음 태도를 연구하기 시작한 이유는 인간의 행동을 예측하기 위해서였다. 하지만 초창기 연구에서는 태도 질문지의 답변과 실제 행동이 전혀 달랐다. 예를 들어 질문지에는 자선단체에 돈을 기부하겠다고 선뜻 밝혔어도 실제로 낡은 지갑을 꺼내 수표를 써주기는 그리 쉽지 않다. 따라서 태도가 행동을 예측할 때는 **언제**이고, 예측하지 못할 때는 **언제**인지가 중요한 질문으로 떠올랐다.

이런 배경에서 파지오의 연구가 나온 것이다. 1986년에 파지오는 태도 중에서 일부만 행동을 예측할 수 있지 모든 태도가 행동을 예측할 수 있는 것은 아니라고 주장했다. 어떤 태도가 다른 태도보다 더 강하고 중요할 수 있다는 뜻이었다.[8] 예를 들어 나는 땅콩버터를 좋아하지 않아서 무슨 일이 있어도 땅콩버터를 먹지 않는다. 익힌 당근도 좋아하지 않지만 접시에 있으면 그냥 먹는다. 파지오는 강하고 중요한 태도가 행동에 보다 일관된 영향을 미친다고 보았다. 그러면 다시 이런 질문이 떠오른다. 강하고 중요한 태도와 약하고 덜 중요한 태도는 어떻게 구분되는가? 파지오는 강한 태도란 환경에서 그런 태도를 유발하는 대상과 마주칠 때마다 즉각적이고 자동적으로 떠오르는 태도라고 설명했다. 다시 말해서 무언가를 좋아하거나 싫어한다는 사실이 생각할 겨를도 없이 당장 떠오른다면 행동에 더 큰 영향을 미친다는 뜻이다. 파지오는 내가 칸딘스키 엽서를 보자마자 긍정적인 반응을 보였듯이 강한 태도는 순식간에 나오고 약한 태도는 한참 걸려서 나올 거라고 추론했다.

파지오는 태도의 강도를 측정하는 실험으로, 참가자들에게 모니터에 약 100가지 일상적인 물건의 이름이 뜨면 컴퓨터(1980년대에는 컴퓨터가 새롭고 흥미로운 실험 도구였다)에서 좋음이나 나쁨 버튼을 최대한 빨리 누르게 했다. 참가자들은 예를 들어 '생일', '새끼고양이', '농구'(인디애나주에서 실시된 연구라서 인디애나주 사람들의 농구 사랑이 반영되었다)에는 신속히 좋음이라고 답하고, '히틀러', '독', '참치'(참치를 좋아하는 나로서는 이해가 안 가지만)에는 재빨리 나쁨이라고 답했다. 그러나 '달력'이나 '벽돌'이나 '노란색'처럼 딱히 열의를 불러내지 않는 중립적인 단어에는 좋음이나 나쁨이라고 답하는 데 시간이 걸렸다.

파지오와 연구자들은 참가자가 가장 신속히 반응한(강한 태도를 보인) 단어와 가장 느리게 반응한(약한 태도를 보인) 단어를 분류해서 다음 실험 단계에 사용했다(이렇게 반응하게 하는 단어를 학술용어로는 '태도 대상'이라고 한다). 다음 단계에서는 참가자가 화면에서 이전 단계에 나온 단어를 보자마자 즉각적이고 자동으로 그 단어에 대한 태도가 나오는지 알아보았다. 가령 '나비'라는 태도 대상이 화면에 4분의 1초간 뜬다. 참가자가 의식적으로 그 단어가 좋은지 아닌지 판단하기에는 짧은 시간이다. 이어서 '아름다운'이나 '끔찍한' 같은 형용사가 나오고, 참가자는 좋음이나 나쁨 버튼을 눌러 긍정적인 의미인지 부정적인 의미인지 답한다.

파지오가 소개한 새로운 개념인 이런 감정 점화$^{affective\ priming}$의 논리는 우아하고 단순했다. 첫 번째 나온 '나비'가 자동으로 좋음이나 나쁨의 반응을 일으켰다면 이어서 '아름다운' 같은 단어가 좋은지 나쁜지 답할 때도 앞의 단어와 같은 반응이 점화되어 나오기 쉽다는 것이다. 태도 점화가 뒤에 나오는 형용사에 대한 적절한 반응을 자동으로 암시한다면('나비'-'아름다운') 그 반응이 먼저 나와야 한다. 그리고 태도 점화가 적절하지 않은 반응을 암시한다면('바퀴벌레'-'아름다운') 반응 시간이 느려질 것이다. 참가자가 첫 단계에서 점화되어 나쁨이라고 답할 준비가 되어 있는데 두 번째 단어에 맞게 좋음(정답)이라고 답해야 하기 때문이다.

하지만 이것은 첫 번째 태도가 즉각적이고 자동으로 활성화될 때만 나타나는 현상이다. 파지오의 연구에서는 개인의 강한 태도가 즉각적이고 자동적으로 나타났다. 예를 들어 '맥주'는 무의식적으로 '아름다운'을 점화하고, '사고'는 무의식적으로 '혐오스러운'을 점화했다. 하지만 '벽돌'과 '모퉁이' 같은 중립적인 단어는 즉각 활성화되지 않았다.

파지오가 자동적 태도에 관한 연구를 발표한 해에 젊고 유망한 태도 연구자 셸리 체이큰Shelly Chaiken이 내가 있던 NYU 심리학과에 들어온 것은 순전히 우연이었다. 체이큰이 NYU에 오고 얼마 지나지 않아 우리는 그녀의 연구실에서 몇 가지 연구를 시작하기로 했다. 우리는 무엇을 연구할지 생각했다. 체이큰은 태도를 연구하고 나는 자동성을 연구하니 (짠!) 자동적 태도를 연구하면 어떨까? 고민할 것도 없는 손쉬운 결정이었다.

체이큰과 나는 심리학 연구 이외에도 몇 가지 관심사를 공유했다. 그래서 심리학과 건물 복도에서 골프를 쳐서 대학원생들을 두려움에 떨게 하거나 매달 버클리(체이큰이 살던 곳)에서 배송된 피츠 원두로 커피를 내려 마시지 않을 때는 항상 자동적 태도 효과를 이해하기 위한 몇 가지 연구를 설계했다. 우리가 관심을 가진 주제 중 하나는 감정 점화 효과가 얼마나 보편적이냐는 것이었다. 감정 점화 효과는 가장 강한 태도(좋거나 나쁘다고 가장 빠르게 답한 경우)에는 나타나고 가장 약한 태도(가장 느리게 답한 경우)에는 나타나지 않았지만, 중간 태도(대부분이 여기에 해당한다)는 어떨까? 감정 점화 효과는 가장 강한 몇 가지 태도에만 나타날까, 아니면 가장 약한 태도를 제외한 모든 태도에 나타날까? 그리고 파지오 연구의 첫 번째 단계처럼 태도를 생각한 후에만 감정 점화 효과가 나타날까? 이런 질문의 답에 따라 감정 점화 효과가 현실에서 얼마나 자주 나타나는지 결정된다.

다른 여러 연구를 보면서 우리는 파지오의 기본 개념을 신뢰할 수 있었다. 그중에는 동물의 왕국에서 기본적인 접근-철수 반응을 설명한 슈나이얼라의 연구, 거의 모든 대상의 의미에서 좋음-나쁨 차원의 중요성을 드러낸 오스굿의 연구, '생각하지 않고 느끼기'를 입증한 내 지도교수 로버트 자이언스의 연구가 있다. 하지만 체이큰과 나는 파지오의 실험에서 의도적이고 의식적인 평가가 그의 연구 결과에 영향을 미쳤을 가능성을 우려했고, 이런 측면을 제거하면 명백한 무의식적 효과가 감소하거나 제거되기까지 할 것으로 예상했다.

그런데 우리의 예상은 빗나갔다. 오히려 반대 결과가 나왔다. 놀랍게도 몇 년에 걸쳐 이런 효과를 '제거'하려고 시도하면서 실험 결과에 우연히 영향을 미쳤을 요소를 제거했지만 무의식적 효과가 전보다 더 강해지고 보다 광범위하게 나타나는 결과가 거듭해서 나왔다.[9] 첫 번째 단계에서 태도를 표현하는 과제(참가자가 주어진 대상이 좋은지 나쁜지 최대한 빨리 답하는 과제)와 두 번째 단계에서 태도가 자동적인지 여부를 검증하는 과제 사이에 며칠의 시간을 두자, 가장 강한 태도를 끌어내는 대상과 중간의 모든 대상만이 아니라 가장 약한 태도를 끌어내는 대상까지 **모든** 대상에서 동일한 효과가 나타났다. 다음으로 우리는 태도가 자동으로 나오는지 검증하는 과제를 변주해서, 좋음이나 나쁨 버튼을 누르는 과정을 없애고 그냥 두 번째 단어를 말하게 했다. 역시나 자동적 태도 효과가 나타났지만 이번에는 모든 대상, 곧 강한 태도와 약한 태도 두 가지 모두를 유발하는 대상에서 나타났다. 놀랍게도 모든 대상, 우리가 사용한 모든 태도 대상이 이렇게 보다 엄격한 조건에서 좋거나 나쁘다는 평가를 끌어냈다. 어쨌든 우리는 파지오와 동료들의 연구보다 심리학 실험실을 벗어나 삶을 좀 더 비슷하게 모방하도록 실험을 설계했다. 새로운 조건에서는 어떤 대상을 어떻게 받아들일지 의식적이고 의도적으로 생각하지 않고 현실에서 그 대상과 마주할 때의 **단순한** 효과만 더 세밀하게 포착했다.

마음의 무의식적 작용은 열정적으로 좋아하는 대상과 싫어하는 대상만이 아니라 중간의 미온적이고 무관심한 의견에 관해서도 언제 머물고 언제 떠날지에 관한 신호를 보낸다. 우리 연구의 과제에서 의식적이고 의도적인 측면을 많이 제거할수록 더 강하고 보편적으로 효과가 나타났다. 그 반대가 아니었다. 이제 파지오의 연구가 발표되고 체이큰과 내가 연구를 시작한 지도 수십 년이 흘렀다. 다행히 지난 25년간 세계 각국의 여러 실험실에서 후속 연구가 이루어져 당시로서는 (특히 우리에게) 놀라웠던 결과가 반복 검증되었다.[10]

나의 악어 친구가 실제로 살았다면 이런 결과를 보고는 이빨을 드러내고 환하게 웃으며 초록색 머리를 끄덕였을 것이다. 모든 대상에 대한 무의식적 평가는 의식적이고 의도적인 생각이 출현하기 오래전부터 존재한, 아주 오래되고 원시적인 기능으로 보인다.

따라서 체이큰과 나의 연구처럼 과제에서 의식적인 요소를 제거하고 무의식을 자유롭게 풀어주면 태도 효과가 전보다 선명하게 드러난다. 어쨌든 무의식의 접근-철수 반응은 수백만 년 전 의식적이고 의도적인 생각이(혹은 다른 어떤 생각이든) 발달하기 한참 전부터 우리를 보호하도록 진화한 것이다.

밀고 당기기

오래전 일리노이에서 오스굿의 대학원생 제자 앤드루 솔라즈 Andrew Solarz는 어떤 대상을 좋거나 나쁘다고 평가하는 태도와 그 대상에 접근하거나 물러나는 팔 동작 사이의 연관성을 알아보았다.[11] 컴퓨터가 발명되기 전이었고, 심리학 실험실에는 대개 심리학 교수들이 이론을 검증하기 위해 장치를 의뢰할 수 있는 공작소가 갖춰져 있었다. 그곳에는 프랑켄슈타인 박사는 명함도 못 내밀 정도로 전선과 튜브, 다이얼과 레버 따위가 잔뜩 있었다. 장치 하나를 만드는 데는 몇 달, 혹은 1년이 걸리기도 했다. 솔라즈는 공작소에 가설을 검증하기 위한 독창적인 장치를 주문했다. 그는 실험에서 반응 레버가 장착된 디스플레이 박스로 참가자들에게 단어를 1개씩 보여주었다. 고딕체로 글자가 큼직하게 적힌 3×5 색인카드를 상자의 구멍(구멍은 레버 위에 있었다)으로 떨어뜨려 참가자에게 보여주고, 이와 동시에 전자 타이머가 시작된다. 참가자는 지시에 따라 가능한 빨리 레버를 밀거나 당겨야 했다. 과학계의 슬롯머신이었다.

일부 참가자에게는 카드에 적힌 대상이 마음에 들면('사과', '여름') 레버를 당기고, 마음에 들지 않으면('벌레', '얼어붙은') 레버를 밀라고 지시했다. 다른 참가자에게는 반대로 지시했다. 대상이 마음에 들지 않으면 레버를 당기고, 마음에 들면 레버를 밀게 했다. 솔라즈는 실험이 끝나자 참가자들이 레버를 밀어서 '좋음'이나 '나쁨'을 표시한 횟수와 레버를 당겨서 '좋음'이나 '나쁨'을 표시한 횟수의 평균을 계산했다.

결과적으로 참가자들은 '나쁨' 의사를 표시할 때는 레버를 당길 때보다 레버를 밀 때 더 빨랐다. 반대로 '좋음' 의사를 표시할 때는 레버를 밀 때보다 당길 때 더 빨랐다. 단어를 미는 행위는 조그만 짚신벌레가 전선에서 멀어지는 것을 상기시키고, 단어를 당기는 행위는 짚신벌레가 먹이에 다가가는 것을 상기시킨다. 솔라즈의 참가자들도 물론 자각하지 못한 채 짚신벌레와 똑같이 행동했다. 싫은 대상(색인카드의 단어일 뿐이지만)과는 당장 거리를 좁히는 것이 아니라 벌리려 하고, 마음에 드는 대상과는 거리를 벌리기보다는 좁히려고 했다. 단어를 보자마자 좋은 감정이나 싫은 감정이 들면 당장 팔 근육이 그에 따른 운동을 할 준비를 마친다. 마음속의 좋음-나쁨 스위치가 문자 그대로 근육을 준비시키는 것이다.

30년 넘게 흐른 뒤 NYU에서 마크 첸Mark Chen과 나는 솔라즈의 연구를 재현하기로 하고, 컴퓨터 디스플레이와 시간 설정 기술의 도움을 받았다.[12] 우리도 공작소에 솔라즈의 것과 같은 반응 레버를 주문했다. 90센티미터의 플렉시 유리 막대 끝에 전기 스위치를 연결하고, 스위치는 다시 컴퓨터 입력 포트에 연결했다. 첫 번째 실시한 실험은 솔라즈의 연구를 재현한 것으로, 솔라즈의 연구와 같은 결과가 나왔다. 솔라즈의 실험과 마찬가지로 참가자들이 대상을 의식적이고 의도적으로 분류한 이유는 그렇게 하라는 지시를 받았기 때문이다. 그런데 참가자들이 좋은 것과 싫은 것을 의식적으로 생각하지 않고도 밀기-당기기 효과가 나타날까?

우리는 두 번째 실험에서는 참가자들에게 예전의 컴퓨터게임('퐁-Pong'과 같은)처럼 화면 한가운데 단어가 나타날 때마다 최대한 빨리 레버를 움직이게 했다. 참가자는 화면에 단어가 뜰 때마다 레버를 움직여 최대한 빨리 단어를 화면에서 내보내면 되었다. 레버를 밀 때도 있고 당길 때도 있었다. 역시나 나쁜 것을 밀 때와 좋은 것을 당길 때 반응 속도가 더 빨랐다. 대상을 평가하려 하지 않아도 같은 결과가 나온 것이다.

논리적으로 다음 단계에서는 인간이 사람들에 대한 기본적이고 원시적인 접근과 철수 반응을 타고난다고, 이를테면 가장 중요한 '태도 대상'이 존재한다고 전제해야 한다. 그리고 마이클 슬레피언Michael Slepian과 널리니 앰배디와 동료들이 이런 가정을 입증했다.[13] 그들은 밀기-당기기 레버 실험 설계를 이용해서 참가자들에게 레버를 밀거나 당겨서 모니터에 뜬 사진에 최대한 빨리 반응하도록 지시했다. 참가자들은 집 사진이 나오면 레버를 한쪽으로 움직이고, 얼굴 사진이 나오면 레버를 반대쪽으로 움직이라는 지시를 받았다. 따라서 참가자들은 사진을 얼굴과 집으로 분류하는 것이 실험 과제라고 생각했다. 다시 말해서 얼굴이 마음에 드는지가 기준이라고 생각하지 않았다. 이 연구의 숨은 조작은 얼굴이 신뢰성 정도에 따라 제시된 점이다. 얼굴의 신뢰성은 별도로 다른 사람들이 평가했고, 참가자들에게는 신뢰성이 가장 떨어져 보이는 얼굴부터 가장 신뢰가 가는 얼굴까지 다양한 얼굴이 제시되었다(얼굴의 놀라운 힘에 관해서는 뒤에서 자세히 설명하겠다). 실제로 믿음직한 얼굴에는 접근(당기기) 동작이 빨랐고, 못미더운 얼굴에는 회피(밀기) 동작이 빨랐다. 참가자가 의식 차원에서는 얼굴을 평가하는 과제가 아니라고 생각했기에 모두 무의식에서 나온 반응이었다.

오늘날 이런 기본적인 접근이나 회피 효과는 우리 삶에서 긍정적인 변화를 일으키는 데 도움이 된다. 가령 인종차별주의와 술이나 마약에 대한 욕구 같은 부정적인 행동을 바꾸는 데 쓸모가 있다. 캐나다의 심리학자 케리 가와카미Kerry Kawakami와 동료들은 백인 참가자들에게 컴퓨터 화면에 흑인 얼굴이 뜨면 조이스틱을 당기고(접근) 백인 얼굴이 뜨면 조이스틱을 밀라고(회피) 지시하고 수백 명의 얼굴을 보여주었다. 이후 IAT(내재적 연관 검사)로 측정한 결과, 흑인에 대한 자동적이고 내재적 태도가 긍정적으로 바뀌었다. 팔을 한쪽으로 움직이게 하자 실제로 인종에 대한 무의식적 태도까지 달라진 것이다. 가와카미와 동료들은 다른 연구에서 팔 접근 동작이 어떻게 인종에 대한 태도뿐 아니라 흑인에 대한 행동까지 변화시키는지 보여주었다. 참가자들에게 의식이 아닌 잠재의식 차원으로 흑인 얼굴에 접근 동작을 하도록 조작하자 다른 참가자들보다 대기실에서 흑인에게 더 가까이 앉았다. 일상에서 인종차별을 줄이는 데는 그리 실용적이지 않아 보일지 몰라도 원시적이고 무의식적인 평가 체계가 현대의 사회적 태도와 행동에 잠재적으로 얼마나 크게 작용하는지 확인할 수 있다. 흥미롭게도 본능적이고 진화적인 무의식의 성향이 우리가 살면서 습득한 문화적 무의식의 성향을 압도할 수 있다.

이런 접근-철수 기제를 활용하는 또 하나의 긍정적인 방법으로 알코올중독자가 술을 끊게 도와주는 방법이 있다. 암스테르담 대학교의 라이노트 비에르스Reinout Wiers는 알코올중독을 비롯한 다양한 중독을 치료하기 위한 치료법을 개발했다.[14] 그는 술을 끊고 싶은 환자들을 2주에 걸쳐 매일 연구실로 불렀다. 그리고 환자들에게 1시간 정도 걸리는 단순한 컴퓨터 과제를 수행하게 했다. 화면에 뜬 사진을 가로형(가로로 길다)이나 세로형(세로로 길다)으로 분류하는 과제였다. 핵심은 레버를 미는지 당기는지에 있었다. 술병, 코르크 스크루, 머그잔, 와인잔처럼 술과 관련된 사진이 나오면 항상 레버를 밀도록 설정되어 있었다(통제 집단에서는 술과 관련된 사진 없이 동일한 과제를 수행했다).

이렇게 술과 관련된 대상을 '미는' 조작은 술에 대한 회피 동작을 늘리기 위한 조치였다. 결과는 매우 성공적이었다. 2주간 술과 관련된 대상의 사진을 밀게 하자 IAT 검사에서 음주에 대한 무의식적 태도가 긍정성에서 부정성으로 바뀌었다. 더 놀라운 결과는 1년 후 참가자들에 대한 추적조사에서 술과 관련된 사진을 밀어본 경험이 없는 통제 집단(59퍼센트)보다 재발률이 크게 감소한 것이다(46퍼센트). 완벽하지도, 그렇다고 무의미하지도 않은 결과이지만, 두 가지 결과의 차이는 현실의 가족과 살고 현실의 직장에 다니면서 **다른 조건이었다면 재발했을 테지만 다시 술을 마시지 않은 현실의 사람들**에게서 나온 결과라는 점에서 의미가 있다. 비에르스의 연구팀은 무의식적 기제에 관한 과학 지식을 근거로 현실에서 다르게 살고 싶지만 결심만으로는 달라지지 못하는 사람들에게 현실적인 도움을 주었다.

이름에 무엇이 있을까?

나는 항상 운전을 좋아하고 미국을 6번이나 횡단했다. 48개 주에서 내가 차를 몰고 지나가지 않은 주는 노스다코타뿐이고 이곳을 지나고 싶다는 소망이 버킷리스트의 윗자리를 차지한다. 나는 평생 카레이싱 팬이기도 하다. 우리 세대의 많은 사람처럼 나도 매년 전몰장병 추모일에 라디오로 인디애나폴리스 500° 중계

• 매년 5월 말 인디애나폴리스에서 열리는 500마일 자동차 경주

를 들으면서 자랐다. 아버지와 나는 온종일 트랜지스터 라디오로
중계를 들으면서 집 안이나 마당에서 일했다. 그러니 훗날 내가
스톡 카 레이싱 팬이 된 것도 놀랄 일은 아니다. 내가 제일 좋아하
는 드라이버는 2002년에 신인으로 등장해서 일곱 차례 우승한 위
대한 드라이버 지미 존슨이다. 반면에 아내 모니카는 세계 수준의
드라이버이자 스톡 카 레이싱의 유리천장을 과감히 깨뜨린, 역사
상 가장 성공한 여성 드라이버 다니카 패트릭을 응원한다.

 우리는 각자가 좋아하는 드라이버를 왜 좋아하는지 확실하고
완벽히 합리적인 이유를 댈 수도 있다. 하지만 우리 이름과 우리
가 좋아하는 드라이버의 이름을 적어보자. 존(John, 나)은 지미 존
슨Jimmie Johnson을 좋아하고(그 전에는 주니어 존슨Junior Johnson을 좋
아했고), 모니카Monica는 다니카Danica를 좋아한다. 우리 이름은 소
리와 첫 글자가 같고, 여기서 끌림이 시작된다(다니카가 유일한 여
성 드라이버이므로 아내에게는 그나마 핑곗거리가 생긴다. 그래도 비슷
한 건 사실이다). **이름 효과**name-letter effect는 1980년대에 발견된 현
상으로, 선호도의 또 다른 중요한 무의식적 원인을 밝혀준다. 우
리는 우리와 '비슷한' 사람을 잘 수용한다. 유사성의 근거가 우리
가 직접 선택하지도 않은 이름이나 생일처럼 자의적인 대상이라
도 마찬가지다.

 로버트 자이언스는 우리가 무의식중에 어떤 대상을 좋아하는
한 가지 방법은 그 대상에 익숙해지는 것이고, 또 하나의 방법은
그 대상이 우리와 비슷한 것이라고 보았다. 객관적으로는 아무 의

미가 없는 유사성이라도 상관없다. 1장에서 소개한 외츠티의 사연과 원시 세계에서 인간이 서로 자주 죽였다는 사실을 떠올려보자. 우리 조상들은 자신을 지키기 위해 가족으로 뭉치고, 다음으로 가족이 모여 부족을 이루었다. 친족을 알아보는 것은 "예"라고 답할지 "아니오"라고 답할지 판단하는 과정에서 생사가 걸린 중요한 사례일 수 있다.[15] 그 시대에는 상대가 우리와 비슷하다면 좋은 일이었다.

이제 시계를 빨리 돌려 다시 현대로 돌아오자. 누군가 혹은 무언가가 우리와 생김새나 신분이 같다면 대체로 그 사람이나 대상에 긍정적인 감정이 생긴다. 이것은 아주 오래전부터 진화한 성향이다. 대체로 이런 긍정적인 감정이 드는 이유를 적어도 처음에는 알아채지 못하고, 또 이런 감정이 중요한 선택과 목표와 동기에 얼마나 큰 영향을 미치는지도 알아채지 못한다. 연구자들은 이런 긍정적인 감정의 효과를 발견하고 설명하면서 **내재적 자기중심성** implicit egotism이라고 불렀다. 실제 이유를 모른 채 피상적이지만 우리와 비슷한 사람과 사물에 호감을 느끼는 현상을 뜻한다.

브렛 펠럼Brett Pelham, 존 존스John Jones, 모리스 카발로Maurice Carvallo와 동료들은 2000년 미국인구조사, 1880년 미국인구조사, 1911년 영국인구조사와 같은 대규모 데이터베이스뿐 아니라 앤세스트리닷컴Ancestry.com과 같은 자료를 통계적으로 분석해서 인간 행동의 흥미로운 유형을 발견했다.[16]

첫째, 켄터키에는 이름이 켄인 사람이 과도하게 많이 살았다.

루이지애나에는 루이스가, 플로리다에는 플로렌스, 조지아에는 조지가 많이 살았다(몇 가지만 예로 들었다). 우연으로 예측되는 수준(이들 주에 사는 사람의 수에 비해 이런 이름이 나타나는 전반적인 빈도)을 넘었다. 태어난 주의 이름을 따서 이름을 지을 가능성이 높아서가 아니다. 나중에 그곳으로 **이사한** 사람이 많았다. 모든 선택지 중에서 하필 그곳을 선택한 것이다. 다른 연구에서는 이름이 칼과 텍스인 남자들이 자기네 이름과 유사한 주로 이사할 가능성이 지나치게 높은 것으로 나타났다. 자기와 이름이 비슷한 주를 선택할 뿐 아니라 힐이나 파크, 워싱턴이나 제퍼슨처럼 자기 성과 동일한 주소지에 사는 비율도 지나치게 높았다.[17]

이름이 같은 요인(특히 첫 글자가 같은 경우)은 직업 선택에도 영향을 미친다. 대니Denny 중에는 치과의사dentist가 과도하게 많고, 래리Larry 중에는 변호사lawyer가 많다. 한편 이름이 'H'로 시작하는 사람들은 철물점hardware store을 더 많이 운영하는 데 반해, 이름이 'F'로 시작하는 사람들은 가구점furniture store을 더 많이 운영한다. 한 가지 직종에서 남자들은 자기네 성과 일치하는 직업으로 가령 이발사Barber, 제빵사Baker, 공장장Foreman, 목수Carpenter, 농부Farmer, 석공Mason, 운반인Porter으로 일할 가능성이 우연에 의한 수준을 뛰어넘었다. 이런 효과는 현재의 미국만큼 1911년 영국에서도 비슷하게 나타났다. 11종의 직업 모두에서 이름 효과가 나타났다. 예를 들어 베이커 씨 가운데 실제로 제빵사인 사람은 187명으로 우연으로 예상되는 134명에 비해 많았다(이름의 빈도와 직업의 빈도

를 모두 고려한 결과이다). 화가Painter는 실제로는 66명, 우연에 의
한 예상치는 39명이었다. 농부Farmer는 1,423명, 우연에 의한 예상
치는 1,337명이었다. 수치상 이름 효과가 그리 크지 않다고 볼 수
도 있고, 실제로 전혀 다른 직종에 종사하는 페인터와 파머도 많
았다. 다만 이름이 유의미한 수준으로 영향을 미쳤다는 사실 자체
가 놀랍다. 통계적으로 신뢰할 수 있는 결과이고, 성별과 인종, 교
육 수준을 비롯해 회의적인 일각에서 제기하는 몇 가지 중요한 대
안을 통제하고 배제한 뒤에도 동일한 결과가 나왔다.[18]

　다음으로 생일을 보자. 역시 놀랍게도 생일은 배우자 선택에 유
의미한 영향을 미쳤다. 생년월일 중 월이나 일이 같은 사람과 결혼
하는 비율이 과도하게 높다. 1840년부터 1980년까지 50만 쌍이
결혼한 오하이오주 서밋 카운티를 예로 들어보자. 결혼한 부부 중
생년월일에서 일이 같은 비율이 우연에 의한 비율보다 6.5퍼센트
높았다. 날짜와 무관하게 생일의 월을 보면 같은 달에 태어난 사람
과 결혼한 비율이 우연에 의한 비율보다 3.4퍼센트 높았다. 미네
소타주 전체에서 1958년부터 2001년까지의 결혼 기록을 조사한
결과에서도 같은 효과가 나타났다. 미네소타에서는 생일의 일이
같은 부부가 6.2퍼센트 많았고, 생일의 월이 같은 부부가 4.4퍼센
트 많았다.

　나 역시 이 효과의 영향을 받았다. 앞에서 여러 번 밝혔듯이 나
는 레드 제플린의 광팬이고, 그 시작은 열네 살이던 1969년 가을
에 시카고의 WLS 방송에서 〈하트 브레이커〉를 처음 들었을 때로

거슬러 올라간다. 그때부터 줄곧 레드 제플린의 음악에 공감했고, 특히 리드 기타리스트 지미 페이지Jimmy Page를 가깝게 느꼈다. 왜일까? 그와 나의 공통점은 무엇이었을까? 많지는 않다. 나는 기타를 쳐본 적이 없는 반면에 지미는 어릴 때부터 재능이 뛰어나서 나중에 기타 천재가 되었고, 외모는 말할 것도 없이 다르고, 게다가 지미는 영국인이다. 정답은? 우리 둘의 생일이 같았다. 나는 여기에 묘하고 과도한 자부심을 느꼈다. 이런 유대감을 느끼는 사람이 나 혼자만은 아니리라!

현실에서 이런 무의식적 소속감을 자기계발에 이용한 고무적인 사례가 10년 전쯤 우리 지역의 한 고등학교에서 있었다. 예일 대학교 연구자들이 새 학년이 시작될 때 수학을 어려워하는 학생들에게 주요 수학경시대회에서 우승한 다른 학교 학생에 관한 가상의 〈뉴욕타임스The New York Times〉 기사를 주었다.[19] 그 기사 맨 위에는 조그맣게 '생년월일'이 적혀 있었다. 해당 학급의 학생들 절반에게는 수상자의 생일의 월과 일을 학생과 동일하게 기입하고 그 사실을 언급하지 않았다. 나머지 학생에게는 수상자의 생일을 학생과 다르게 제시했다. 모두 실험자가 허위로 작성한 정보이고, 학생과의 연관성을 조작하기 위한 눈에 띄지 않는 속임수였다.

이듬해 5월에 학년이 끝날 때 모든 참가자의 기말 수학 성적을 확인했다. 자, 보시라. 수학경시대회 수상자와 생일이 같은 학생들은 생일이 같지 않은 학생들보다 학기말 수학 성적이 유의미하게 높았다. 생일이 같은 학생들은 우승자와 비슷하다는 느낌을 받았다. 이 느낌이 자신의 수학 실력에 대한 확신으로 이어져 남은 학기 동안 노력의 정도에 긍정적인 영향을 미친 것이다.

몇 년 전 내 딸이 3학년일 때 반에서 '비밀 산타' 놀이를 했다. 모든 학생이 제일 좋아하는 세 가지를 적어서 다른 학생이 선물을 고르는 데 도움을 주었고, 학생마다 상자에서 다른 학생의 선물 리스트를 뽑았다. 내 딸이 뽑은 학생이 가장 좋아하는 것은 레알 마드리드 축구였고 두 번째로 좋아하는 것은 '수학math'이었다. 좋아하는 것으로 '수학'을 적은 학생은 그 학생이 유일했다. 심지어 리스트에 수학과 관련된 선물도 요청했다.

그 학생의 이름? 물론 매튜Matthew였다.

심술 난 고양이와 유능한 정치인

〈나 홀로 집에Home Alone〉라는 영화를 기억하는가? 무섭게 생긴 말리라는 옆집 노인이 나중에 친절하고 다정한 사람으로 밝혀진 것도 기억나는가?

우리는 외모에 속아 넘어갈 수 있다. 내 딸이 초등학교에 다닐 때 학교 도서관에 괴팍하게 생긴 사서가 있었다. 내 딸도 그렇고 다른 1학년 학생들도 모두 그 사서를 무서워했다. 어느 날 그 사서가 내 딸에게 다가와 부츠가 예쁘다고 칭찬했다. 그때부터 딸은 그 사서에 대한 생각을 완전히 바꾸어 좋은 선생님으로 보기 시작했다. 중요한 것은 행동이지 얼굴이 아니다. 물론 머리로는 다 아는 이야기이지만, 사람의 얼굴에서 받은 인상, 특히 첫인상을 깨뜨리기란 결코 쉽지 않다. 그리고 우리는 얼굴만 보고 어떤 사람인지 알 것 같다고 생각하는 정도에서 머물지 않는다. 상대가 어떤 사람이라는 판단이 **옳다**고 확신하기까지 한다.

체중이 7킬로그램쯤 나가는 소셜미디어 스타가 있다. 말 한 마디 글 한 줄 없이 주구장창 사진만 찍어 올린다. 그리고 다리가 넷이다. 그럼피 캣 Grumpy Cat이라는 이 스타가 재미있는 이유는 항상 심술 난 표정을 짓고 있기 때문이다. 우리는 그것이 고양이인 줄 알지만 그럼피 캣은 자기가 우리에게 어떻게 보일지 모르고, 사실은 심술이 난 게 아닐 수도 있어서 우리에게 재미를 선사하는 것이다. 그럼피 캣은 그냥 그렇게 생겼을 뿐이다. 여기서 그럼피 캣 이야기를 꺼내는 이유는 우리가 누군가의 얼굴만 보고 성격을 판단할 때도 얼굴이 그 사람의 감정 상태를 들여다보는 창이라고 생각하기 때문이다. 우리가 만나는 사람이 습관처럼 화난 표정을 지을 수는 있지만, 그렇다고 늘 화난 것은 아니다(고양이도 마찬가지다). 최근에 나는 소셜미디어에서 한 친구가 만난 적도 없고 알지도 못하는 어떤 여자에 관해 사진만 보고 나쁜 여자일 거라고 장담하는 게시물을 읽었다. 다른 현명한 친구가 댓글로 이렇게 지적했다. "무표정할 때 나쁜 여자처럼 보인다고 해서 좋은 사람이 아닌 건 아니야."

앞서 보았듯이 다윈은 진화의 과정에서 얼굴 표정으로 서로 감

정을 소통하는 방식의 적응적 가치를 알아챘다.[20] 표정은 인간 최
초의 소통 방식 중 하나, 아니 최초의 유일한 방식이었을 것이
다. 진화심리학자 존 투비John Tooby와 레다 코스미디스Leda Cosmides
는 안면근육이 인간의 몸에서 뼈와 피부가 직접 연결된 유일한 부
위라는 흥미로운 사실에 주목한다.[21] 왜일까? 뼈는 신체의 여러
부위를 움직이는 기관이므로 이처럼 뼈와 피부가 직접 붙어 있는
것은 얼굴의 피부를 움직이기 위해서일 것이다. 왜 다른 신체 부
위는 아니고 얼굴만 그럴까? 얼굴은 남들에게 가장 많이 보이는
부위이므로 남들이 우리의 시선을 따라가고 우리의 입을 보면서
무슨 말을 하는지 이해할 수 있기 때문이다. 다시 말해서 우리는
특히 진화 과정에서 **남들에게 잘 보이게** 감정을 얼굴에 드러내도
록 설계되었다.

  우리는 얼굴 표정으로 감정을 읽는 능력을 타고났고, 상대의 얼
굴이 하는 말을 무조건 믿도록 태어났을까? 다윈에 의하면 우리
는 감정을 거짓으로 꾸미기 어렵다고 학습했기 때문에 얼굴 표정
을 대체로 믿게 되었다고 한다. 사실 얼굴의 표정근은 자발적으로
움직이기 어렵다. 우리 조상들은 마주친 상대를 재빨리 파악하고
평가하는 데 생사가 걸린 경우가 많아서 사람들의 얼굴이 하는 말
을 믿어야 했다.[22] 다시 수천 년 전에 높은 산길에서 살해당한 외
츠티가 생각난다. 투비와 코스미디스가 주장하듯이 "원시시대의
살인의 성격으로 볼 때 상대가 다가가도 되고 친근한 사람이라는
것을 알아채는 데 생사가 걸렸을 것이다." 짐작대로 주위 사람들

의 얼굴 표정은 환경이 우리에게 보내는 신호 중에서 머무를지 떠날지에 관한 가장 강력한 신호 중 하나다. 현대의 연구에서도 우리는 누군가를 만나자마자 그 사람이 친구인지 적인지(머무를지 떠날지) 신속히 판단하는 것으로 나타났다. 게다가 인상은 매우 강력해서(우리가 이런 순간적인 평가를 아주 많이 신뢰해서) 정치 선거와 같은 중요한 사안의 결과에도 영향을 미칠 수 있다.

알렉산더 토도로프Alexander Todorov는 프린스턴 대학교의 심리학자이자 신경학자로 사람들의 얼굴에 대한 즉각적인 반응을 연구한다. 그는 초기의 실험에서 참가자들에게 사람들의 얼굴만 보고 성격을 평가하게 했다.[23] 2, 30대 남녀 아마추어 배우 70명의 데이터베이스에서 추출한 얼굴을 보여준 다음 여러 연구에서 매력, 호감, 능력, 신뢰성, 공격성을 평가하게 했다. 결과적으로 다윈과 에크먼의 결론이 거듭 확인되었다. 5가지 특질과 주어진 모든 얼굴에 대한 성격 평가에서 참가자들의 의견이 높은 수준으로 일치한 것이다. 모든 참가자가 주어진 얼굴을 상당히 유사하게 '읽었다'는 뜻이다. 게다가 성격 평가는 참가자의 뇌에서 순식간에 처리되었다. 얼굴이 화면에 뜬 시간은 성격 판단에 영향을 미치지 않았다. 다시 말해서 참가자들은 얼굴을 10분의 1초간 보든, 1초간 보든, 시간 제약 없이 보든, 능력이나 신뢰성에서 동일한 느낌을 받은 것이다. 얼굴이 아주 잠깐 나타나도 모든 참가자 사이에 가장 일치하는 의견이 나온 항목은 **신뢰성**이었다.

토도로프와 동료들은 더 나아가 유권자가 정치인의 능력을 판단하는 데 얼굴이 영향을 미치는지 알아보았다.[24] 사전 연구에서는 사람들이 정치인의 가장 중요한 자질로 능력을 꼽는 것으로 나타났다. 연구팀은 실제 주지사와 국회의원 후보들의 웹사이트에서 사진을 골라 다른 선거구의 참가자들에게 보여주었다. 따라서 참가자들은 후보나 정책이나 정당을 모르고, 사진도 10분의 1초 정도로 아주 짧게 보았다.

　놀랍게도, 그리고 가만히 생각해보면 다소 충격적이게도 얼굴만 보고 순식간에 능력을 판단한 결과가 1995년부터 2002년까지의 주지사 선거 결과를 정확히 예측했다. 연구에 참가한 프린스턴 대학생들은 89개 주 주지사 선거의 당선자와 2위 후보의 얼굴 사진을 보고 누가 더 유능한지 '직감만으로' 판단하라는 지시를 받았다. 학생들은 후보의 얼굴이 화면에 100밀리초 동안 나오든 몇 초 동안 나오든 똑같이 정확히 예측했다. 다른 집단에는 신중히 고민해서 제대로 판단하라고(직감으로 빠르게 판단하는 것이 아니라) 요청했다. 그러자 흥미롭게도 (이제 느리고 신중해진) 얼굴 평가에서는 선거 결과를 정확히 예측하는 비율이 **감소했다**. 생각해보면 몇 년 전 셀리 체이큰과 내가 실시한 자동적 태도 연구에서도 실험 과제에서 의식적이고 신중한 평가를 최대한 제거하자 무의식적 평가의 효과가 커졌다. 결국 실제 유권자들은 후보의 자질을 신중히 판단하기보다는 얼굴만 보고 직감적으로 판단할 가능성이 큰 것으로 보인다.

　토도로프의 두 번째 실험에서는 문화적 고정관념처럼 능력 판단에 영향을 미치는 중요한 요인을 제거해서 얼굴만의 효과를 측정했다. 연구자들은 후보자의 성별과 인종이 동일한 55개 주의 주지사 선거만 추려서 검토했다. 그러자 선거 결과를 정확히 예측한 비율이 57퍼센트에서 69퍼센트로 상승했고, 얼굴로 능력을 판단하는 비중은 후보자의 득표율에서 10퍼센트를 차지했다. 유권자에게 특히 중요한 요인은 얼굴이 얼마나 유능해 보이냐는 것이었다. 그리고 이 실험에서는 얼굴로 판단한 다른 성격 특질은 선거 결과를 예측하지 못했다. 이와 같은 효과는 미국과 다른 여러 나라의 선거에서도 거듭 확인되었다.[25]

유권자들은 얼굴만 보고 간단히 평가한 결과를 지나치게 믿어버린다. 하지만 믿음직한 정치인을 선출한 전적이 썩 좋지 않다. 얼굴은 믿음직해 보이지만 부패 혐의로 기소당하고 유죄 판결을 받은 공직자가 한둘이 아니다(내 고향 일리노이주의 주지사도 여럿 해당된다). 따라서 문제는 우리가 왜 사람들의 얼굴만 보고 재빨리 평가하고 또 그런 평가를 확신하느냐는 것이다. 그럼피 캣이 이 질문의 답을 주는 듯하다. 사실 우리는 정지 상태의 얼굴 사진을 보고 그 사람을(여기서는 고양이를) 읽도록 진화하지 않았다. 사진은 최근의 발명품이다. 우리는 아주 짧은 동안이라도 움직이는 모습(얼굴뿐 아니라)을 보고 재빨리 판단하도록 진화했다. 따라서 우리는 시간이 머무른 정적인 사진에 속을 수 있다. 신문기사 등에 실린 후보나 정치인의 사진을 보고 일시적인 감정 상태를 드러내는 신호를 장기적이고 만성적인 성격 특질로 착각하는 것이다(또 그렇게 설계되어 있다).

　TV에서 후보나 정치인을 주로 공적이고 꾸며진 상황에서 본다면(선거 광고나 연설이나 '사진 촬영'의 형태로 본다면) 그 사람을 정확히 판단하는 데 큰 도움이 되지 않는다. 토도로프의 연구에서는 후보자의 얼굴 자체가 많은 유권자에게 영향을 미치는 것으로 일관되게 나타난다. TV에서 후보를 봐도 어느 정도는 얼굴만으로 판단한 인상이 크게 달라지지 않는다.

　유권자로서 누구에게 표를 줄지 결정하는 데는 얼굴의 중요한 특질로 능력을 살펴보겠지만 사실 얼굴의 다른 특질들은 실생활의 다른 중요한 결과에 엄청난 영향을 미친다. 법정 소송 사건을 예로 들어보자. 브랜다이스 대학교의 레슬리 제브로위츠Leslie Zebrowitz는 주로 얼굴이 사회에서 받는 대접을 어떻게 결정하는지를 알아보았다.26 제브로비츠와 동료들은 피고의 얼굴이 실제 법정의 유죄 판결 여부와 형량에 영향을 미친다는 사실을 밝혔다. 법정에서는 사건의 다른 조건이 모두 동일할 때 '동안'인 피고가 다른 피고에 비해 무죄 판결을 받거나 형량을 적게 받을 가능성이 높은 것으로 나타났다. 한편 인종적 특징이 뚜렷한 얼굴의 피고는 그렇지 않은 피고와 다른 대접을 받았다. 충격적이긴 하지만 그리 놀랍지 않은 예로, 같은 죄를 저질러도 피부색이 짙은 흑인은 피부색이 옅은 흑인보다 형량을 평균 3년 더 받는다는 결과가 있다. 터프츠 대학교의 샘 소머스Sam Sommers도 재판 중인 흑인들 중에서 아프리카인의 특색이 강한 피고가 전형적인 아프리카인 얼굴이 아닌 피고보다 전반적으로 높은 수위의 처벌을 받고, 백인을 살해한 죄로 기소된 경우에는 사형까지 언도받을 가능성이 높았다.[27] 교도소는 사회의 가장 큰 회피 방법이다.

1970년대에 발표된 주요 사회심리학 연구에서 미네소타의 연구자들은 참가자들이 전화로 서로 간단히 인사를 나눌 때 통화 상대가 그들을 매력적인 사람이라고 믿어주면 평가에서도 더 다정하고 더 매력적인 사람으로 나타난다는 결과를 내놓았다. 실험을 시작할 때 참가자들은 실제 통화 상대가 아닌 사람의 사진을 받고 상대에 대한 인상을 형성했다. 그럼에도 주어진 사진 속의 상대가 매력적이라고 생각하면 참가자의 성격에서 다정하고 매력적인 측면이 드러난 것이다.[28] 누구나 덜 매력적인 사람보다 매력적인 사람에게 호감을 보이고 더 친근하게 대한다는 점에서 자유롭지 않다.

아기도 매력적인 사람에게 이런 편견을 드러내는 것으로 보아 인간의 타고난 본성으로 보인다. 태어난 지 하루밖에 안 된 갓난아이도 매력적이지 않은 얼굴보다 매력적인 얼굴을 더 보고 싶어 하고, 또 아기에게 선택권을 주면 매력적인 얼굴을 더 오래 본다.[29] 성인이 되어서도 매력적인 얼굴과 매력적이지 않은 얼굴을 금방 구분한다.[30] 신경과학 연구에서 성인은 매력적인 사람의 사진과 눈을 마주칠 때 뇌의 보상 중추가 활성화되는 것으로 나타났다. 한 연구에서는 매력적인 얼굴을 보기만 하고 매력도를 평가하지 않아도 참가자의 안와전두피질(보상 중추)이 활성화되었다.[31]

사람들은 무의식중에 매력적인 얼굴을 보는 것을 좋아한다. 매력적인 얼굴은 보상과 즐거움을 준다. 그래서 다른 자격이 동일하다면 매력도가 떨어지는 사람보다 매력적인 사람을 채용하고, 매력적인 사람에게 돈을 더 주고, 매력적인 사람이 나오는 영화를 보러 가고, 매력적인 사람과 사귀고 싶어 한다. 간절히. 사실 우리는 매력적인 사람이 우리 곁에 머물고 떠나지 않길 바란다.

우리는 끝없이 펼쳐지는 현재에서 머물거나 떠나기를 반복하면서 정신적으로나 신체적 근육으로나 의식적 생각과는 별개로 더 신속하고 더 본능적으로 작동하는 반응을 보인다.[32] 이런 무의식적 기제에 대한 검증은 진화의 과정에서 이미 끝났다. 지구상의 모든 종 중 99퍼센트가 멸종한 데 비해 인간은 예외적으로 살아남은 존재이기 때문이다.[33] 우리도 간단히 멸종했을 수 있다. 그러나 수백만 년이 흐르는 사이 우리는 생존 본능에 이끌려 우리와 같은 부족에게 다가가고 그들을 지지하고 사랑하고 우리와 다른 부족을 피하고 싸우고 미워하면서 살아왔다. 다윈은 이렇게 무리를 이루며 다른 인간들로부터 스스로를 보호하는 성향이 진화적으로 중요한 장점이 되었고, 그래서 이렇게 무리를 이루는 성향이 일찍이 본능으로 굳어졌다고 주장했다.[34]

인간은 수백만 년 전부터 이렇게 살아남았다. 우리는 '그들'을 공격하고 살해했고, 그들은 '우리'를 공격하고 살해했다. 현대적 의미로 보면 실로 무시무시한 살육이 자행되었다. 우리와 그들을 가르고 '그들'을 불신하고 우리 집단 사람들을 도와주는 성향은 우리의 타고난 자질이 되었다. 오늘날에도 얼굴의 미세한 차이와 생일이 같거나 이름에 같은 글자가 있는 것에는 우리와 그들, 친구와 적, 우리 편과 남의 편을 가르는 원시적 암호가 남아 있다. 현대 세계에서도 이처럼 원시 조상의 삶을 지배하던 강력한 행동의 동력이 여전히 우리를 움직이다. 남과 북. 독일과 프랑스. 백인과 흑인.

더 나아가, 양키스와 레드삭스.

티셔츠 응원하기

2010년 10월 2일 밤, 몬티 프레이리Monte Freire는 코네티컷주 브랜퍼드의 U.S.S. 차우더팟 Ⅲ라는 음식점에서 대형 TV 화면으로 양키스와 레드삭스의 경기를 보고 있었다. 뉴햄프셔주 나소의 공원관리소 직원으로 일하고 집에서는 가정적인 남자인 프레이리는 주말에 친구들과 어울려 소프트볼 시합을 하느라 시내에 있었다. 시합을 마치고 팀원들과 함께 선박처럼 꾸미고 지붕에 거대한 붉은 바다가재를 떡하니 얹은 예스러운 분위기의 그 음식점에서 느긋하게 휴식을 취하고 있었다. 안 좋은 일이 생길 거라고 생각할 이유가 전혀 없었다. 아니, 있었던가?

야구팬이라면 알겠지만 뉴욕 양키스와 보스턴 레드삭스의 경쟁은 가히 전설적이다. 두 팀의 홈 고장인 두 도시도 역사적으로

18세기와 19세기에 문화적, 경제적 주도권을 놓고 치열한 경쟁을 벌이긴 했지만, 레드삭스가 양키스에 베이브 루스$^{Babe\ Ruth}$라는 걸출한 선수를 팔아넘긴 1919년부터 두 팀의 야구장은 그야말로 총칼 없는 전쟁터가 되었다. 보스턴은 그 뒤로 86년간 정체기에서 헤어나지 못하고 월드시리즈에서 단 한 차례도 우승하지 못했다(미신을 믿는 팬들은 베이스 루스의 별명을 따서 '밤비노의 저주'라고 불렀다). 그사이 양키스가 레드삭스보다 분명 강팀이긴 했지만 두 팀 사이에는 수차례 박진감 넘치는 결전이 벌어졌고, 보스턴의 팬들은 조금도 흔들림 없이 약체 레드삭스를 응원했다. 2004년에 마침내 '저주'가 풀렸다. 레드삭스가 리그챔피언십에서 숙적 양키스를 완파하고 화려하게 재기한 후 그해 월드시리즈에서 우승한 것이다(그 뒤로 두 차례 더 우승했다). 그해 가을밤 차우더팟에서도 두 팀의 오랜 경쟁심은 변함없이 뜨거웠다.

프레이리와 친구들이 보던 대형 TV에서 양키스로서는 매우 중요한 승부가 벌어지고 있었다. 그 경기에서 이겨야 지구^{division}를 차지할 터였다. 레드삭스로서는 당연히 그 경기를 무사히 방어해야 했다. 차우더팟은 팬들로 북적였다. 경기가 한창인 때 프레이리와 친구들이 그 지역의 양키스 팬인 존 메이어$^{John\ Mayor}$와 말을 섞기 시작했다. 경기가 진행되는 사이 메이어는 점점 격앙되고 공격적으로 변하더니 음식점에 있던 손님들에게 프레이리의 일행이 '양키스 영토'에 들어와 있다고 떠들었다. 프레이리와 친구들이 근처에 있던 바텐더에게 알렸지만, 음식점 직원들은 아무도 제지하려 하지 않았다. 긴장이 고조되고 별안간 메이어가 칼을 꺼내 들고 와서 프레이리의 목을 두 차례 찌르고 음식점에서 달아났다.

프레이리는 바닥에 쓰러져 피를 흘리고, 친구들은 메이어를 쫓아 차우더팟 뒤쪽으로 달려갔다. 그들이 메이어에게 주먹질과 발길질을 하는 사이 경찰이 도착했다. 프레이리는 병원으로 실려가 그날 밤 두 차례나 죽음의 문턱까지 갔다가 의사들의 도움으로 겨우 목숨을 건졌다. 메이어도 폭행을 당해서 일단 병원으로 실려 갔다가 몸이 회복되자 체포되어 살인 혐의로 기소되었다.

나는 차우더팟에서 16킬로미터쯤 떨어진 곳에 살고 있어서 U.S. 1번 주간고속도로를 타고 오가다가 그곳을 지나친다. 내 딸은 어릴 때 그 식당 지붕 위의 거대한 바다가재를 무서워해서 그 가게가 가까워지면 손으로 얼굴을 가리곤 했다. 그래서 그 지역의 많은 사람처럼 나도 뉴스로 그 사건의 추이를 지켜보았고, 이틀 후 〈브랜퍼드 이글Branford Eagle〉은 "경찰은 일요일에 야구의 경쟁심이 어떻게 그런 끔찍한 상황을 초래할 수 있는지 납득하지 못해 난감해했다"고 보도했다.[35] 스포츠팬이라면 경쟁심이 심하고 때로는 과격하게 돌변할 수 있다는 사실을 잘 알고, 심리학자인 나는 스포츠가 인간의 마음이 진화한 원시 부족 환경이 현대적인 의식儀式으로 재현된 복제판이라고 생각한다. 스포츠의 세계에서 양키스와 레드삭스의 경쟁은 '우리'와 '그들'의 대립이다.

하지만 현지 경찰의 말에서 알 수 있듯이 스포츠의 세계 바깥에 있는 사람들에게는 모든 것이 괴이해 보일 수 있다. 어쨌든 어른들이 애들 놀이를 하는 것이고, 상대를 죽여봐야 얻을 게 없다. 최근 제리 사인펠드Jerry Seinfeld는 스탠드업 코미디에서 이런 외부자의 시선을 완벽히 담아냈다. 제리가 친구와 야구 경기를 보러 간다. 지난번에 그 친구와 같이 본 경기에서 함께 응원하던 선수를 응원하는 실수를 범한다. "너 뭐 하냐? 저 친구는 필리스˙잖아!" 친구가 노려보며 말한다. 제리가 어리둥절한 표정으로 말한다. "너 작년에 저 친구 좋아했잖아." 그러자 친구가 분통을 터뜨리며 말한다. "그땐 메츠˙˙였잖아!" 제리는 그제야 알아듣고 말한다. "아하, 알았어. 그러니까 우리 **티셔츠**를 응원하는 거구나."

1970년대에 프리에이전시가 출현하기 전까지 선수들은 지금처럼 팀을 자주 바꾸지 않았고, 야구팬들도 어린 시절 내내 거의 같은 선수들을 응원하면서 자랐다. 요즘은 사정이 많이 달라져서 경쟁 팀에 있을 때 '미움받던' 선수가 하루아침에 팬들에게 용서받고 응원을 받을 수 있다. 사인펠드가 옳았다. 결국 요즘은 다들 티셔츠를 응원하는 셈이다.

이런 '우리'와 '그들'의 대립이라는 정서가 얼마나 덧없고 부자연스러울 수 있는지 보여주는 과거와 현재의 두 가지 심리학 실험이 있다. 이들 실험은 그날 밤 차우더팟에서 벌어진 무의미한 폭력을 설명해 한편으로는 우리가 외집단에 대한 혐오와 적대감을 조절할 수 있다는 희망도 보여준다. '그들'이 새로운 '우리'로 들어

• 필라델피아 필리스
•• 뉴욕 메츠

오면 모두가 행복해질 수 있다. 과거에는 '그들'이었지만 우리 팀으로 트레이드된 선수처럼 '우리'의 일원이 되면 싫었다가도 갑자기 좋아질 수 있다.

70년 전 2번 고속도로 바로 옆 오클라호마 동부의 로버스 동굴 주립공원에서 중요한 연구가 진행되었다. 오자크산맥의 작은 언덕 안쪽에 위치한 로버스 동굴은 호수와 산책로, 승마로, 오두막 야영장까지 갖춘 녹음이 우거진 자연보호구역이다. 1949년 여름, 무자퍼 셰리프Muzafer Sherif와 캐럴린 셰리프Carolyn Sherif가 고요한 이곳에서 심리학 역사상 가장 유명한 실험을 실시했다.[36]

두 연구자는 며칠간 야영체험을 한다는 명목으로 열두 살 소년들(서로 모르는 소년들)을 공원의 보이스카우트 구역으로 불렀다. 모두 백인 중하층 개신교 가정의 자녀들이었다. 셰리프 부부는 경쟁 스포츠팀의 팬들처럼 소년들을 두 집단으로 나누어 집단 간 갈등과 협력을 연구하려 했다. 소년들이 도착하자마자 두 집단으로 나누고 서로 떨어뜨려서 어느 한 집단도 그곳에 다른 집단이 있는지 모르도록 조작했다. 각 집단은 며칠 동안 자기네 구역에서 산책하고 헤엄치고 친해지면서 일종의 팀이 되었다. 지도자를 찾고 일종의 위계질서를 만들고 통일된 집단으로 응집했다. 그리고 소년들이 흔히 그렇듯 자기네 집단에 근사한 이름을 지어 붙였다. 한 집단은 독수리들Eagles, 다른 집단은 방울뱀들Rattlers이었다.

그러다 이 실험의 반전이 일어났다. 두 집단을 한자리에 모은 것이다. 그리고 그게 다가 아니었다. 소년들은 그곳에 다른 '부족'

이 있다는 사실을 알게 되었을 뿐 아니라 줄다리기나 (물론!) 야구와 같은 경기에서 새로 등장한 적(외집단)과 싸워야 했다.

야영생활이 순식간에 달라졌다. 그들의 집단생활과 개인생활은 이제 우리와 그들의 대립이라는 지극히 단순한 마음의 필터로 걸러졌다. 방울뱀들은 독수리들에 **맞서기** 위해 단결력을 다져서 더 단단하게 하나로 응집하고 적을 향한 적대감을 끌어냈다. 경기장에 팀 깃발을 꽂고 독수리들을 향해 방해하지 말라고 협박했다. 독수리들은 자연히 방울뱀들의 깃발을 태울 방법을 찾아내고 그들의 오두막을 부수었다. 순식간에 긴장이 고조되어 결국 '상담자'가 물리적으로 개입해서 소년들이 서로 상해를 입히지 못하도록 말려야 했다.

셰리프 부부의 〈파리대왕Lord of the Flies〉과 같은 로버스 동굴 실험에서는 소요가 일어났다. 소년들을 두 집단으로 나누기만 해도 쉽게 서로를 좋아하거나 싫어하게 만들 수 있고, 소년들의 태도가 순식간에 적대적으로 바뀐다는 결과는 무척 암울하다. 몬티 프레이리의 목숨을 앗아 갈 뻔한 사건과 같은 끔찍한 일이 어떻게 벌어질 수 있는지 이해할 수 있다.

열두 살 소년들에게 기괴하게 분열된 여름이 끝나갈 무렵, 연구자들은 두 집단 사이의 적대감과 반감을 끝내려 했다. 모두 협력해야만 달성할 수 있는 공동의 중요한 목표를 제시했다. 예를 들어 주립공원 안 멀리 떨어진 곳에서 돌아오는 길에 소년들을 태운 트럭이 진창에 깊이 박혔다. 모두 힘을 모아 밧줄로 끌어야만 트럭을 빼내 야영지로 돌아갈 수 있었다. 소년들은 결국 이 일을 해내고 박수갈채를 받았고, 자긍심에 부풀었다. 몇 번 더 함께 목표를 성취한 후 모두 한 팀이 되어 웃으면서 함께 좋은 시간을 보냈다. 어제의 숙적이 오늘의 좋은 친구가 되었다. 함께 공동의 목표를 추구하는 사이 '우리'의 정체성이 달라진 것이다. 방울뱀들과 독수리들이 아니라 이제는 모두가 여름 야영을 함께 한 소년들이었다.

같은 주제를 다룬 현대적인 한 실험에서 심리학자 제이 반 바벨Jay Van Bavel과 윌 커닝햄Wil Cunningham은 인종의 외집단이 주류 집단으로 편입되면 무의식적 인종주의가 '지워질' 수 있다는 사실을 보여주었다.[37] 백인 참가자에게 흑인 얼굴을 보여주고 다음 과제의 팀원이 될 거라고 말하자 참가자가 흑인 얼굴에 보이던 처음의 부정적인 내재적 태도(IAT로 측정)가 갑자기 긍정적으로 바뀌었다. 실제로 팀이 되어 뭔가를 함께 이루기도 전에 나타난 결과다. 로버스 동굴 연구의 소년들처럼 사회 집단에 대한 무의식적 머물기-떠나기 반응은 선천적인 성향이라 어떤 방법으로도 달라지지 않는 것이 아니다. 반 바벨 실험의 참가자들은 두 번째 IAT 과제에서 피부색을 응원하지 않았다. 티셔츠를 응원했다.

6장

직감을
믿을 수 있을까

1982년 뉴욕, 크리스마스가 나흘 남은 월요일 아침 9시 40분, 스물아홉 살 청년 레지널드 앤드루스 Reginald Andrews가 그리니치빌리지의 지하철 승강장에서 업타운행 열차를 기다리고 있었다. 그는 1년 넘게 실직 상태로, 인근 육류 포장 공장에서 면접을 보고 나온 길이었다. 면접 결과는 그리 좋지 않았다. 한 해 동안 1,000여 곳에 이력서를 넣었지만 아직 직장을 잡지 못했고, 그들 부부와 여덟 자녀의 생활이 점점 더 나빠졌다. 얼마 전에는 전화까지 끊겼고, 그의 가족은 이웃들의 인심으로 근근이 살아가고 있었다.

열차가 들어오고 앤드루스는 다른 승객들과 함께 문 앞으로 다가셨다. 그러다 그는 깜짝 놀랄 장면을 보았다. 앞 못 보는 노인이 지팡이로 더듬으며 두 차량 사이를 출입문으로 착각하고 열차에 올라타려 한 것이다. 결국 노인은 선로로 떨어졌다.

열차가 움직이기 전까지 상황을 분석할 시간이 없었다. 단 몇 초였다. 앤드루스는 다른 승객들에게 소리를 질러 상황을 알리고 선로로 뛰어내렸다.

열차가 으르렁하고 요란하게 바퀴 소리를 내며 움직이려 하자 앤드루스는 부상당한 일흔다섯의 데이비드 슈내어David Schnair를 승강장 아래 좁은 공간으로 끌어당겼다. 앤드루스는 그런 공간이 있는 줄 알고 있었을까? 선로로 뛰어내리면서 어떻게 할 생각이었을까? 그런 건 중요하지 않았다. 두 사람은 열차가 멈출 때 선로에서 아슬아슬하게 벗어나 있었다. 다른 여자 승객이 차장에게 멈추라는 신호를 보낸 것이다. 지하철 역무원들이 열차에 전기를 끊었고, 얼마 후 두 사람은 무사히 구조되었다. 슈내어는 선로에 떨어진 사고로 죽다 살아났고, 앤드루스 역시 영웅적으로 뛰어내려서 죽을 뻔했다. 다행히 빈털터리였던 한 가정의 가장은 그날의 영웅적인 행동으로 보상을 받았다. 아주 크게.

레지널드 앤드루스가 용감하게 행동한 그날, 나는 그 지하철역에서 몇 블록 떨어진 NYU 아파트에서 2주 안에 넘겨야 할 책의 원고를 쓰느라 여념이 없었다. 그날 저녁 지역 뉴스에 지하철 구조 소식이 나오고 전국 뉴스에도 나왔다. 그 소식이 전국 방송에 나가자 로널드 레이건Ronald Reagan 대통령까지 그 일에 관심을 보였다. 이튿날 레이건은 교회에서 앤드루스를 언급하고는 언론의 요청에 따라 앤드루스에게 전화를 걸었다. 앤드루스는 처음에는 장난전화인 줄 알았지만 통화가 이어지면서 목소리를 알아들었다. 실제로 미국 대통령과 전화로 연결된 것이었다. 레이건 대통령은 앤드루스의 영웅적인 행동을 치하하고 즐거운 크리스마스가 되길 바란다고 말했다. 나중에 레이건 대통령은 앤드루스가 월요일 아침에 면접을 보고 온 공장에 전화해서 공장 관리자에게 앤드루스를 고용해달라고 제안했다. 물론 관리자는 그렇게 했다.

앤드루스는 직감에 따른 결정으로 소중한 생명만 구한 것만이 아니라 가족의 생계도 구했다. 한 달 후 레이건의 의회 연두교서가 기억난다. 레이건이 앤드루스가 한 일을 소개하고 국회의사당 방청석에 초대 손님으로 와 있던 앤드루스를 가리키자 그날 저녁 모인 상하원 의원들과 대법관들이 일동 기립박수를 치던 장면이 생생히 떠오른다.

다음으로 18년 뒤인 2010년 5월 1일로 가보자. 목요일 오후에 로즈 메리 맨코스Rose Mary Mankos가 맨해튼의 다른 지하철 승강장에 서서 열차를 기다리고 있었다. 맨해튼에서 남쪽으로 몇 킬로미터 떨어진 스타이브센트 타운에서 온 마흔여덟 살의 변호사 맨코스는 하교하는 학생들 틈에 서 있었다. 그런데 맨코스가 멘 검정색 레스포색 배낭이 어쩌다 선로에 떨어졌다. 어떻게 해야 했을까? 맨코스는 배낭을 주우러 선로로 뛰어내렸다.

흔히 선로에서 승강장으로 기어오르는 게 쉬운 줄 안다. 하지만 교통 관계 당국은 너무나도 잘 알듯이(그리고 승객들에게 경고하듯이) 결코 쉽지 않다. 승강장으로 기어 올라오는 건 무척 어렵다. 맨코스는 곤경에 빠진 걸 알았지만 승강장으로 올라올 방법이 없었다. 그 순간 역에서 열차를 기다리던 모든 사람에게 기차가 역으로 들어오는 불길한 덜커덩 소리가 들렸다.

사람들은 맨코스에게 선로 사이에 누우라고 소리쳤다. 열차가 몸 위로 지나갈 거라고 말했지만 맨코스는 무서워서 도저히 그렇게 할 수 없었다. 역으로 들어오는 열차의 차장이 앞에 사람이 있는 걸 보고 비상 브레이크를 당기며 경적을 울려서 역 안에 고막을 찌르는 굉음이 울려 퍼졌다. 그러나 소용이 없었다. 열차가 서서히 역으로 들어오는 사이 맨코스는 승강장에 몸을 붙이려 했지만 열차를 피하지 못하고 목숨을 잃었다.

지하철 선로에 뛰어내린 두 사람, 목숨이 걸린 두 가지 위험, 정반대의 두 가지 결과. 양쪽 다 순간적인 직감에 따른 결정이었다. 한쪽은 직감에 따른 결정으로 영웅이 되고 삶이 더 나아졌다. 다른 한쪽은 처참한 결과로 끝나서 삶을 일찍 마감했다. 나중에 돌아보면 앤드루스는 옳은 결정을 내리고 맨코스는 잘못된 결정을 내렸다는 것을 바로 알 수 있다. 사후에는 직감을 믿는 것이 좋은 때와 좋지 않은 때를 간단히 알아챌 수 있다. 하지만 무엇이 옳은 행동인지는 사후가 아니라 사전에 알아야 한다. 최근에 이 질문에 서로 상반된 조언을 하는 베스트셀러가 나왔다. 직감을 믿을 수 있는가(말콤 글래드웰의 《블링크》), 믿을 수 없는가(대니얼 카너먼의《생각에 관한 생각Thinking, Fast and Slow》)? 답은 그 사이 어딘가에 있다. 직감을 믿을 수 있고 믿어야 할 때가 있고, 믿을 수 없고 믿지 말아야 할 때가 있다. 직감을 믿어야 할 때와 믿지 말아야 할 때에 관해 이제껏 누적된 연구를 토대로 8가지 단순한 규칙을 소개하겠다.

일반적으로 우리는 직관을 믿는 편이다. 의사결정 연구자인 케리 모어웨지Carey Morewedge와 마이클 노튼Michael Norton과 동료들의 연구에서 참가자들은 직관과 직감(예감이 들거나 책을 읽다가 어떤 주제에 관해 다른 생각에 빠지거나 별안간 아이디어가 떠오를 때처럼)이 의식적인 생각(무언가를 심사숙고하면서 문제를 해결하거나 계획을 세우려 할 때처럼)보다 그들의 진정한 감정이나 진정한 자기에 관해 더 많은 것을 밝혀준다고 보고했다.[1] 연구자들은 다양한 정신 경험이 각각 얼마나 즉흥적으로 발생했는지 평가하고, 별도로 각 유형의 경험에서 진정한 신념과 감정이 얼마나 드러나는지 평가했다. 두 점수의 상관관계는 높았다. 정신 경험이 꿈이나 프로이트의 실언처럼 즉흥적이고 의도하지 않은 것일수록 사람들은 진정한 자신이 드러나는 통찰이라고 믿었다.

우리는 왜 신중한 생각보다 직관을 신뢰할까? 기본적으로 우리는 감각을 믿는 것과 같은 이유에서 직관을 믿는다. 정보가 쉽고 자연스럽게 마음에 들어오고 애써 알아내려 노력할 필요가 없을 때 '진실'로 '세상에 존재하는' 대상으로 보이는 것이다. 마당에서 커다란 식물을 보고 생각할 것도 없이 당장 나무라는 것을 아는 것과 같다. 나는 창밖을 내다보면서 호수 너머 야트막한 산등성이에서 푸르스름한 하늘을 배경으로 해가 떠오르는 광경을 보고 〈고스트 버스터즈Ghostbusters〉의 스테이 퍼프트 마시멜로맨이 산등성이를 따라 쿵쿵 걸어가는 모습을 상상한다. 하지만 상상 속에서는 흐릿한 이미지만 떠오를 뿐이고, 나는 그 장면을 상상하려고 열심히 노력한 걸 알기에 그것이 사실이 아닌 것도 안다. 스테이 퍼프트 씨가 정말로 산등성이에 있다면 나의 시각 경험이 훨씬 더 강렬하고 선명할 테고 그 장면을 상상하려 애쓸 필요도 없을 것이다. 내가 (상상력을 동원해서) 그 이미지를 보려고 얼마나 노력해야 하는지는 내게 '보이는' 장면이 사실인지 아닌지를 판단하게 해주는 강력한 단서다. 우리가 직관을 믿는 이유도 비슷하다. 애써 생각해내려 하지 않아도 떠오르는 생각일수록 타당성을 더 믿고 진실성에 대한 의심을 거두게 된다. 우리는 감각기관을 의심하지 않고 신뢰하도록 태어났다. 감각기관을 의심한다면 정신병 환자가 되고, 무서운 상태에 처하게 된다.

직감을 믿어야 할 때를 위한 규칙

우리가 세상에서 접하는 정보가 우리의 감각기관으로 선명하고 쉽게 들어오지 않는다면 어떨까? 가령 사방이 어둑어둑할 때 우리에게 다가오는 사람이 친구인지 확실하지 않고 저쪽 수풀 속에 있는 것이 우리 강아지인지 확실하지 않아서 더 열심히 보고 누구 혹은 무엇인지 생각해야 한다면 어떨까? 그러면 눈앞에 보이는 대상이 무엇인지 확신이 서지 않을 것이다. 그리고 이때 우리는 직감으로 반응한다. 주어진 상황에 적절한 행동에 도박을 걸고, 도박에 성공하기를 바란다.

따라서 우리는 대체로 직관을 믿으면서도 직관이 잘못되거나 오해를 불러올 수 있다는 사실도 안다. 나는 이 장을 쓰기 시작하면서 소셜미디어이자 인터넷 토론 공간인 레딧Reddit에 스레드를 만들어 사람들에게 직감을 따르다 엉뚱하게 반응한 적이 있는지 물었다. 사람들의 답변은 주로 두 가지 유형으로 나뉘었다. 이를테면 공포를 느꼈지만 사실 무서워할 필요가 없었던 경우가 있고, 과도한 자신감으로 부풀었지만 자신만만해하지 말았어야 한 경우가 있다. 첫 번째 유형에서 어떤 여자는 지금 애인을 처음 만났을 때 그 사람이 '바람둥이'라고 확신한 일화를 소개했다. 그래서 계속 거리를 두고 지내다 결국 본능적인 경계심을 뛰어넘어 '그 사람이 얼마나 다정하고 믿음직한 남자'인지 깨달았다고 했다. 또 누군가 위험에 처한 줄 알고(이상한 소리나 음침하고 무서워 보이는 골목길에서) 구해주려고 급하게 다가갔다가 전혀 위험하지 않은 상황인 걸 알게 된 사연을 소개한 사람들도 있었다. 두 번째로 지나친 자신감 유형에서, 어떤 남자는 마음에 드는 여자들이 항상 그를 알아보고 다가와줄 줄 알았지만 단 한 번도 그런 적이 없다고 밝혔다. 또 어떤 사람은 항상 시험을 잘 본 것 같은데 결국 아주 형편없는 성적을 받는다고 적었다. 답변이 모두 가벼운 내용이기는 했지만 '블링크*'로 인해 제대로 파악하지 못한 예가 적지 않은 것을 알 수 있다.[2]

지하철에서 뛰어내린 앤드루스와 맨코스는 모두 극단적인 시간의 압박에서 행동했다. 이들이 재빨리 행동하지 않았다면 앞 못 보는 노인이 죽거나 배낭이 못 쓰게 됐을 것이다. 두 사람 모두에게 생사가 걸린 기회가 주어졌다. 돌아보면 각기 다른 결과로 인해 앤드루스의 선택은 옳고, 맨코스의 선택은 틀렸다는 것을 알 수 있다. 그러나 그 반대였을 수도 있다. 앤드루스가 승강장 아래 좁은 공간으로 들어갈 시간이 없었다면 그와 장님 노인이 죽었을 수 있고, 맨코스가 다른 승객들의 도움으로 승강장으로 올라갔거나 열차가 제때 멈추었을 수도 있다. 그래도 앤드루스는 여전히 목숨을 걸고 남을 도우려 한 이타적인 행동으로 영웅이고, 맨코스는 여전히 목숨을 걸 만한 가치가 없는 배낭 때문에 위험을 감수하다 비극을 맞은 사람일 것이다. 무사히 구조되었다고 해도 잘못된 선택을 내린 것이다. 두 사람이 맞이한 결과의 차이, 곧 삶과 죽음의 차이는 두 사람이 구하려 한 대상의 차이와 일관성이 있다. 한쪽은 무고하고 무력한 사람의 생명을 구하려 했고, 다른 한쪽은 배낭을 구하려 했다. 한쪽은 목숨을 걸 만한 가치가 있지만 다른 한쪽은 그럴 가치가 없다. 그럼에도 앤드루스와 맨코스는 둘 다

• 무의식적 영역에서 일어나는 순간적인 판단

직감을 믿었다. 이런 상황을 어떻게 이해해야 할까?

로즈 메리 맨코스의 비극처럼 조금만 생각해도 잘못으로 밝혀질 만한 직관을 너무 빨리 믿어버리면 엉뚱한 방향으로 끌려갈 수 있다.[3] 의사결정을 연구한 셰인 프레더릭Shane Frederick은 심사숙고하지 않고 직관적으로 신속히 결정하는 성향을 측정하는 세 문항짜리 질문지를 개발했다.[4] 예를 들어보자. "기계 5대가 5분 동안 장치 5개를 만든다면 기계 100대가 100개를 만드는 데는 시간이 얼마나 걸릴까?" 흔히 100분이라고 대답하는데, 전제 조건의 양상을 자연스럽게 따르는 답이기 때문이다. 첫 번째가 5, 5, 5이므로 두 번째도 100, 100, 100이 되어야 한다는 것이다. 그러나 정답은 5분이다. 기계 1대가 장치 1개를 만드는 데 걸리는 시간은 5분이다. 기계가 얼마나 많든 1대가 5분 걸리므로 100대가 100개를 만드는 데도 5분이 걸린다. 예전 우스갯소리 중에 한 친구가 최대한 빨리 답하라면서 던지는 농담이 생각난다. "재미있는 이야기는?" 농담JOKE. "손가락으로 찌르는 것은?" 찌르기POKE. "사람들이 많이 마시는 음료수는?" 콜라COKE. "계란에서 하얀 부분은?" 노른자YOLK. 걸렸어!

직감에 의문을 품지 않다가 체면을 구길 수도 있다.

따라서 직감을 믿어야 할 때에 관한 두 가지 규칙이 나온다. **규칙 1: 시간이 나면 잠깐이라도 의식적으로 생각해서 직감적 충동을 보완해야 한다**(레지널드 앤드루스의 사례처럼 시간이 전혀 나지 않을 때도 있지만 맨코스의 사례처럼 시간 날 때도 있다). 잠시 후 살펴보겠지만 의식적 사고와 무의식적 사고는 각기 강점도 다르고 약점도 다르므로 이왕이면 두 가지를 모두 활용하는 것이 좋다. 가능하다면 점검하라! **규칙 2: 생각할 시간이 없다면 직감만 믿고 사소한 이득을 위해 큰 기회를 희생하지 말아야 한다.** 장님 노인의 생명은 다행히 앤드루스에게 가치가 있었다. 그러나 배낭은 그만한 가치가 없었다. 가치를 알 것이다(소탐대실의 예로 내가 사는 지역의 도로에서 앞차에 바짝 붙어 가는 운전자들이 떠오른다. 내 차 뒤쪽 범퍼에 딱 붙어서 시속 80킬로미터로 달리는 차들 말이다. 몹시 위험하고 그들에게 돌아가는 이득 또한 적다. 도대체 왜들 그러는지 이해가 안 간다).

의사결정을 연구하는 사람들은 대체로 직관을 좋아하지 않고, 심사숙고는 흔히 오류를 범하기 쉬운 직감을 구하러 달려오는 백기사로 간주한다.[5] 하지만 기사도 실수를 할 수 있다. 선택 앞에서 충분히 생각하지 못할 수도 있지만 **과도하게** 생각할 수도 있으므로 의식적인 심사숙고가 우리를 잘못된 길로 이끌기도 한다. 티모시 윌슨Timothy Wilson과 조너선 스쿨러Jonathan Schooler는 딸기잼과 대학 강의, 고양이 포스터로 연구를 진행하여 이런 결과에 이르렀다(모든 소재를 한꺼번에 활용한 것이 아니라 한 번에 한 가지씩 실험했다. 한꺼번에 실험했다면 뒤죽박죽이 되었을 것이다).

첫 번째 실험에서는 참가자들에게 각종 잼 브랜드의 품질을 평가하게 하고 전문가의 평가와 비교했다. 시간을 들여 잼을 분석하라는 요청을 받은 참가자들의 선호도는 미각적 '직감'으로만 반응한 참가자들에 비해 전문가의 평가와 크게 어긋났다. 두 번째 실험에서는 대학생 수백 명을 인터뷰해서 강의의 수준을 평가하게 했다. 역시나 잠시 생각하고 결정하라는 요청을 받은 학생들은 직감만으로 반응한 학생들보다 전문가의 판단에서 멀어졌다. 마지막 실험에서는 참가자들에게 연구에 참가한 보답으로 포스터를 1장씩 고르게 했다.[6] 두 종류 중 한 가지를 고를 수 있었다. 반 고흐의 붓꽃이나 모네의 수련이 있는 포스터를 고르거나 유치한 고양이 캐릭터가 있는 포스터를 고를 수 있었다. 참가자들은 당장 고르는 조건과 먼저 선택의 이유를 생각하고 고르는 조건으로 나뉘었다. '직감' 조건에서는 5퍼센트만 이 유치한 고양이 포스터를 고른 데 반해, '선택의 이유 생각하기' 조건에서는 36퍼센트가 고양이 포스터를 골랐다. 3주 후 참가자들에게 연락해서 벽에 붙인 포스터가 얼마나 마음에 드는지 물었다. 직감에 따라 즉흥적으로 포스터를 고른 사람들이 이유를 먼저 생각하고 선택한 사람보다 자기가 고른 포스터에 더 만족하는 것으로 나타났다. 즉흥적인 판단이 심사숙고한 판단보다 만족도를 더 잘 예측하는 것으로 나타난 것이다.

1990년대 초에 윌슨과 스쿨러의 '딸기잼' 연구가 발표되었을 때 셸리 체이큰과 나는 한창 5장에서 소개한 자동적 태도에 관한 연구를 진행하고 있었다. 우리는 그들의 결과가 우리의 결론과 상당히 일치한다는 것을 알았다. 우리 연구에서는 의식적이고 의도적인 평가 과정이 개입할수록 무의식적 태도의 효과를 찾기 어려워지고 효과 자체도 약해졌다. 또 우리 연구에서는 의식적인 평가 과정이 사물에 대한 보다 자연스러운 무의식적 평가를 **방해하는** 것으로 나타났다. 딸기잼 연구도 마찬가지였다. 참가자들이 딸기잼에 대한 느낌을 많이 고민할수록 그들의 의견에 그들의 실제 태도가 적게 반영되었다.

의식적 의사결정과 무의식적 의사결정 각각의 장단점은 네덜란드 연구자 아프 디익스테르후이스Ap Dijksterhuis와 로란 노르드그렌Loran Nordgren의 연구팀에서 무의식적 사고 이론Unconscious Thought Theory을 검증한 획기적인 연구에서 드러났다.[7] 디익스테르후이스와 노르드그렌은 처음으로 무의식적 정신 과정에 대한 연구를 판단과 의사결정의 영역으로 넓혔다. 판단과 의사결정은 심리학에서 무의식의 역할로 수용하지 않던 최후의 보루였다. 심리학에서는 오래전부터 판단과 결정은 거의 전적으로 의식적 활동으로 간주했다. 물론 지난 반세기 동안 다양한 연구가 이루어지고 대니얼 카너먼과 아모스 트버스키의 유명한 연구에서 사람들이 의식적으로 결정할 때 비합리적인 방법이나 추단법을 이용한다는 점이 밝혀졌지만, 모든 연구에서 판단과 결정의 과정을 의식적이고 신중한 사고 과정으로 다루었다. 디익스테르후이스와 노르드그렌의 무의식적 사고 이론 연구에서는 의식이 다른 데 집중하는 동안 판단이 **그 자체로** 무의식적으로 일어날 수 있다고 밝혔다. 게다가 보다 과감한 무의식적 결정의 결과가 의식적 판단의 결과보다 **나을** 때가 많다는 결론에 이르렀다.

두 연구자는 어떤 방법으로 검증했을까? 우선 참가자들에게 자동차와 아파트 임대를 위한 네 가지 조건 가운데 좋은 조건을 선택하는 데 필요한 정보를 제공했다. 네 가지 조건은 선택과 관련된 차원(연비, 가격, 신뢰도, 호화로움)에 따라 다양하게 제시되었다. 이를테면 자동차의 한 모델은 연비가 최고지만 가격이 높고 정비 비용이 중간 수준 정도이다. 다른 모델은 연비는 좋지 않지만 정비 비용이 거의 들지 않는다. 네 가지 조건은 네 가지 특징을 모두 고려해서 어떤 차를 구입하는 것이 가장 바람직한지 객관적인 정답이 나오도록 세심하게 구성되었다. 아파트를 선택하는 경우도 마찬가지였다. 한 가지 조건에서는 월세가 가장 싸지만 위치가 최고가 아니고, 다른 조건에서는 공간이 넓지만 전망이 최고가 아니었다.

참가자들이 자동차나 아파트에 관한 정보를 다 읽으면, 일부 집단에는 어느 자동차나 아파트가 가장 바람직한 선택인지 생각하게 하고 다른 집단에는 그 시간에 자동차나 아파트에 관해 (의식적으로) 생각하지 못하게 했다. 자동차나 아파트를 생각하지 못하고 대신 다른 정신을 집중해야 하는 어려운 과제를 수행해야 했다(가령 643을 7씩 빼서 최대한 빨리 말하기). 그리고 과제가 끝나면 가장 바람직한 선택을 내렸다. 놀랍게도 무의식적 사고 조건의 참가자들이 의식적 사고 조건의 참가자들보다 최선의 조건을 선택하는 비율이 높았다. 연구자들은 여러 차례의 후속 연구에서도 같은 결과를 반복 검증했다. 처음에는 놀라운 결과로 보였지만, 프로이트

가 100년도 더 전에 《꿈의 해석》에서 밝힌 주장을 지지하는 결과
였다. "가장 복잡한 생각도 의식의 도움 없이 가능하다."[8]

무의식적 판단 조건의 참가자들이 어떻게 최선의 선택을 했
을까? 신경과학 연구에서 무의식 조건 쪽 참가자들의 주의가 산
만해진 사이 무슨 일이 일어나는지에 대한 정확한 설명을 찾을
수 있다. 카네기멜론 대학교의 신경학자 데이비드 크레스웰David
Creswell과 동료들이 여러 가지 자동차나 아파트에 관한 자료를 읽
을 때와 '무의식적 사고'(직감) 시간에 참가자들의 뇌를 촬영한 결
과, 자동차나 아파트의 모든 특징을 의식적으로 학습하는 동안에
활성화된 뇌 영역이 다른 과제로 주의가 분산된(그리고 무의식적
으로 생각하는) 동안에도 계속 활성화되는 것으로 나타났다. 게다
가 무의식으로 생각하는 동안 뇌의 동일한 영역이 더 많이 활성화
될수록 참가자가 내린 결정의 질도 높아졌다.[9] 다시 말해서 처음
에 중요한 정보를 학습하는 데 사용된 뇌 영역이, 이후 의식이 다
른 과제에 몰두하는 사이 무의식적 '직감' 과정이 문제를 해결하
는 동안에도 계속 사용되었다.

디익스테르후이스와 노르드그렌과 동료들은 여기서 더 나아
가 무의식적 결정이 의식적 결정만큼 좋거나 더 나은 경우와 의
식적 결정이 더 나은 경우를 연구했다. 결론은 직감을 믿을 수 있
는 경우와 믿을 수 없는 경우에 관한 우리의 질문과 밀접히 연관
된다. 자동차와 아파트 구매를 결정할 때처럼 복잡하고 다양한 차
원이나 특성을 종합적으로 고려해서 결정해야 하는 경우에는, 대

체로 무의식적 결정이 더 나았다. 의식의 작업 기억working memory 에는 한계가 있어서 주어진 순간에 많은 정보를 담지 못한다. 우리는 한 번에 세 가지 정보까지 여유 있게 처리할 수 있지만 그 이상은 부담이 된다. 딸기잼이나 고양이 포스터 연구처럼 의식은 몇 가지 특징에만 주목할 수 있어서 다른 관련 특징을 모두 고려하지 못할 뿐 아니라 적절한 영향을 미치지도 못한다. 의식적 사고는 강력하지만 어느 한순간에 고려할 수 있는 정보의 복잡성에는 한계가 있다. 하지만 규칙을 따를 수 있다면, 의식적 과정이 무의식적 과정보다 낫다. 예를 들어 예산 문제로 지나치게 고가의 아파트나 자동차를 선택하지 못하거나 직장까지 걸어 다녀야 해서 2킬로미터 이상 떨어진 곳에서는 거주할 수 없는 경우가 있다. 이럴 때는 의식적 판단으로 주어진 제약을 고려하는 편이 낫다. 이제 자연히 이런 질문이 떠오른다. 이렇게 다른 두 가지 사고 유형이 함께 작동할 수 있을까?

무의식적 사고 이론 연구자들은 최근 연구에서 의식적 과정과 무의식적 과정이 결합하여 최선의 결정에 이르는 과정을 보여주었다. **의식이 먼저고 무의식이 나중이다.**[10] 예를 들어 지나치게 비싸거나 지나치게 작거나 지나치게 먼 것처럼 필요한 기준을 충족시키지 못하는 선택은 의식적으로 배제해야 한다. 다음으로 무의식적 판단으로 한동안 다른 일을 하면서 (의식적으로) 선택에 관해 생각하지 않으면서 첫 단계를 통과한 선택을 처리하고, 그런 다음 그 선택을 어떻게 생각하는지 알아보아야 한다.

우리가 복잡한 문제를 의식적으로 생각하지 않고 무의식적으로 처리하는 능력은, 인류의 진화에서 의식적 사고 능력이 나중에 발전한 점을 고려하면 진화적으로 합리적이다. 따라서 무의식적 사고 기제는 '옛날 옛적' 원시 과거에 직면할 가능성이 높았던 유형의 문제, 가령 타인의 공정한 대접을 판단하거나 집단에서 남들에게 해를 끼치는 사람을 찾아내는 문제에서 효율적으로 작동하는 것이 당연하다. 이런 측면에서 뛰어난 무의식적 사고 능력은 원만한 사회생활과 집단의 결속력에 중요한 요소였다. 연구자 야프 함Jaap Ham과 키스 판 덴 보스Kees van den Bos와 동료들은 무의식적 사고 이론을 현대 사회에서 발생하는 문제에 적용했다. 이를테면 복잡한 법정 사건에서 유죄인지 무죄인지 판단하고, 기업의 채용 과정 공정성을 판단하는 문제에 적용했다.

우리는 공정한 대우를 받지 못하는 데 민감하고, 남에게 피해를 주는 사람을 색출해서 비난하고 책임을 묻는 능력을 타고났다.[11] 최근의 연구에서는 3세에서 5세 사이 아이들도 사회적 교환의 공정성에 민감한 것으로 나타났다.[12] 아이들은 한 아이에게 상을 더 많이 주는 것보다는 추가로 주는 상(지우개)을 포기하는 쪽을 선호했다. 자기가 상을 받을 수 있는 상황에서도 마찬가지였다. 물론 죄책감과 공정성이라는 두 가지 주제는 상관이 있다. 몇 해 전 뉴잉글랜드 패트리어츠New England Patriots 팀의 쿼터백 톰 브래디Tom Brady가 NFL 챔피언 결정전에서 공의 공기를 살짝 뺀 사건에 연루되었는지에 관한 다소 사소해 보이는 문제에 쏟아진 대중과 언론의 관심을 보라. 국내외 주요 현안에 비하면 별로 중요해 보이지 않는 사건이지만 수많은 미국인들의 관심을 끌고 이후에도 몇 주, 혹은 몇 달 동안 뉴스 매체를 독점했다. 우리는 여전히 놀다가 부정한 행위를 발견하면 "사기꾼!"을 외치던 오래전에 망각된 시절의 어린아이와 상당히 비슷하다.

함과 판 덴 보스는 무의식적 사고 이론 연구의 표준 절차로 3분간의 의식적 사고 기간과 3분간의 분산(무의식적 사고) 기간을 정해서 사람들이 이런 문제를 무의식적으로 해결하는지 의식적으로 해결하는지 알아보았다. 참가자들은 복잡한 구직 절차에 관해 공정한 판단을 내려야 했다. 우선 참가자들에게 네 가지 지원 절차를 설명했다. 객관적으로 가장 공정한 절차와 가장 공정하지 않은 절차가 있고, 그 사이에 두 가지가 있었다. 예를 들어 가장 공정한 절차에서는 지원 과정을 명확히 설명해주고, 지원서의 모든 정보를 검토하고 고려해서 채용을 결정했다. 가장 공정하지 않은 절차에서는 지원 과정을 명료하게 밝히지 않고, 지원자가 치른 네 가지 시험 중 한 가지만을 기준으로 채용을 결정했다. 참가자들은 즉각적이고 의식적인 조건과 무의식적 조건으로 나뉘었고, 이번에도 무의식적 조건의 참가자들이 공정한 채용 절차를 더 잘 찾아냈다.

다른 연구에서는 참가자들에게 네덜란드의 실제 법정 사건을 자세히 소개했다. 미성년자 소녀가 말 주인이나 부모의 허락 없이 말과 마차를 끌고 나간 사건이었다. 마침 동네 사람이 농장에서 새를 쫓으려고 폭발물을 터뜨리려 했다. 폭발물이 터지자 말이 놀라 달아났고, 결국 말은 다치고 마차는 파손되었다. 여러 가지 요인이 얽히고 책임져야 할 당사자가 여럿이라서 무척 까다로운 사건이었다. 중재 재판관들은 이 사건과 연루된 네 당사자(동네 사람, 소녀, 소녀의 부모, 말과 마차의 주인)가 피해에 대해 각기 다른 정도로 책임을 져야 한다는 판결을 내렸지만, 연구 참가자들은 이를 몰랐다. 각자가 유무죄와 책임의 정도를 판단해야 했다.

한 집단은 모든 증거가 나온 직후에 판단했고, 다른 집단은 3분간 공정한 판단을 고민한 이후에 판단했고, 또 다른 집단은 3분간 주의를 분산시키는 과제를 수행한 이후에 판단했다. 참가자의 판단이 중재 재판관의 실제 판결에 얼마나 근접하는지에 따라 판단의 정확도를 측정했다. 핵심 질문은 각 당사자가 어느 정도 책임을 져야 하는지에 관한 것이었다. 이 사건에서도 역시나 무의식적 의사결정 조건의 참가자가 가장 정확한 판단을 내렸다. 연구 결과는 현실에도 함의가 있다. 실제로 배심원들(적어도 미국에서는)이 판결할 때 메모하거나 다른 기술의 도움을 받을 수 없기 때문이다. 재판 사건은 대체로 복잡하다. 많은 정보를 고려하고, 많은 증거가 각기 다른 방향을 가리키며, 경감 사유가 될 만한 정황도 고려해야 할 수 있다. 이런 모든 복잡성을 결합하고 통합하는 데는 무의식적 결정 과정이 더 낫다.

하지만 물론 복잡한 재무 결정이나 수량화된 자료가 연관된 결정에서는 주의를 분산시키는 무의식적 사고보다 컴퓨터와 관련 자료를 활용하는 편이 낫다. 마이클 루이스Michael Lewis의 베스트셀러《머니볼Moneyball》에서는 프로야구 선수를 선발하고 거래할 때 스카우터의 직관을 따르기보다는 경기에서 수량화할 수 있는 측면, 가령 외야수의 뜬공 추적 속도 같은 요소를 고려할 때 얼마나 더 나은 결정을 내릴 수 있는지 보여주었다.

　나는 열렬한 야구팬이고, 예전에 로티세리 야구라고 불리던 게임을 20년 가까이 해왔다. 원래 '판타지' 스포츠 게임으로, 프로 팀 감독을 맡아서 선발 출장 선수들의 타순을 정하는 게임이다. 요즘도 매일 수백만 명이 이 게임을 한다. 나는 시즌제로 게임을 한다. 경쟁이 매우 치열하다. 시즌에서 가장 중요한 시기는 실제 야구 시즌이 시작되기 한참 전에 우리 팀과 상대 팀을 선발하는 날이다. 준비가 관건이다. 1월부터 시작해서 메이저리그의 모든 선수에 관한 정보와 수치가 담긴 방대한 자료를 철저히 조사한다.

　기술의 발전으로 모든 선수에 대한 객관적인 정보가 급증하고, 경기에서 '직감'이나 직관의 측면이 상당히 제거되었다. 판타지 게임이든 실제 야구 경기든 마찬가지다. 메이저리그 야구 경기장에는 레이더와 각종 감지장치가 설치되어 스탯캐스트StatCast 같은 업체에서 타격 강도 같은 요소를 측정할 수 있다(공이 배트를 떠나는 '타구 속도'를 시속으로 측정한다). 투수가 던진 커브공은 초당 회전수로 측정할 수 있다. 그리고 판타지 리그에서는 자주 쓰이지 않지만, 외야수가 뜬공을 쫓아가는 속도나 공을 잡는 경로의 효율성과 같은 수비수에 관한 자료도 많이 수집한다. 선수들의 성적에

관한 새로운 자료뿐 아니라 뜬공 비율, 강타율, 안타율(삼진 아웃이
아닌 비율)처럼 기존 자료를 보면서 같은 팀 선수들의 성적이나 우
연에 의한 요소와 별개로 선수 개인의 실력을 나타내는 정확한 지
표를 개발할 수 있다(예를 들어 어떤 경기에서 타율이 평균 타율보다
높으면 단순히 운이 좋은 경우이고, 시간이 지나면 리그 평균 타율로 감
소할 것을 감안해서 가까운 미래에는 그 선수의 타율이 낮아질 것으로
예상할 수 있다).[13]

과거에 정교한 자료 분석과 정밀한 기술이 나오기 전에는 각 팀
에서 주로 스카우터에 의존해서 선수를 선발했다. 스카우터는 대
개 노련하고 선수 보는 '눈'을 가진 나이 지긋한 사람이었다. 잘나
가는 스카우터는 오랜 기간 메이저리그의 성공을 예측해온 단서
를 중시했다. 스카우터의 업무는 여러모로 예술 행위에 가까웠다.
스카우터는 주로 직관에 의존했다. 남들은 알아채지 못하는 자잘
한 측면을 기준으로 선수의 실력을 평가하는 신속하고 특이한 능
력이 무기였다. 스카우터가 자주 언급하는 것이 방망이가 공을 때
리는 소리다. 제대로 맞았다고 말해주는 "딱!" 소리. 투수라면 공
이 포수의 글러브에 닿을 때 나는 "퍽!" 소리.

스카우터가 '짐작'한 것은 아니었다. 짐작만으로는 그렇게 오래
성공하지 못했을 것이다. 스카우터는 중요한 단서를 포착해서 적
절히 결합할 줄 알았다. 스카우터의 성공은 어린 선수들 중에서
스타가 될 재목과 그렇지 않은 선수를 골라내는 능력에서 판가름
난다. 성공한 스카우터는 그렇지 않은 스카우터보다 실적이 좋았

다. 하지만 선수를 평가하는 방식의 이런 직관적인 성격 때문에 스카우터들은 어리고 경험이 적은 선수에 대한 직감을 정당화하거나 설명하기 어려워한다. 스카우터가 전문성을 얻으려면 오랜 경험과 장기간의 면밀한 관찰이 필요하다. 어느 정도는 현대 인지과학에서 '전략적 학습'(곧 상당한 경험을 쌓은 후 세계의 규칙성을 발견하거나 원인과 결과를 파악하기 위한 일정한 양상과 순서를 알아보는 능력[14])이라는 능력을 활용하면서도 예측 요인이나 양상을 설명하거나 인지해야 하는 것은 아니다. 자연히 장기간 면밀한 관찰, 즉 눈과 마음을 모두 열고 관찰하는 데서 나오는 능력이다.

나는 어떤 자동차를 살지 결정할 때 〈소비자 보고서Consumer Reports〉와 여러 관련 웹사이트를 돌아다니며 연비와 정비해야 하는 정도, 우리 지역에 필요한 기능(겨울에 눈이 많이 내리므로 빙판 길에 적합하고 차체가 높아야 한다)에 관한 믿을 만한 정보를 수집한다. 하지만 인생에서 모든 중요한 선택을 내릴 때 핵심 요인에 관한 신뢰성 있는 측정치가 늘 주어지는 것은 아니다. 일상에서 신뢰성 있는 자료를 근거로 최선의 선택과 결정을 내리기는 어렵다.

조라는 남자를 예로 들어보자. 조는 혼자 낯선 도시에 이사를 와서 연애를 시작하고 싶어 한다. 그의 사정에 알맞은 〈소비자 보고서〉 기사는 없다. 혹은 그에게 가장 적절하고 가장 큰 성취감을 불러일으킬 만한 직업은 무엇이고, 시내에 살지 교외에 살지, 정장이나 구두를 어떤 것으로 살지를 다룬 기사는 없다. 객관적인 정보를 찾아서 결정하는 데 참조할 수는 있지만, 각각의 특징이나

차원에 관해 신뢰성 있는 자료를 완벽하게 구비하기는 어렵다. 현
실에서 뭔가를 선택할 때는, 정확하게 측정한 객관적 증거와 투자
은행가나 야구 감독이 어떤 주식을 사거나 어떤 야구 유망주를 선
발할지 판단할 때 활용할 만한 예측 알고리즘이 주어지지 않는다
(간혹 그런 예가 있다고 해도 완벽한 예측과는 거리가 멀다).

무의식적 사고 이론 연구는 진화에서 컴퓨터나 알고리즘, 스프
레드시트(와 야구)가 나오기 수백만 년 전부터 무의식적 판단 과정
이 우리의 행동을 정확히 이끌어주도록 마음이 설계되었다는 주
요 가설을 입증해준다. 이제 규칙 3으로 이어진다. **규칙 3: 많은 요
인이 포함된 복잡한 결정에서 특히 중요한 요인에 관한 객관적인
측정치(신뢰성 있는 자료)가 없다면 직감을 진지하게 고려하라.** 집
중력이 필요한 과제를 수행하면서 (의식적) 마음을 결정의 과정에
서 분산시킨 후 느낌이 어떤지 살펴보라. 혹은 9장에서 살펴볼 것
처럼, 무의식은 결코 잠들지 않으므로 하룻밤 자면서 생각해보라.

우리의 즉각적인 직감 반응에 영향을 미치는 중요한 요인이 하
나 더 있다. 이것은 8장의 주제이기도 하다. 우리가 아는 누군가
를 어떻게 생각하고 음식, 담배, 술과 같은 것을 어떻게 생각하는
지는 원하는 목적에 도움이 되는지 방해가 되는지에 따라 크게 달
라진다. 예를 들어 일부 연구에서는 개인적인 목표를 성취하는 데
도움이 되는 사람을 친구로 삼고, 서로 비슷한 면이 많아도 목표
에 도움이 되지 않는 사람과는 친구가 될 가능성이 줄어드는 경향
이 드러났다. 참가자가 가장 좋은 친구로 꼽은 명단은 현재 어떤

목표를 추구하는지에 따라 달라진다. 담배를 끊고 싶은 사람이 장시간 담배를 피우지 않았다면 재떨이 같은 담배와 관련된 물건을 무조건적이거나 자동적으로 긍정적으로 평가할 것이다. 하지만 방금 담배를 피웠고 더는 담배가 필요하지 않거나 담배를 피우고 싶지 않다면 같은 재떨이라도 무의식중에 부정적으로 평가한다.

목표에 따라 직감이 **변하는** 것이다. 목표는 관련 요소에 대한 즉각적인 평가에 중대한 영향을 미친다. 요컨대 어떤 대상이 목표에 도움이 되면 긍정적으로 받아들이고, 도움이 되지 않으면 부정적으로 받아들인다. 앞서 사인펠드의 말처럼 우리는 티셔츠를 응원한다. 전에는 미워하던 '야비한 선수'가 우리 팀에 들어오면 갑자기 팀의 승리에 도움이 되는 건 뭐든 해내는 '영리한 악당'이 된다. 부정적인 면이 긍정적인 면으로 탈바꿈한다. 같은 행동과 같은 정보가 직감에 따라 달라진다. 담배 한 대가 간절한 순간에는 우리의 직감이 담배가 좋다(아주 좋다!)고 말하지만, 한 대 피우고 후회가 드는 순간에는 담배가 참 나쁘다고(사악하다고까지) 말한다. 현재의 목표에 따라 직감이 달라지는데, 우리는 대체로 이런 강렬하고 즉각적인 반응의 이유를 알아채지 못한다. 여기서 직감을 믿어도 되는 경우에 관한 규칙 4로 이어진다. **규칙 4: 신중하게 소망하라. 현재의 목표와 욕구는 우리가 현재 원하고 좋아하는 것에 영향을 미치기 때문이다.**

처음 만나는 사람에게 느끼는 직감, 믿을 수 있을까

지금까지는 진지하게 고민해온 중요한 선택과 결정에 대한 직감에 초점을 맞추었다. 그런데 우리가 마주치는 대상, 특히 우리가 만나는 사람들에게 즉각적으로 느끼는 직감은 어떨까? 이런 직감을 믿을 수 있을까?

직감이란 본래 (어떻게 작동하는지 모른 채) 경험하는 것이다. 과학자들은 1980년대에 마침내 직감의 역학을 들여다보기 시작했고, 그로부터 20년 후 대중문화가 뒤따랐다. 가장 유명한 예로 말콤 글래드웰의 《블링크》가 있다. 이 책의 기본 전제는 처음 떠오른 생각이 대부분 최선의 생각이라거나, 의식적으로 성찰할 필요가 없는 '블링크' 반응이 자문과 심사숙고의 결과로서 나온 반응보다 신뢰성이 높고 유용하다는 것이다. 앞으로 살펴보겠지만, 맞는 말이기도 하고 아니기도 하다. 글래드웰은 책의 말미에 직감을 쫓다가 잘못된 사례를 소개했다. 사우스브롱크스에서 무장하지 않고 자기 집에 들어가다가 경찰의 총격에 사망하면서 인종 프로파일링의 피해자가 된 아마두 디알로Amadou Diallo의 비극적인 사건을 예로 들었다. 디알로는 그 집에 산다는 것을 입증하기 위해 경찰에게 신분증을 보여주려고 지갑을 꺼내려 했다. 경찰은 어두워서 지갑을 총으로 오인했다고 말했다. 디알로는 흑인이었다. 그가 백인이었다고 해도 경찰이 지갑을 총으로 오해했을까? 아니, 애초에 그가 그 아파트에 침입하려 한다고 생각이나 했을까? 이 사건으로 일어난 시민들의 격렬한 항의에서 나온 질문들이다.

무의식이 진화한 결정적인 이유 중 하나는 '평가', 특히 타인에 대한 평가 때문이었다.[15] 앞 장에서 보았듯이 우리는 사람과 상황을 재빨리 판단하고 경험으로 추측해서 머무를지 떠날지를 결정하도록 진화했다. 이런 즉각적인 평가가 맞을 때도 있지만 완전히 빗나갈 때도 있다. 누군가를 믿을지 말지 결정할 때는 우선 현대 사회가 우리의 무의식적 평가 기관이 처음 발달한 환경과는 많이 다르다는 사실을 기억해야 한다. 무의식적 의사결정과 마찬가지로 오늘날의 상황이 원시 조상들이 직면하던 상황과 비슷할수록 직감의 방향이 정확하다. 하지만 상황이 다르면(실제로 확연한 차이가 있다) 직감을 따르다가 엉뚱한 방향으로 흐를 수 있다.

앞에서 우리가 얼마나 빨리 사람들을 '우리'와 '그들'로 구분하는지 알아보았다. 아기와 어린아이도 자동적이고 무의식적으로 자기네 집단을 선호하고 다른 집단 사람들에게 부정적인 감정을 갖는다. 마크 첸과 내가 함께한 연구에서는 실험 전반부에 미소를 짓는 매력적인 흑인의 얼굴(유명 잡지에 실린 유명하지는 않은 모델의 사진)을 잠재의식에 제시하자, 두 번째 단계에서 백인 참가자들 사이에 적대감이 커진 것으로 나타났다. 백인 얼굴을 잠재의식에 제시할 때는 적대감이 커지지 않았다(사실 디알로 사건에 연루된 경찰들도 무장하지 않은 흑인에게 강한 적대감을 드러낸 것이다).[16] 앞서 보았듯이 우리와 그들을 구분하는 선천적인 성향은 경쟁하는 야구팀의 팬들 사이의 일어난 분쟁을 살인미수로 이어지게 할 수도 있다. 이렇게 부족들 사이의 직감적인 대립이 외츠티의 시대에는 매우 유용했지만, 지금처럼 같은 도시나 동네에 여러 인종과 문화가 섞여 사는 세계에서는 그다지 도움이 되지 않는다. 불행히도 선천적인 성향이 문화적 변화를 따라잡으려면 시간이 오래 걸린다.

따라서 직감을 믿을 수 있는 때는 언제냐는 질문에 대한 새로운 답변으로 이어진다. **규칙 5: 다른 인종이나 종족에 대한 첫 직감이 부정적이라면 일단 억제해야 한다.** 우리와 다른 사람들에 대한 첫 직감이 부정적이라면(종교나 언어뿐 아니라 인종과 종족도 해당될 수 있다) 그런 직감을 믿어서는 안 된다. 외츠티 시대 이전 진화적 과거의 흔적이거나 앞서 보았듯이 아주 어릴 때의 사회화와 대중매체에서 습득한 문화의 산물이기 때문이다. 특히 우리와 전혀 다른 사람들을 만날 때는 우선 상대에게 기회를 주고 겉으로 드러난 특질 너머 실제 행동을 보고 평가해야 한다.

잠재의식에 흑인의 얼굴을 제시한 마크 첸과 나의 실험은 언제 직감을 믿어야 하느냐는 질문의 6번째 답변으로 이어진다. **규칙 6: 상대와 실제로 대화를 나누기 전에 얼굴이나 사진만 보고 내린 평가는 믿지 말아야 한다.** 여기에는 두 가지 이유가 있다. 첫째, 사진 속의 정적인 얼굴만 보고 내린 평가는 정확하지 않다. 이런 사진은 그 사람의 실제 성격이나 행동을 타당하게 예측하는 데 도움이 되지 않는다. 둘째, 상대를 만나고 잠시나마 상대가 움직이는 모습을 본 **이후의** 무의식적 반응은 상당히 **타당한** 예측 요인이다.

〈브레이브 하트Braveheart〉에서 멜 깁슨Mel Gibson이 연기한 윌리엄 월러스는 돌격을 앞둔 기병대 병사들에게 말한다. "기다려라……기다려라……" 다행히 우리는 멜 깁슨의 부대처럼 오래 기다릴 필요는 없다.

5장에서 보았듯이 우리는 사진 속 얼굴에서 몇 가지 기본적인 성격 특질을 파악한다. 또 누군가를 직접 만나거나 그 사람이 남들과 소통하는 모습을 보기 전에 실물로 처음 볼 때도 마찬가지다. 정치 후보의 사진 속 외모가 선거 결과에 영향을 주듯이, 우리는 사람의 얼굴에서 유능함이나 신뢰성과 같은 특질을 자신 있게 읽어낸다. 심지어 법정 사건 연구에서는 피고의 얼굴이 유무죄를 판가름하고 형량을 결정하는 것으로 나타났다. 앞서 보았듯이 '동안'인 피고는 무죄 판결을 받을 가능성이 높고,[17] 인종의 전형적인 특징을 갖춘 얼굴의 피고는 처벌 수위가 높아진다.

우리는 고정된 사진이나 얼굴만으로 성격을 읽어내도록 진화하지 않았다. 그보다는 상대가 우리나 다른 사람들과 소통하면서 움직일 때 감정이 드러나는 표정(슬퍼 보이는지, 혐오감을 느끼는지, 전전긍긍하는지)을 섬세하게 알아채도록 진화했다. 다윈이 처음 지적했듯이 감정이 드러난 표정은 내면의 감정 상태를 진실하게 드러내는 표지로, 상대가 우리에게 어떻게 행동할지 예측하게 해준다. 우리는 이런 표정을 보면서 상대의 현재 상태를 직감으로 정확히 파악할 수 있다고 믿는다. 하지만 가만히 앉아서 쉴 때의 무표정한 얼굴을 감정을 드러낸 찰나의 표정으로 오해할 때 문제가 생긴다.

인터넷에 떠도는 영상 중에 '나쁜 여자로 보이는 얼굴Bitchy Resting Face'이라는 제약회사 광고의 패러디 영상이 있다. 잘 웃지 않는 여자들이 있고, 이런 여자들은 성격이 안 좋거나 적대적으로 보인다는 것이 기본 전제다. 영상에서는 촌스럽고 감성적인 배경음악이 흐르는 동안 무표정한 여자들의 지인들이 나와서 그런 불쾌한 표정의 여자들에게 얼마나 상처를 받았는지 증언한다. 어떤 남자는 여자에게 청혼했다가 무심히 쏘아보는 표정을 거절로 받아들였다고 말한다. 어떤 여자 손님은 고맙다는 말을 쌀쌀맞게 해서 친절한 점원에게 모욕감을 안겨주었다고 한다. 웃음을 자아내려고 만든 영상이지만 일면 통찰력이 있다. 영상 속 배우 하나가 무표정한 얼굴 때문에 고생하는 여자들에 관해 지적하듯이 "전혀 성격이 나쁜 여자가 아닐 수도 있다." 〈나 홀로 집에〉의 노인 말리나 내 딸이 다니던 초등학교의 사서처럼 외모나 얼굴만 보고 받은 첫인상에 속을 수 있다.

후보 정치인의 얼굴이 선거 결과에 어떤 영향을 미치는지 보여준 프린스턴 대학교의 알렉산더 토도로프와 유니버시티 칼리지 런던의 크리스토퍼 올리볼라Christopher Olivola는 얼굴만 보고 바로 성격을 판단하는 것이 얼마나 정확한지 알아보았다. 올리볼라와 토도로프는 사람들이 "내 이미지 어때요?What's My Image?"라면서 자기 사진을 올리면 다른 사람들이 그 사람에 대한 배경지식 없이 사진만 보고 성격을 평가하는 인터넷 공간을 연구에 활용했다.

두 연구자는 외모만 보고 내린 판단(약 900명이 응답한 내용)을 100만 개 이상 확보했다. 참가자들은 사진 속 인물의 성적 지향, 마약 복용 여부, 부모의 이혼 여부, 경찰에 체포된 적이 있거나 주먹다짐을 한 적이 있는지, 술을 마시는지, 성경험이 없는지 따위를 추측했다. 그리고 사진을 올린 당사자가 질문에 답했기 때문에 참가자들의 판단이 얼마나 정확한지 측정할 수 있었다. 결과적으로 사진을 본 참가자들은 사진을 보지 않은 채 일반적인 기대 수준으로 판단한 참가자들보다 정확히 예측하지 못했다. 일반적으로 이성애와 동성애의 비율이 어느 정도이고, 마약 사용자가 얼마나 되는지만 기준으로 어떤 인물을 추정해도 사진을 보고 판단한 100만 명보다 정확히 추측한다는 뜻이다. 이처럼 우리가 눈으로 보고 직감하는 사이, 상황은 엉뚱한 방향으로 흐를 수 있다.

두 번째 연구에서는 〈사이언티픽 아메리칸〉 웹사이트의 링크로 모집된 1,000명 이상 참가자들이 '정치 추측 게임'에 참여했다. 2002년과 2004년 의회 선거에 출마한 800명 가까이 되는 남녀 후보의 얼굴 사진만 보고 각자의 정치 성향을 추측하는 게임이었다. 연구자들은 민주당의 비율을 약간 바꿔서 일부 참가자에게 그 비율을 미리 알려주었다. 그럼에도 사진만 보고 기본적인 확률로 추정한 참가자보다 전반적으로 정확도가 떨어졌다. 사진의 30퍼센트, 그러니까 10장 중 3장이 민주당이라고 말해주자, 참가자들은 어느 사진이 민주당인지 잘 안다고 믿고 얼굴 사진에 직감으로 반응했다. 그런 예측 성공률이 증가하기는커녕 오히려 떨어진 것이다.

사진만 보고 직관으로 선택한 결과는 초라했지만, 개구리가 입맞춤을 받아 왕자가 되었듯이 우리가 진화적 장치로 습득할 수 있는 정보, 이를테면 낯선 사람의 **실제 행동**을 보고 판단하자 결과가 크게 달라졌다.

1992년에 널리니 앰배디와 로버트 로젠탈은 무의식이 본능적인 반응을 끌어내는 데 사용하는 간단한 입력 정보를 기술하기 위해 '단편'이라는 적절한 용어를 만들었다.[18] 두 연구자는 우리가 타인의 행동에서 일부만 보고 그 사람의 능력과 성격을 얼마나 정확히 평가할 수 있는지 연구했다.[19] 예를 들어 1년 내내 온종일 교실에 앉아 수업을 듣고 교사의 능력과 수행을 평가할 수 있다(이런 평가는 햄 덩어리 전체가 될 것이다). 혹은 1시간이나 일주일 중 하루만 교실에 앉아서 평가할 수도 있다(이것은 햄의 두툼한 한 조각이 될 것이다). 더 나아가 앰배디와 로젠탈의 실험처럼 사람들에게 교사가 수업하는 영상을 30초만 보여줄 수도 있다(이것은 햄의 얇은 조각, 곧 먹음직한 샌드위치에 얹힌 얇은 조각이다). 앰배디와 로젠탈은 사람들이 30초짜리 얇은 조각을 보고 내린 평가와 전문가들이 몇 시간 동안 관찰하고 내놓은 평가를 비교했다. 여러 직업(교사, 치료자, CEO)과 능력에 대한 연구에서는 얇은 조각만으로도 개인의 능력과 성격을 상당히 정확히 평가했으며, 이는 훨씬 풍부한 증거를 토대로 한 전문가의 평가와 크게 다르지 않은 것으로 나타났다.

앰배디와 로젠탈은 하버드 대학원생들의 강의를 촬영한 다음 10초 분량의 짧은 영상 3개를 이어 붙여서 각자의 강의 열정을 담은 견본 영상을 만들었다. 참가자들에게 견본 영상을 보여주고 강사가 얼마나 유능한지 13가지 범주로 평가하게 했다.[20] 그리고 학기말까지 기다렸다가 일반적인 학기말 강의평가서를 작성하게 한 다음 '전체 햄 덩어리' 점수를 얇은 조각 점수와 비교했다. 놀랍게도 상관관계가 높아서 얇은 조각 평가와 햄 전체 평가가 높은 수준으로 일치하는 것으로 나타났다. 앰배디는 여기서 멈추지 않았다. 얇은 조각을 더 얇게 썰어서(이제 뉴욕 2번가나 카츠델리의 샌드위치 햄만큼 얇다) 견본 영상을 6초 길이로 짧게 끊었다. 참가자들은 이런 짧은 영상만 보고도 한 학기 동안 최고의 강사가 누구인지 정확히 예측할 수 있었다. 앰배디는 얇은 조각을 이용해서 다른 연구도 진행했고, 사람들이 성적 지향성, CEO가 회사를 성공적으로 운영하는지, 어떤 사람에게 성격장애가 있는지 따위의 다양한 특질을 정확히 평가할 수 있다는 결론에 이르렀다. 우리에게 이런 무의식적 평가 능력이 있는 것은 굉장한 행운이고, 나도 이런 능력으로 혜택을 본 적이 있다.

2012년 크리스마스가 지난 어느 날, 나는 딸 대니얼과 함께 인디애나폴리스 주간고속도로에서 약간 벗어난 남쪽에 위치한 맥도날드에 있었다. 우리는 일리노이주에 사는 가족을 방문하고 동쪽의 집으로 돌아오는 길이었다. 당시 나는 혼자 딸을 키우고 있었다. 점심때가 되어 주유도 하고 점심도 먹을 겸 차를 세웠다. 여섯 살이던 대니얼이 해피밀을 먹고 싶다고 해서 우리는 주유소 옆 맥도날드에 들어갔다. 대니얼이 햄버거를 맛있게 먹으면서 햄버거와 감자튀김 상자에 든 장난감을 가지고 놀 때 몇 테이블 건너 테이블의 어린애가 울음을 터뜨렸다. 꽤 요란하게 울어서 우리 주변에 앉아 있던 사람들의 눈길을 끌었다. 대니얼도 장난감을 가지고 놀다 말고 그 아이를 쳐다보았다. 그러더니 지금도 잊히지 않는 행동을 했다. 우는 아이에게 다가가 자기 장난감을 건네준 것이다. 아이는 대니얼과 대니얼이 내민 플라스틱 장난감을 보고는 울음을 그쳤다. 매장의 모든 손님이 이런 소박한 장면을 보는 것 같았다. 그때 내 딸이 얼마나 대견했는지 짐작이 갈 것이다. 대니얼이 우리 테이블로 돌아오고, 다른 손님들도 다시 음식을 먹기 시작했지만 한 사람만 예외였다.

그 사람은 우리 테이블로 다가와 대니얼에게 다른 아이의 기분을 풀어주려고 한 행동이 얼마나 착하고 따뜻한 행동인지 꼭 말해주고 싶다고 했다. 내게 말한 것도 아니고 나를 쳐다보지도 않았지만 나는 그 사람의 '얇은 조각' 행동을 보고 그 사람에 관해 많은 것을 알 것 같았다. 그 사람의 친절한 말에 내 딸과 나는 미소를 지었고, 우리는 와줘서 고맙다고 말했다. 그녀는 카운터에 음식이 나오자 다시 우리 테이블로 와서 옆에 앉았다. 근처 병원에서 일하는 사람으로 점심식사를 하러 온 터였다. 우리는 그 뒤로 계속 연락하다가 그해 여름에 딸아이와 내가 중서부에 다녀오는 길에 다시 만났다. 그리고 나머지는 이른바 역사가 되었다. 몇 년 후 우리는 결혼했다. 이제는 셋이 함께 차를 타고 중서부로 가면서 그 맥도날드를 지나치는데, 그때마다 우리가 처음 만난 날의 기억이 되살아난다.

물론 모든 첫 만남이 이렇게 기분 좋은 것은 아니다. 의뭉스러운 행동을 하는 사람에게는 직감이 어떻게 반응할까? 답은 단테의 생각과 같다. 2011년에 강유나, 제러미 그레이, 마거릿 클라크와 나는 뇌 영상 기법으로 배신에 대한 뇌의 즉각적인 반응을 연구했다.[21] 참가자가 차가운 물건을 들고 있을 때 활성화되는 뇌의 섬엽 부위는 경제 게임에서 다른 참가자가 탐욕스럽게 돈을 착복하고 배신할 때도 활성화되는 것으로 나타났다. 상대와의 실제 경험에 근거한 '차가운' 반응이고, 상대의 신뢰성에 대한 실질적인 증거에 따른 반응이므로 물론 믿어도 된다. 더욱이 뇌는 의심스럽게 행동하는 사람을 만날 때는 모방 반응(상대에게 유대감과 우정을 알리는 반응)에 관여하는 회로를 차단한다. 오리애나 애러건Oriana Aragon, 마이클 피네다Michael Pineda와 나는 참가자들에게 경제 게임을 하는 동안 서로의 손가락 움직임을 관찰하게 하고 뇌파를 측정했다.[22] 경제 게임을 하기 전에는 상대의 손가락 움직임을 보고 바로 자연스러운 모방 과정이 시작될 때의 뇌파가 나타났다. 하지만 경제 게임에서 상대에게 배신당하면, 게임 이후에 상대의 손가락 움직임을 봐도 모방(유대감과 우정)과 관련된 뇌파가 나타나지 않았다. **규칙 7(가장 중요한 규칙일 수 있다): 타인에 대한 직감을 믿을 수 있다. 다만 그들의 행동을 본 다음에만 믿을 수 있다.**

보지 않고도 직감을 믿어야 한다면

타인에 대한 직감은 다른 시대에, 물론 소셜미디어가 출현하기 오래전부터 진화했다. 그러면 인터넷으로 사람을 만날 때는 어떨까? 인터넷의 사회생활은 미국의 서부시대처럼 지도에도 없는 무법지대에서 일어나고 위험할 때도 많고 변화무쌍하다. 온라인으로 만나는 사람들에 대한 직감을 믿을 수 있을까? 직접 만나기도 전에 어떤 사람인지 알 수 있을까?

"당신은 진짜 나를 볼 수 있나요? 그래요? 그래요?" 내가 좋아하는 록밴드 더 후The Who의 로저 달트리Roger Daltrey가 부른 곡이다. 인터넷이 출현하기 한참 전에 지금보다 주머니에 물건을 훨씬 적게 넣고 다니던 시절의 노래다. 우리는 항상 공적으로 소비되기 위해 자기를 포장하면서 실수를 최대한 감추거나 위장하려고 안간힘을 써왔다. 지금도 무척 노력한다. 페이스북이나 인스타그램을 비롯한 갖가지 소셜미디어에 가보면 사람들이 실제보다 완벽한 이미지를 보여주려고 업그레이드된 자기를 연출하느라 시간과 노력을 들이는 것을 알 수 있다. '캣피싱*'처럼 공적 자아가 완전한 허구일 때도 있다. 내 안의 '진정한 나'를 남에게 솔직히 드러내려면 엄청난 신뢰가 바탕이 되어야 한다. 나를 드러내면, 특히 '진정한 나'의 일면이 사회나 주위 사람들에게 얕보이면 취약한

• catfishing, 소셜네트워크에서 아이디나 계정을 거짓으로 만들어 거짓 인물로 행세하는 행위

입장에 처하기 때문이다.

　인터넷의 석기시대(1990년대)에 인간의 의사소통을 연구하는 사람들과 사회심리학자들은 새로 출현한 전자 소통방식이 사회생활에 어떤 영향을 미치는지 연구하기 시작했다. 그중에 케이틀린 맥케나Katelyn McKenna의 획기적인 연구가 있다. 맥케나는 신분을 위장하고 '참여 관찰자'로 다양한 주제를 토론하는 뉴스그룹 몇 곳에서 회원 자격을 얻었다. 당시에는 이런 집단에 익명으로 들어가는 것이 어렵지 않아서 많은 사람이 사회적으로 '낙인찍힌' 관심사를 중심으로 모인 집단에 들어가 활동할 수 있었다. 백인 우월주의 집단과 같은 정치적인 주제도 있었고, 복장도착과 같은 성적인 주제도 있었다. 물론 나비 수집이나 험프리 보가트가 나오는 영화 같은 일상적이면서도 구체적인 관심사로 모인 집단도 있었다. 사람들이 이런 포럼에 모인 이유는 처음으로 관심사가 같은 사람들을 만날 수 있는 자리였기 때문이다. 특히 사회적으로 낙인찍히고 백안시되는 주제(복장도착이나 가학피학성 성애와 같은 성적 성향, 반정부 민병대나 백인 우월주의 집단과 같은 정치 성향)에 관심이 있는 사람들은 평생 주위 사람들뿐 아니라 친한 친구나 가족, 심지어 배우자에게까지 자신의 성향을 숨겨왔다.

　맥케나는 이런 집단에 잠입해 활동하면서 다른 구성원들에게 신뢰를 얻었다. 가입한 지 몇 달, 심지어 몇 년이 지나서야 구성원들에게서 집단에 얼마나 참여했는지, 이 주제에 관심 갖는 것을 스스로 얼마나 받아들이는지(창피한지, 괜찮은지, 자랑스러운지), 사

랑하는 사람들에게 밝혔는지에 관한 정보를 수집할 수 있었다. 더
불어 구성원들이 게시물을 올리고 토론에 참여하는 방식을 통해
집단에 적극 참여하는지, 몰래 숨어서 게시물을 읽기만 하고 아무
말도 하지 않는지 추적했다.

맥케나가 얻은 결과는 놀라웠다. 뉴스그룹 참가자들은 대체로
그 전까지는 관심사나 활동을 부끄러워하거나 필사적으로 숨기
려 했다. 주로 연령대가 높을수록(30대나 40대나 50대) 남에게 평
생 숨기고 싶어 했다. 뉴스그룹을 발견하기 전에는 자기와 같은
관심사를 가진 사람들이 세상에 없는 줄 알았다고 말하는 사람이
많았다. '진정한 나'를 공유할 수 있는 사람들을 발견해서 얻은 가
장 놀라운 효과는 더 이상 '진정한 나'를 창피해하거나 불편하게
생각하지 않아도 된다는 점이었다. 자기 수용의 첫걸음으로 자신
의 성향을 친한 친구와 가족에게 평생 처음으로 직접 털어놓은 경
우도 많았다. 그러려면 자기 수용이 먼저 일어나야 했지만, 일단
자기를 수용하면 혼자만 간직하던 자신의 일면을 진심으로 공개
하고 싶어 했다. 개중에는 30~40년간 철저히 비밀로 간직하다가
털어놓은 사람도 있었다.

여기서 맥케나의 연구를 소개하는 이유는 디지털로 전 세계 사
람들과 연결되면서, 직접 얼굴을 보고는 말하지 못하는 우리의 아
주 중요한 일부를 함께 나눌 수 있는 누군가를 발견하고 소통할 수
있는 현실을 강조하기 위해서이다.[23] 소셜미디어에서는 현실에서
는 보이지 않았을 사람들과 관계를 맺을 수 있다. 소셜미디어에서

우리는 '문열기 이미지gating features'로 살아갈 수 있다. 문열기 이미지란 현실에서 직접 사람들을 만날 때 사람들을 선별하는 데 기준으로 삼는 매력이나 얼굴 생김새를 의미한다. 이런 초기의 여과 장치를 거쳐서 누군가는 문 안으로 들어가지만, 다른 많은 사람이 차단당한다.[24] 아름다운 연애로 발전할 수도 있는데 이런 첫 이미지, 주로 신체적 매력이나 외모에 비중을 많이 두는 탓에 시작도 못 하고 끝나는 관계가 많다. 우리는 부부의 일생은 장미꽃의 붉은 빛이 사라진 뒤에도 같이 사는 시간이 대부분일 테니 대화가 잘 통하는 사람과 결혼하라는 니체의 조언을 마음 깊이 새겨야 한다.

다양한 소셜미디어(전부는 아니지만)에서는 이런 문 열기 이미지를 생략할 수 있다. 그래서 직접 만나지 않고 인터넷 토론집단이나 이메일, 블로그나 채팅방 같은 소셜미디어로 만나는 사람들은 '실생활'에서 만나는 사람들만큼 오래도록 안정적인 관계를 유지할 수 있다. 1990년대에는 인터넷으로 이성을 만나는 것을 색안경을 끼고 보았고, 어쩌다 만나도 첫날 얼굴을 보면 관계가 끝날 거라는 통념이 있었다. 하지만 그 뒤로 온라인 데이트가 폭발적으로 증가했고, 2005년부터 2012년 사이에 결혼한 약 2만 명에 대한 최근의 한 전국적인 설문조사에서는 35퍼센트가 온라인에서 처음 만난 관계로 나타났다. 절반은 이하모니eHarmony나 매치Match 같은 온라인 데이트 사이트에서 만났고, 나머지 절반은 소셜네트워크(페이스북, 트위터), 다중 접속 온라인 게임, 채팅방이나

기타 온라인 커뮤니티에서 만났다.

사회심리학자 존 카치오포John Cacioppo와 동료들은 이런 자료를 수집하고 분석해서 온라인으로 만난 부부가 전통적인 방식으로 만난 부부보다 헤어질 가능성이 더 높지도 않고, 결혼생활에도 비슷한 수준으로 만족하는 것으로 나타났다고 보고했다.[25] 물론 오늘날은 1990년대 인터넷과 달리 상대의 사진을 볼 수 있고 공통 관심사에 따라(데이트 플랫폼에서 제공한 정보를 확인하거나 게시물을 읽거나 특수한 관심사 집단의 구성원이라서) 서로 연결되므로 과거보다 문 열기 이미지가 더 많이 제공된다(예를 들어 틴더Tinder라는 사이트에서는 실제로 만날 때보다 온라인에서 첫눈에 끌리는 매력이 더 중요하다. 사진만 보고 "예"인지 "아니오"인지, 머물지 떠날지를 결정해야 하기 때문이다). 게다가 온라인으로 누군가를 만날 때는(특히 누군가를 알아갈 때는) 직접 만나는 경우보다 상대에 관한 중요한 배경지식(가치관, 정치적 태도, 관심사)을 더 많이 얻을 수 있다. 게다가 인터넷 만남의 질과 안정성에 관한 자료가 점점 증가하는 사이, 관계가 오래 지속될 가능성에 관한 1990년대의 (비난조의) 회의주의가 잘못된 것으로 일관되게 나타난다.

그렇다고 오해하지는 말라. 매력이 중요하다. 매력은 사람의 진정한 특징이다. 앞서 보았듯이 매력적인 얼굴은 문자 그대로 보고 있으면 기분이 좋다. 매력적인 얼굴을 보면 뇌의 보상 중추가 활성화된다. 앞서 보았듯이 아기들도 매력적인 얼굴을 더 좋아한다! 연애나 결혼을 위해 만날 때는 매력적이지 않은 사람보다 매력적인 사람을 좋아하는 것이 인간의 본성이다. 문제는 우리가 매력을 기준으로 그 사람의 다른 자질까지 잘못 추정하는 데 있다. 아름다운 것이 좋다는 믿음에서 매력적인 얼굴을 보면서 다른 좋은 가치, 가령 유쾌한 성격과 능력과 신뢰성까지 가정하는 것이다.[26] 외모만 보고 이런 직감을 지나치게 확신한다. **규칙 8: 매력이 사랑 방정식의 한 요소라는 데는 아무 문제가 없지만, 유일한 요소이거나 주된 요소가 된다면 문제가 생긴다. 장기적으로 보면 그렇다.**

우리는 수천 년, 혹은 수백만 년을 직감에 따라 반응하면서 살아남았다. 이 반응이 잘못된 길로 이끌거나 역효과를 불러왔다면 진화의 자연선택에서 인류는 이미 사라졌을 것이다. 그럼에도 현대의 삶은 지난 수천 년 혹은 수백만 년의 삶과 크게 다르다. 다양한 인종과 다양한 집안과 지역에서 온 사람들이 더 이상 서로 믿어서는 안 되는 적이 아니다. 얼굴 사진과 같은 현대적인 기술은 사람들이 우리를 대하고 우리가 사람들을 대할 때 서로 움직이는 모습을 관찰하도록 발달해온 직감에 따른 평가 기제를 속일 수 있다. 직감에 따른 반응은 많은 정보를 정교하게 통합할 수 있으니 진지하게 받아들여져야 한다. 다만 현대적 삶의 조건에 적응하고 특히 중요한 선택과 결정 앞에서는 믿을 만한 자료가 주어지면 적절히 활용하고 정보를 효과적으로 분석하는 방법도 활용해야 한다.

지금은 전문가들 사이에도 직감이 정확한지, 직감을 믿을 수 있는지에 대한 의견이 제각각이다. 직감을 믿을 수 없다고 주장하는 쪽에서는 복잡한 금융과 사업 결정을 연구하고, 시간 압박 없이 신뢰성 있는 자료를 토대로 성능 좋은 컴퓨터와 소프트웨어를 이용해서 분석했다. 직감을 믿을 수 있다고 주장하는 쪽은 주로 심리학자나 진화학자들로, 시간 압박과 수량적 측정치가 부족한 상황에서 결정해야 하는 평범한 현실에 주목한다. 그러니 우리는 직감이나 가슴이나 다른 체내의 장기(뇌를 포함하여)가 해주는 말에 귀를 기울여 진지하게 받아들이고 그냥 묵살하지 말아야 할 뿐 아니라 **자기가 하는 일을 돌아보고** 항상 상대에게 기회를 주어야 한다.

7장

보이는 대로
행동하다

1980년대 초, 내가 뉴욕 생활에 적응하고 전 세계 심리학자들이 무의식적 기제에 주목하기 시작할 무렵, 파리 살페트리에르 병원의 한 신경과 전문의가 뇌졸중을 일으킨 지 얼마 안 된 노인 환자 2명을 치료했다. 의사의 이름은 프랑수아 레르미트François Lhermitte였다. 숱이 없는 둥근 머리에 안경을 끼고 하얀 의사가운 안에 넥타이를 맨 모습은 그가 일하는 400년 된 둥근 지붕 병원에 어울리는 의료 전문가 그대로였다. 그의 남녀 환자는 둘 다 똑같이 이상하게 행동했다. 환경에서 주어진 단서에 따라 행동하고, 자신의 행동을 통제하지 못하는 것 같았다. "외부 자극에 의한 과도한 행동 통제로 행동의 자율성 상실." 레르미트가 두 환자에 관해 설명한 내용이다.[1] 레르미트는 자연히 외부의 영향에 이상하게 열려 있는 두 환자에게 호기심을 갖고, 일상의 다양한 상황에 노출시켜서 어떤 상황이 벌어지는지 관찰하기로 했다.

레르미트는 우선 단순하게 시작했다. 컵 두 잔에 물을 채워서 앞에 놓자, 두 환자 모두 곧바로 물을 마셨다. 아직은 이상할 게 없다. 하지만 레르미트는 잔에 계속 물을 채웠고, 환자들은 계속 배불러죽겠다면서도 연신 물 잔을 비웠다. 물 잔이 앞에 있으니 마시지 않을 수 없었던 것이다. 또 레르미트는 남자 환자를 집으로 데려갔다. 공원이 내려다보이는 아파트 발코니로 데리고 나가서 같이 경치를 감상했다. 그리고 다시 안으로 들어가기 전에 레르미트가 나직이 "박물관"이라고 중얼거렸다. 환자는 안에 들어가자 벽에 걸린 그림과 포스터를 호기심 있는 눈길로 찬찬히 들여다보고 테이블에 놓인 평범한 물건, 가령 미학적 관심을 끌 만한 물건이 아닌 접시와 컵을 예술 작품이라도 되는 양 유심히 들여다보았다. 그리고 환자를 침실로 데려가자 침대를 보고는 옷을 벗고 침대 안으로 들어갔다. 그러고는 이내 잠이 들었다.

어떻게 된 걸까? 원래는 평범하던 두 사람이 어떤 의도에 따라 행동하는 것처럼 보이지는 않았다. 레르미트와 초기 신경심리학자들의 생각처럼(뇌 영상 기술이 나오기 전에) 뇌졸중 환자들은 흔히 마음의 숨겨진 작용을 이해하고 행동의 커튼을 젖히고 무대 뒤 행동의 이유를 알아내기 위한 흥미로운 기회를 제공한다. 사람들이 뇌졸중을 일으킨 후 보이는 증상, 이를테면 말이나 시력이나 감정이나 기억에 나타나는 문제는 손상된 뇌 부위의 기능과 목적을 이해하는 데 중요한 단서가 된다. 그런데 두 환자가 환경에 맹목적으로 복종하는 행동에서 우리는 무엇을 알 수 있을까?

　레르미트는 파리의 여러 장소에서 두 환자의 과감하고 근면한 행동을 끌어내는 실험을 이어갔다. 그들은 루브르 근처 튈르리 공원 산책로에서 정원 손질 장비를 보았다. 호스와 갈퀴 몇 개가 놓여 있었다. 아니나 다를까 남녀 환자 모두 장비를 집더니 정원사처럼 갈퀴질을 하고 물을 뿌리기 시작했다. 고령에도 친절한 의사가 그만두라고 할 때까지 몇 시간이고 계속 일했다. 또 한 번은 진료실에서 여자 환자가 레르미트를 진찰했다. 아니, 그녀가 진찰이라고 믿는 행위를 했다. 주사를 놓게 바지를 내리라고까지 했고, 호방한 레르미트 박사는 순순히 그 말을 따랐다(그의 논문에는 이 장면이 찍힌 사진이 실려 있다). 나중에 두 환자에게 왜 그런 행동을 했는지 묻자, 둘 다 특이하거나 이상한 점을 인지하거나 이해하지 못하는 듯했다. 무의식중에 환경에서 자연히 발생하는 단서에 이끌리는 듯했지만 위의 행동, 물을 벌컥벌컥 마시거나 미술작품을 감상하거나 정원을 손질하거나 면허 없이 의료 행위를 하는 등의 행동을 의식적으로 정당화하는 데 문제가 없어 보였다. 뇌졸중으로 행동의 성격 자체가 바뀌었다. 이전에 학습한 대로 뇌에서 미세하게 조정된 반응(혹은 계획이나 목표에 따라 미래에 의해 조정되는 반응)이 사라지고 현재, 오로지 현재에만 과민하게 반응했다.

레르미트의 대책 없이 엉뚱하고 근면하던 뇌졸중 환자들은 결국 세상을 떠났다. 사망 후 두 사람의 뇌를 정밀히 검사한 결과, 둘 다 같은 부위가 손상되거나 파괴된 것으로 밝혀졌다. 행동을 계획하고 통제하는 데 중요한 전전두엽 부위였다. 주변 환경의 단서를 오감으로 받아들이고 그에 따라 행동할 수는 있지만, 충동과 그에 따른 행동을 통제하는 뇌 영역은 손상된 것이다.

이들보다 운이 좋은 우리에게는 행동을 계획하고 통제하는 전전두엽과, 충동과 그에 따른 행동을 통제하는 무의식적 뇌 영역이 모두 있다. 하지만 레르미트의(그리고 앞서 설명한 동시대의 가자니가의) 발견이 나오기 전까지 과학자들은 뇌의 의식적 통제 영역만 알고 있었다. 레르미트는 행동에 영향을 미치는 제2의 요소인 외부 환경이 현재 상황에 일반적이고 적절한 행동을 암시한다는 사실을 보여주었다. 의식적인 통제가 적절히 일어나지 않으면, 환경의 단서가 단독으로 행동을 지배하고 의식의 입력이나 통제를 필요로 하지 않는 것이다(물론 의식의 통제가 있는 편이 훨씬 바람직하다). 레르미트는 이 현상에 겸손하게 '환경 의존 증후군'이라는 명칭을 붙였지만, 얼마 후 그의 이름을 따서 '레르미트 증후군'이라는 명칭으로 알려졌다.

이후 신경학자들은 1980년대의 레르미트는 접하지 못한 뇌 영상 촬영 장치를 이용해서 레르미트의 결론을 실험으로 검증했다. 유니버시티 칼리지 런던의 신경과학자 크리스 프리스Chris Frith와 동료들은 뇌가 현재 행동의 의도를 전전두엽 피질과 전운동 피질에 저장하지만 실제로 행동을 지배하는 영역은 해부학적으로 다른 부위인 두정엽에 있다는 결론에 이르렀다.[2] 이런 발견은 점화와 무의식이 행동에 어떤 영향을 미칠 수 있는지 설명해주고, 레르미트의 환자들이 어떻게 환경과 무의식의 영향을 의식적으로 통제하지 못한 채 행동했는지 이해하는 데도 도움이 되었다. 행동에 대한 점화와 외부의 영향은 의도와는 무관한 뇌 영역의 행동을 촉발하지만, 의도는 별도의 다른 영역에 위치한다.

레르미트의 뇌졸중 환자들은 의식적으로 행동을 선택하거나 통제하지 않고 행동했다. 따라서 정교한 행동을 위해서 반드시 의식적인 선택이 필요한 것은 아니라는 사실을 알 수 있다. 윌리엄 제임스가 〈의지The Will〉라는 유명한 글에서 펼친 주장이 적절해 보인다(그는 1890년에 이미 여러 가지 문제에 관해 놀라운 선견지명을 보였다).

제임스는 우리의 행동이 사실 무의식적이고 의도하지 않은 영역에서 비롯되며, 이 영역에는 우리가 세계에서 현재 보고 경험하는 상황에 적합할 뿐 아니라 상황에서 암시를 받는 행동이 포함된다고 주장했다. 더불어 의지에 따른 의식적 행위는 무의식적 충동을 통제해서 일부만 드러내고 나머지는 억제하는 과정이라고 말했다. 이런 '통제 중추'는 레르미트의 뇌졸중 환자들의 뇌에서 손상된 부위와 정확히 일치했다. 따라서 모든 인간의 마음은 일종의 거울로 주어진 상황과 환경을 반영하는 행동을 끌어낸다. 예를 들어 물 잔은 "나를 마셔요"라고 말하고, 꽃밭은 "나를 손질해요"라

고 말하고, 박물관은 "나를 감상해요"라고 말한다. 우리도 레르미
트의 환자들처럼 외부 자극에 이런 식으로 반응하도록 설계되었
다. 우리도 부지불식간에 보이는 대로 행동한다.

　레르미트가 중요한 관찰을 발표한 지 30년이 지난 오늘날의 신
경과학계는 뇌와 여러 뇌 영역의 세분화, 그리고 뇌 영역이 상호
작용하는 방식에 관해 장족의 발전을 이루었다. 이후 여러 연구에
서 확인된 바에 의하면, 사실 레르미트의 환자들은 누구에게나 있
는 **거침없는** 무의식적 충동에 따라 행동한 것이었다. 행동 통제
기관이 손상되지 않은 사람들의 뇌에서는 다행히 윌리엄 제임스
가 말한 의지가 작동해 문지기 노릇을 하면서 끊임없이 일어나는
충동을 걸러준다. 그렇다면 우리 주위에서 벌어지는 일들만이 아
니라 우리가 속한 상황이나 맥락에서 암시하는 정보를 반영한 반
응이 뇌의 깊숙한 곳에서 부지불식간에 일어난다는 말은 어떤 의
미일까? 언뜻 우리가 생각 없는 자동 장치나 짐 나르는 짐승처럼
아무 생각 없이 무리를 따르는 것처럼 보인다. 마음은 생각하고
말하고 행동하면서 우리의 고유한 본성을 표출하기만 할까? 그렇
기도 하고 아니기도 하지만 아니라는 쪽에 가깝다.

　인정하고 싶지는 않겠지만, 우리는 모두 레르미트의 환자들과
상당히 유사하다. 숨겨진 충동이 현재의 행동에 광범위하고 강력
한 영향을 미친다. 타인의 행동과 감정에 전염되기도 한다. 눈으
로 직접 볼 때만이 아니라 책에서 읽거나 어떤 상황이 벌어지고
난 후의 흔적(가시적인 결과)을 볼 때도 마찬가지다. 어떻게 행동할

지에 관한 '암시'는 현재 지각하는 경험에서 비롯되지만, 무의식 중에 모방할 만한 타인의 행위를 넘어서 어떤 환경에 적절하다고 배운 복잡하고 추상적인 행동 양식(정원이나 박물관이나 침실에서의 일반적인 행동)으로 확장된다. 우리의 마음이 현재를 탐색하는 동안 고상한 행동과 형편없는 행동을 모두 하게 만드는 미묘한 단서가 오감을 통해 끊임없이 주입된다. 레르미트의 환자들처럼 우리도 이런 영향을 깨닫지 못한 채 스스로 자율적으로 행동하는 줄 착각한다.

카멜레온 효과

　우리는 주변 사람들에게 관심을 보인다. 날마다 끊임없이 사람들의 행동을 살핀다. 몸짓이나 버릇, 자세와 감정 표현, 어조와 성량, 말하거나 쓰거나 소셜미디어에 올리는 게시물의 내용에도 관심을 갖는다. 무엇을 보고 듣는지에 따라 우리도 자연히 같은 행동을 할 수 있다. **무의식중에** 모방하는 것이다. 의식적으로는 이런 행동의 의도를 알아채지 못한다(감정 표현에 관한 다윈의 설명처럼 우리는 의도했든 아니든 상대를 모방하면서 자각하지 못한다). 이런 적응적 성향은 물론 인간만의 것이 아니다. 물고기 떼와 새 떼가 한 몸처럼 일제히 움직이는 광경을 보면 경이롭다. 프레드라는 새가 수지라는 새를 보고 '오, 수지가 저쪽으로 가는군. 나도 그리로 가야지!'라고 결심해서 같이 움직이는 것이 아니다. 날렵하고 완벽히 통일된 동작이라 도저히 새 머리로 의도한 선택이라고 보기 어렵다. 그보다는 지각과 행동의 연결, 말하자면 다른 새들의 운동과 방향을 지각해서 나오는 즉흥적인 행동 충동의 결과일 것이다. 인간도 이와 같은 **지각-행동 연결**을 타고나는데, 이런 연결을 이해하면 의식적으로 더 많이 통제할 수 있다.[3] 1990년대 후반에 나는 제자들과 함께 이처럼 비교적 깊이를 알 수 없는 마음을 연구하기로 했다. 우리는 사람들이 의도하거나 시도하지 않고 부지불식간에 서로를 모방하는지 알아보고 싶었다.

실험을 설계하면서 참가자들이 서로에게 주목하거나 친구를 만드는 데 몰두하지 않는 상황을 연출하는 데 주력했다. 관계를 맺으려고 하면 일부러 서로를 더 많이 모방하기 때문이다. 그러면 이런 동기가 없어도 모방할까? 상대의 행동을 보기만 해도 모방할까? 타니아 차트랜드Tanya Chartrand와 나는 참가자들에게 로르샤하 검사와 유사하지만 잉크반점 대신 사진을 이용한 투사적 성격 검사를 개발하는 실험이라고 말했다.[4] 그리고 참가자들에게 테이블에 쌓인 사진 중 1장을 집어서 보고 떠오르는 생각을 말하게 했다. 참가자들끼리는 가급적 소통하지 못하게 하고 테이블 위의 사진에만 집중하게 했다.

테이블에 둘러앉은 사람들 중 1명만 실제 참가자이고, 나머지는 실험 공모자로 사진을 보면서 두 가지 행동 중 한 가지를 했다. 공모자는 2명이었다. 참가자는 첫 번째 공모자와 사진 과제를 수행한 다음 두 번째 공모자와도 과제를 수행했다. 실험 설계에 따라 공모자 중 1명은 다리를 꼬고 초조한 듯 발을 떨었다. 다른 공모자는 발을 떨지는 않았지만 손으로 머리와 얼굴을 만지고 귀를 잡아당기고 로댕의 유명한 〈생각하는 사람〉처럼 손으로 얼굴을 받쳤다. 실제 참가자는 첫 번째 공모자와 함께 차례로 사진에 관해 떠오르는 생각을 말하고 나서 다른 방으로 가서 두 번째 공모자와 같은 과제를 수행했다. 우리는 참가자들이 카멜레온처럼 같이 있는 사람의 행동에 따라서 자기 행동을 바꿔나갈 것으로 예상했다. 카멜레온이 주변 환경에 따라 색깔과 점을 바꾸듯이 말이다.

우리는 실험 장면을 몰래 촬영해서 참가자가 각 상황에서 얼마나 많이 얼굴을 만지거나 발을 떠는지 측정했다. 촬영된 영상에서 과연 참가자들은 같이 있는 사람의 행동을 모방하고, 다른 공모자가 있는 방으로 가서는 그 사람을 모방했다. 얼굴을 만지는 공모자와 같이 있을 때는 얼굴을 만지고 발을 떨지 않다가 발을 떠는 공모자와 같이 있을 때는 얼굴을 만지지 않고 발을 떨었다. 실험이 끝나고 물어보자, 참가자들은 실험 중에 공모자를 모방한 사실을 전혀 알아채지 못했다. 모방이 전적으로 무의식중에 자동으로 일어난 것이다.

세상에는 **카멜레온 효과**chameleon effect의 사례가 넘쳐난다. 주위를 둘러보기만 해도 바로 찾을 수 있다. 실제로 우리 연구가 발표된 후 CNN 뉴스 보도팀이 뉴욕 센트럴파크에 나가서 공원 벤치에 앉아 있거나 서서 대화를 나누거나 나란히 걷는 연인이나 사

람 들을 카메라에 담았다. 무의식중에 서로를 모방하는 사람들의
사례는 무수히 많았다. 프로듀서는 카멜레온 효과를 보도하기 위
한 사례를 찾는 데 전혀 어려움이 없었다고 말했다.

그런데 왜 눈에 보이는 모습과 우리의 행동이 연결될까? 답은
우리의 과거와 유전자에 있다. 아기도 어른들처럼 남을 흉내 내고
따라 한다(사실 아기들이 더 많이 따라 한다). 배우거나 노력해서 하
는 행동이 아니다. 선천적인 성향이라면 진화의 과정에서 인류가
살아남는 데 도움이 된 적응적 장점이 있다는 뜻이다. 아기의 모
방을 연구한 앤드루 멜트조프Andrew Meltzoff에 의하면, 그중 한 가
지 장점은 아이가 또래 친구나 성인 보호자를 모방하기만 해도 다
양한 상황에서 어떻게 반응하고 행동할지를 학습할 수 있다는 점
이다.[5] 영아는 모방 성향에 활짝 열려 있는데, 아직 이런 모방 충동
을 조절하는 기능이 발달하지 않아서(서너 살 무렵부터 발달하기 시
작한다) 레르미트의 환자들처럼 환경(과 배고프거나 배에 가스가 차
서 생기는 내적 충동)에 원시적인 모방 반응만 보이고 반응을 숨기
거나 억제하지 못한다. 그런데 신경학적으로는 정확히 무슨 일이
일어나는 걸까?

사실 뇌는 눈에서 들어오는 각기 다른 정보의 흐름을 수용하도
록 설계되어 있다. 하나는 이해하고 아는 데 목적이 있는 정보이
고, 다른 하나는 적절히 행동하는 데 목적이 있는 정보이다. 전자
는 의식 영역으로 흘러가고, 후자는 자동적이고 무의식적인 영역
으로 흘러간다. 두 가지 시각 정보의 흐름은 1990년대에 신경심

리학자 데이비드 밀너David Milner와 멜빈 구데일Melvyn Goodale이 발견했다.[6] 각 정보의 흐름은 망막에서 나와서 뇌의 일차시각피질로 흘러가 추가로 분석된다. 그런 다음 한 갈래는 대상을 식별하는 **앎**knowing을 관장하는 뇌 영역으로 가서 대상에 관한 질문에 답하기 위한 정보를 제공한다. 다른 한 갈래는 어떻게 반응할지에 관한 **행위**doing를 관장하는 영역으로 곧장 들어간다. 행위를 위한 흐름은 주로 의식적 자각의 외부에서 작동하는 반면에, 이해하고 인식하기 위한 흐름은 대개 의식에 접근한다.

역시 뇌 영역과 기능에 대한 이해에 지대한 공헌을 한 뇌졸중 환자들 덕분에 나온 발견이다. 밀너와 구데일은 뇌의 작은 영역이 손상된 뇌졸중 환자가 연구자가 손에 든 물건이 무엇인지(예: 책) 정확히 말하지 못하면서도 연구자가 물건을 건네자 정확히 그쪽으로 손을 뻗을 수 있다는 것을 발견했다. 한편 어떤 환자들은 연구자가 손에 든 물건이 무엇인지 정확히 말할 수 있으면서도 물건을 건네자 손을 그쪽으로 뻗지 못했다. 두 사례에서는 각기 다른 뇌 영역이 손상된 것으로 나타났다. 한 영역이 손상되자 '앎'의 시각 흐름은 차단되지만 '행위'의 시각 흐름은 그대로인 데 반해, 다른 영역이 손상되자 '행위'의 시각 흐름은 차단되지만 '앎'의 시각 흐름은 온전했다. 우리는 문자 그대로 흉내쟁이로 태어난 것이다.

하지만 신경 구조의 특성상 흉내를 내면서도 대개는 그러는 줄도 모른다. 우리가 상대의 행동에서 지각하는 정보는 그 정보를 아는 것과 별개로 '행위'에 영향을 미칠 수 있다(그사이 의식은 대개 다른 것에 주목한다).[7] 카멜레온 효과는 (밀너와 구데일의 두 가지 시각 흐름 발견과 레르미트의 환경 의존성 증후군의 발견과 함께) **보이면 이해하지** 못하면서도 곧장 **행동**할 수 있는 현상을 의미한다.[8] 뇌와 마음은 생각하고 알도록 진화한 것만이 아니라 행동하도록, 필요하다면 재빨리 행동하도록 진화했다. 카멜레온 효과는 영아기와 유아기에 적절한 행동을 학습할 때 유용할 뿐 아니라(물론 그 자체로 중요한 혜택이지만) 또 다른 유용한 결과를 낳는다. 그중에 가장 중요한 혜택은 서로 협력하는 데 도움이 된다는 점이다.

모방은 일종의 사회적 접착제다. 모방은 두 사람 이상을 하나로 연결해준다. 무의식적 모방으로 유대가 강화된다. 우리는 첫 번째 '카멜레온' 실험 이후에 두 번째 실험을 진행해서 이처럼 유대가 강화되는 현상을 발견했다.

두 번째 실험에서는 첫 번째 실험의 역할을 바꾸었다. 이번에는 참가자와 공모자가 테이블에 놓인 사진을 보고 이야기하는 동안 공모자가 참가자의 자세와 몸짓을 미묘하게 모방했다. 통제 조건에서는 공모자가 참가자를 모방하지 않았다. 공모자가 방에서 나간 후 다른 참가자(사실은 공모자)가 참가자에게 방에서 자란 사람이 얼마나 마음에 들고 그 사람과 얼마나 원만하게 소통했는지를 비롯해 실험에 관한 몇 가지 질문을 던졌다. 사진에 관해 이야기하는 동안 공모자가 참가자를 모방한 조건에서는 모방하지 않은 조건에 비해 참가자들이 공모자를 더 좋아하고 소통이 원만했다고 생각했다. 인간은 상대가 미세하게라도 우리와 비슷하게 행동하면 바로 알아채고 그 사람을 더 좋아하고 유대감을 더 많이 느낀다. 나아가 더 원만하게 소통하고 더 조화롭게 행동할 수 있다. 남을 따라 하는 우리의 타고난 성향 때문에 친밀하고 다정한 감정이 생긴다. 단테와 그의 시적 차가움처럼 행동의 동시성과 유대감의 효과도 인류 문명이 수천 년에 걸쳐 (물론 무의식중에) 깨달았다.

우리는 수천 년 전부터 모두가 동시에 수행하는 의례적인 행동이 주는 유대감의 위력을 알았다. 역사적으로도 군악대와 북 치는 사람이 병사들과 함께 행군하면서 병사들이 보조를 맞추게 해주었다. 로마군은 기원전 200년경에 군악대를 대동하고 유럽을 정복했다.[9] 병사들은 군악대의 리듬에 발맞추어 행진할 뿐 아니라 활기찬 곡이 울려 퍼진 덕분에 며칠, 몇 주, 때로는 몇 달까지 이어진 기나긴 행군을 견딜 수 있었다(2차 세계대전 중에 벨기에 국민들이 독일에 점령당해서 가장 고통스러웠던 점이 온종일 병사들의 노랫소리를 들어야 하는 것이었다고 전해진다).[10]

군대가 군악대와 함께 전쟁터에 나가는 경우가 아니라도, 공적인 삶에서 모두가 일제히 수행하는 의식이 있다. 종교 의식에서는 동시에 일어서고 무릎을 꿇고 성가를 부른다. 스포츠 경기(혹은 세속의 종교 행사)가 시작되기 전에 모두 일어나서 국가를 제창한다. 각자 다른 팀(과 유니폼)을 응원하더라도 모두 같은 국가 공동체의 일원이라는 사실을 일깨워주기 위해서다. 심지어 모방과 소속의 무의식적 힘을 이용해서 범죄자에게 정보를 캐내는 등 타인의 행동을 바꿀 수도 있다. 경찰은 타인과 동일시하려는 인간의 무의식적 충동을 이용해서 강압적이지 않은 새로운 방식으로 사건을 해결할 수 있다. 물론 이 방법을 선택할 의지가 있다면 말이다.

안타깝게도 전통적이고 여전히 가장 일반적인 심문 방법에서는 이와는 정반대의 분위기를 조성한다. 용의자를 협박하고 괴롭히고 고문까지 해서 중요한 정보를 캐낸다. 런던탑 투어에서 반역자들을 가뒀던 중앙의 '피의 탑'에 들어서면 심문받던 죄수들의 뼈가 떨어지고 살이 찢겼을 고문대가 제일 먼저 눈에 들어온다. 500년이 지난 지금도 비슷한 고문이 자행된다.

2002년 10월에 아부 주바이다Abu Zubaydah라는 남자가 태국에서 CIA '블랙 사이트' 강제수용소에 수감되었다(그는 두 달 전에 파키스탄에서 미국의 비밀부대에 체포되었다. 소규모 접전에서 총상을 입었지만 의료진이 부상 부위를 치료해서 살려놓았다). CIA는 그가 알카에다의 고위급 정보원이므로 9·11과 오사마 빈 라덴Osama bin Laden과 아프가니스탄의 테러리스트 훈련소에 관한 중요한 정보를 안다고 (잘못) 믿었다. 심문관들은 정보를 캐내기 위해 '고급 심문 기술'이라는 완곡한 이름의 심문 방법으로 그를 굴복시켜서 술술 불게 만들었다. CIA의 고급 기술은 물고문이었다. 그들은 중세풍의 잔혹한 심문으로 주바이다에게 무려 83차례나 고문을 가했다. 그의 경험을 상상하는 것만으로도 고통스럽지만 자세히 알아볼 가치가 있다.

주바이다는 몹시 허약한 몸 상태에서 (수용소에 갇힌 후 한쪽 눈까지 잃었다) 몸이 기울어진 판자에 고정된 것은 알았지만 천으로 얼굴을 가려놔서 무슨 일이 벌어질지 몰랐다. 심문관들은 천 조각이 덮인 입에 물을 부었다. 그러자 그는 익사할 것 같은 느낌이 들었고 곧이어 극심한 공황 상태에 빠졌다. 주바이다가 숨이 막혀서 헐떡이는 동안 CIA 요원들은 정보를 캐묻고 천이 덮인 입에 계속 물을 부었다. 끔찍한 소리가 났다. 콸콸 물이 쏟아지고, 숨을 헐떡이고, 숨이 막히고, 신음하는 소리. 이어서 요원들은 물을 더 많이 부어서 숨통을 아예 막아버렸고, 주바이다의 몸은 격렬히 요동치다 마비되었다. 영원 같은 시간이 흐르고 판자가 올라가는 느낌이 들더니 다시 숨이 쉬어졌다. 그러자 요원들은 다시 그가 알지도 못하는 정보를 캐물었다. 그가 당한 비인도적 처우는 여기서 끝나지 않았다.

　레베카 고든Rebecca Gordon은 2016년의 우울한 논문에서 주바이다 사건의 사악한 시작부터 충격적인 결말까지 낱낱이 파헤쳤다.[11] 물고문만이 아니었다. 주바이다는 며칠간 수면을 박탈당하고 벽에 내던져지고 정신이 이상해질 정도로 장시간 시끄러운 소음에 노출되었다. 9·11의 외상으로 인해 외상으로 미군은 그들이 믿는 고귀한 대의를 위해 사람들에게 깊은 외상을 남겼다. 목적이 수단을 정당화한다고 믿은 것이다. 조지 W. 부시George W. Bush 대통령은 주바이다에게 짜낸 정보로 이라크 침공을 정당화하고, 이른바 테러와의 전쟁을 벌이면서 무수한 포로들에게 가한 '고급 심문 기술', 즉 고문을 정당화했다. 다만 나중에 그들도 인정했듯이 주바이다에게 고문을 가하며 짜낸 정보는 전혀 가치 있는 것이 아니었다. 심문의 모든 방법이 잘못되었다.

세상에는 여전히 테러리스트들이 무고한 사람들을 죽이고, 미국과 각국 정부가 잡아들인 포로들에게 갖가지 전술로 정보를 캐내려 하며, 여전히 주로 비인도적인 방법에 의존한다. 참으로 우울한 소식이다.

그런데 형사 사법 분야의 법의학자들이 모방의 무의식적 심리에 주목해서, 용의자와 적에게 심문하고 정보를 캐내는 데 있어 훨씬 덜 잔혹한 새로운 방법을 제안하기 시작했다. 이들의 보고에 의하면 새로운 방법은 기존의 가혹한 방법보다 더 타당하고 믿을 만한 정보를 끌어내는 것으로 나타났다. 사실 과거의 가혹한 방법으로 고문당한 용의자는 견딜 수 없는 고통을 멈추기 위해 심문자가 듣고 싶어 하는 말을 해주는 경향이 있다. 하지만 용의자를 모방하면 모종의 유대감이 전달된다. 모방을 통해 나는 지금 벌어지는 상황에 대한 당신의 느낌과 반응을 이해한다고 알리는 것이다. 그러면 유대감이 공고해지고 서로 남남이던 사람들 사이에 친밀감이 생긴다. 수천 년 전부터 대규모 사회 집단이 거행하던 의식에서 사용된 것처럼 공유와 협력이 촉진된다. 따라서 비협조적인 사람을 협조하도록 유도하는 바람직한 방법은 그 사람과 친밀한 관계를 맺으려고 노력하는 것이다.

버펄로 대학교의 마크 프랭크Mark Frank와 동료들은 새로운 방법이 범죄 수사와 범인 심문의 현장에서 어떤 결과를 낳는지 알아보았다.[12] 협조적인 목격자는 수사의 주요 정보원이다. 질문을 받는 사람과 질문하는 사람 사이에 긍정적인 감정이 생기면 용의자든 목격자든 수사에 협조할 가능성이 커진다. 그리고 상대가 협조적으로 나오면 타당하고 가치 있는 정보를 제공할 가능성도 커진다. 프랭크의 연구팀은 친밀한 관계가 목격자 진술의 정확성과 완결성에 어떤 영향을 미치는지 연구했다. 연구팀은 모든 참가자가 한 번만 본 실제 사건의 동영상을 실험에 이용했다. 현실의 목격자도 사건을 한 번만 보기 때문이다. 1분짜리 생생한 컬러 동영상에서 남자 행인이 갑자기 달려와 불타는 차로 뛰어들고(자살시도로 보인다) 화면 밖에서 행인들이 동요하는 소리가 들리고 마지막에 소방차가 도착한다. 다음으로 참가자들은 세 가지 중 한 방식으로 면접을 받았다. 호의적으로 친밀한 관계를 형성하는 방식이나 갑작스럽고 냉랭한 방식이나 경찰이 주로 훈련받은 대로 일반적인 중립성을 지키는 방식이었다.

첫 번째 집단에서는 면접자가 느긋한 자세와 부드러운 어조로 참가자의 이름을 불러주면서 좋은 분위기를 조성했다. 두 번째 집단에서는 면접자가 거칠고 딱딱 끊는 말투와 경직된 자세를 취하고 참가자의 이름을 불러주지 않았다. 다음으로 기존의 중립적인 집단이 있었다. 결과적으로 좋은 분위기를 조성하는 방법이 효과를 거두었다.

우선 친밀한 관계 조건의 참가자들은 다른 두 집단보다 오래 말하고 동영상에서 벌어진 상황에 관해 매우 정확한 정보(50퍼센트 이상)를 제공했다. 친밀한 관계를 형성하고자 단 5분만 노력하면 목격자에게 정확한 정보를 끌어낼 수 있다는 뜻이다.

프랭크 연구팀의 첫 번째 연구에서는 친밀한 관계를 맺기 위해 특별히 모방을 활용하지 않은 반면에 프랭크가 폴 에크먼과 존 D. 야브로John D. Yarbrough가 함께 실시한 두 번째 연구에서는 모방 기법을 활용했다.13 연구자들은 법 집행과 국가 안보를 위한 '대인 평가 개선 방법IIE, Improving Interpersonal Evaluations'을 개발했다. IIE의 기본 취지는 친절하고 유능한 면접자가 면접 대상과 친밀한 관계를 형성하고 보다 편안한 분위기를 조성하는 데 있다. 친밀한 관계를 만들기 위한 한 가지 기법은 면접자가 피면접자의 행동을 따라 하는 모방 기법이다. 차트랜드와 내가 카멜레온 연구에서 조작한 행동(앉은 자제, 한 손에 턱을 받치는 자세)과 동일하다.

프랭크의 연구팀은 말투를 흉내 내고 목격자와 같은 수준의 어휘를 구사하는 방법을 추가했다. 여기서 모방 기법을 사용하는 목적은 면접자와 피면접자의 행동 동시성을 위해서다. 동시성이 생기면(집단 의식처럼) 유대감과 호감이 커지고 이어서 신뢰감과 협동심이 생기기 때문이다. 두 사람 사이가 급속히 돈독해지는 것이다. 사실 IIE 기법의 설명서에는 면접자가 일부러 자세를 바꾸는 식으로 피면접자가 자기를 따라 하는지(역모방) 확인해서 친밀한 관계가 계속 살아 있는지 주기적으로 검증하라고 명시되어 있다. IIE는 현재 경찰 훈련에서 널리 쓰이는 기법이다. 기존 심문 기법에 비해 개선된 방법임이 입증되었기 때문이다.

물론 심문에서만 모방의 긍정적인 효과를 활용하는(활용할 수

있는) 것은 아니다. 네덜란드의 한 연구에서는 웨이트리스에게 고
객의 주문을 다시 말해주거나(모방 조건) 말해주지 않도록 지시했
다. 이유는 알려주지 않았다(참가자들은 무슨 연구인지 몰랐다). 고객
의 주문을 다시 말해준 참가자들은 그렇지 않은 참가자들보다 유
의미한 수준으로 팁을 더 많이 받았다.[14] 모방이 웨이트리스와 고
객 사이의 호감과 유대감을 끌어올렸고, 긍정적인 경험이 증가하
자 팁도 늘어난 것이다. 프랑스 대형 백화점의 가전제품 코너에서
실시한 한 연구에서는 20대 남자 판매원 4명이 돌아가면서 다양한
MP3 플레이어에 대한 고객의 질문을 반복해서 말해주거나 말하
지 않았다.[15] 어떤 고객을 따라 하고 어떤 고객을 따라 하지 않을지
는 무작위로 정했다. 예를 들어 이런 식으로 말했다. "손자한테 사
줄 MP3 플레이어를 고르는데 도와주시겠소?" "안녕하세요, 그럼
요. 제가 **손자분께 사줄 MP3 플레이어 고르는 걸 도와드리겠습니
다. 손자분 나이가 어떻게 되나요?**" 나중에 백화점 주차장에서 고
객들에게 접근해서 백화점에서의 경험과 그들을 도와준 판매원에
대한 호감도를 평가해달라고 요청했다. 실제로 MP3 플레이어를
구매했는지도 물었다. 모방 집단에서는 80퍼센트 가까이가 물건
을 구매했고, 모방하지 않은 집단에서는 62퍼센트만 구매했다. 게
다가 모방 조건의 참가자들은 모방하지 않은 조건보다 판매원과
백화점에 호감을 더 많이 보였다. 이런 현장 연구를 통해서 모방이
일상생활의 호감과 유대감에 효과가 있는 것으로 입증되었다.

전염성 있는 행동

우리가 보이는 대로 행동한다면 일상에서 자주 보는 사람일수록 그 사람의 행동을 따라 할 가능성도 높아질 것이다. 그러면 우리가 남들보다 자주 보는 사람이 누구일까? 평생의 배우자다.

카멜레온 효과의 또 한 가지 결과로 오랜 연인이나 부부 관계에 미치는 흥미로운 신체적 영향이 있다. 25년 이상 함께 산 전형적인 중년이나 노년 부부를 떠올려보라. 날마다 서로를 보고 대화를 나누고 의식적으로든 무의식적으로든 서로의 표정과 감정을 지켜본다. 배우자가 항상 웃고 행복하다면 당신도 그럴 가능성이 높다. 배우자가 우울하고 슬프다면 당신도 그럴 가능성이 높다. 부부는 한집에 살면서 무의식중에 날마다 시시각각으로 배우자를 모방한다. 수십 년을 함께 살면서 배우자와 똑같은 안면근육을 같은 방식으로 움직이면서 감정과 표정을 나누다 보면 결국 당신 얼굴에도 같은 근육과 주름이 생길 것이다. 뒤집어 말하면 이론상 애초에 비슷한 사람들이 만나면 더 오래 살아야 한다. 과연 그럴까?

미시간 대학교에서 내 지도교수였던 로버트 자이언스와 동료들은 이 질문을 검증하기 위해 신혼부부의 사진(부부로 함께 찍은 사진이 아니라 각자 찍은 사진)을 분석한 다음 결혼한 지 25년 후의 사진을 분석했다. 각자의 사진을 배우자의 사진과도 짝을 지우고, 나이가 같은 모르는 사람의 사진과도 짝을 지웠다. 그리고 사

진 속 주인공을 모르는 참가자들에게 두 사진의 유사성을 평가하
거나 어느 쪽이 결혼한 부부인지 평가하게 했다. 참가자들은 부
부끼리 짝지은 사진이 낯선 사람과 짝지은 사진보다 더 닮았다고
평가했다. 이보다 중요한 결과는 결혼 당시보다 25년이 지난 후
부부가 더 닮았다는 점이다. 부부는 점점 닮는다는 말처럼 오래
같이 산 부부가 더 행복한 이유는 서로에게 관심을 더 많이 보이
고 살면서 수많은 사건에서 같은 감정 반응을 보였기 때문이다.
나는 수업시간에 학생들에게 결국에는 배우자와 비슷해질 테니
배우자감을 신중히 고르라고 말해준다. 모방은 단지 이성에게 작
업을 걸기 위한 최고의 수단이 아니다. 모방은 사랑의 묘약이기
도 하다.

  우리가 모방 본능을 타고난다고 해도 아무나 반사적으로 믿고
아무하고나 협력하는 것은 아니다. 가령 상대가 못 미더운 행동을
한다면 어떨까? 6장에서 소개한 오리애나 애러건의 연구를 떠올
려보라.[16] 참가자가 상대의 손가락 움직임을 보는 동안 참가자의
뇌파를 측정한 연구다. 우리가 측정한 뇌파는 거울 뉴런 구조의
일부다. 이 구조에서는 타인의 행동을 지각할 때 뇌의 첫 반응으
로 상대의 동작을 따라 하려는 성향을 끌어낸다. 이 연구에서 거
울 뉴런은 참가자가 상대의 손가락 동작을 관찰할 때 활성화되지
만, 경제 게임에서 방금 자기를 배신한 사람의 동작을 볼 때는 (이
런 모방의 첫 번째 직접적인 단계에서) 활성화되지 않았다. 뇌의 모방
기제는 믿을 수 있는 사람과 믿지 못할 사람에 따라 섬세하게 반

응한다. 이런 반응은 우리가 인지하지 못하는 차원에서 일어난다. 어쨌든 참가자가 믿지 못할 사람을 모방하지 않기로 **선택한** 것은 아니었다. 그보다는 모방을 위한 무의식적 기제가 일찍 중단되어 참가자에게는 선택할 기회조차 주어지지 않았다.

긍정적인 사회적 관계를 맺고 싶고 혼자 고립되고 싶지 않은 것은 인지상정이다. 그러나 삶은 항상 우리가 원하는 대로 풀리지 않는다. 현실에서는 남에게 따돌림을 당하거나 거부당할 때가 있다. 아무도 끼워주지 않아서 운동장 한구석에 혼자 있는 애처로운 아이처럼. 혹은 퇴근 후 모두 한잔하러 가는데 아무도 같이 가자고 말해주지 않는 어른처럼. 정말 냉정하다! 연구에 의하면 우리는 이런 상황에서 사람들과 새로운 유대를 맺으려고 평소보다 더 노력하고 이런 때일수록 평소보다 더 남들을 따라 하고 싶어 하는 것으로 나타났다.[17] 친구를 사귀고 사람들에게 호감을 사려는 목표에는 이미 카멜레온 효과의 장점이 깃들어 있는 듯하다.[18] 사랑을 쫓을 때도 이와 유사한 역동이 일어난다. 알다시피 목표를 달성하려면 중요한 작업이 필요하기 때문이다. 진화의 과정에서 카멜레온 효과는 본능적인 짝짓기 수법에 포함되었다. 우리의 이기적 유전자에게 짝을 찾고 만나는 행위의 핵심은 번식에 있다. 곧 유전자를 다음 세대로 안전하게 전달하는 것이 중요하다. 따라서 한 실험에서 남자들이 상대 여자가 때마침 생식주기에서 생식력이 가장 높은 기간일 때 그런 줄 모르고도 그 여자를 더 많이 따라 하는 결과가 나온 것도 일리가 있다.[19]

한편으로 동전의 양면처럼 외부의 영향(타인을 모방하는 카멜레온 효과든 자연스러운 상황에서 요구하는 대로 행동하는 레르미트 효과든)이 우리의 목표나 주요 동기와 충돌할 때는 외부의 영향을 거부하는 경향이 있다. 20년 전 한 학회에서 내가 카멜레온 효과에 관한 연구를 발표한 후 바로 이어서 스코틀랜드의 심리학자 닐 매크레Neil Macrae가 발표를 시작했다. 그는 청중에게 〈풀몬티The Full Monty〉라는 영화를 본 적이 있으면 손을 들어보라고 말했다. 당시 인기 있던 이 영화는 혹사당한 영국 남자들이 스트립쇼를 공연하기로 하는 내용이었다. 그날 모인 사람들 중 다수가 그 영화를 보아서 손을 들었다. 그러자 매크레는 영화에서 춤추는 남자 배우들이 무대에서 옷을 다 벗는 동안(그 유명한 '알몸뚱이full monty') 덩달아 극장에서 일어나 옷을 벗어던진 적이 있으면 계속 손을 들고 있으라고 말했다. 다들 웃었고, 몇 사람만 장난치느라 손을 들고 있었다. 하지만 다들 그가 무슨 말을 하는지 알아들었다.

행동의 전염 효과는 강제적이지도, 통제가 불가능하지도 않다. 레르미트의 환자들과 달리 우리에게는 상대와 같은 행동을 할지에 대한 통제력이 있고(스스로 상대를 따라 하는 것을 의식한다면) 또 원한다면 의도적으로 모방할 수도 있다. 앞서 언급했듯이 다윈도 감정 표현에 관해 같은 이야기를 했다. 나는 카멜레온 효과에 대한 발표를 마친 뒤 연회장에 모인 사람들이 카멜레온 효과의 영향을 자각하고 그 효과를 통제하려고 애쓰는 모습을 보았다. 내가 1시간 정도 카멜레온 효과를 강연했기 때문에 그 자리의 사람들이 스스로 그런 행동을 하는 것을 더 많이 의식했다. 모두가 서로를 모방하지 **않으려고** 애쓰는 모습을 보니 재미있었다. 내가 어떤 사람 앞에서 가슴에 팔짱을 끼고 서 있다고 해보자. 그 사람은 내 행동을 똑같이 따라 하려다가 바로 알아채고 갑자기 팔을 다른 위치에 놓는다(그리고 둘 다 어떤 상황인지 알기에 그 순간 웃음을 터뜨린다)! 매크레가 든 예처럼 남들의 행동을 따라 하는 것을 자각하면 카멜레온 효과가 나타날 가능성은 줄어든다. 어릴 때 부모에게 뭔가를 하게 해달라고 조를 때 친구들은 다 그걸 한다고 말하지 않았나? 그러면 부모에게 틀에 박힌 대답이 돌아오지 않았나? **친구들이 다 절벽에서 뛰어내린다고 너도 뛰어내릴래?**

아니, 그럴 리가 없다. 매크레와 그의 동료 루시 존스턴Lucy Johnston은 행동 전염 효과의 한계를 2단계의 실험으로 입증했다.[20] 우선 표준 언어 시험에서 유용성과 관련된 단어로 참가자들을 점화시켜 레르미트 식으로 남을 도와주고픈 충동을 끌어냈다. 다음으로 참가자들에게 고맙다고 말해서 실험이 끝났다고 믿게 만들었다. 하지만 본격적인 실험은 엘리베이터를 타고 내려갈 때 시작되었다. 실험자가 엘리베이터에 타고 내려가다가 실수인 척 펜 여러 개를 바닥에 떨어뜨렸다. 다음에 어떻게 됐을까? 유용성과 관련된 단어로 점화된 참가자들은 그렇지 않은 참가자들에 비해 허리를 숙여 펜을 주워줄 가능성이 높았다. 언어 시험에서 도움과 관련된 단어에는 남을 도우려는 성향을 끌어내는 의도적인 효과가 있었다. 다만 지저분하고 잉크가 새는 펜은 **예외**였다. 이런 조건에서는 앞서 언어 시험에서 유용성과 관련된 단어로 점화되었다고 해도 펜을 주워주려는 참가자가 드물었다. '남들이 하는 대로 하기'의 비용이나 방해 요인이 작용해서 무의식적 영향을 차단한 것이다.

'새는 펜' 연구는 또한 주어진 순간에 두 가지 이상의 행동 유형에 대한 무의식적 암시를 받을 뿐 아니라 두 가지 암시가 서로 충돌할 수 있다는 것을 보여주었다. 펜 연구에서 유용성이 점화된 참가자들은 도와주고 싶은 충동을 느꼈지만(새지 않는 펜 조건에서 다른 사람들보다 더 많이 도와주려 한 것처럼) 지저분한 펜이 세균이나 질병을 옮길 것 같아서 펜을 줍지 않고 싶은 충동을 더 강하게 느꼈다. 100달러짜리 지폐를 개똥에 꽂아서 인도에 버려둔 몰래 카메라 프로그램을 본 사람이 있을 것이다. 이런 딜레마에 직면할 때는 사람마다 비용에 대한 임계치가 다르다(그리고 그 돈이 필요한 정도도 다르다). 개똥이 묻은 100달러 지폐를 손으로 집는 사람도 있고 그렇게 하지 않는 사람도 있었다. 한편 불행히도 외부 환경의 단서가 우리에게 끌어내는 것은 협력 행동만이 아니었다. 무례함과 반사회적 행동도 끌어올릴 수 있었다.

매크레와 존스턴이 참가자들에게 유용성과 관련된 단어를 보거나 쓰게 하기만 해도 엘리베이터에서 도움 행동을 더 많이 끌어낼 수 있다고 보여주었듯이, 우리 실험실에서는 같은 방식으로 무례함(혹은 정중함)도 키울 수 있는 것으로 나타났다.[21] 우리 실험 참가자들은 '언어 능력' 시험을 보는 줄 알고 워싱턴 플레이스의 우리 실험실에 찾아온 NYU 학생들이었다. 참가자들은 무례함과 관련된 단어 조건이나, 정중함과 관련된 단어 조건이나, 두 개념과 무관한 단어가 포함된 통제 조건으로 나뉘어 간단한 '뒤섞인 단어로 문장 만들기' 검사를 받았다. 참가자들은 검사를 마치면 복도를 따라 실험자를 찾아가서 두 번째 과제를 받고 그 과제를 마치면 실험이 종료된다는 설명을 들었다.

그런데 참가자들이 언어 검사를 마치고 복도를 따라 실험자가 있는 곳으로 왔을 때 실험자는 다른 참가자로 보이는 사람과 이야기를 나누느라 여념이 없었다. 실험자는 문 앞에 서서 안쪽을 향해 말하고 있고 안에서 다른 사람의 목소리가 들렸다. 그 사람(사실은 연구팀의 일원)은 방금 마친 과제에 관해 질문을 던지고 실험자는 그 질문에 대답해주었다. 이런 대화가 오가는 사이 실험자는 안쪽의 누군가에게만 관심을 보이고, 참가자는 옆에 가만히 서 있었다. 우리는 참가자가 얼마나 가만히 서 있다가 대화에 끼어들어 두 번째 과제를 받아 가는지, 이때 참가자의 반응이 얼마나 '정중한지' 혹은 '무례한지' 알아보고 싶었다. 참가자가 복도에서 다가오면 실험자는 곧바로 주머니 속에서 몰래 소리가 안 나는 스톱워치를 눌렀다.

참가자가 두 번째 과제를 받으려고 서서 기다리는 동안 실험자는 계속 안쪽의 사람과 대화를 나누었다. 실험자는 계속 말하다가 참가자가 대화에 끼어들어 두 번째 과제를 달라고 하거나 10분이 지나면 스톱워치를 멈추고 두 번째 과제를 주었다(사실 심리학 연구 계획서를 심사하는 대학 위원회에 처음 이 실험을 제안할 때는 10분의 시간 제약을 두지 않았다. 그런데 위원회에서 그러면 무한정 기다리는 참가자가 나올 수 있다면서 시간 제약을 두라고 권했다. 우리는 그런 상황이 발생할 거라고는 생각지도 못했다. 뉴욕 사람들은 참을성 있고 정중하기로 유명한 사람들이 아니지 않은가. 우리는 모든 참가자가 몇 초까지는 아니어도 몇 분 만에 대화에 끼어들 거라고 예상했다. 그러나 우리의 예상이 빗나갔다). 이 실험에서 중요한 측정치는 무례함과 정중함 조건의 참가자들이 대화에 끼어들기 전에 기다리는 시간이었다. 우리가 예상한 대로 첫 번째 언어 검사에서 무례함과 관련된 단어를 본 사람들은 정중함과 관련된 단어를 본 사람들보다 실험자를 방해할 가능성도 높았고(대다수가 그랬다) 기다리는 시간도 짧았다. 놀라운 결과는 정중함 조건의 참가자 대다수가 실험자를 전혀 방해하지 않고 10분 내내 참을성 있게 기다렸다는 점이다.

플로리다 대학교의 연구자들은 무례함 점화 효과를 실험실 밖인 경영대학원 강의실로 가져갔다. 연구자들은 직장에서 타인의 무례함이 '전염성이 있다'는 사실을 보여주었다.[22] 무례함이 감기처럼 한 사람에게서 다른 사람에게로 퍼져나갔다. 협상 수업에서 어떤 사람의 협상 상대가 무례하면 다음 주에는 그 사람이 다른 사람에게 무례하게 구는 것으로 나타났다. 연구자들은 또한 팀장이 팀원들에게 무례하게 대하는 장면을 보면 우리의 '무례한' 언어 실험과 동일한 효과가 나타나서 참가자의 머릿속에서 무례함이 점화된다는 것을 보여주었다. 따라서 무례함과 관련된 단어를 보는 것과 현실에서 실제로 무례한 행동을 목격하는 것은 행동에 동일한 효과를 준다. 단어든 행동이든 모두 그 행동의 개념(여기서는 무례함)을 마음속에서 더 활성화시키고, 또 어떤 개념이 더 많이 활성화될수록 그렇게 행동할 가능성도 커진다.

플로리다 대학교 연구에서는 카멜레온 효과가 근무 분위기에 영향을 미치는 것으로 나타났다. 동료의 행동과 우리의 행동도 사무실 전체에 전염병처럼 퍼질 수 있다. 연구자들은 무례하고 공격적으로 행동하는 원인이 타인의 무례한 행동에 있고, 부정적인 행동의 전염성이 조직과 사회에 생각보다 크고 다양하게 영향을 미칠 수 있다는 사실을 사람들이 잘 모른다고 지적했다. 반사회적 행동의 바이러스는 타인의 행동을 직접 보지 않아도, 타인이 남긴 행동의 가시적인 결과만으로도 전염될 수 있다. 이는 깨진 창문, 낙서, 쓰레기, 무시의 징표, 다른 도시와 동네에 대한 경멸에 관한 이야기다. 1970년대와 1980년대와 1990년대의 이야기다.

깨진 창문과 도시의 재건

그렇다. 뉴욕 말이다. 때는 1995년이었다. 그즈음 우리 실험실에서는 무례함이나 정중함을 점화시켜서 사람들을 방해하거나 방해하지 않도록 만드는 방법에 관한 실험을 마무리했다. 레르미트의 뇌졸중 환자들처럼 환경에 행동 단서가 주어지고 그런 단서가 이어지는 상황에서 어떻게 행동할지에 영향을 미쳤다. 그런데 이런 건 우리가 뉴욕 길거리에 있든 농촌의 시골길에 있든 작은 동네의 식당에 있든 일상적으로 끊임없이 일어나는 현상이 아닌가? 남들이 무엇을 하고 어떻게 행동하는지에 관한 단서가 오감을 통해 끊임없이 흘러들어온다. 뉴욕 시민들은 세계에서 가장 예민하고 건방지기로 유명하다. 그런데 그들 마음속에 정중함의 단서가 흘러들어가면 최대한 사람들을 존중하고 예의를 갖출 수 있을까? (당장은 이 질문으로 빠지지 말자.)

내가 뉴욕으로 이사하고 처음 15년 동안 뉴욕에는 존중과 예의라는 덕목이 결여되었다. 이쪽 방면으로 뉴욕은 항상 꼴등이었다. 빅애플Big Apple(뉴욕의 별칭)에는 쇠락의 벌레가 들끓었고, 뉴욕은 도시적 방종이 판치는 황무지가 되었다. 미국 경제는 휘청거렸고, 미국의 가장 상징적인 이 도시는 파산 직전이었다. 결국 뉴욕은 물질적으로나 도덕적으로나 쇠락의 길을 걸었다. 집주인들은 건물을 유지하고 관리하는 비용을 마련하지 못해 합법적으로 보험금을 타내려고 건물을 태워버렸다. 잔해만 남은 건물에는 추방된 자들이 유령처럼 어슬렁거렸다. 거리에는 쓰레기가 불타고 노숙자가 급증했다. 헤로인 중독으로 공동체가 피폐해지고 폭력과 범죄가 난무했다. 지하철에는 항상 강도가 판을 쳤다. 타임스퀘어는 성매매 네온사인이 번쩍거리는 왕국이었고, 도시 전역에서 매춘이 횡행했다. 자유의 여신상마저 뉴욕항의 기름때로 발밑의 물이 무지개 빛깔로 번쩍거려서 예전의 우아한 자태를 잃어버렸다. 어떻게 그렇게 위대했던 도시가 이렇게 음울한 구렁텅이로 추락할 수 있는지 의문을 품은 사람들이 많았다.

　뉴욕시장 루디 줄리아니Rudy Giuliani가 '사소한 것 단속하기' 계획을 실행에 옮긴 시기와 맞물려서 우리가 무례함-정중함 연구를 진행한 것은 순전히 우연이었다. 줄리아니 시장은 깨진 창문 이론과 같은 맥락에서 공공 기물 파손 행위, 쓰레기 무단투기, 무단횡단처럼 사소하지만 눈에 잘 띄는 범죄를 엄중 단속하면(경찰이 실제로 거리 한복판에 서서 5번가 같은 대로에서 무단횡단하는 사람들에게 딱지를 뗐다) 더 중대하고 심각한 범죄도 줄어들 거라는 이론을 공개적으로 지지했다. 사람들이 깨끗해진 거리, 멀쩡한 건물과 상점의 전면, 무단횡단처럼 사소한 시민 불복종 행위를 저지르는 시민들이 줄어드는 현상을 목격하면 사회 전체가 서로를 더 존중하고 법을 더 준수하리라 본 것이다. 줄리아니의 계획은 당시 많은 사람에게 그림의 떡처럼 보였지만, 외부 환경 단서가 사회적 행동에 직접 영향을 미칠 수 있는 방식에 관한 새로운 심리학 연구와는 일맥상통했다. 정중함이나 무례함 같은 개념의 정신적 표상뿐 아니라 공격성이나 약물남용 같은 행동은 우리가 이런 감정이나 행동을 지각할 때 활성화되고, 따라서 전염성이 있다. 뉴욕 시민들은 1970년대와 1980년대에 엄청난 혐오와 중독을 보았다. 쓰레기도.

　쓰레기가 어마어마했다. 거리에 쓰레기가 나뒹굴고 담벼락과 열차는 낙서로 도배됐다. 그런데 이런 것이 정말로 수백만 뉴욕 시민의 행동에 영향을 미칠 수 있었을까? 나아가 쓰레기와 폐기물을 깨끗이 치운다고 해서 강력범죄를 줄이는 데 실질적인 도움이 될까? (만약 당신이 1995년에 이 질문에 그렇다고 대답했다면 나라면 헐값에 넘기고 싶었을 이스트리버의 다리 이야기를 들려주었을 것이다.)

그렇다. 도움이 되었을 수도 있다. 실제로 도움이 되었던 것도 같다. 2007년에 〈사이언스Science〉에 실린 네덜란드 연구자들의 연구를 살펴보자.[23] 연구자들은 실제 도시의 벽에 낙서를 잔뜩 해놓거나 페인트칠로 낙서를 깨끗이 지우는 식으로 거리의 외관을 바꾸었다. 그리고 자전거 보관대에 서 있는 자전거 핸들에 광고 전단지를 끼웠다(네덜란드는 자전거를 많이 타는 나라라서 어디에나 자전거가 많았다). 그리고 연구자들은 자전거 주인이 전단지를 어떻게 하는지 관찰했다. 벽에 낙서가 많으면 자전거 주인들은 전단지를 길에 버려서 쓰레기를 더 많이 만들었다. 낙서가 없으면 쓰레기도 훨씬 줄었다. 누가 벽에 낙서하는 장면을 실제로 본 것은 아니므로 카멜레온 효과 자체의 영향은 아니지만 벽에 낙서한 사람들의 흔적이나 결과에 영향을 받았다. 타인의 반사회적 행동(낙서)의 흔적이 자전거 주인에게 쓰레기 무단투기란 반사회적 행동을 점화시킨 것이다. 일종의 레르미트 효과였다.

이후 네덜란드 연구자들은 다시 실제 도시 환경에서 다른 방식으로 동일한 효과를 보여주었다. 주차장에 서 있는 자동차의 와이퍼에 같은 전단지를 끼웠다. 주차장 곳곳에 쇼핑카트를 버려두지 말라는 표지판이 있어도 쇼핑객들이 근처 슈퍼마켓에서 끌고 온 것으로 보이는 쇼핑카트가 잔뜩 널려 있으면 쇼핑카트가 없는 경우(반사회적 행동에 대한 단서가 없는 경우)에 비해서 전단지를 함부로 버릴 가능성이 높았다.

도시 사람들의 집단 무의식에 반사회적 행동이 바이러스처럼 퍼진다고 볼 수 있다. 다들 눈에 보이는 대로 행동하는 것이다. 이러면 컵이 반이나 비었다고 보는 시각이 아닐까? 컵이 반이나 차 있다고 생각하는 관점에서 볼 수도 있지 않을까? 이를테면 낙서가 없는 벽을 본 자전거 주인들은 쓰레기를 덜 버렸고, 쇼핑카트가 없는 주차장의 운전자들도 쓰레기를 덜 버렸다. 둘 다 실험 조건에서 반사회적 행동의 단서가 주어지지 않아서라고 볼 수 있다. 그러면 다시 1990년대 줄리아니 시장의 위대한 실험으로 돌아가 보자. 실험 결과가 어땠을까?

1990년대 중반에 나는 마침 1년간 안식년 휴가로 뉴욕을 떠나 독일 남부에 갔다. 다시 뉴욕으로 돌아와서는 그렇게 짧은 기간에 일어난 변화를 보고 무척 놀랐다. 사실 나는 예전에 다른 안식년을 마치고 돌아왔을 때와 같은 문화 충격을 받을 줄 알았다. 독일 소도시의 안전하고 깨끗한 생활에 익숙해졌다가 다시 시끄럽고 위험한 뉴욕에 적응해야 할 줄 알았다. 그런데 이번에는 문화 충격이 없어서 충격이었다. 거리는 깨끗해졌고, 사람들마저 조금 친절해졌다. 한동안 뉴욕을 떠나 있어서 도시 전체의 행동 변화를 서서히 체험하지 못한 내게는 뉴욕의 변화가 더 확연히 느껴졌다.

같은 아파트 주민들과 심리학과 동료들도 서서히 경험하기는 했지만 그래도 다들 변화를 알아챘다.

당시의 범죄 통계치가 내가 받은 인상을 뒷받침해준다. 1990년대 중반, 뉴욕의 강력범죄가 크게 감소했다. 폭행과 살인은 무려 **3분의 2**가 감소했다. 물론 이런 급격한 감소를 설명해줄 만한 다른 여러 가지 이론도 있고, 추가적인 다른 이유도 있다. 하지만 일상의 환경이 깨끗해지고 문명화된 결과이자 경범죄의 흔적이 줄어든 현상을 뜻하는 '깨진 창문 현상의 결과'라는 주장에 반박하기는 어렵다. 네덜란드 연구팀의 연구 결과는 또한 뉴욕이 그토록 어두운 암흑기를 지나온 이유가 '창문을 깨는 행위'가 허용된다는 생각을 심어준 단서 때문이고, 뉴욕이 다시 부활한 것도 긍정적인 행동의 단서를 보여주는 새로운 문화의 결과라는 주장을 뒷받침해준다.

앞서 말했듯이 나는 지금 뉴욕에 살지 않는다. 어느 도시에도 살지 않는다. 코네티컷 중부의 시골에서 가족과 개와 고양이, 그리고 이곳의 다른 모든 동물과 함께 산다. 맨해튼과 브루클린에서 살던 20여 년의 생활과는 사뭇 달라서 타인의 행동에 직접 노출되는 일이 크게 줄었다. 하지만 요즘은 시골이나 도시나 인터넷과 소셜미디어가 똑같이 연결된다. 새로운 연구들에서는 온라인의 정서와 감정과 행동도 오프라인의 '실생활' 속 (직접적인) 행동만큼 전염성이 강한 것으로, 아니 더 강할 수도 있는 것으로 나타났다. 타인의 행동을 무의식중에 모방하는 성향은 그 행동을 실제가 아닌 디지털 세계에서만 본다고 해서 그냥 사라지지 않는다. 사실 사람들을 전보다 더 광범위하게 연결해주는 소셜미디어 덕분에 요즘은 타인의 행동에 전염될 가능성이 예전보다 훨씬 커졌다.

　새들이 한 덩어리로 떼 지어 날아가는 이유는 서로의 동작과 속도를 지각하기 때문이다. 새의 뇌에서는 지각과 동작이 직접 연결되어 있다. 인간도 남들의 행동에 영향을 받지만 새들과는 달리 영화, 동영상, TV, 책, 잡지, 신문을 통해 가상으로 간접적으로 타인의 행동을 보고 듣는다. 이런 매체가 일상과 새로운 방식으로 뒤얽혀서 이제 우리는 이미지와 텍스트를 수동적으로 소비하는 것만이 아니라 끊임없이 생산하기도 한다. 매체가 현실의 일상이 되는 것이다. 페이스북이나 트위터, 인스타그램이나 스냅챗에서 과거와 현재의 수많은 친구들의 삶을 계속 파악할 수 있고, 그들도 우리를 파악할 수 있다. 유명인의 일상과 생각과 행동도 계속 관찰할 수 있다. 누군가를 '팔로잉follwing'하면서 그들의 행동과 의견만이 아니라 기분과 정서에도 노출된다. 결국 카멜레온 효과에 영향을 받을 가능성이 우리가 처음 이 효과를 연구한 1990년대보다 훨씬 커졌다.

　사회학자 제임스 파울러James Fowler와 니컬러스 크리스태키스 Nicholas Christakis는 대규모 소셜네트워크에서의 행동에 관해 몇 가지 연구를 실시했다. 이들은 인터넷의 사회적 연결을 통해 얼마나 다채로운 행동과 정서가 퍼져나가는지, 그래서 우리가 알지도 못하는 사람들에게 간접적인 영향을 얼마나 많이 받는지 보여주고

자 했다. 예를 들어 당신은 밥을 알고 밥은 데일을 알고 데일은 메리를 알고 메리는 웨인을 알지만 메리나 웨인은 당신을 모른다. 그래도 이들이 당신이 **아는** 사람들에게 미치는 영향, 가령 메리나 웨인이 행복한지 협조적인지 우울한지 비만인지에 따라 당신도 그렇게 될 가능성이 높아진다.[24]

어떤 사람의 소셜네트워크에 연결된 친구들이 이런저런 감정을 표현하거나 이런저런 행동을 하거나 이런저런 자질을 드러내면 그 사람이 그런 감정이나 행동에 더 많이 영향을 받는 것으로 나타났다. 이를테면 행복한 사람들과 많이 소통할수록 더 행복해지고, 비만인 사람과 많이 소통할수록 체중이 증가한다. 소셜네트워크의 친구들이 남에게 협조적일 때 우리도 협조적일 가능성이 높고, 소셜네트워크의 친구들이 슬퍼 보일 때 우리도 조금 더 슬퍼진다. 친구나 가족이나 직장 동료로 연결된 사람들의 기분과 행동이 우리에게 '감염'되는 듯하다. 전염성이 적어도 세 다리 건너까지는 퍼져서 우리가 알지도 못하는 사람들이 우리의 행동과 감정에 영향을 미칠 수 있다. 그들이 우리가 아는 누군가를 아는 누군가를 알기 때문이다. 물론 반대 방향으로 전염될 수도 있다.

평범한 사람의 페이스북 친구가 평균 300명 이상이므로, 우리의 기분과 행동이 무수히 많은 사람에게 영향을 미칠 수 있다. 페이스북 연구자들은 페이스북 이용자의 뉴스피드에 올라오는 게시물이 얼마나 긍정적이거나 부정적인지를 측정하고 어떤 사람이 긍정적인 게시물을 읽었는지 부정적인 게시물을 읽었는지에 따라

(길게는 사흘 후까지) 그 사람의 게시물도 긍정적이거나 부정적이
될 가능성이 높아지는 현상을 밝혀냈다.[25]

예를 들어 제임스란 사람이 슬프고 우울한 상태이고 그의 페이
스북 게시물에 이런 감정이 반영된다. 그러면 제임스의 친구 메리
의 게시물이 영향을 받고, 당신은 제임스란 사람은 모르지만 메리
를 알기 때문에 당신의 게시물도 영향을 받는다. 이런 영향은 제
임스가 처음에 우울한 게시물을 올리고 사흘 뒤까지 이어진다. 그
러니 소셜네트워크에서 우리에게 노출되는 사람들의 유형에도 주
의를 기울여야 할 수 있다.

페이스북 연구 중에서 이와 유사하지만 논란을 일으킨 한 연구
[26]에서는 70만 명에 가까운 페이스북 이용자들의 뉴스피드에서
긍정성이나 부정성을 조작했다.[27] 가짜 게시물을 올린 것이 아니
라 이용자의 페이스북 친구들이 올린 무수한 게시물을 의도적으
로 선별해서 뉴스피드에 게재하는 방식이었다(나는 이 연구를 통
해 처음으로 우리가 친구들의 게시물을 모두 볼 수 있는 게 아니라는 사
실을 알았다. 사실 모든 게시물이 뉴스피드에 올라온다면 그 양이 엄청
나 일일이 따라잡을 수 없을 것이다. 페이스북 프로그래밍 필터가 매일
모든 게시물을 특정 기준으로 필터링해서 이용자에게는 부분 집합만 보
여주는 것이었다). 연구자들은 일부 이용자의 뉴스피드에는 평소보
다 다소 부정적인 내용이, 다른 이용자에게는 다소 긍정적인 내용
이 올라가도록 프로그램을 교묘히 조작했다. 그런 다음 뉴스피드
의 기분 변화가 이용자의 기분에 어떤 영향을 주는지 알아보기 위

해 이용자가 직접 올린 게시물의 내용과 어조를 분석했다. 결과적
으로 사람들은 긍정적인 뉴스피드에 많이 노출될수록 긍정적인
게시물을 많이 올리고, 부정적인 뉴스피드에 많이 노출될수록 부
정적인 게시물을 많이 올렸다. 전반적으로 과식하는지, 협조적인
지, 무례한지 혹은 정중한지, 쓰레기를 함부로 버리는지를 비롯한
모든 행동 유형이 직접 만났을 때만큼 소셜네트워크에서도 전염
성이 강한 것으로 나타났다.

소셜네트워크 외에도 소설을 읽을 때처럼 다른 세계로 빠져들
거나 주인공의 관점으로 보게 되는 자료를 접할 때도 같은 원리
가 작동한다. 코넬 대학교의 연구자들은 참가자들에게 여자 주인
공이 멕시코 칸쿤 해변으로 휴가를 떠나기 전에 살을 빼려고 다이
어트에 돌입하는 이야기를 읽게 했다. 그리고 이런 조작이 참가자
들의 다이어트 목표를 활성화시킨다는 결과를 얻었다.[28] 다만 이
야기의 주인공이 살을 빼겠다는 목표를 달성했다고 밝히지 않으
면 참가자의 다이어트 목표가 활성화되지 않았다. 따라서 참가자
의 목표가 활성화되는지 여부는 이야기 속 주인공의 목표가 활성
화되는지 여부에 달려 있다. 두 번째 연구에서도 같은 결과가 나
왔지만, 추가로 참가자가 주인공과 동질감을 많이 느낄수록 살을
빼고 싶은 욕구도 강해진다는 결과도 나왔다. 하지만 이런 결과도
주인공이 살을 빼는 데 성공했을 때만 나타나고, 살을 빼지 못했
을 때는 나타나지 않았다. 결국 '보이는 대로 행동하는' 것만이 아
니라 '읽은 대로 행동하는' 것도 사실이었다.

주어진 순간의 사회적 상황은 우리에게 어떻게 행동해야 할지에 관한 신호를 보내고, 우리는 이런 기준에 따라 적절히 상황에 어울리게 행동을 제약한다(튀는 행동으로 사람들에게 반감을 사지 않는다). 1950년대에 로저 바커Roger Barker의 획기적인 사회학 연구에서는 '중서부'(나중에 캔자스주 오스컬루사로 밝혀졌다) 주민들을 여러 달에 걸쳐 면밀히 관찰한 끝에 사람들이 어떻게 행동할지 결정하는 데 가장 큰 영향을 미치는 요인은 그 사람의 개성이나 성격이 아니라 그 순간 어디에 있는지(예배를 보는지, 이발소에 있는지, 집에 있는지, 공원에 있는지, 식당에 있는지, 고속도로에 있는지)라는 결론에 이르렀다.[29] 교회에서는 누구나 조용히 가만히 있고, 공원에서는 사람들과 어울리면서 떠들고, 식당에서는 음식이 나오기를 참을성 있게 기다리고, 고속도로에서 차가 막히면 조금 초조해한다.

이렇듯 여러 사람이 같은 상황에서 보이는 행동의 유사성은 한 사람이 여러 상황에서 보이는 행동의 유사성보다 훨씬 크다. 당신과 사람들의 행동이 상황에 따라 어떻게 달라지는지 유심히 관찰하면 이런 강력한 효과가 인간 행동에 미치는 영향이 저절로 드러날 것이다. 우리 자신이 어떻게 행동하는지 알 수 있다.

이와 같은 상황 효과의 무의식적 측면을 밝혀낸 연구로, 역시 네덜란드 연구팀이 대학교 도서관에서 실시한 연구가 있다. 알다시피 도서관은 책을 읽고 공부하러 가는 곳이므로 조용해야 한다. 연구자들은 학생들에게 캠퍼스의 다른 장소로 봉투를 가져가게 했다. 목적지가 도서관이면 학생식당 같은 장소에 갈 때보다 조용히 하고 말소리도 낮추었다. 학생들의 마음속에 '도서관'이라는 목적지를 심어준 조작의 효과는 (아직은 도서관에 들어가지도 않았고 북적거리는 복도에 있었는데도) '박물관'이나 '진료실'이나 '정원'이 레르미트의 뇌졸중 환자들 행동에 영향을 미친 것과 상당히 유사했다. 마찬가지로 거리에 나갈 때의 행동 규범도 우리의 카멜레온 성향에 영향을 미쳐서 남들이 하는 대로 따라 하게 만든다.

보통 사람이 살면서 가장 자주 가는 장소는 집과 직장이다. 대개 이 두 장소에서 전혀 다른 사람이 된다. 집에서 적절한 행동이 직장에서는 적절하지 않고, 그 반대도 마찬가지다. 두 장소에서 소통하는 사람들이 우리에게 각기 다른 행동을 기대하고, 우리도 두 장소에서 전혀 다른 성격의 일면을 드러낼 수 있다. 나 역시 집에서는 아이들 아빠로서 직장에서라면 상상도 못 할 시시한 농담을 줄기차게 던진다(아빠들이 하는 일이 원래 그렇다). 2014년에 스위스의 경제학자 에른스트 페헤르Ernst Feher와 동료들은 집과 직장이라는 각기 다른 **상황에 따른 정체성**이 어떻게 무의식적으로 작동해서 같은 사람에게서 다른 행동을 끌어내어, 심지어 한쪽에서는 부도덕한 행동을 하고 다른 쪽에서는 도덕적으로 처신하는지 알아보았다.[30] 연구자들은 스위스답게 은행가들을 연구했다.

페헤르와 동료들은 투자 은행가들이 평일 직장이 아니라 집에서 쉬는 주말에 온라인으로 실험을 실시했다. 연구자들은 은행가들의 직장 정체성이 가정 정체성과 다를 것으로 가정했다. 은행가들 중 일부에게는 실험을 시작할 때 사무실 환경에 관한 몇 가지 질문을 던져서 직장 정체성을 점화시켰다. 다른 은행가들에게는 직장에 관해 물어보지 않았다. 그런 다음 모두 동전 던지기 게임에 참여시켰다. 동전 던지기에 성공할 때마다(매번 앞면이나 뒷면) 20달러씩 받는 게임이었다. 그리고 은밀한 조작으로 참가자들에게 성공 여부를 직접 보고하게 했다. 보고 내용이 사실인지 여부는 본인밖에 몰랐다. 돈을 더 받으려고 속이기 쉬운 구조였다. 그러나 연구자들은 두 집단이 보고한 동전 던지기 성공률을 우연에 의한 확률인 50퍼센트와 비교할 수 있었다. 결과적으로 주중의 직장생활에 관한 질문에 응답한 은행가들이 보고한 성공률이 훨씬 높게 나왔다. 수상쩍게도 우연에 의한 성공 확률보다 훨씬 많이 성공한 것으로 보고한 것이다. 반면에 처음에 점화되지 않은 집단은 동전 던지기 결과를 솔직히 보고해서 성공률이 우연에 의한 확률인 50퍼센트에 근접한 것으로 나타났다. 참가자들은 같은 유형의 사람들이고, 단지 먼저 직장을 생각하는 단계를 거쳤는지 여부에 따라 두 조건으로 나뉘었을 뿐이다.

참가자들의 도덕적 행동은 인생의 두 가지 주요 상황에 맞는 정체성 중에서 현재 어떤 정체성이 활성화되는지에 따라 현저히 달라졌다. 도덕성 면에서 이들 은행가들은 직장과 집에서 다른 사람들이었다. 이 점에서 스위스 은행가들은 앞서 하버드 유치원의 아시아계 미국인 여자아이들과 같았다. 한 가지 정체성을 점화시키면 같은 사람이라도 다르게 행동하는 것이다(수학을 못하는 사람,

정직하지 않은 사람). 두 연구 모두에서 참가자들이 인지하거나 의
도하지 못한 사이에 이런 효과가 나타났다.[31] 하지만 정체성을 좋
은 쪽으로 점화시킬 수도 있다.

　누구나 슈퍼마켓에서 새로운 요리나 음식을 제안하는 조리법
샘플을 받아봤을 것이다. 네덜란드의 심리학자 에스테르 파피에
스Esther Papies와 동료들은 네덜란드의 한 슈퍼마켓에서 매장에 처
음 들어오는 과체중 손님들에게 조리법 전단지를 나눠주었다.[32]
일부 손님들에게는 다이어트와 건강한 식습관과 관련된 단어를
점화시키는 전단지를 나눠주고, 다른 손님들에게는 이런 단어가
포함되지 않은 전단지를 나눠주었다. 그리고 손님들이 장을 보고
계산대를 빠져나올 때까지 기다렸다. 그들에게 다가가 영수증 사
진을 찍게 해달라고 하고 감자칩과 같은 건강에 좋지 않은 간식을
얼마나 구입했는지 확인했다. 조리법 전단지로 점화된 집단은 간
식을 구입하는 비율이 현저히 낮았다. 물론 장을 보기 전에 받은
전단지에 무슨 내용이 있었는지 기억하는 사람은 거의 없고, 전단
지가 매장에서 산 품목에 영향을 미쳤다고 생각하는 사람은 아무
도 없었다. (당신이 이런 상황에 놓였다면 전단지에 영향을 받았다고
생각하겠는가?) 하지만 손님들이 전단지의 영향을 인지하지 못했
어도, 전단지에 건강한 식생활을 점화시키는 단어가 포함되어 있
으면 과체중 손님들의 간식 구매에 유의미한 영향을 미쳤다.

　다음으로 파피에스와 동료들은 닭구이 냄새가 진동하는 정육
점에서 실험을 실시했다.[33] 가게 유리문에 '날씬한 몸매에 도움이

되고' 칼로리가 낮은 주인의 주간 조리법이 적힌 포스터를 밖에서
잘 보이게 붙여놓았다. 손님들은 가게에 들어설 때 이 포스터를 볼
수 있었다. 나흘 동안 연구하면서 이틀은 아침과 오후에 포스터를
붙여놓았고, 나머지 이틀은 아침과 오후에 포스터를 붙이지 않았
다(이 조건의 손님들을 통제 집단으로 삼았다). 파피에스와 동료들은
다이어트 목표 점화 여부에 따라 손님들이 매장에서 쟁반에 담긴
시식용 고기 간식을 몇 개나 먹는지 확인했다. 그리고 손님들이 가
게에서 나갈 때 현재 다이어트 중인지 여부와 키와 체중을 비롯한
몇 가지 정보를 물었다. 슈퍼마켓 연구와 마찬가지로 포스터(다이
어트 점화)를 본 집단의 다이어트 중인 손님(비만이고 현재 다이어트
중인 사람)은 포스터를 보지 않은 집단의 다이어트 중인 손님보다
시식용 간식을 절반 정도 먹었다. 그러나 다이어트를 하지 않는 사
람은 포스터를 봤든 보지 않았든 시식한 간식의 수에 영향을 받지
않았다.

오늘날 미국과 여러 선진국에서 비만은 건강 면에서나 경제적
으로나 막대한 부담이므로 이런 식의 일상생활 속 점화가 매우 중
요하다.[34] 그러나 행동에 훨씬 강력한 영향을 미치면서 구석구석
파고드는 외부의 영향인 광고는 우리에게 무엇이 최선인지 항상
염두에 두지 않는다. 과자나 건강에 좋지 않은 각종 식품의 제조
업체들은 건강한 식습관을 신경 쓰기보다는 자기네 식품을 많이
먹도록 유도하기 바쁘다.[35] 연구에서는 식품업체들의 광고가 잘
통하는 것으로 나타난다. 광고에서 맛있는 음식 사진을 보면 뇌에

서 맛이나 보상과 연관된 섭식 영역이 활성화된다.[36] 식량 정책과
비만을 위한 러드 센터Rudd Center for Food Policy & Obesity의 제니퍼 해
리스Jennifer Harris의 연구에서는 광고가 섭식 행동에 미치는 영향을
보여주었다.[37] 이 실험에서는 성인뿐 아니라 여덟 살 아동이 TV
코미디 프로그램 〈그런데 누구의 선일까?Whose Line Is It Anyways〉의 5
분짜리 동영상을 보았다. 동영상을 보는 동안 앞에 골드피시 크래
커 한 그릇과 물 한 잔이 놓여 있었다. 동영상은 식품 광고가 들어
가거나 빠지는 조건으로 편집되었다. 동영상이 끝나면 크래커 그
릇의 무게를 달아서 참가자가 얼마나 먹었는지 확인했다. 성인과
아동 모두 식품 광고가 나오지 않을 때보다 광고가 나올 때 크래
커를 훨씬 많이 먹었다. 식품 광고는 무의식적 행동에 암시를 주
고, 특히 우리가 그 효과를 인지하지 못하는 사이 섭식과 기타 소
비에 영향을 미칠 수 있다.[38]

　TV 광고와 행동의 강력한 상관관계는 보스턴 대학교 의학 및
공중보건 대학의 연구자들이 13세에서 20세 사이의 어린 술꾼
1,000명 이상에게 실시한 전국 단위의 설문조사에서 밝혀졌다.[39]
아이들이 TV에서 본 술 광고의 수와 그들이 마신 술의 양 사이에
는 강력한 상관관계가 있었다. 연구자들은 61가지 술 광고에 노출
되는 정도를 측정했다. 61가지는 미성년자가 시청하는 가장 인기
있는 비非스포츠 프로그램 20가지에 광고를 내보내는 브랜드였다
(물론 스포츠 방송에도 술 광고가 어마어마하게 나온다). 음주하는 미
성년자 중에서 술 광고를 보지 않은 아이들은 한 달 평균 14차례

정도 마시지만, 평균 수준의 빈도로 광고를 본 아이들은 한 달에 33차례 정도 마셨다. 다른 연구에서는 11세에서 14세 사이의 아이들이 매일 평균 2개에서 4개 사이의 술 광고에 노출되는 것으로 나타났다.[40] 연구자들은 청소년들이 술 광고를 많이 접할수록 그들이 소비하는 술 브랜드도 늘어난다고 결론지었다.

텔레비전과 기타 매체의 식품 광고와 술 광고가 먹거나 마시고 싶은 생각이나 충동을 자극하기 때문에 우리가 왜 그렇게 자주 냉장고를 여는지 짐작할 수 있다.[41] 또 자녀가 접하는 광고의 유형을 더 적극적으로 모니터하고 싶을 것이다.

한편 금연을 권장하는 공익광고는 역효과를 낼 수 있다. 광고에 흡연과 관련된 단서가 포함되기 때문이다. 금연을 시도하는 사람이 많다. 세계적으로 매년 500만 명 이상이 흡연으로 사망한다. 하지만 사람들에게 담배를 끊거나 적어도 줄이게 하려는 시도는 대개 수포로 돌아간다. 흡연의 중독성이 강해서만이 아니라 금연 의지 자체가 담배에 대한 갈망과 동일한 정신적 회로와 뇌의 네트워크를 활성화시키기 때문이다. 신경과학자들은 뇌 영상 연구에서 금연 의지의 의도치 않은 결과를 밝혀냈다.[42] 담배를 갈망할 때와 담배를 끊으려고 시도할 때 모두 같은 뇌 영역이 활성화되는 것으로 나타난 것이다.

댄 웨그너Dan Wegner와 로빈 밸러체르Robin Vallacher는 이렇게 어떤 행동을 하지 않으려고 노력할 때 '역설적으로' 의도치 않은 결과가 나오는 현상을 처음 발견했다.[43] 얄궂게도 무언가를 하지 않으려고 노력할수록 오히려 하지 않으려는 그 행동이 무엇인지 계속 생각해야 한다. 그러면 무언가를 하지 않으려고 적극적으로 시도하지 않을 때보다 원치 않는 행동이 더 많이 생각날 수 있다. 원치 않는 행동을 억제하려고 시도하면 그 행동에 주목하게 되는데, 그 행동을 억제하려고 적극적으로 노력하는 한에서는 효과를 거둘 수 있지만 주의가 분산되거나 집중력이 흐트러지면(특히 피곤할 때) 자제력이 떨어진다. 그러면 하지 않으려던 바로 그 행동을 평소보다 더 많이 하게 된다. 그 행동이 마음속에서 활성화되어 접근하기 쉽고 금방이라도 가능한 상태가 되기 때문이다. 웨그너와 밸러체르는 여러 획기적인 연구에서 이 현상을 입증했다. 백곰을 생각하지 말라는 말을 들은 집단이 백곰 이야기를 아예 듣지 않은 집단에 비해 백곰을 생각할 가능성이 훨씬 높다는 것을 보여주었다(직접 실험해보라. 친구에게 백곰을 생각하지 말라고 말하고, 백곰에 관해 언급하지 않은 다른 친구에 비해 얼마나 자주 백곰을 생각하는지 확인하라).

선의의 금연 표지판과 TV 금연 공익광고도 마찬가지다.[44] 이런 표지판이나 TV 광고는 사람들에게 무언가를 하지 말라는 메시지를 전달한다. 하지만 메시지가 전달되는 동안 사람들에게 다른 때라면 생각하지 않았을 '무언가'를 상기시킨다. 금연 공익광고에는 담배 피우는 모습이 나오게 마련인데, 이런 장면은 '보이는 대로 행동하는' 효과를 야기해서 시청자의 흡연을 줄이기는커녕 오히려 늘릴 수 있다. 요즘은 담배 회사가 담배를 광고하지 못하는 대신 담배 회사에서 후원하는 공익광고에 **흡연**과 **담배**, 그 밖에도 흡연에 관한 시청각적 단서를 제시해서 청소년들 사이에서 흡연 의지와 흡연 행동을 증가시키는 것으로 나타났다.

우리 실험실에서는 이 현상을 더 심도 깊게 이해하기 위해 금연 메시지의 의도치 않은 효과를 실험으로 입증했다. 제니퍼 해리스가 우리 실험실에서 실시한 다른 연구에서는 흡연자 56명에게 TV 코미디 프로그램의 짧은 한 토막을 보여주었다.[45] 일부 참가자에게는 중간 광고 시간에 금연 공익광고(필립 모리스의 금연지원QuitAssist 광고나 미국유산재단American Legacy Foundation의 '진실' 광고)를 넣었다. 다른 사람들에게는 금연 공익광고를 넣지 않았다. 코미디 프로그램이 끝난 후 모든 참가자에게 5분간 휴식시간을 주었다. 그리고 그 시간에 밖에 나가 담배를 피우는 사람이 몇 명이나 되는지 확인했다. 결과적으로 금연 공익광고를 본 흡연자들(필립 모리스 광고와 '진실' 광고가 각각 42퍼센트와 33퍼센트였다)이 금연 공익광고를 보지 않은 흡연자들(11퍼센트)에 비해 유의미하게 많이 담배를 피우러 나갔다. 금연 메시지는 담배와 흡연 행동에 관한 강력한 단서를 제시해서 오히려 흡연율을 높이는 의도치 않은 결과를 낳았다. 우리는 보이는 대로 행동한다. 특히 수동적으로 TV를 보거나 인터넷을 돌아다니면서 우리에게 쏟아지는 메시지에 주목하지 않을 때 더 그렇다.

마음의 모방 본능은 본질적으로 선하지도 악하지도 않다. 레르미트의 이상할 정도로 활기찬 환자들에게 주어지는 환경의 단서처럼 현재 우리의 외부 세계에서 주어지는 암시에 달려 있다. 카멜레온 성향에 의해 남들이 하는 행동을 따라 할 가능성이 높아진다. 광고에서 나오는 행동뿐 아니라 일상적인 장면과 상황에서 사람들이 어떻게 행동할지에 대한 관념에 의해서도 영향을 받는다. 우리를 정중하고 평화롭게 만드는 상황도 있고, 무례하고 적대적으로 만드는 상황도 있다. 탐욕스러운 투자 은행가의 사례처럼 부정행위와 같은 모방 행동은 우리를 경제적으로 폭락시킬 수 있는 반면에, 어떤 행동은 줄리아니 시장과 뉴욕 시민들이 '작은 일에 구슬땀을 흘렸을 때처럼 도시를 재건할 수도 있다.

  하지만 우리의 행동이 타인에게 미치는 영향과 타인의 행동이 우리에게 미치는 영향은 **궁극적으로 우리에게 달려 있다**. 실제로 우리의 행동은 주위 사람들의 행동과 전반적인 사회 분위기에 영향을 미친다(관리자이거나 지도자일 때 특히 그렇다. 이럴 때 사람들은 우리의 행동을 보면서 어떻게 행동할지에 대한 단서를 얻는다).[46] 우리가 먼저 모범을 보이고 친절한 행동으로 '선행 나누기'를 실천할 수 있다. 가령 뒷사람을 위해 문을 잡아주거나 운전할 때 다른 차들이 먼저 빠져나가게 양보하거나 노숙자가 내민 모자에 동전을 넣어주거나 광고 전단지를 모퉁이의 휴지통까지 가져가서 버릴 수 있다. 그럼에도 대다수 사람들은 투표할 때처럼 사소한 행동 하나하나가 큰 변화를 이루지 못할 거라고 생각하고 굳이 작은 선행을 실천하지 않는다. 어쨌든 우리는 수십 억 지구인 중 한 사람, 광대한 대양의 작은 물방울에 지나지 않는다. 하지만 한 사람의 영향, 한 가지 행동의 영향이 증폭되어 무수한 사람들에게 영향을 미친다. 물 한 방울이 파도가 된다. 한 가지 행동의 파문이 며칠씩 퍼져나갈 수 있다. 언제든 기회가 오면 파도를 일으켜보면 어떨까?

3부

숨겨진 미래

BEFORE YOU KNOW IT

미래는 우리가 스스로 제약하는 세계다.
우리는 그 안에서 관심 있는 것만 발견한다.

– 모리스 마테를링크Maurice Maeterlinck[1]

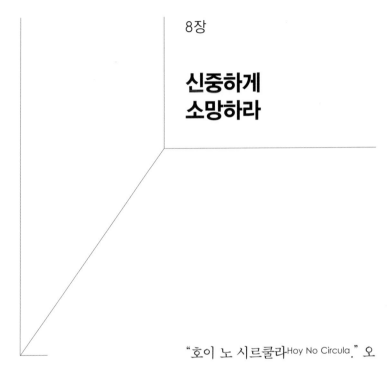

8장

신중하게
소망하라

"호이 노 시르쿨라Hoy No Circula." 오늘은 차를 몰지 않는다.

멕시코시티가 1989년부터 시행한 획기적인 '도로 운행 제한' 정책에 붙인 이름이다. 멕시코의 수도 멕시코시티는 무분별하게 확장된 대도시로, 세계에서 가장 오염이 심한 도시 중 하나였다. 당시 멕시코시티에 살던 한 친구가 코를 풀면 손수건이 항상 시커멓게 된다고 말한 적이 있다. 심각한 오염과 위험한 수준의 공기 질의 주된 원인은 물론 넘치는 자동차였다. 멕시코시티는 심각한 교통체증으로 악명 높은 도시였다. 많은 사람이 출퇴근길에 엄청나게 먼 거리를 달리며 도시를 가로질렀기 때문이다. 시청에서는 수백만 시민의 건강을 위해 멕시코시티의 자동차 소유주들에게 차량 사용량을 제한하는 정책을 고안했다. 특정 요일에는 차를 끌고 나오지 못하게 해서 스모그를 서서히 없애자는 취지였다.

정책은 비교적 단순해서 차량 번호판 맨 끝자리 숫자를 기준으로 삼았다. 일주일에 하루, 지정된 숫자가 포함된 차량은 도로에 나갈 수 없었다. 그날은 대중교통을 이용하거나 다른 사람과 카풀을 해야 했다. 대접 모양의 골짜기에 자리 잡은 이 도시에서 대기오염의 주된 원인인 자동차 배기가스가 감소하면 오염과 관련된 질병에 걸리는 비율과 조기사망률도 감소할 터였다. 전체 시민의 건강이 좋아지기만 한다면 개인이 겪는 불편은 상쇄될 터였다. 그럴듯하지 않은가?

틀렸다. 좋은 뜻으로 고안된 정책이지만, 집단의 이익보다 개인의 욕구를 우선시하는 인간 본성은 고려하지 않았다('공동자원의 딜레마commons dilemma'라는 정치학에서 고전적인 문제로, 지구의 기후변화 문제에도 중요한 영향을 미친다).[1] 사람들은 대체로 이런 정책에서 빠져나갈 구멍을 찾거나 개인적 불편을 피해 가려고 요령을 부린다. 실제로 멕시코시티에서도 많은 사람이 새로운 도로 사용 규제를 피해 가기 위한 기발한 방법, 즉 개혁적인 정책의 목적을 방해할 방법을 찾아냈다.

운전자들은 단순한 방법으로 차를 새로 구입해서 원래 몰던 차와 끝자리가 다른 번호판(홀수든 짝수든)을 받았다.

그래서 매일 차를 타고 출근할 수 있었다. 게다가 새로 산 차를 일주일에 하루가 아니라 나흘이나 끌고 나갔다. 따라서 스모그와 교통체증이 감소하기는커녕 자동차 수와 교통체증과 스모그가 오히려 증가했다. 게다가 새로 구입하는 차량은 주로 멕시코시티의 수요를 맞추기 위해 외딴 지역에서 공수한 중고차였다. 원래 차량보다 낡고 공해를 많이 유발하는 차량이라는 뜻이다. 새 도로 사용 정책이 시행된 지 6개월 만에 멕시코시티의 휘발유 소비가 크게 증가하고 대기오염과 교통체증도 증가했다.

사실 미래를 예측하거나 설계하기란 어렵다. 특히 인간 행동이 개입되고, 심지어(혹은 특히) 일단 시도해봐야 결과를 아는 경우도 마찬가지다. 멕시코시티의 예처럼 공익을 위해 개인의 자유를 제약하거나 바람직한 행동에 장려금이나 보상을 주는 정책은 특히 그렇다. 코브라 효과를 낳은 인도의 유명한 사례에서 정부는 인도에 넘쳐나는 위험한 동물인 코브라를 없애려고 코브라 한 마리를 죽여서 담당 공무원에게 가져오면 포상금 수백 달러를 주기로 했다. 하지만 새로운 정책으로 코브라의 개체 수가 줄어들기는커녕 오히려 늘었다. 사실 코브라의 개체 수가 **폭발**했다! 왜일까? 사람들이 코브라를 잡아가서 포상금을 타려고 코브라를 적극적으로 **사육**했기 때문이다.

나 역시 대학 시절에 심리학개론 수업 중 처음 참가한 심리학 실험에서 나만의 코브라를 키운 적이 있다. 심리학개론 수업에서는 5~10가지 정도의 실험에 참가해야 했다. 나는 처음 참가한 실험에서 집중력과 협력이 핵심인 '회전판 추적 과제'라는 고전적인 실험 과제를 수행해야 했다. 금속 막대를 손에 잡고 막대가 낡은 레코드 턴테이블에서 빠르게 돌아가는 금속 디스크와 계속 연결되도록 잡고 있어야 했다. 그러면 전기회로가 완성되어 두 가지를 얼마나 오래 연결하는지 기록하는 타이머가 작동한다. 당시 대학원생이던 실험자는 내게 과제를 두 차례 수행할 것이고, 첫 번째보다 두 번째 과제에서 향상된 수행 정도에 따라 최대 10달러까지 돈을 더 줄 거라고 말했다. 1970년대의 대학생에게는 꽤 큰 돈이었다. 실험자는 디스크를 돌리고 나서 내게 시작하라고 말하고는 통제실로 돌아갔다. 당연히 나는 첫 번째 과제에서 형편없이 과제를 수행했다. 어쩐 일인지(에헴!) 나는 막대를 디스크에 오래 연결할 수가 없었다. 실험자는 첫 번째 과제가 끝나고 몹시 걱정스러운 얼굴로 돌아와 과제를 제대로 이해했는지, 뭘 해야 하는지 아느냐고 물었다. 나는 "예, 그런데 (에헴!) 꽤 어려웠어요"라고 대꾸했다. 실험자는 다시 디스크를 돌리고 통제실로 돌아갔다. 두 번째 과제에서는 훨씬 잘했다. 사실 완벽에 가깝게 해냈다. 실험자는 아주 의심스러운 얼굴로 돌아와서 마지못해 내가 번 9달러와 동전을 세었다. 경제학자라면 내가 꽤 합리적으로 행동했다고 말할 것이다. 보상금을 최대로 늘리려면 첫 번째 과제에서는 최대한 형편없이 수행하고, 두 번째 과제에서는 최대한 잘해야 했다. 그러나 당시 실험자의 머릿속에는 인간의 기본 동기와 보상이 행동에 미치는 영향이 떠오르지 않은 듯했다. 앞서 멕시코와 인도의 정책입안자들과 마찬가지로 자신의 과학적 의도를 넘어선 결과를 고려하지 않은 것이다.

행동을 바꾸기 위한 정책처럼 개인적인 욕구와 미래의 목표는 우리가 그 목표를 추구하는 동안 의도치 않은 방식으로, 결국에는 무의식적으로 우리에게 영향을 미칠 수 있다. 주어진 목표를 추구하면서 중요한 가치관과 자아 개념을 거스르는 행동, 이를테면 평소에는 도덕적이지 않고 윤리적이지 않고 건전하지 않다고 여기는 행동을 할 수도 있다. 예를 들어 나중에 청구서가 날아오면 어리석고 불필요한 데 돈을 썼다고 생각할 법한 방식으로 돈을 쓸 수 있다. 여느 때라면 좋아하지 않을 사람을 좋아하고 친한 친구들을 평소보다 덜 좋아할 수도 있다. 이런 변화가 현재 원하는 목표를 이루는 데 도움이 되기 때문이다. 현재 목표가 우리를, 그러니까 우리의 정신과 마음과 가치관을 변화시키는 것이다. 그러는 사이 우리는 이런 변화를 인지하지 못한다.[2] 그러니 무엇을 바라든 신중해야 한다.

목표로 채색된 안경

목표와 동기는 우리가 원하는 **미래**의 상태를 위한 것이므로 목표와 동기의 영향은 숨겨진 마음의 세 번째 시간대에 속한다. 가까운 미래든 먼 미래든 미래에 무엇을 얻고 어떤 사람이 되고 어디에 머물고 싶은지가 현재의 생각과 느낌과 행동에 영향을 미친다. 현재 우리가 무엇을 얻고 싶고 얻어야 하고, 어떤 사람이 되고 싶고 되어야 하며, 어디에 머물고 싶고 머물러야 하는지는 모두 지금 이 순간 우리가 좋아하고 싫어하는 것에 강력한 영향을 미친다. 우리는 우리가 추구하는 목표 자체가 되어 목표로 채색된 안경으로 세상을 보기 시작한다. 우리가 무엇을 목표로 삼는지 인지하든 못 하든 마찬가지다.

소망은 우리에게 막강한 영향력을 행사한다. 목표가 우리를 변화시켜서 일시적으로 평소와 다른 가치관을 갖고 다른 일을 하는 다른 사람으로 만드는 듯하다. 불행히도 대개는 뒤늦게, 목표를 달성했거나 더 이상 그 목표를 추구하지 않아도 될 때가 되어서야 그 사실을 알아채고는 자기가 무슨 생각을 한 건지 어리둥절해한다.

댄 웨그너는 점심으로 몸에 좋은 샐러드를 먹겠다고 결심하고도 카페테리아의 배식 라인을 지나서 자리에 앉아보니 뜨거운 김이 모락모락 나는 감자튀김 접시가 앞에 놓여 있는 걸 본 경험을 종종 들려주었다. ('이게 왜 여기 있지?') 그가 진심으로 먹고 싶은 음식, 평소 점심으로 즐겨 먹었던 음식이 이긴 것이다. 그가 바람직한 결심을 관철시키려고 충분히 주의를 기울이지 않은 결과였다(무의식적 욕구를 극복하고 나쁜 습관을 깨뜨리려는 노력은 10장에서 살펴보겠지만, 결코 쉽지는 않아도 가능하다).

그리고 우리가 의도한 목표가 의도치 않은 결과를 낳을 수 있다. 그럼에도 적어도 의식 차원의 욕구에서는 목표로 채색된 안경을 벗고, 목표를 이루고 얻을 현실적인 결과를 충분히 생각할 수 있

다. 하지만 여러 가지 이유로 배경에서 동기가 무의식적으로 작동
해서 우리가 알아채기도 전에 우리의 행동에 영향을 미친다. 17세
기 네덜란드의 철학자 바뤼흐 스피노자Baruch Spinoza는 "사람들은
욕구의 원인을 잘 모른다. 행동과 욕구를 의식하면서도 무언가를
욕망하기로 마음먹게 된 원인은 모른다"[3]라고 적었다. 어떤 일을
왜 하는지 안다고 생각할지 몰라도 대개는 더 깊은 차원의 근본적
인 이유가 있다.

　나는 15년 전쯤 직접 이런 경험을 했다. 테네시주에서 여동생의
가족과 추수감사절 주말을 보내고 뉴욕으로 돌아오는 길이었다.
자동차로 1,500킬로미터를 달려야 하는 여정이었다. 아침 8시 반
에 출발하면서 모두에게 12시간 안에 도착하겠다고 도전장을 내
밀듯이 말했다. 그리고 밤 8시 반까지 반드시 집에 도착해야 한다
는 일념으로 온종일 차를 몰았다. 약속한 시간에 도착해서 주차장
에 차를 세우고 나오는 데 무척 뿌듯했다. 나는 아파트 건물로 향
하지 않고 곧장 근처 주류점으로 발길을 돌렸다. 당시 뉴욕의 주법
에 따라 주류점이 토요일에는 밤 9시에 문을 닫고 일요일에는 아
예 문을 열지 않았다. 그제야 집에 술이 없다는 것이 생각났다. 그
날 밤 주류점에서 사 온 와인을 홀짝이면서 내가 왜 8시 반까지 집
에 도착하겠다고 다짐했는지 서서히 깨달았다. 1,500킬로미터나
되는 거리를 12시간 안에 주파한다는 '도전'과는 상관이 없었다.
주류점이 문을 닫기 전에 꼭 도착해야 했을 뿐이다. 나는 8시 반까
지 도착하고 싶어 한 진짜 이유, 즉 주말에 마실 술을 확보해야 한

다는 욕구를 깨닫고 적잖이 충격을 받았다. 그 뒤로 과정이 결코 순탄치는 않았지만, 그날 밤 마신 와인 한 잔이 내 인생의 마지막 술이 됐다. 나는 목표에 좋은 일이 정신에는 좋지 않을 수 있다는 깨달음을 얻었다.

영화 〈반지의 제왕Lord of the Rings〉 1편의 첫 장면이 기억나는가? 프로도가 절대반지를 건드리지 못하게 하자 다정하던 빌보 삼촌의 얼굴이 갑자기 사나운 짐승처럼 일그러졌던 장면 말이다. 빌보의 욕망이 그의 얼굴을 일그러뜨린 것처럼 목표는 우리를 지배하고 우리의 선호도와 행동을 극적으로 변형할 수 있다. 심한 중독 사례에서 가장 뚜렷이 나타나는 현상이다. 5장에서 금연을 시도하는 흡연자에 관한 연구를 살펴보았다. 흡연과 담배에 대한 무의식적 태도가 부정적이다가도 4시간 동안 담배를 피우지 못해서 담배를 피우고 싶은 욕구가 강해지면 흡연에 대한 무의식적 태도가 달라졌다. 금연 의지가 확고하고 흡연이 몸에 미치는 악영향을 잘 알면서도 흡연 욕구가 강해져서 흡연에 대한 무의식적 감정이 긍정적으로 바뀐 것이다. 강렬한 목표로 인해 **생각이 바뀌었다.**

카네기 멜런 대학교에서 의사결정을 연구하는 조지 로웬스타인George Loewenstein은 강렬하고 본능적인 욕구가 선택에 극적인 변화를 주는 방식에 처음 관심을 가진 연구자다. 알코올중독자가 아침에 눈을 뜨면 평생 다시는 술을 입에도 대지 않겠다고 맹세하고 (그렇게 믿고) 그날 밤엔 아무것도 마시지 않겠다고 다짐하는 경우를 생각해보자. 시간이 흐르고 몸에서 술을 기대, 아니 **요구**하면 그의 태도와 행동이 크게 달라진다.[4] 그러면 온갖 합리화를 동원한다. "하룻밤 더 마셨다고 달라질 건 없어. 내일 끊으면 돼." 하지만 무수한 중독자에게 이런 약속은 지켜지지 않고, 술을 끊는 내일은 영영 오지 않는다.

앞에서 또 하나의 심오한 목표로 짝짓기나 번식의 동기가 은밀히 작용해서 번식에 유리한 행동을 유도하는 현상을 살펴보았다. 매력적인 여자 지원자와 매력적인 남자 지원자는 다른 자격은 동일하지만 이들에 비해 매력도가 떨어지는 다른 지원자들보다 면접 연락을 받을 가능성이 훨씬 높았다(남자 지원자가 여자들에 비해 정도는 덜했다). 매력적인 사람들은 우리가 알아채거나 의도하지 않은 사이 우리 뇌의 보상 중추를 활성화시킨다. 인사 담당자가 아무리 평등주의적이고 실력을 중시하는 가치관을 가졌다고 해도 무의식중에 짝짓기 동기가 발동하는 것이다.[5]

유니버시티 칼리지 런던의 마티아스 페시글리온Mathias Pessiglione 과 크리스 프리스의 뇌의 동기 회로에 대한 신경과학 연구에서는 우리가 보상을 지각하면 의식적으로 외부의 보상을 인지하는지 여부와 무관하게 뇌의 보상 중추가 활성화되는 것으로 나타났다.[6] 손잡이를 잡는 과제에서 참가자들은 과제를 수행하기 전에 영국의 동전인 파운드 사진(좋은 수행에 대한 보상)이 잠재의식 차원에 잠깐 제시되면 파운드보다 작은 단위인 페니 동전이 나타났을 때보다 손잡이를 더 세게 잡았다. 게다가 기저전뇌에 위치한 보상 중추가 페니 조건보다 파운드 조건에서 더 활성화되었다.

다른 연구에서는 짝짓기 동기의 무의식적 작용을 보여주었다. 남자 대학생들에게 낭만적 만남에 관한 짧은 글을 읽게 해서 여자를 사귀는 목표를 점화시키거나 점화시키지 않았다.[7] 그런 다음 제이슨이나 제시카라는 강사와 함께 지리학과 천문학 중 한 가지를 공부하는 개인지도를 선택할 기회를 주었다. 절반의 집단에서는 제이슨이 지리학을 가르치고 제시카가 천문학을 가르쳤고, 나머지 절반에서는 반대로 가르쳤다. 사실 두 사람이 실제로 가르치는 주제는 중요하지 않았다. 짝짓기 동기가 무의식중에 작용하면 참가자들은 남자 강사보다 여자 강사의 수업을 듣고 싶어 했다. 연구가 끝날 때 학생들은 여자 강사가 가르치는 주제(지리학이든 천문학이든)를 원해서 그 강사를 선택했고, 자기가 잘 모르는 주제에 대한 순수한 관심의 결과라고 믿었다.

행동의 이유를 몰라서 생기는 문제가 있다. 사후에는 누구나 행동의 긍정적인 이유를 찾아낸다는 점이다.[8] 밥이 그 여자를 고용한 이유는 (물론) 외모 때문이 아니라 능력 때문이었다. 메리가 위스키 석 잔을 마신 이유는 알코올중독이라서가 아니라 직장에서 힘든 하루를 보내 느긋하게 쉬고 싶어서, 그러니까 그녀는 그만한 자격이 있어서였다. 아지즈가 수업의 특정 주제를 선택한 이유는 그 강사에게 끌려서가 아니라 그 주제에 순수하게 관심이 있어서였다. 그리고 내가 위험한 속도로 고속도로를 달려 집에 도착한 이유는 주류점이 문을 닫기 전에 도착하기 위해서가 아니라 12시간 안에 집에 도착할 수 있는지 알아보는 재미난 도전을 위해서였다. 사실은 모두 **합리화**다. 우리의 의식은 합리화하는 재주가 뛰어나다. 1980년대의 영화 〈새로운 탄생The Big Chill〉에서 제프 골드블럼Jeff Goldblum이 연기한 주인공은 합리화가 섹스보다 중요하다면서 섹스 없이는 몇 달을 지내도 그럴듯한 합리화 없이는 하루아침도 그냥 넘기지 못한다고 말한다.

짝짓기 목표가 작동하면 평소 건강에 위험해서 피하던 행동을 합리화한다. 예를 들어 태닝 살롱과 다이어트 약을 보자. 둘 다 남에게 더 매력적으로 보인다고 느끼게 해준다. 다시 말해서 햇볕에 잘 그을린 오렌지 빛깔의 건강하고 날씬한 외모로 보인다고 느끼게 해줘서 짝짓기 목표를 달성하는 데 도움을 줄 수 있다. 하지만 건강과 안전에는 해가 될 수 있다. 태닝 살롱은 피부를 상하게 하고 피부암 발병률을 높이고, 다이어트 약은 혈압을 높이고 심장을 손상시키고 수면을 방해하고 중독을 유발할 수 있다. 장점보다 부작용이 훨씬 커서 대다수 사람들이 다이어트 약이나 태닝 살롱을 이용하지 않는 것도 당연해 보인다.

실제로 미국 대규모 주립대학의 연구자들이 여대생 수백 명을 조사한 결과, 이 두 가지 방법에 대체로 부정적인 의견을 내놓았다.⁹ 학생들은 태닝 살롱 무료 회원권이나 심장병을 유발할 수 있다고 알려진 다이어트 약에 관심을 거의 보이지 않았다. 그런데 데이트 사이트에서 '지역의' 가장 호감 가는 남녀의 사진 여러 장을 평가하게 해서 친밀한 연애에 대한 욕구, 즉 짝짓기 동기를 활성화시키자 결과가 달라졌다. 이제는 태닝 살롱과 다이어트 약에

대한 생각이 보다 긍정적으로 바뀌었다. 위험한 행동을 하려는 의
지를 더 많이 드러내고, 실제로 통제 집단에 비해 이런 행동을 덜
위험하게 평가했다. 적극적인 짝짓기 목표가 생기자 태닝 살롱과
다이어트 약의 단점이 더 매력적이 되고 싶은 적극적인 목표를 방
해하므로 단점을 **가볍게 생각한** 것이다. 이제는 짝짓기 목표가 학
생들의 평소 신념과 가치관을 압도해서 이성을 유혹하는 목적을
좀 더 효과적으로 추구할 수 있도록 **생각을 바꾸었다.**

　이성을 유혹하거나 유혹하기 위한 준비 행동은 주로 여가시
간에 하지만, 이런 한가한 시간에 우리의 마음은 다른 목표를 달
성하기 위한 방법도 찾는다. 버펄로 대학교의 시라 개브리엘Shira
Gabriel과 동료들은 사람들이 여가시간에 주로 어딘가에 소속되고
사회화하고 싶은 마음 깊은 곳의 사회적 욕구를 충족시키는 활동
을 하지만, 대체로 그런 사실을 자각하지 못한다고 밝혔다.[10] 미국
노동부에 따르면 2003년부터 2014년까지 성인의 여가시간은 TV
와 영화를 보고(56퍼센트) 책을 읽고(7퍼센트) 인터넷 서핑을 하는
(9퍼센트) 것처럼 주로 혼자 하는 활동에 쓰이는 것으로 나타났다.
여가시간의 평균 13퍼센트만 친구나 동료 들(회사 밖에서)과 어울
리는 등의 실질적인 사교활동에 쓰였다. 그러면 이렇게 혼자만의
활동을 선호하는 태도와 인간이 근본적으로 사회적 동물이라는
사실이 어떻게 조화를 이룰 수 있을까?

　개브리엘 연구팀의 여러 연구에서 나타나듯이 겉으로는 사교
적이지 않고 혼자만의 활동으로 보이지만, 알고 보면 사회적인 활

동이다. TV를 볼 때는 마음속으로 TV에 나오는 사람들과 함께 시간을 보내므로 실질적인 사회적 접촉에 대한 욕구가 충족된다. 연구자들이 '은밀한 사회적 자아'라고 부르는 자아가 이런 혼자만의 활동을 통해 은밀히 욕구를 충족시키는 방식을 우리가 인지하지 못하는 것일 뿐이다. 예를 들어 외로울 때는 잘 알고 익숙한 사람들이 나오는 프로그램을 더 많이 보고, 실제로 그런 프로그램을 보면 외로움이 줄어든다. 반면에 외롭지 않을 때는 그냥 TV에 나오는 아무 프로그램이나 시청한다.

개브리엘과 동료들은 사람들이 텔레비전을 너무 많이 본다고 자책하면서도 그렇게 많이 보는 이유를 찾을 때는 이런 사회적 이유를 거의 언급하지 않는다는 데 주목한다. 사람들은 줄거리가 재미있어서라거나 그냥 심심해서 텔레비전을 본다고 말한다. 더 자세히 물어봐도 텔레비전 시청이 마음 깊은 차원에서 중요한 사회적 욕구를 충족시키는 데 도움이 된다는 사실에 동의하지 않는다. 실제로는 도움이 된다. 사실 이런 이유에서 사람들이 텔레비전을 그렇게 많이 보는 것이고, 애완동물도 인간에게 훌륭한 '대리인'이 되어주는 것이다. 내 어린 시절의 영웅 월터 크롱카이트•가 세상을 떠날 때 그의 가족뿐 아니라 생전에 그와 아주 가까웠던 고양이 몇 마리도 임종을 지켰다.[11] 연구에 의하면 자기가 키우는 개가 아니라 아무 개나 옆에 있어도 사회적으로 거부당한

• Walter Cronkite, 〈CBS〉 저녁 뉴스 앵커

고통을 줄이는 데 도움이 된다고 한다.[12] 아닌 게 아니라 그들은
최고의 친구들이다.

배고픔은 안전과 번식의 동기와 함께 우리가 의외의 방식으로
행동하도록 유도하는 또 하나의 강력한 무의식적 동기다. 배고플
때는 장을 보러 가지 말아야 한다는 것 정도는 경험으로 알 것이
다. 하지만 최근의 몇몇 연구에서는 배고플 때는 음식뿐 아니라
뭐든 더 많이 사는 것으로 나타났다. 배고픔을 달래는 행위는 백
화점과 타깃•과 베스트바이••가 생기기 오래전부터 존재했고 진화
적으로 뿌리내린 동기로서 음식 외에도 다양한 소비에 영향을 미
친다.

앨리슨 징 슈Alison Jing Xu와 동료들은 미니애폴리스주 세인트폴
의 대형 쇼핑몰에서 나오는 고객들을 대상으로 연구를 진행했다.
영수증을 확인히고 현재 얼마나 배고픈지 물어보아서 배고픈 쇼
핑객이 옷, 화장품, 전자제품처럼 식품과 무관한 품목을 더 많이
산다는 결과를 얻었다.[13] 다른 연구에서는 배고픈 사람이 바인더
나 클립 같은 공짜 물건을 더 많이 가져가는 것으로 나타났다. 배
고프면 돈을 더 쓰고 싶어질 뿐 아니라 음식에 대한 근본적인 욕
구로 인해 물건을 더 많이 쟁여두고 싶어진다.

따라서 배고플 때 장을 보러 가는 것만이 아니라 뭐든 물건을
사러 가는 것은 좋은 생각이 아니다. 인터넷 쇼핑을 하려면 먼저

• Target, 종합 유통업체
•• Best Buy, 전자제품 전문 할인점

냉장고로 가서 샌드위치라도 집어 드는 게 낫다.

목표와 욕구는 또한 관련된 정보에 더 민감하게 반응하게 만든다. 하버드의 심리학자 제롬 브루너Jerome Bruner는 60년 전에 '지각준비성perceptual readiness' 개념을 소개했다.[14] 현재의 동기와 욕구에 따라 목표와 연관된 주위의 사람과 물건에 민감하게 반응하는 현상을 의미한다. 누구나 무의식중에 목표나 욕구에 도움이 되는 대상에 관심을 갖는다. 슈와 동료들은 다른 연구에서 배고픈 사람은 일시적으로 배고픔만이 아니라 원함, 얻음, 획득과 관련된 단어에 더 민감하게 반응해서 이들 단어가 잠재의식에 50밀리초, 곧 20분의 1초 동안만 제시되어도 바로 보거나 알아챌 수 있다고 밝혔다. 워낙 순식간에 스쳐 가서 배고프지 않은 사람들은 알아채지 못하지만 배고픈 상태의 참가자에게는 변화를 일으켜서 평소에는 보지 못하는 목표와 관련된 대상을 볼 수 있게 해준다.

목표와 관련된 정보에 민감하게 반응하는 결과로 우리가 외부의 영향에 얼마나 취약한지 알 수 있다. 예를 들어 우리가 이미 어떤 광고에서 암시하는 욕구나 목표를 가지고 있다면 그 광고에 더 많이 영향을 받는다. 앞 장에서 조리법으로 점화시키는 연구의 비만인 쇼핑객을 떠올려보라. 이들이 매장에 들어서면서 조리법 전단지에서 건강한 식생활에 관한 단어를 보자 그날 구입한 간식의 양이 크게 줄었다. 그런데 조리법 점화 효과는 마침 비만이라서 다이어트 목표를 세운 사람이나 식사조절을 실천하는 사람에게만 효과가 있었다. 다이어트 목표가 없는 사람에게는 효과가 없었다.

역시 핵심은 무언가를 바랄 때 신중해야 한다는 것이다. 이럴 때는 다른 때보다 외부의 영향에 더 많이 열려 있기 때문이다. 사람들이 잠재의식 광고를 우려하는 이유는 대기업이나 정부에 조종당해서 평소에는 원하지 않았을 물건을 구입하거나 원치 않는 행동을 하고 싶지 않기 때문이다.[15] 1950년대부터 전해지는 도시전설로, 뉴저지주 포트리의 한 영화관에서는 영화가 상영되는 동안 '콜라를 마셔라'라는 문구를 비롯한 잠재의식 메시지를 잠깐씩 띄워서 관객들이 목마른 좀비처럼 매점으로 몰려들게 만든다는 이야기가 있다. 실제로 이런 일은 없었다.[16] 홍보회사에서 만들어낸 이야기고, 당시 베스트셀러였던 밴스 패커드Vance Packard의《은폐된 설득자들The Hidden Persuaders》이라는 책에서 사실로 소개되었을 뿐이다. 당시에는 영화를 상영하는 중에 이런 메시지를 내보내는 기술이 없었을 뿐 아니라 이런 일이 벌어졌다는 영화관 자체가 존재하지 않았다! 그럼에도 이 이야기로 인해 사람들은 자신의 동의 없이 기업의 이익을 위해 조작당할까봐 두려워하게 되었다.

지난 20년간의 연구에 의하면 잠재의식 광고가 우리의 선택과 행동에 영향을 미칠 수는 있지만 이미 우리가 그 목표를 추구하고 있을 때만 영향을 미치는 것으로 나타났다. 가령 목마를 때는 광고의 영향으로 음료수를 선택할 수 있다. 배고플 때는 광고의 영향으로 음식을 선택할 수 있다. 따라서 잠재의식 차원의 영향인지 여부가 아니라 외부의 메시지가 우리에게 영향을 미칠 수 있다는 것을 우리가 인지하는지 여부가 중요하다. 외부의 영향이 식료품

점의 다이어트 고객들에게 잠재의식으로 전달된 것이 아니고 백화점의 굶주린 쇼핑객들도 배고픈 상태였다고 말할 수도 있지만, 어느 쪽도 다이어트나 식사라는 목표가 그들이 구입하는 물건의 종류와 양에 영향을 미친 줄 인지하지 못했다.

우리에게 중요한 목표일수록 외부의 영향은 더 강해진다. 이것은 최근에 목표 점화 연구 수백 편을 분석한 한 연구에서 입증된 원칙이다. 목표 점화 효과는 행동 전반에 신뢰할 만하고 강력하게 나타났고, 특히 참가자에게 개인적으로 중요한 목표일수록 점화 효과가 커졌다.[17] 또 강하고 중요한 욕망일수록 외부의 영향이 커지는 것으로 나타났다. 이런 외부의 영향은 직장이나 사생활에서 무언가를 소망할 때 특히 중요하다. 동기를 끌어내는 것도 좋지만 그에 따른 부작용도 알아야 한다. 현재의 목표에 따라 우리에게 영향을 미치는 정보가 달라지고, 우리가 주목하고 나중에 기억하는 정보도 바뀐다.

부부가 자동차를 몰고 고속도로를 달린다고 해보자. 운전자는 도로 교통량과 주위 차들과 도로표지판뿐 아니라 자기 차의 속도와 에어컨에도 신경을 쓴다. 옆자리에 앉은 사람은 단풍을 구경하고 광고판을 읽고 이상하고 재미난 자동차 번호판과 범퍼 스티커를 알아챈다. 두 사람은 몇 시간 동안 같은 공간에 있었지만 목적지에 도착한 후에는 자동차 여행을 각자 다르게 기억한다. 우리가 바라보고 주목하는 대상은 현재의 목표와 얼마나 관련이 있는지에 달려 있기 때문이다. 운전석에 앉은 사람과 옆자리에 앉은 사람의 목표는 많이 다르다.

1978년에 리처드 앤더슨Richard Anderson과 J. W. 피처트J. W. Pichert 는 인간이 주어진 상황의 목표에 따라 상황에 대한 기억을 전혀 다르게 재구성하는 현상에 관한 중요한 실험을 실시했다. 실험 자들은 참가자들에게 주택을 둘러보는 동영상 투어를 보여주었 다. 모든 참가자가 동일한 영상을 보았다. 한 집단은 스스로 강도 가 되어 그 집을 도둑질할 계획을 세우면서 동영상을 보아야 했 고, 다른 집단은 그 집을 구입할 계획으로 동영상을 보아야 했다. 나중에 두 집단은 동영상을 상당히 다르게 기억했다. '주택 구입 자' 집단은 방의 크기와 주요 시설(온수 히터와 가스스토브)의 상태 와 침실 개수를 기억했다. 반면에 '강도' 집단은 집 안으로 침입할 수 있는 지하실 창문이 있는지, 텔레비전과 스테레오처럼 고가이 면서도 들고 나오기 쉬운 물건이 있는지, 내다 팔 물건이 있는지 를 기억했다. 주어진 순간에 주의력에는 한계가 있어서 '주택 구 입자'는 '강도'가 주목한 세부 정보의 상당 부분을 놓쳤고, '강도' 도 '주택 구입자'가 본 것을 많이 놓쳤다. 참가자들의 기억은 동영 상의 내용을 정확히 복제한 것이 아니라 동영상을 보면서 각자 염 두에 둔 목표에 따라 생략하고 편집한 결과였다.

한편 어떤 목표에 오래 집중하면 더 이상 그 목표를 추구하지 않아도 무의식에서 계속 대상을 인지하고 평가할 수 있다. 찰리 채플린Charlie Chaplin의 영화 〈모던 타임스Modern Times〉에서는 이런 현상을 재미있게 은유한다. 채플린이 연기한 유명한 트램프라는 인물은 하루 종일 공장에서 힘들게 일하면서 끊임없이 돌아가는 거대한 기계에 큼직한 볼트를 조이는 작업을 한다. 작업 종료를 알리는 호루라기 소리가 들리자 모두 공구를 내려놓고 줄지어 출구로 향한다. 찰리는 온종일 볼트를 조이느라 넋이 나가서 무심코 렌치를 들고 나간다. 저런, 길거리에 큼직한 외투를 입은 풍만한 여자가 서 있다. 짐작하다시피 외투 앞에는 큼직한 단추가 줄줄이 달려 있다. 목표에 정신이 팔린 찰리에게는 단추가 꼭 공장의 볼트로 보인다. 그는 단추를 조이려고 여자에게 뛰어가고 달아나는 여자를 쫓아 거리를 질주한다.

'테트리스Tetris' 게임을 해본 사람은 무슨 말인지 이해할 것이다. 테트리스를 오래 한 사람은 현실이 마치 거대한 게임처럼 보이기 시작한다고 말한다. 제프리 골드스미스Jeffrey Goldsmith가 1994년에 〈와이어드Wired〉 잡지에 이런 경험에 관한 기사를 썼다.[18] 그는 게임보이를 가진 친구와 도쿄에서 일주일을 보냈다. "테트리스가 내 뇌를 노예로 전락시켰다. 밤에 다다미방에서 자려고 누우면 어둠 속에서 기하학적 형태가 내려왔다. 낮에는 연보라색 스웨이드 소파에 앉아 미친 듯이 테트리스를 했다. 어쩌다 집 밖으로 나가면 차와 나무와 사람을 이리저리 짜 맞추었다."

어떤 일에 시간과 관심을 많이 쏟으면 그것이 우리의 생각과 마음속 이미지와 꿈속에서까지 우리가 상상도 못 한 방식으로 패턴을 만들기 시작한다. 테트리스를 하는 사람은 세상을 테트리스 속 형상으로 인식하고 테트리스의 정신 작용이 불쑥 튀어나와 무의식중에 사물을 맞춰보고 심지어 세상 속에 있는 물건들을 이리저리 돌리면서 맞추었다. 모든 것이 게임의 필터로 처리된 이미지로 마음속에 떠오르는 것이다. 꿈 연구에서는 하루 종일 테트리스를 하면 게임을 한 기억을 잃어버리는 기억상실증 환자조차 하늘에서 갖가지 모양의 형상이 떨어지고 회전하면서 아래 공간의 형태에 맞춰지는 꿈을 꾼다고 보고했다.[19]

나도 1980년대 후반에 내 연구실에서 같은 경험을 했다. 당시 나는 아주 기초적인 형태의 컴퓨터에서 할 수 있는 단색 버전의 팩맨Pac-Man에 중독되었다. 좌, 우, 상, 하의 화살표 자판 위로 손가락이 날아다니는 게임에서 나는 팩맨 속 유령들을 요리조리 잘 피해서 점수를 꽤 모았다. 어느 날 한참 팩맨을 하다가 고개를 들어보니 할 일은 그대로 쌓여 있고, 점심 모임을 위해 출발해야 할 시간이었다. 그런데 놀랍게도 나는 복도로 나오자 곧바로 왼쪽을 살핀 다음 곧장 앞으로 가면서 모임 장소에 도착할 때까지 아무것도 없는지 확인했다. NYU 심리학과 건물의 우리 층 복도는 미로 같았는데(방문객들이 종종 길을 잃었다), 다음 교차점에 이르자 나는 다시 멈춰서 모퉁이 너머를 내다보면서 방해물이 없는지 확인했다. 팩맨에 정신이 팔린 내 머릿속에서는 연구실이 있는 층이 게임 속 미로가 되고, 복도에서 사람들을 마주치면 팩맨의 블링키와 핑키, 잉키, 클라이드를 만난 것처럼 반응했다.

친구들의 작은 도움

목표의 영향을 받는 가장 중요한 정신 작용은, 사물이나 사람이 좋은지 나쁜지 평가할 때 개인의 가치관이나 대상과의 오랜 경험보다는 목표에 도움이 되는지 여부를 기준으로 평가하는 것이다. 현재의 목표에 따라 제일 친한 친구로 생각하는 사람까지 무의식 중에 달라질 수 있다. 우리에게는 다양한 친구가 있고, 모든 친구와 똑같은 활동을 하지는 않는다. 어떤 친구에게는 비밀을 털어놓고 진지한 이야기를 나누고, 어떤 친구하고는 등산이나 골프 같은 활동을 같이하고, 또 어떤 친구하고는 주로 아이들 이야기를 나눈다. 평생의 친구를 만나는 시기인 성인 초기의 대학 시절에 우리는 주로 공부하거나 사람들과 어울리거나 휴식을 취한다. 연구자들은 이 시기의 특징을 고려해서 대학 시절의 변화하는 특성을 이용해 목표에 따라 친한 친구 관계가 어떻게 달라지는지 알아보았다. 현재의 목표에 따라(공부와 휴식) 어떤 친구를 다른 친구보다 더 친하다고 느낄 수 있을까?

그라인느 피츠시먼스Gráinne Fitzsimons와 연구팀은 대학생들에게 가장 친한 친구가 누구이고 그들과 어떤 활동을 같이하는지 물었다.[20] 참가자들은 성적이나 수행과 관련된 단어나 휴식이나 즐거움과 관련된 단어로 구성된 간단한 언어 검사를 받았다. 다음으로 성적 목표나 '휴식하고 즐기기' 목표를 점화시키는 과제를 점화 과제인 줄 모르고 수행했다. 그런 다음 처음 연구를 시작할 때

열거한 친구들을 가장 친한 친구부터 가장 친하지 않은 친구의 순
서로 서열을 매기게 했다. 성적 목표를 점화시킨 집단에서는 주로
같이 공부하는 친구를 제일 친한 친구로 꼽은 반면에, 즐거운 파
티 목표를 점화시킨 집단에서는 파티 친구를 제일 친한 친구로 꼽
았다. 목표를 성취하는 데 도움이 되는 친구가 누구인지에 따라
친한 친구의 서열이 조정되었다.

　현재의 목표는 현재 친구를 어떻게 생각하는지에 영향을 줄 뿐
아니라 애초에 어떤 사람과 친구가 되는지에 영향을 미친다. 노스
웨스턴 대학교의 연구자들은 우선 학업이나 건강 목표가 무의식
중에 배경에서 작용하도록 두 가지 중 하나를 학생들에게 점화시
켰다.[21] 학생들은 학업 목표가 점화되면 같이 공부할 수 있는 사람
들과 친구가 되고 싶어 했지만, 건강 목표가 점화되면 같이 운동
할 수 있는 사람들과 친구가 되고 싶어 했다. 학생들은 목표가 친
구 선택에 미치는 영향을 자각하지 못했다.

　이런 효과는 양방향으로 작용한다. 목표에 따라 친구와의 친밀
한 관계에 대한 생각이 달라질 뿐 아니라 친밀한 관계를 생각하기
만 해도 효과적이고 활기차게 목표를 추구할 수 있다. 예를 들어
어머니를 생각하면 어머니가 나를 대견하게 만들고 싶은 마음
처럼 (주로 무의식중에) 어머니와 연관된 목표를 떠올린다.[22] 피츠
시몬스와 나는 몇 달 전 질문지에 어머니가 자기를 대견하게 만
들고 싶다는 목표를 적은 대학생 참가자들을 부르고, 어머니를 도
와주거나 어머니와 좋은 친구가 되고 싶다는 목표를 말한(어머니

가 자기를 대견해하게 만드는 것이 목표는 아닌) 참가자들도 불렀다. 다음으로 일부 참가자에게는 어머니를 생각하게 했다. 다만 평범한 토요일에 어머니가 무엇을 하는지 적거나 어머니가 사는 동네의 지도를 그리거나 어머니의 취미를 적는 등 지엽적인 방식으로 어머니를 떠올리게 했다. 통제 집단의 참가자들은 어머니가 아니라 자기에 관한 질문에만 답했다.

어머니를 떠올리는 과정에서 어머니가 자기를 대견해하게 만들겠다는 목표, 즉 학업 성취의 동기가 생겼을까? '어머니'를 점화시키는 과정이 끝나자 모든 참가자가 '스크래블Scrabble'이라는 보드게임에서 추출한 간단한 언어 과제를 수행했다. 우리는 참가자들에게 철자가 적힌 나무토막을 7개씩 나눠주었고, 참가자들은 7글자만으로 5분 안에 단어를 최대한 많이 말해야 했다.

예상대로 어머니가 자랑스럽게 생각하게 만들겠다는 목표를 **가졌을 뿐 아니라** 스크래블 과제에 앞서 어머니를 떠올린 참가자들은 다른 참가자들보다 좋은 수행을 거두었다. 말하자면 어머니를 좋은 수행이나 성적 목표와 연결하지 않은 집단에서는 단순히 어머니를 떠올리기만 해서는 학업 성취 동기가 생기지 않았다. 또 어머니를 떠올리지 않았거나 어머니가 자기를 대견해하게 만들고 싶다는 목표가 점화되거나 '자각'되지 않은 경우에도 어머니가 자기를 대견해하게 만들고 싶다는 마음만으로는 부족했다. 따라서 중요한 사람을 떠올리기만 해도 우리가 그 사람과 주로 연관시키는 목표를 추구할 가능성이 커진다. 게다가 그 사람이 옆에 없어도 효과가 나타날 수 있다. 몸은 옆에 없어도 **마음으로** 옆에 있는 것이다. 실제로 수천 킬로미터 떨어져 있어도 상관없다.

따라서 현재의 목표는 우리가 좋아하는 것과 싫어하는 것에 영향을 미친다. 그리고 우리가 어떤 목표를 추구하는 데 도움이 되는지에 따라 어떤 사람을 더 좋아할 수 있다. 나아가 현재의 목표는 다른 때라면 좋아하지 않았을 사람을 좋아하게 만들 수도 있다. 예를 들어 현재의 목표는 부정적이고 무례한 행동에 대한 평소 반응에 변화를 줄 수 있고, 또 무례한 행동이 현재의 목표에 유리하다면 무례한 행동을 하는 사람을 좋아할 수도 있다.

기업의 인사 담당자가 지원자를 면접하는 상황을 예로 들어보자. 우리는 취업 면접이 담긴 동영상을 만들었다.[23] 카메라를 면접자 뒤에 설치해서 면접자는 뒷모습만 보이고 책상 앞에서 면접을 받는 지원자는 살 보인다. 우리 연구의 참가자들은 모두 같은 영상을 보았다. 한 가지만 달랐다. 면접과는 무관한 부분이었다. 면접을 보는 동안 비서를 비롯한 여러 직원이 드나드는 분주한 사무실에서 마이크라는 면접관의 동료가 문 앞에 불쑥 나타나서 면접관에게 12시이고 밖에 나가서 점심을 먹기로 한 계획에 관해 말했다. 이때 마이크의 행동에 따라 영상이 두 가지로 나뉘었다. 한 영상에서는 마이크가 매우 정중하고 공손하게 면접을 방해해서 미안하다고 양해를 구하고 밖에서 기다리겠다고 말했다. 다른 영상에서는 마이크가 몹시 무례한 태도로 밖에 나가서 점심을 먹을 계획이니 당장 출발해야 한다면서 화냈다.

   우리는 참가자들에게 마이크를 평가하는 것이 아니라 카메라가 주목한 지원자가 직무에 얼마나 적합한지를 기준으로 평가하도록 지시했다. 여기서 목표가 개입한다. 한 집단에는 근처 식당의 웨이터를 뽑는 면접이라고 알려주었다. 흔히 웨이터라면 정중하고 공손해야 하고 "고객이 항상 옳다"는 태도로 일해야 한다고 생각한다. 다른 집단에는 전혀 다른 직업, 가령 〈뉴욕 데일리 뉴스 New York Daily News〉에서 조직범죄 전담 기자를 채용하는 면접이라고 설명했다. 범죄를 보도하는 기자의 이상적인 자질은 웨이터의 자질과 정반대였다. 범죄 관련 기사를 쓰는 기자는 거칠고 공격적이고 집요하고, 필요하다면 무례하기까지 해야 한다.

   두 영상의 지원자는 동일인이었다. 영상에서 면접관이 묻는 질문도 두 직종 모두에 적용되는 일반적이고 두루뭉술한 내용으로, 근무 경력이나 일을 잘하고 싶은 동기에 관한 주제였다. 하지만 우리는 영상이 끝나고 참가자들에게 (뜻밖에도!) 지원자가 아니라 면접을 방해한 마이크에 관해 물었다. 마이크가 얼마나 마음에 드는지 묻고 정중함이나 무례함과 같은 몇 가지 성격 특질을 평가하도록 요청했다.

   예상대로 직종을 언급하지 않은 통제 집단에서는 무례하고 심술궂은 마이크보다는 예의 바르고 착한 마이크를 유의미한 수준으로 더 좋아했다. 사람들은 대체로 무례하고 심술궂은 사람보다 예의 바르고 친절한 사람을 좋아한다. 놀랄 일이 아니다. 하지만 반전이 있다. 범죄 담당 기자 조건에서는 참가자들이 예의 바른 마이크보다 **무례한** 마이크를 더 좋아하는 것으로 나타났다. 참가자들이 마이크가 무례하고 공격적이라는 점을 명확히 인지한 상태에서도 이런 결과가 나왔다. 일반적인 의미에서는 좋지 않은 자질이지만, 범죄 담당 기자직에 지원한 지원자를 평가하는 현재의 목표에는 바람직한 자질이다. 이런 목표가 활성화된 상태에서 마이크를 만난다면, 마이크를 평가할 의도가 없고 그런 지시를 받은 적이 없는데도 현재의 유효한 목표에 따라 마이크의 무례한 태도에 우호적으로 반응한다. 의식에서는 다른 사람에게 집중하면서도 현재의 목표에 따라 평소라면 분명 싫어했을 사람을 좋아하는 것이다.

이런 현상은 현실의 삶에서 의의가 크다. 삶의 한 영역, 가령 직장에서 만나는 사람들에게 중시하는 개인적 자질과 가치관이 낭만적 관계에서 중시하는 자질이나 가치관과 다를 수 있다. 반대도 마찬가지다. 예를 들어 인사 담당자가 퇴근 후 이성을 적극적으로 만나고 특별한 누군가를 찾는 사람이라고 해보자. 짝을 찾는 목표가 장기간 굳어지면 찰리 채플린이 볼트를 조이고자 하는 충동을 느끼듯이 회사에서 면접을 볼 때도 자리에 맞는 사람보다 연애 대상으로 적합한 사람을 선호하고 채용할 수도 있다. 그러면서도 스스로 잘못된 기준을 적용하는지 자각하지 못할 수도 있다. 외모가 매력적이지 않은 지원자보다 매력적인 지원자를 훨씬 선호한 이탈리아의 고용주들처럼. 반대로 투자 은행가나 경찰이 탐욕스럽고 경쟁적인 사람이나 유능하고 냉정한 사람에게 호감을 느끼는 마음으로 데이트 상대를 선택할 수도 있다. 그리고 초등학교 교사가 얌전하고 말 잘 듣고 공부를 잘하는 아이들을 좋게 평가하다보면 친구나 데이트 상대로도 같은 부류를 선호하지 않을까?

스스로를 속이기

1980년 4월 21일, 짙은 색 머리를 짧게 자른 로지 루이즈Rosie Ruiz라는 여자 선수가 등번호가 붙은 노란색 아디다스 러닝셔츠를 입고 보스턴 마라톤 대회 결승선을 통과했다. 루이즈는 448명을 제치고 여자부 1위를 차지했다. 사람들이 빙빙 돌면서 환호했다. 그들이 환호하는 데는 그만한 이유가 있었다. 스물 여섯 살의 쿠바 출신의 여자 선수가 마라톤 경력도 거의 없는 채로 세계에서 가장 유명한 대회에서 우승해서만이 아니라 여자 마라톤 역사상 세 번째로 좋은 기록으로, 무려 2시간 31분 56초로 결승선에 들어왔기 때문이다. 사무보조원으로 일하던 여자가 어느 날 갑자기 마라톤 챔피언으로 변신한 것이다. 완벽한 신데렐라 이야기였다.

그런데 진실은 달랐다. 대회 조직위원회가 루이즈를 우승자로 발표하고 채 4시간도 안 돼서 루이즈의 놀라운 성적에 의문을 제기하는 제보가 들어오기 시작했다. 우선 루이즈 다음으로 결승선을 통과했고, 32킬로미터 지점 이전까지는 선두권을 유지한 세계 최고의 선수들은 루이즈가 그들을 제치고 앞서간 장면을 기억하지 못했다. 루이즈는 의혹이 쏟아지는 와중에도 입장을 바꾸지 않고 거짓말탐지기 검사를 받겠다고 자청했다. 그런데 이튿날 빼도 박도 못할 증거가 나왔다. 마라톤을 구경하던 하버드 대학생 둘이 루이즈가 군중 틈에서 나와 뒤늦게 선수들 사이로 끼어드는 장면을 목격한 것이다. 그리고 얼마 후 루이즈가 보스턴과 뉴욕 마라톤 대회의 출전 자격을 따낸 경기에서도 지하철을 타고 이동해서 같은 수법으로 경주의 마지막 구간에 몰래 끼어든 사실이 드러났다. 거짓 우승 이후 8일이 지난 4월 29일에 대회 관계자들은 루이즈에게서 우승 타이틀을 박탈했다.

로지 루이즈 사건만큼 극적이지는 않아도 스포츠 세계에서 부정행위와 속임수는 흔한 일이다. 예를 들어 농구 경기에서는 심판을 속여서 (실제로는 세게 건드리지 않았는데도) 상대 선수에게 파울을 불게 만드는 플라핑flopping이라는 수법이 있다. 축구선수가 경기장에서 거친 태클을 당한 후 정강이를 부여잡고 고통스러운 듯 나뒹굴지만, 안방에서 텔레비전으로 중계방송을 보는 시청자들은 리플레이 화면으로 사실은 몸이 닿지도 않은 장면을 보는 경우는 흔하다. 이런 극적이고 노골적인 스포츠의 사례에서는 연구자들이 인간의 보편적인 성향으로 입증한 현상이 두드러지게 나타난다. 말하자면 높은 성취와 수행의 목표가 활성화되면, 평소에는 정직하지 않고 도덕적이지 않다고 생각하더라도 목표 달성에 도움만 된다면 규칙을 어길 가능성이 높아진다.

나는 오랫동안 학생들을 가르치면서 시험시간에 "시간이 다 됐다"고 말할 때 순순히 펜이나 연필을 내려놓는 학생을 거의 보지 못했다. 시험지를 제출하라고 서너 번 말하고 나서도 한참 기다린 뒤에 결국 학생들이 정신없이 써 내려가는 시험지를 빼앗아야 할 때도 있었다(어떤 학생은 그러는 내게 무례하다고 항의하기도 했다). NYU의 동료들인 페터 골비처Peter Gollwitzer와 아네트 리차이Annette Lee-Chai와 나는 이런 효과를 실험으로 재현했다. 우선 참가자들에게 '성취하다', '분투하다', '성공하다'와 같은 단어가 포함된 시험에서 문장 뒤섞기 기법을 쓰게 해서 성취 목표를 점화시켰다.[24] 다음으로 '스크래블' 철자 토막 세트와 함께 3분을 주고 주어진 글자만으로 가능한 많은 단어를 적게 했다. 그런 다음 실험자는 다른 실험을 시작하러 가봐야 한다면서 만약 제시간에 돌아오지 못하면 시간이 다됐을 때 인터컴으로 '정지'라고 말할 테니 펜을 내려놓고 하던 일을 멈추라고 말했다.

그런데 참가자들이 모르는 사실이 하나 있었다. 실험실 앞에 카메라가 숨겨져 있어서 인터컴으로 펜을 내려놓으라고 했을 때 참가자들이 실제로 펜을 내려놓는지, 실험자가 다시 올 때까지(5분 정도 지날 때까지) 단어를 계속 적는지를 확인할 수 있었다. 점화 과제로 성취 목표를 끌어낸 집단에서는 50퍼센트 이상이 중지 명령을 듣고도 한참 더 단어를 써 내려가면서 '부정행위'를 저질렀다. 통제 집단에서는 20퍼센트만 부정행위를 저질렀다. 성취 목표가 이렇게 중요하지 않은 과제(상을 받는 것도 아니고 인정받는 것도 아니고 누가 알아줄 리도 없는 심리학 실험)에서까지 규칙을 어기게

만든다면, 실제로 돈이나 우승컵이 걸린 상황에서 도덕적 판단과
행동에 얼마나 큰 영향을 미칠지 짐작할 수 있다.[25]

로지 루이즈는 보스턴 마라톤 대회에서 간절히 우승하고 싶은
마음에 문자 그대로 지름길을 이용했다. 대범하고 공공연한 부정
행위였다. 유명하고 권위 있는 대회에서 우승하고 싶은 강렬한 야
망에 이끌려 부정행위를 저질러도 된다고 생각한 것이다. 루이즈
는 인간의 보편적인 성향을 보여준 극단적인 사례다. 우리는 강렬
한 목표가 없을 때는 하지 않을 일도 강렬한 목표를 달성하는 데
도움이 된다면 기꺼이 하려는 성향이 있다.

이렇듯 목표는 우리에게 엄청난 영향을 미쳐서 오래 고수해온
가치관과 신념까지 압도할 수 있다. 평생 사제와 목사로 살고 싶
어 하고 남을 돕고 도덕적으로 행동하는 가치관과 자기 개념이 뚜
렷한 신학생이 다음 수업에 늦어서 빨리 가야 하는 현세의 목표에
따라 길에 쓰러진 아픈 사람을 보고도 그냥 지나친다면 어떨까?
1970년대에 프린스턴 대학교에서 실시한 유명한 '착한 사마리아
인' 연구에서 실제로 일어난 일이다.

존 달리John Darley와 대니얼 뱃슨Daniel Batson은 신학도들에게 성
직자가 되기 위해 공부하는 사람들을 위한 진로 강의를 제공하거
나 성서의 착한 사마리아인 이야기, 곧 어떤 사람이 도움이 필요
한 사람을 보고 남들은 다 그냥 지나치지만 혼자 나서서 도와주
는 이야기를 설교하도록 요청했다.[26] 강의를 하려면 현재 건물에
서 다른 건물로 걸어서 이동해야 했다. 실험자들은 일부 참가자들

에게는 늦었다면서 서두르라고 말했고, 다른 참가자들에게는 이런 말을 하지 않았다. 모든 참가자는 지붕이 덮인 통로를 지나 다른 건물로 이동하는 길에 허름한 차림으로 바닥에 쓰러져서 고통스러워하는 사람을 지나쳤다. 사실 그 사람은 연구팀의 일원이었다. 이 연구의 목적은 누가 도와주려고 나서고, 어떤 상황 요인과 성격 요인에서 차이가 나는지 알아보는 데 있었다.

　발길을 멈추고 도와줄 가능성을 예측해주는 요인은 현재 서두르는 상태인지 여부밖에 없었다. 참가자들이 할 설교의 종류와 종교적으로 독실한 정도(성격 척도로 파악함)는 중요하지 않았다. 다음 강의실에 서둘러 가야 하는지의 여부가 가장 중요했다. 발길을 멈추고 누군가를 도와주려면 시간이 걸리는데, '빨리 도착해야 한다'는 목표가 있을 때는 이런 상황이 부정적으로 평가된다. 무의식중에 목표가 강력한 영향을 미쳐서 참가자들의 도덕적 신념을 방해하고, 심지어 현재 마음속에 활성화된 도덕적 원칙, 즉 착한 사마리아인 이야기까지 방해한 것이다!

　여기서 이해해야 할 사실이 있다. 신학생들이 갑자기 나쁜 사람으로 돌변한 것은 아니다. 그보다는 현재의 목표로 인해 곤경에 처한 사람에게서 관심이 멀어지고 가능한 빨리 다음 강의실에 도착하는 쪽으로 행동한 것이다. 달리와 뱃슨은 실험이 끝난 후 참가자들을 만나보고 그들이 서두르는 상황에서 본 사람이 고통스러워하고 도움을 필요로 한다고 해석하지 않았다는 결론에 이르렀다. 연구자들은 신학생들이 '서두르느라' 다음 강의실에 제시간에 도착하는 데만 신경을 쓰느라 평소 고통스러워하는 사람을 보고 느끼던 공감 반응이 일어나지 않았다고 설명했다.[27] 멈춰서 도와주면 강의시간에 늦을 수밖에 없다. 그래서 현재의 목표에 따라 곤경에 처한 사람을 도와주는 데 '부정적인' 가치를 부여해서 곤경에 처한 사람을 도와주는 행동을 긍정적으로 생각하던 신념이 달라진 것이다. 역설적으로 이런 결과는 바로 참가자들이 그렇게 서둘러 다음 강의실에서 설교하려던 착한 사마리아인 이야기의 주제다.[28]

위험한 점력제

목표를 바꾸는 데 막강한 영향을 미치면서 가치관과 행동까지 변화시키는 요인으로 권력이 있다. 권력의 효과는 어마어마하다. 권력은 타락하고, 절대 권력은 반드시 타락한다는 말이 있다. 정부 관료의 권력 남용과 부정부패 사례는 불행히도 차고 넘친다. 내 고향 일리노이에서는 정치인들을 주지사 관저에 들여보냈다가 사적인 이익을 챙기기 위해 권력을 남용한 죄로 감옥에 들여보내는 경우가 일종의 전통처럼 굳어졌다.

권력을 남용하는 사람들은 대체로 그들의 행동이 남들에게 어떻게 보일지 전혀 의식하지 못하는 듯하다. 자신이 권력을 악용하는지 전혀 인지하지 못하는 듯하다. 하지만 대중의 '후각 테스트'

를 통과하지는 못한다. 1993년, 조지 H. W. 부시George H. W. Bush의
의회도서관 사서는 부시 대통령 임기 마지막 날에 이란-콘트라
무기 스캔들(부시가 부통령으로 재임할 때 연루된 사건)에 관한 모든
자료를 50년간 봉인했다. 그리고 몇 주 후, 이 사람은 40만 달러라
는 엄청난(당시로서는 더 엄청난) 연봉을 받고 텍사스 A&M의 부시
대통령 도서관 사서로 임명되었다. 두 사건 사이에는 물론 연관성
이 없었다. 그로부터 불과 얼마 전에는 사우스캐롤라이나 주지사
가 정부愛妾를 만나러 남미로 날아가면서 굳이 그 사실을 숨기려 하
지 않아서 주지사 자리에서 물러난 사건이 있었다. 이런 사례를 쉽
게 찾을 수 있으니 부패 사건이 얼마나 공공연하게 자행되는지 혀
를 내두를 수밖에 없다.[29] 권력을 남용하는 사람들은 주변의 모든
사람과 달리 권력의 무의식적 영향을 인지하지 못하는 것 같다.

권력이 부패를 동반하는 이유에는 몇 가지 가설이 있지만, 내가
특히 주목하는 가설은 권력에는 개인에게 중요하고 사적인 목표
를 자연스럽게 자극하는 힘이 있다는 것이다. 평소에는 사회적으
로 용납되지 않거나 법을 위반하는 것이라서 스스로 제약하거나
억압하는 목표다. 주로 타인의 희생을 딛고 성취하는 이기적인 목
표다. 권력은 우리에게 남들이 반대하거나 합의해주지 않아도 원
하는 것을 얻어내는 능력을 준다. 우리의 실험실 연구에서 나타나
듯이 누군가에게 권력을 주면 그 사람의 마음속 깊이 자리 잡은
은밀한 소망이 고개를 든다. 내 고향의 영원한 영웅 에이브러햄
링컨Abraham Lincoln의 말을 인용할 수 있다. "누구든 옳은 일을 해야

할 때는 옳은 일을 한다. 그가 어떤 사람인지 제대로 판단하고 싶으면 그에게 권력을 줘보라."

2016년 미국 대통령 선거운동 기간에 여자들 십 수 명이 나와서 도널드 트럼프가 권력과 지위를 이용해서 자신들에게 부적절하게 신체 접촉을 하거나 입을 맞추었다고 폭로했다. 예를 들어 미인대회 참가자들은 미스유니버스와 미스 틴 USA 대회의 주관자이던 트럼프가 참가자들이 옷을 다 벗었거나 반쯤 벗고 있는 탈의실로 당당히 들어왔다고 폭로했다. 〈액세스 할리우드Access Hollywood〉에서 10년 전에 촬영한 영상에는 트럼프가 모르는 여자들에게 다가가 키스하고 애무한 경험을 떠벌리는 장면이 담겨 있었다. 실망스럽지만 권력자들의 이런 파렴치한 행동은 드물지 않고 일각에서는 용납되기도 한다. 그럼에도 연구자들은 오랫동안 이런 행동을 연구해왔다.30

우리 실험실에서는 대법원장 후보 클래런스 토머스Clarence Thomas가 옛 직원 애니타 힐Anita Hill에게 부적절하게 접근한 일로 고소당한 사건 이후 1990년대의 성희롱 문제에 주목했다. 이후 미국은 이런 조직 내 성희롱 문제를 해결하면서 많은 발전을 이루었지만 아직 갈 길이 멀다.31 성희롱은 부하직원(혹은 힘이 약한 동료)을 동료나 팀원으로서 존중해주지 않고 성적 대상으로 취급하는 행위다. 성희롱은 몇 가지 형태를 띨 수 있지만, 가장 심각한 형태는 "그걸 주면 이걸 주겠다"는 식의 대가성 거래다. 노골적으로 자행될 수도 있고 암묵적으로 자행될 수도 있다. 실제 사례를 들자면 테네시의 한 남자 상사가 여직원에게 다른 직원들이 다 보는 앞에서 "자네 임금을 올려주는 문제는 홀리데이인에서 상의해보지"라고 말한 사건이 있다.[32]

1993년에 일리노이 대학교의 법학 교수 루이스 피츠제럴드Louise Fitzgerald는 대법원에 올라온 대가성 성희롱 사건, 특히 (주로 남성) 성희롱 피의자의 증언을 조사했다. 피츠제럴드는 결론에서 성희롱 피의자의 무려 75퍼센트가 **스스로 잘못을 저지르고 있다는 사실을 인지하거나 깨닫지 못했다고** 지적했다. 피의자들이 주로 내세우는 주장은 (1) 상대 여자에게 순수하게 매력을 느꼈고, (2) 누구나 매력을 느낀 상대에게 하는 대로 했을 뿐이라고, 이를테면 매력적인 상대에게 웃어주고 데이트를 신청하고 환심을 사려 노력하고 추파를 던지며 다가갔을 뿐이라는 것이다. 다시 말해 성희롱 사건의 피의자들은 순전히 상대 여성의 자질(외모, 몸가짐, 개성) 때문에 이성으로서 진심으로 끌렸을 뿐이지 상대에게 권력을 행사하려 한 것이 아니라고 (피츠제럴드의 분석에 따르면 진심인 듯) 믿었다.

피츠제럴드의 결론을 통해 권력은 성희롱 피의자들에게 여자들과 성관계를 맺으려는 강렬한 사적 목표를 무의식중에 활성화시켜서 그들이 권력을 행사할 수 있는 만만한 여자들에게 매력을 느끼고 부적절하게 행동하게 만든다는 사실을 알 수 있다. 극단적 혹은 대가성 성희롱 사건에서는 상사가 권력을 부적절하게 이용해서 상대 여자를 고용하거나 해고하고 임금 인상과 승진을 제공하는 방식으로 성관계를 맺는 목표를 추구한다.

1990년대 중반에 다른 연구자들은 성희롱을 저지를 가능성이 있는 남자와 없는 남자를 구별하는 성격 척도를 개발했다. 성희롱 성향이 있는 남자와 없는 남자를 구별해주는 요인은 여자에 대한 영향력이나 권력을 이용해서 성상납을 받으려는 의지였다. 또 하나의 중요한 요인은 **잡히지 않는다는 보장만 있다면**, 그러니까 자신에게 나쁜 일이 돌아오지 않으리라는 것이 확실하기만 하다면 어떻게 행동하겠다고 말하느냐는 것이다.[33] 우리와 다른 연구자들은 이런 조건만 보장된다면 강간과 성폭행을 저지를 거라고 답변한 남자들의 비율이 높게 나온 데 놀라고 실망했다.

우리는 이런 성향의 점수가 높은 남자들과 낮은 남자들을 NYU 실험실로 불러서 착시 연구라고 알려주고 실험을 실시했다.[34] 참가자들에게 착시 과제를 내주기 전에 우선 '상사', '권위', '지위', '권력'처럼 권력과 관련된 단어가 포함된 단어를 섞어서 문장 만들기 방법으로 점화시켰다. 통제 조건에서는 권력과 관련된 단어를 주지 않았다. 우리는 참가자들에게 무의식중에 권력 개념을 점화시키면, 성희롱 가능성이 높은 집단에서는 성관계 목표가 활성화되어 이후의 착시 과제에 함께 참여한 여자 공모자에게 다른 때보다 더 매력을 느낄 것으로 예상했다. 따라서 우리는 남녀 두 사람에게 몇 가지 일반적인 착시 과제를 수행하게 한 다음 각자 다른 방으로 데려가서 남자 참가자들에게 실험실에서의 경험에 관해 몇 가지 질문을 던졌다. 그중 하나는 과제를 함께 수행한 '다른 참가자'에 관한 질문으로, 상대 여자가 얼마나 유쾌하고 매력적인지 물었다. 그래서 권력을 점화시킨 조작이 참가자가 함께 과제를 수행한 여자에게 매력을 느끼는 정도에 얼마나 영향을 미치는지 확인할 수 있었다.

우선 좋은 소식이 있다. 성희롱과 공격성에서 점수가 낮은 남자들은 권력을 점화시킨 조건에서든 통제 조건에서든 상대 여자의 매력도를 비슷하게 평가했다. 상대 여자에게 매력을 느끼는 정도에 권력이 전혀 영향을 미치지 않았다는 뜻이다. 하지만 성희롱과 공격성 점수가 높은 남자들에게서는 전혀 다른 결과가 나왔다. 이런 남자들은 권력 개념을 활성화시키지 않은 통제 조건에서는 상대 여자가 매력적이지 않다고 답했고, 실제로 매력도 척도에서 중간 미만의 점수를 주었다. 권력 개념이 활성화된 조건에서만 성희롱 성향이 없는 남자들이 매력도를 평가한 만큼의 점수를 주었다. 한마디로 머릿속에 권력이 점화되면 무의식중에 감정의 영향을 받아서 상대 여자를 더 매력적으로 보는 것이다. 이 연구가 현실의 권력 상황에 의미하는 바는 무엇일까? 다소 우려스럽게도 성희롱 피의자들이 여자들에게 끌리는 이유는 바로 그들이 상대 여자에게 행사할 수 있는 **권력 때문이라는** 것이다.

권력 효과는 참가자들이 인지하지 못하는 사이 무의식적으로 작동하는 것으로 나타났다. 따라서 루이스 피츠제럴드가 검토한 성희롱 사건 연구의 피의자들처럼 현실의 상사가 스스로 잘못을 저질렀거나 비윤리적인 행위를 한 줄 몰랐다고 변명할 때는 진심일 수 있다. 이성에게 매력을 느낄 때 흔히 하는 행동이라고 믿는 행동을 했을 뿐이라는 것이다. 하지만 그들은 그들이 매력을 느끼는 상대에게 그들의 권력이 미치는 영향을 간과했다. 이런 이유에서, 말하자면 권력 자체가 정력제가 될 수 있다는 헨리 키신저 Henry Kissinger의 말과 같은 이유에서, 많은 대학과 기업에서는 학생과 교수, 상사와 부하직원, 혹은 한 사람의 권력이 다른 사람의 결과에 영향을 미칠 수 있는 관계에서는 누구든 데이트와 연애를 금지하는 정책을 도입했다. 여러 제자에게 대가성 성희롱으로 고소당한 예일대 철학과 토머스 포지 Thomas Pogge 교수의 떠들썩한 사건에서 이런 정책을 계속 시행해야 할 필요성이 드러난다.[35] 포지의 사건이 여러 해에 걸쳐 자행된 특히 심각한 사건이긴 했지만, 대학과 기업에서 데이트와 연애 금지 정책을 전면적으로 시행하는 목적은 우리 연구뿐 아니라 실제 다수의 법적 사례에서도 자주 나타난 것처럼 권력이 매력에 미치는 의도치 않은 영향까지 미연에 방지하는 데 있다. 권력을 가진 사람이 (의식적으로는) 모두 순수하고 공정한 행위라고 생각할지라도, 권력이 없는 상대는 불편함을 느끼면서 상사의 관심에 호응하지 않았을 때 돌아올 불이익을 걱정할 수 있다.[36]

우리 연구에는 '좋은 소식'이 아직 남아 있다. 권력이 모든 사람을 타락시키는 것은 아니라는 점이다. 우리 실험에서 권력 개념을 사적인 성관계 목표와 연결하지 않은 참가자들에게는 권력이 상대 여성에게 느끼는 매력에 무의식적인 영향을 미치지 않았다. 나의 예일대 동료 마거릿 클라크는 모든 사람이 타인에게 이기적이고 착취적인 목표를 추구하는 것은 아니라는 사실을 처음으로 입증했다. 공동체 지향적으로 사람들을 대하고, 실제로 자신의 이익보다 상대의 이익을 우위에 두는 사람이 있다.[37] 부모를 생각해보자. 부모는, 적어도 좋은 부모는 자기 이익보다 자식의 이익을 중시한다. 가정에서는 부모에게 권력이 있고 자식에게는 그만한 권력이 없는데도 말이다. 공동체 지향적인 사람들은 타인에게 권력을 행사하는 일에 어떤 반응을 보일까? 우리는 이 질문을 우리 실험실에서, …… 책상에서 알아보기로 했다.

나는 NYU의 내 동료 세레나 첸Serena Chen과 아네트 리차이와 함께 공동체 지향이나 목표로 타인을 대하는 사람들은 권력에 남들과 다르게 반응할 것으로 예상했다.[38] 우리는 마거릿 클라크가 이런 사람들을 구별하기 위해 개발한 성격 척도로 공동체 집단과 통제 집단을 나누었다. 첫 번째 실험에서는 참가자들을 내 연구실로 부르고 실험실에는 사람들이 다 찼다고 말했다. 그리고 가벼운 말투로 내 연구실에 있던 의자 2개 중 하나에 앉으라고 말했다. 책상 뒤의 큰 가죽의자(지금도 나는 우리 집 서재에서 이 의자에 앉아 있다)나 책상 앞의 학생용 작은 나무 의자였다. 권력 개념을 자연스럽게 점화시키기 위한 수단이었다. 학생들로서는 책상 뒤에 앉으면 권력의 자리에 앉는 셈이고, 책상 앞에 앉으면 낮은 지위에 앉는 셈이었다.

다음으로 우리는 참가자들에게 남들이 그들을 어떻게 생각하는지를 신경 쓰는 정도와 함께 인종차별을 명시적으로 측정하는 질문지를 작성하게 했다. 남들이 어떻게 생각하든 크게 신경 쓰지 않으면(권력을 가진 사람을 나타내는 전형적인 특징이다. 권력을 가진 사람은 누구도 해를 입히지 못하기 때문이다) '남들 신경 쓰기' 척도의 점수가 낮고 인종차별 척도의 점수가 높게 나올 것이었다. 이것은 사실 통제 조건에서 나타난 특징이었다. 참가자들은 책상 앞의 비교적 지위가 낮은 학생 의자에 앉을 때보다 권위적인 교수 의자에 앉을 때 남들이 어떻게 생각하는지에 덜 신경 썼다. 그런데 사람들을 대할 때 자기 이익보다 남의 이익을 우위에 두면서 공동체적 목표로 사람들을 대하는 학생들은 정반대의 성향을 보였다. '권력 의자'에 앉자 평소보다 남들의 생각에 **더 많이** 신경 썼고, 인종차별 척도에서도 **더 낮은** 점수를 받았다.

추후 연구에서 권력을 점화시킨 조건의 참가자들은 선택권이 주어졌을 때 대개 쉬운 과제를 자기가 하고, 어려운 과제는 남에게 넘겼다. 물론 공동체 지향적이지 않은 사람들에게 한정되는 결과다. 공동체 지향적인 사람들은 권력과 관련된 단어를 점화시키자 어려운 과제를 자기가 더 많이 하고, 쉬운 과제를 남에게 넘겼다. 이들은 자기에게 권력이 있다는 생각이 활성화되면 남들을 더 살피고 자기를 덜 생각했다. 권력이 참가자들에게 미치는 무의식적 영향은 각자의 중요한 목표에 따라 달라지고, 무의식중에 권력 개념이 활성화되면 사람에 따라 이기심과 남들을 신경 쓰는 정도에서 뚜렷한 차이를 보였다. 한마디로 개인의 성격이 드러난 것이다.

링컨의 말은 그가 아는 것보다 더 옳았다.

우리가 바라는 것, 단기간이든 장기간이든 우리가 원하는 미래가 우리의 마음과 행동에 미치는 영향은 크고, 주로 숨겨져 있다. 현재의 목표는 우리가 생각하는 것 이상으로 우리를 통제하고 우리의 신념과 가치관을 압도한다. 현재의 목표가 작동하면 우리는 실제로 다른 사람이 될 수 있다. 그러니 무엇을 바랄 때도 신중해야 한다. 우리가 모르는 사이에 우리의 바람과 소망이 우리의 마음을 지배할 수 있다. 이런 목표에 통제력을 넘긴 채 목표가 어디로 향하는지 모르고 직접 승인하지 않았다고 해도 책임은 여전히 우리에게 있다.

우리에게 중요하고 이기적인 목표이고 그 목표를 달성하는 동안 누군가의 희생이 따른다면, 애초에 목표를 정할 때 신중해야 한다. 따라서 남들을 진지하게 걱정하고, 남들에게 관심을 가져야 한다. 우리 연구팀의 권력 연구에서처럼 이런 마음은 우리가 남에게 영향을 미칠 때 우리가 의식하지 못하는 사이 상대에게 저절로 전달되기 때문이다. 결국 누군가에게 화났다고 해서 자기에게든 남에게든 나쁜 일이 벌어지기를 바라서는 안 된다. 우리 마음에서 목표는 목표일 뿐이고 악의적인 소망은 다시 우리 발목을 잡을 수 있기 때문이다. 반면에 자기에게 중요한 목표를 세우는 것처럼 긍정적인 일을 소망하면 꿈이 이루어지는 데 도움이 될 수 있다. 우리가 꿈꾸는 동안에도 무의식은 잠들지 않기 때문이다.

9장

무의식은
잠들지 않는다

"나는 오랜 세월 동안 한 가지 규칙
을 발견했다. 글쓰기를 이야기할 때 거론하는 유일한 규칙이다."
미국의 위대한 작가 노먼 메일러Norman Mailer가 작가가 되는 일에
관한 책《오싹한 예술The Spooky Art》에서 한 말이다. "단순한 규칙이
다. 내일 책상 앞에 앉을 거라고 스스로에게 말한다면 이런 다짐
의 말로 자신의 무의식에게 자료를 준비하라고 시키는 것이다. 사
실상 그 순간 소중한 자료를 수집하기로 계약하는 것이다. 장담컨
대, 당신은 저 아래의 몇 가지 힘에게 이렇게 말하는 것이다. 글을
쓰러 내려가겠다고."[1]

    메일러의 전략은 분명 그에게 통했다. 그는 오랜 세월 작가로

살면서 30권 넘게 책을 내고 미국에서 가장 유명한, 그리고 논란 많은 작가들 중 한 명이 되었다. 그는 1948년에 2차 세계대전에 참전한 경험을 담은 첫 소설《벌거벗은 자와 죽은 자The Naked and the Dead》를 발표하면서 스물다섯의 어린 나이에 문학의 창공으로 높이 날아올랐다. 당시에는 처녀작을 성공시킨 후 창조력이 막히거나 늦어지는 작가가 많았지만(유명한 예로 랠프 엘리슨Ralph Ellison의《보이지 않는 인간Invisible Man》이나 하퍼 리Harper Lee의《앵무새 죽이기To Kill a Mockingbird》나 조지프 헬러Joseph Heller의《캐치-22Catch-22》는 모두 대단한 작품이다) 메일러는 첫 작품을 내고도 꾸준히 글을 썼다. 거의 모든 장르에서 왕성한 필력을 자랑하며 소설가로만 한정되기를 거부했다. 그는 수필, 기사, 전기, 창조적 논픽션, 희곡을 모두 시도했다. 메일러는 위대한 미국 소설을 쓰지는 못했을지 몰라도 의심의 여지없이 미국의 위대한 작가였다.

이런 예술적 생산력은 어디서 나올까?

메일러는 글을 쓸 때 무의식을 완벽한 파트너로, 존중해야 할 파트너로 삼았다. 그는 숨겨진 마음과 공고한 신뢰관계를 구축해야 한다고 믿었다. 그리고 일단 무의식을 파트너로 삼았다면 우리도 우리 역할에 충실해서 다음 날 아침에 약속대로 글을 써야지, 계속 자거나 하루를 쉬면 안 된다고 말했다. 글을 쓰지 않으면, 게다가 글을 쓰지 않는 날에 계속 반복된다면 무의식이 다음번에는 우리의 요청을 진지하게 받아들이지 않고 자료를 준비하지 않아서 우리가 글을 쓸 때 내놓지 않는다.

무의식은 우리가 무의식중에 어떤 목표를 얼마나 많이 생각하고 얼마나 많은 시간과 노력을 들이는지에 따라 그 목표가 얼마나 중요한지 판단한다. 앞 장에서 보았듯이 특히 중요한 목표라면 우리의 가치관과 감정과 선택이 그 목표에 가장 도움이 되는 방향으로 기울어서 문자 그대로 그 목표를 달성하는 쪽으로 마음을 변형한다. 이 장에서는 미래가 숨겨진 마음의 작용에 미치는 영향이 훨씬 선명히 드러날 것이다. 우리는 무의식중에 배후에서 중요한 목표를 위해 노력한다. 말하자면 무의식은 하루 중에 의식이 무언가에 골몰하지 않는 **한가한 시간**과 밤에 잠자는 시간을 활용하고, 항상 보초병처럼 **경계하면서** 목표와 관련된 정보를 탐색하고 다른 때라면 놓쳤을 유용한 사건과 대상을 알아채고, 의식에서 찾지 못하는 **답을 찾으려** 한다. 나의 악어 꿈은 내가 오래전부터 고심하던 문제의 해결책을 무의식중에 찾아가는 과정을 보여주는 완벽한 사례였다.

우리의 마음은 배후에서 끊임없이 미래를 생각한다. 실제로 신경과학에서는 이것이 마음의 기본 설정으로, 그러니까 아무 일도 일어나지 않을 때 마음이 하는 일로 밝혀졌다. 과거나 현재의 해결되지 않은 중요한 문제, 미래에 **해결되어야 할** 문제를 고심하는 것이다. 마음은 중요한 목표가 달성되고, 중요한 욕구가 충족되고, 중요한 문제가 해결되는 미래를 위해 우리를 가능한 모든 방향으로 이끌어준다. 6장에서 소개한 무의식적 사고 이론에 관한 연구는 무의식적 사고가 일어나는 동안 다양한 관련 정보를 조합

하고 통합하는 작업이 얼마나 효율적으로 일어나는지 보여주었
다. 초기의 창의성 연구에서는 해결책이 없어 보이는 문제와 딜레
마에 대한 '상자 밖' 해결책은 대개 무의식적 통찰에서 나오고, 이
런 해결책이 의식으로 전달될 때 온전한 해법이 나온다고 보여주
었다.

이런 무의식의 문제 해결 능력은 1930년대에 《벌거벗은 자와
죽은 자》를 쓴 유명한 작가와 묘하게 이름이 비슷하고, 역시 무의
식적 사고가 창조적인 작업에서 수행하는 역할을 옹호하는 미국
의 심리학자에 의해 발견되었다.

노먼 메일러가 노먼 마이어Norman Maier를 만난 것이다.

욕조 안의 계시

기묘한 우연은 거의 동일한 이름에서 끝나지 않는다. 사실 노먼
마이어는 이 책과도 몇 가지 연관이 있다. 그의 제자로 훗날 미국자
연사박물관 관장이자 "머물러야 하는가, 떠나야 하는가"의 접근-
철수 동기에 관한 훌륭한 논문을 쓴 T. C. 슈나이얼라는 이미 이 책
의 5장에 소개되었다. 또 마이어가 1929년에서 1931년까지 시카
고 대학교에 다닐 때 유명한 창의성 실험을 함께한 스승은 4장에
서 소개한 점화와 정신의 준비성 효과를 처음 발견한 독창적인 학
자 칼 래슐리Karl Lashley 교수였다. 마이어는 시카고에서 미시간 대

학교로 옮겨 40년 이상 심리학과에 몸담았고, 또 하나의 기묘한 우연으로 1977년 9월, 내가 미시간 대학교에서 대학원 과정을 시작한 달에 세상을 떠났다.

마이어는 행동주의가 심리학을 주도하던 시대에 추론과 문제 해결에 관심을 가진 독특한 학자였다. 마이어가 시카고 대학교에서 래슐리의 지도 아래 실시한 초기의 연구는 의식적 문제 해결의 중요한 현상으로 기능적 고착functional fixedness에 주목했다. 우리가 어떤 대상의 일상적인 용도에 고착되어 창의적인 용도를 놓치는 현상을 뜻한다. 시간 압박이나 스트레스 상황에서 많이 나타나는 현상이다. 마이어는 무의식적 기제가 작동하면 의식적 사고의 제약에 얽매이지 않으므로 의식적 추론으로는 발견하지 못할 획기적인 해결책을 찾아내서 우리를 "아하!" 순간으로 데려다줄 수 있다는 사실을 발견했다.

마이어는 유명한 실험을 실시하면서 시카고 대학교 심리학 실험실의 큰 방에 전선 연장 코드, 책상과 의자, 막대기, 펜치와 죔쇠 같은 일상적인 물건을 가득 채웠다.[2] 특히 천정에서 바닥까지 내려오게 길게 매단 밧줄 2개가 중요했다. 하나는 벽 쪽에 매달려 있었고, 다른 하나는 한가운데 매달려 있었다. 마이어는 이렇게 이상하고 어수선한 공간으로 참가자 61명을 불렀다. 한 번에 1명씩 불러서 방 안의 다양한 물건에 관한 여러 가지 문제를 풀게 했다. 해결책이 단순한 문제도 있고, 쉽게 풀리지 않는 문제도 있었다. 마이어가 특히 주목한 문제는 밧줄 2개의 끝을 묶는 문제였다.

그런데 밧줄이 서로 멀리 떨어져 있어서 누구도 한쪽 밧줄을 잡고 다른 밧줄까지 가서 끝을 묶을 수는 없었다. 마이어는 참가자 몰래 주머니 속에서 스톱워치를 눌렀다. 60년이 지난 뒤 우리가 NYU의 무례함-정중함 방해 연구에서 한 방법과 같았다.

창의적인 해결책은 무거운 도구(펜치나 죔쇠)를 한쪽 밧줄 끝에 묶어서 다른 밧줄 쪽으로 흔들어놓고 다른 밧줄을 가져온 다음 추를 매단 밧줄이 범위 안으로 들어오면 두 밧줄의 끝을 묶는 방법이었다. 참가자의 39퍼센트가 힌트 없이 직접 문제를 풀었다. 나머지는 10분이 지나고도 문제를 풀지 못했다. 10분이 지나면 두 가지 힌트 중에서 첫 번째 힌트가 주어졌다. 첫 번째 힌트를 받고 몇 분 더 지나고도 해결책을 찾지 못하면 두 번째 힌트가 주어졌다. 참가자의 38퍼센트가 한두 가지 힌트를 들은 후 문제를 해결할 수 있었다. 이렇게 전체 참가자의 절반이 결국 문제를 해결했고, 마이어는 특히 문제를 푼 이들에게 주목했다. 나머지 23퍼센트는 두 번째 힌트가 나오고 추가 시간이 지나고도 문제를 풀지 못했다.

첫 번째 힌트는 점화 장치였다. 마이어는 창문으로 걸어가 우연인 것처럼 밧줄을 스쳐 지나가서 밧줄이 살짝 흔들리게 했다(몇 분이 지나고도 참가자가 이런 교묘한 단서를 알아채지 못하면 마이어는 다시 그리 교묘하지 않은 단서를 내놓았다. 그냥 참가자에게 펜치를 건네고 정답은 그 물건과 관련이 있다고 말해준 것이다). 흔들리는 밧줄 힌트가 나온 후 문제를 해결한 참가자는 16명이었다. 이들이 처음에 문제를 고민한 시간은 10분이나 되었지만, 마이어가 우연히 밧줄을 건드린 뒤에는 이들 대다수가 펜치를 밧줄 하나에 묶어서 흔드는 해결책을 찾아내는 데 40초도 안 걸렸다. 하지만 나중에 문제를 어떻게 해결했냐고 묻자 16명 중 1명만 밧줄이 흔들린 것을 보고 해결책을 찾는 데 도움을 받았다고 답했다. 나머지 15명은 답을 찾는 과정을 설명하면서 밧줄이 흔들린 사건은 언급하지 않았다. 사실 흔들리는 밧줄을 본 것을 기억하는 사람이 없었다. 마이어에 따르면 "그들은 암시의 도움을 받고도 전혀 의식하지 못한다"고 주장했다.

마이어는 밧줄이 흔들린 힌트가 해결책을 찾는 데 중요한 역할을 했지만 참가자가 **의식적으로** 알아채지 못했다는 설명이 가장 일리 있다는 결론에 이르렀다. 마이어는 해결책이 참가자의 의식에 완전한 형태로 떠오르는 과정에도 놀랐다. '중간 발전 과정을 알아채지 못할 정도로 순식간에' 해결책이 떠오른 것이다. 의식적 추론으로 단계를 거쳐서 해결책을 종합하는 방식이 아니었다. 그보다는 문제를 이해하는 새로운 방법, 즉 밧줄을 그냥 밧줄이 아니라 추로 보는 방법이 무의식중에 갑자기 완전한 형태로 떠오른 것이다.

비슷한 시기에 나온 또 하나의 유명한 창조성 문제가 있다. 1935년에 나치에 의해 추방당한 독일의 심리학자 카를 둔커Karl Duncker가 개발한 문제로 그의 사후인 1945년에 발표되었다.[3] 이 문제의 재료는 성냥갑 1개와 압정 1상자, 초 1자루다. 이들 재료로 초를 벽에 고정시킨 다음 초가 탈 때 바닥에 촛농이 떨어지지 않을 방법을 찾는 문제였다. 이 문제가 마이어의 밧줄 문제와 비슷한 이유는 상자 밖에서(여기서는 문자 그대로 상자 밖에서) 생각해서 압정이 든 상자를 그냥 상자가 아니라 초 받침대로 보아야 해서다. 일단 이런 관점으로 보기 시작하면, 압정으로 상자를 벽에 고정시키고 열린 상자 안에 초를 세워놓고 성냥으로 불을 붙이는 것은 단순한 문제다. 이 문제의 핵심은 압정 상자를 안에 든 압정과 별개의 물건으로 보는 데 있다. 압정이 들어 있는 용기가 아니라 나름의 용도가 있는 물건으로 보는 것이다.

　무의식중에 이런 식으로 통찰하도록 유도하는 방법은 은연중에 상자와 압정을 별개의 두 가지 물건으로 강조하는 것이다. 컬럼비아 대학교의 E. 토리 히긴스E. Tory Higgins와 동료들은 마이어처럼 밧줄을 우연히 스치는 식의 행동으로 보여준 것이 아니라 단어로 통찰을 점화시켰다.[4] 참가자가 초 문제를 풀기 전에 '-의' 대신 '-와/과'로 강조하거나 점화시키는 것이 핵심이었다. 우선 실험자가 남자 대학생 30명에게 '-의' 대신 '-와/과'를 사용해서 10가지 물건의 슬라이드를 보여주었다. 예를 들어 '물(의)병' 대신 '물과 병'이라고 말하고, '접시(의) 상자' 대신 '접시와 상자'라고 말했다. 그런 다음 초 문제를 내주었다. 마이어의 연구에서 밧줄이 흔들리는 힌트가 제시된 후처럼 '-의' 조건이나 통제 조건(설명을 듣지 않고 슬라이드만 본 집단)보다 '-와/과' 조건에서 더 많은 참가자가 문제를 풀었다. '-와/과' 힌트가 나온 후 10명 중 8명이 문제를 푼 데 비해 나머지 두 조건에서는 10명 중 2명만 문제를 풀었다.

이번에도 실험이 끝난 후 참가자들에게 문제를 어떻게 풀었는지 물었다. 특히 연구 초반의 무언가가 문제를 해결하는 데 (긍정적으로든 부정적으로든) 영향을 미쳤을 가능성이 있는지 물었다. 마이어의 밧줄 연구처럼 초 연구의 참가자들도 두 과제 사이에 연관성이 있다고 보고하지 않았다. 참가자들은 슬라이드 과제('-의', '-와/과')가 초 문제를 해결하는 데 미친 영향을 인식하지 못했다. 점화는 무의식중에 문제를 해결하는 데 도움이 되었고, 참가자들은 이런 점화의 도움을 인지하지 못했다.

같은 컬럼비아 대학교의 재닛 멧커프Janet Metcalfe는 이런 '통찰' 문제, 말하자면 문제를 해결할 방법을 찾는 과정이 정답을 아는 것만큼 어려운 수수께끼 문제를 연구했다.[5] 예를 들어보자. "동물 27마리를 우리 4개에 나눠 넣되, 우리마다 홀수가 들어가게 할 방법을 기술하시오." "3×4인치 색인카드에 구멍을 만들되, 머리를 집어넣을 만큼 크게 만드는 방법을 기술하시오." 이런 유형의 문제에서는 문제를 해결할지 여부에 대한 예상이 실제로 문제를 해결할지 여부를 전혀 예측하지 못한다. 의식적 사고로는 정답이나 문제의 해결책에 접근하지 못하는 듯 보인다. 멧커프는 이런 문제에서도 해결책이 뜻밖의 계시처럼 불현듯 나타난다고 결론지었다. 우리가 무의식중에도 계속 문제를 풀기 때문에 해결책을 찾을 때는 답이 당장 적용할 수 있는 완전한 형태로 떠오른다는 것이었다.

그러면 이렇게 마술처럼 떠오른 해결책이 얼마나 정확할까? 6장에서 소개한, 무의식적 사고 이론에 관한 디윅스테르후이스와 동료들의 연구에서는 의식적 사고보다는 무의식적 사고를 거친 후 선택할 때 여러 대안 중에서 좀 더 낫거나 적어도 비슷하게 괜찮은 선택이 나온다는 결과를 얻었다. 이 이론의 핵심은 우리가 산만해지거나 의식적으로 대안을 고민하지 않을 때 신경계가 다시 활성화되는데, 결정의 기준이 되는 정보를 습득할 때 사용되는 뇌 영역이 이제는 무의식적으로 활성화된다는 점이다.

이 결과는 나중에 카네기 멜론 대학교의 데이비드 크레스웰과 동료들의 연구에서 확인되었다.[6] 무의식적 문제 해결 과정은 주어진 문제에 관한 모든 정보를 의식적으로 학습할 때와 동일한 뇌 영역을 사용하는 것으로 나타났다. 의식이 다른 일에 집중하는 동안 해당 뇌 영역이 많이 활성화될수록 더 좋은 해결책이 나온다.

여기서 욕조에 들어간 고대 그리스인의 유명한 일화가 떠오를 것이다. "유레카!"를 외친 사람 말이다. 마이어와 둔커, 멧커프와 히긴스가 주목한 통찰 문제는 아르키메데스Archimedes가 오래전부터 고심하던 물리학의 난제를 갑자기 해결한 이야기와 동일한 방식으로 해결된다. 아르키메데스가 대중목욕탕에서 느긋하게 목욕하는 동안 갑자기 문제의 답이 떠올랐다. 그리스의 역사가 플루타르코스Plutarchos에 따르면, 아르키메데스는 해답이 떠오르자 "유레카!"를 여러 번 외치고 알몸으로 시라쿠사의 거리를 내달리면서 누구에게도 이유를 말하지 않았다고 한다. 사실 이처럼 가장 기대치가 낮고 전혀 다른 일을 생각하는 순간에 과학과 지식과 예술의 획기적인 발견이 나온 예는 무수히 많다.[7] 아인슈타인은 면도하다가 발견했고, 아르키메데스는 목욕하다가 발견했다. 아무 생각 없이 깊이 잠든 사이에도 획기적인 사실을 발견한다.

맞다, 꿈이다! 아름답고 후텁지근한 마음속 플로리다의 늪에서 기묘한 여행을 하고 어쩌다 획기적인 통찰을 얻기도 한다. 적어도 **내**가 생각하는 꿈은 그렇다. 거기서 나의 기적적인 악어를 발견했으니까.

벤젠. 주기율표의 두 가지 원소로만, 각각 원자 6개인 수소와 탄소만으로 구성된 유기 화합물. 무색의 독성이 있는 이 물질은 환상적인 접착제처럼 수많은 주요 화합물을 결합시킨다. 벤젠 덕분에 현대 문명의 중요한 동력이 된 원유도 존재할 수 있는 것이다. 이렇게 중요한 물질인데도 19세기까지도 신비의 베일에 싸여 있었다. 영국의 천재 과학자 마이클 패러데이Michael Faraday가 1825년에 벤젠의 존재를 발견한 후 35년 이상 지나도록 화학자들은 아직 이 끈적끈적한 물질의 핵심 분자구조를 밝혀내지 못했다. 과학적으로는 벤젠의 잠재력을 제대로 활용하지 못하므로 문제가 되었다.

독일의 유기 화학자 아우구스트 케쿨레August Kekulé는 1860년대에 벤젠의 비밀을 풀려고 시도한 과학자들 중 한 사람이다. 그가 감춰진 화학적 진실을 밝히는 문제를 처음 고민한 사람은 아니었다. 사실 몇 년 전에 이미 탄소 원자가 서로 팔을 연결하듯이 해서 같이 머무르는 방식에 관한 획기적인 가설을 세운 바 있다. 케쿨레는 또한 학구적인 과학자의 전형적인 외모를 지녔다. 랍비처럼 흰 수염을 기르고 눈살을 찌푸린 표정이었다. 그와 다른 많은 화학자들의 마음은 의식적으로든 무의식적으로든 벤젠의 난제를 고민하면서도 아무런 성과를 거두지 못했다. 그러면 언제 결정적인 통찰이 일어났을까?

그즈음 케쿨레는 새로운 화학 교재를 집필하고 있었다. 어느 날 밤에 집에서 교재 작업에 몰두하던 중 졸음이 쏟아졌다. (졸았다고 탓할 수 있겠는가?) 그 뒤로 일어난 일에 관한 케쿨레의 설명은 아래와 같다.

—— 나는 의자를 난롯가로 돌려놓고 설핏 잠들었다. 눈앞에 원자들이 휙 스치면서 …… 뱀처럼 꿈틀거리며 빙글빙글 돌았다. 저게 뭐지? 그중 한 마리가 제 꼬리를 물고는 내 눈 앞에서 경멸하듯이 빙빙 돌았다. 섬광이 번쩍하면서 나는 잠이 깼다. 그날 밤새도록 나는 가설의 결과를 찾아냈다.[8]

계시를 주는 으스스한 파충류가 여기 또 있었다. 내 꿈에는 악어가 나오고, 케쿨레의 꿈에는 뱀이 나왔다. 화학 이론에 중대한 의미를 던지는 그 꿈의 의미를 케쿨레는 바로 알아챘다. 그가 간절히 원하던 통찰이 곧장 그의 의식으로 전달되었다. 제 꼬리를 문 뱀(우로보로스라는 고대 그리스 신화의 신비한 상징)은 비밀의 캐비닛을 여는 열쇠였다. 비밀은 바로 벤젠 **고리**였다. 맹렬히 도는 뱀처럼 벤젠의 수소와 탄소 분자는 단일 결합과 이중 결합이 번갈아 나타나는 순환 구조로 연결돼 있었다. 케쿨레는 이 난제를 풀었고, 그가 본 환영은 그의 발견보다 더 유명해졌다. 그 환영 덕분에 케쿨레는 유기화학의 선구자로 영구히 이름을 남겼다. 하지만 케쿨레의 꿈은 기적도 아니고, 초자연적인 현상도 아니었다. 의식에서 그 문제를 충분히 오래 고심하면서 해결책을 받아들일 마음의 준비가 되었기에 그런 꿈을 꿀 수 있었던 것이다. 그가 문제를 풀기 위해 의식적으로 들인 노력에는 해결책을 찾는 것이 그에게 얼마나 중요한지가 반영됐고, 그의 마음이 이런 사실을 이해한 것이었다. 돌이켜 보면 그의 미래는 보장된 셈이었다.

이상의 모든 사례에서 천재성과 창의성은 무의식적 문제 해결 능력의 결과였다. 메일러의 사례에서 그는 의식에서 다른 일을 하면서 배후의 마음에 해결할 과제를 정해주어서 자신의 모든 시간을 활용했다. 마이어와 둔커의 '상자 밖에서 생각하기' 창의성 연구에서는 의식적 사고가 해결하지 못한 문제에 대한 무의식적 해결책이 나왔다. 해결책은 참가자들의 의식에 당장 써먹을 수 있는 완전한 형태로 떠올랐다. 아르키메데스와 케쿨레가 다른 일을 하는 동안 해답을 찾아낸 것과 같았다. 모든 사례에서 번쩍 떠오르는 창의성은 무의식이 의식과 같은 문제를 고심하는 과정에서 나왔다. 무의식과 의식은 같은 목표를 위해 노력하는 팀 동료였다.

천재를 만드는 힘

프레더릭 마이어스Frederic Myers는 최초의 심리학자들 중 한 사람으로, 오늘날 그보다 훨씬 유명한 윌리엄 제임스, 피에르 자네, 알프레드 비네Alfred Binet와 동시대인이다. 사실 마이어스가 더 유명하지 않은 것은 조금 이상하다. 그는 당대의 거의 모든 저명한 심리학자에게 존경받고 후대의 찬사를 받았을 뿐 아니라, 자네와 공동으로 파리의 살페트리에르 병원에서 기념비적인 연구를 진행한 인물이기 때문이다.

마이어스의 다양한 지적 탐험 가운데 천재성과 창의성에 관한 필생의 연구가 있다. 마이어스가 정의한 **천재성** 개념은 마이어와 둔커의 창의성 연구뿐 아니라 노먼 메일러가《오싹한 예술》에서 작가 지망생들에게 전한 조언을 예견했다.[9] 마이어스는 천재성이란 보통 사람들보다 잠재의식(무의식)의 사고를 더 많이 하는 능력이라고 정의했다. 또한 천재적인 영감이나 창의적인 통찰은 잠재의식에서 물밀듯이 올라온 개념이 우리가 의도적으로 조작하는 의식적 사고의 흐름에 끼어들어 생기는 것이라고 말했다. 뛰어난 통찰은 남들보다 무의식적 능력을 더 많이 활용하는 데서 나온다.

과학과 문학뿐 아니라 토머스 에디슨Thomas Edison과 스티브 잡스Steve Jobs 같은 발명가, 스웨덴 학림원이 고대 그리스 시인 호메로스Homeros와 사포Sappho의 문학에 비유한 가사로 2016년 노벨문학상을 수상한 밥 딜런Bob Dylan 같은 작사가이자 음악가까지, 사회

각계각층에 천재적인 사람들이 있다.[10] 그런데 딜런은 종종 그의 가사가 어디에서 나오고 무슨 뜻인지 모르는 것처럼 보였다. 딜런은 노벨상을 수락할지 물어보는 연락과 함께 학림원에서 그의 가사를 고대 그리스의 시에 비유했다는 말을 전해 듣고, 자신에게는 자신의 가사를 해설할 능력이 없으니 그런 분석은 학자들에게 맡긴다고 말했다. 전설적인 기타리스트 에릭 클랩튼Eric Clapton은 1975년에 말리부 해변에서 딜런에게 새 앨범에 〈사인 랭귀지Sign Language〉라는 곡을 넣자는 제안을 받았을 때를 떠올렸다. "딜런이 제게 무엇을 노래하는 곡인지도 모른 채 단숨에 한 곡을 다 써내려갔다고 말했어요. 저는 무엇에 관한 곡인지는 중요하지 않다고 말했고요. 그냥 노랫말과 선율이 좋았어요. 그 앨범에서 제가 가장 좋아하는 곡입니다."[11]

스포츠 세계에도 천재들이 넘쳐난다. 간혹 견고한 틀에 얽매이지 않고 일관되게 다르고 창의적으로 경기를 뛰어서 '판도를 바꾸는' 선수가 등장한다. 그 선수 하나로 기존의 경기 방식이 구식으로 밀려난다. 내 평생에 NBA 시카고 불스의 마이클 조던Michael Jordan만큼 '다른 경기'를 한 선수는 본 적이 없다.

1986년 NBA 동부 컨퍼런스 플레이오프 첫 라운드의 두 번째 경기로, 일요일 오후 보스턴 가든에서 보스턴 셀틱스와 시카고 불스가 맞붙었다. 보스턴 셀틱스는 로스앤젤레스 레이커스와 함께 1980년대에 리그를 주름잡았고, 그해에는 전력이 정점을 찍었다. 장차 명예의 전당에 오를 선수 5명이 보스턴에서 뛰었는데, 위부터 꼽자면 래리 버드Larry Bird, 로버트 패리시Robert Parish, 케빈 맥헤일Kevin McHale 같은 걸출한 선수들이었다. 이들은 동부 컨퍼런스 최고의 플레이오프 시드 선수들이었고, 그날 첫 라운드에서 여덟 번째 시드인 시카고 불스를 만났다.

나는 조금 특이한 곳에서 그 경기를 보았다. 뉴욕 엘몬트의 벨몬트파크 경마장 뒤편 방목장이었다. 아름다운 봄날 오후에 나는 맨해튼의 펜 역에서 벨몬트 스페셜 열차를 타고 롱아일랜드의 경마장에 도착했다. 도시를 벗어나 아름디운 공원에서 맑은 공기를 마시며 경마를 구경하는(그리고 돈도 조금 걸어보는) 괜찮은 휴식이었다.

시카고 불스와 보스턴 셀틱스의 경기를 보러 간 것은 아니지만, 그날 네 번째 경주에 2달러를 걸고 나오다가 벽에 붙은 대형 텔레비전 앞에 사람들이 모여 있는 것을 보았다. 떠들썩한 분위기로 미루어 플레이오프 경기가 중계되는 걸 알 수 있었다. 다들 셀틱스 팬인 것 같았고, 나는 다시 경마를 보러 나갔다.

그런데 경마가 끝나고 다섯 번째 경주에 돈을 걸려고 나왔을 때는 텔레비전 앞 사람들이 기하급수적으로 늘어나 있었다. 수백 명쯤 모인 것 같았다. 누군가 음량을 최대로 높여서 나는 무슨 상황인지 보려고 걸음을 멈추었다. 그리고 경기가 끝날 때까지 텔레비전 앞을 떠나지 않았고 경마는 까맣게 잊었다.

경기 후반이었고, 양 팀 점수가 예상보다 훨씬 근접했지만, 그런 이유로 사람들이 몰려든 것은 아니었다. 마이클 조던이라는 신

예 스타가 코트에서 폭발적인 연금술을 부리면서 마치 수비가 없
는 양 (역사상 가장 훌륭한 팀 중 하나인) 보스턴 셀틱스가 자랑하던
수비진을 뚫고 골대로 진입하거나 갑자기 우뚝 서서 가볍게 중거
리 슛을 쏘았다. 조던은 30점을 득점하고 이어서 40점, 이어서 50
점 이상을 기록하면서 플레이오프 경기의 최다 득점 기록을 갱신
할 기세였다(결국 63점을 득점하면서 기록을 깼고, 이 기록은 여전히
깨지지 않았다). 보스턴 셀틱스는 조던을 막지 못했다. 조던 혼자서
팀을 이끌고 다음 라운드로 진출했다. 조던은 어떻게 이렇게 했을
까?

　내 기억에 남은 장면은 현실 같지 않은 아름다운 골대의 흐릿한
형체와 조던이 달인처럼 휙 나타나서 높이 뛰어오르고 날렵하게
움직이고 공중에 떠 있는 모습이 담긴 하이라이트 장면이다. 조던
은 보스턴 셀틱스의 노련한 수비수들이 전혀 예상하지 못한 위치
로 움직이고, 수비가 골대 쪽으로 갈 거라고 예상하는 순간에 그
자리에서 슛을 쏘았다. 보스턴 셀틱스 선수들의 직감은 번번이 빗
나갔다. 조던은 상대의 허를 찌르며 창의적이고 특이한 방식으로
움직였고, 보스턴 셀틱스 선수들이 그런 움직임에 적응하면 다시
방식을 바꾸었다. 두 명, 세 명이 함께 그를 전담수비해도 소용이
없었다. 벨몬트의 텔레비전 앞에 모인 사람들은 조던의 움직임 하
나하나에 감탄하며 그를 응원했다.

　나중에 전해진 시카고 불스 동료 선수들의 말에 따르면 그날 경
기 전에 조던이 유독 정신을 집중했다고 한다. 방송국 채널이 몇

개밖에 없던 시절의 일요일 오후에 전국으로 중계된 경기였다. NBA를 사랑하는 온 나라가 그날 그 경기를 보았다. 조던은 그런 사실을 알고 볼거리를 제공했다. 그날 마이클 조던이라는 하나의 현상, 농구 황제, 23번이 공식적으로 출현한 것이다. 조던은 시카고 불스를 이끌고 이후 12년 동안 여섯 차례 우승했지만 전설이 탄생한 건 그 일요일 오후였다.

그날은 수적으로 열세였던 시카고 불스가 결국 두 차례의 연장전 끝에 패했고, 보스턴 셀틱스가 그해 NBA 우승컵을 차지했다. 그러나 스포츠 역사상 빛나는 순간으로 남은 사건은 보스턴 셀틱스의 우승이 아니라 시카고 불스가 패할 때 조던의 경기력이었다. 래리 버드는 나중에 기자들에게 그날의 경기에 관해 전하면서 최고의 순간을 이렇게 묘사했다. "주님이 마이클 조던으로 위장한 것 같아요. NBA 최고의 선수예요. 오늘 보스턴 가든에서, 전국 텔레비전에서, 플레이오프에서 그 친구는 역사상 가장 위대한 쇼를 선보였어요. 보스턴 셀틱스를 상대로 이런 경기를 할 수 있는 선수는 없을 겁니다."[12]

그날 홈 관중 앞에서, 전국으로 중계되는 경기에서 살아남기 위해 최선을 다하는 막강한 보스턴 셀틱스를 상대로 조던이 무엇을 하고 어떻게 움직이고 어떤 슛을 쏠지를 경기 내내 의식적으로 생각하고 판단하면서 뛰었을 리는 없다. 신중하고 의식적인 생각은 지나치게 느리고, NBA 경기는 지나치게 빠르다. 조던은 선수들의 움직임을 보고 누가 움직이기 전에 먼저 어디로 갈지 예상했고,

이렇게 미리 내다보는 능력을 경기 내내 끊임없이 활용했다. 생각해보라. 코트에서는 매 순간 아주 작은 일들이 무수히 벌어진다. 이 선수는 저리로 가고, 저 선수는 저리로 가고, 몸과 기회와 위기가 빙글빙글 돌아가는 만화경 같다. 그리고 모든 과정에서 끊임없는 분석하고 유리한 반응을 보여야 했다. 조던의 '직감'(무의식적 과정의 다른 표현일 뿐이다)은 한 치의 오차도 없었고, 어느 누구도 이런 직감을 소유하지 못했다. 그날, 그리고 이후 12번의 시즌에서 보여준 조던의 경기력은 프레더릭 마이어스가 천재는 보통 사람들보다 잠재의식의 사고 과정을 더 잘 활용하는 사람이라고 표현한 정의에 완벽하게 부합했다. 의식에서 어느 한 순간에 처리할 수 있는 정보에는 한계가 있고, 정보를 처리하는 속도도 상대적으로 느리다. 그래서 조던의 무의식은 절박하게 압박해오는 보스턴 셀틱스의 수비수들을 뚫는 데 필요한 전략을 완전한 형태로 승리라는 목표에 몰두한 그의 의식으로 전달했다. 조던은 노련한 수비수의 예상을 뛰어넘는, **평범하지 않은**, 그러니까 매우 창의적인 전략으로 나가야 했다. 무의식의 방대한 분석과 작업이 추가로 장점을 더해서, 의식은 세세한 부분에서 벗어나 고차원적인 전략과 계획을 세울 수 있었다. 조던은 '그 지대 the zone', 그러니까 무의식이 최고 수준으로 작동하고 의식은 묵묵히 그 나름의 특별한 역할을 맡을 때 생기는 신화적 상태에 머물렀다. 실제로 스포츠 아나운서들은 실수하는 법이 없어 보이는 잘나가는 농구선수를 '무의식'이라고 표현하곤 한다. 실수도 하고 느리고 제약이 있는 의식으로 도달할 수 있는 수준을 뛰어넘는 경기력을 의미한다.

물론 우리가 "마이크처럼"(게토레이 광고 슬로건) 되고 싶다고 해서 세상의 모든 무의식적 문제 해결이 우리에게 조던이 오랜 세월 갈고닦은 경험과 체격과 실력까지 안겨주는 것은 아니다. 무의식을 제대로 활용하려면 우선 (메일러와 아르키메데스와 케쿨레가 각자의 분야에서 한) 의식적 노력을 쌓아야 한다. 조던은 물론 의식적 노력을 충분히 쌓았다. 그는 선수생활 내내 실제로 코트에서 던진 숏보다 많은 숏을 머릿속으로 던졌다고 한다. 내가 악어 꿈을 꾼 것도 그 전에 오랫동안 나만의 수수께끼를 고심하고 관련 자료를 두루 섭렵한 결과였다.

하지만 마이클 조던이 4월의 어느 오후에 보스턴에서 보여준 믿기지 않는 폭발력을 통해 우리는 노먼 메일러의 조언처럼 무의식을 파트너로 삼아, 의식이 다른 일을 하는 동안 무의식이 주는 창의성과 문제 해결의 혜택을 누릴 수 있을 만큼 미리 중요한 과제와 목표를 달성하기 위해 노력하면 어떤 결실을 맺을 수 있는지 확인할 수 있다. 이 책을 쓰면서 나는 자주 이런 조언을 따랐다. 실제로 다음 장을 쓰기 하루나 이틀 전에 미리 관련 자료를 읽고 생각하기 시작했다. 이런 경험에 따르면, 어떤 생각이 머릿속에 들어오면 평소 생각해내거나 알아채지 못했을 뉴스가 눈에 띄거나 과거의 사례가 떠오른다. 나는 제자들에게도 같은 조언을 해준다. 보고서 마감일 일주일 전이나 일을 시작하기 전에 직무 설명을 받을 때까지 기다리지 말고, 미리 목표를 가동시켜서 이를 달성하기 위해 노력하라고, 그러는 사이 통찰이 생기고 의식이 다른 일에 몰두하는 동안 의식의 배경에서 목표가 작동하는 혜택을 누릴 수 있다고 말해준다.

　마음은 현재를 처리하느라 바쁘지 않을 때 미래에 집중해서 목표를 추구하고 다른 해결책을 시연해보는 경향이 있다.[13] 필요한 에너지로 보면 생각은 '비용이 많이 드는' 과정이고(인간의 뇌는 평균적으로 체중의 2퍼센트만 차지하지만 깨어 있는 동안 사용되는 에너지의 약 20퍼센트 정도를 소비한다),[14] 진화하면서 우리는 항상 음식을 쌓아놓고 먹은 것이 아니라 다음에 먹을 음식을 구하는 데만도 많은 에너지를 소모해야 할 때가 많았다. 따라서 배경에서 비용이 적게 드는 방식으로 작동하면서 마음의 능력을 효율적으로 활용하면 적응에도 유리하고 열량도 절약할 수 있었을 것이다.

　1999년에 실시된 한 프로젝트가 생각난다. 컴퓨터 수천 대의 다운타임*을 이용해서 우주의 여러 위치에서 들어오는 방대한 전파 데이터를 검색하는 프로젝트였다. 이 프로젝트의 취지는 SETI, 즉 외계의 지적 생명체 탐사Search for Extraterrestrial Intelligence를 지원하는 것이었다. SETI@home은 캘리포니아 대학교 버클리 캠퍼스의 데이비드 게다이David Gedye와 크레이그 카스노프Craig Kasnoff가 공동으로 고안한 프로젝트로, 지금도 인기 있는 자원자 분산 방식의 컴퓨팅 프로젝트다. 그런데 SETI에 투입하도록 상정

---

* downtime, 컴퓨터가 작동하지 않는 시간

된 정부 기금이 미국 의회에서 조롱당했다. 가장 유명한 예로 윌리엄 프록스마이어 William Proxmire 상원의원이 '황금양털상*'으로 조롱한 사건이 있다. 그래서 게다이와 카스노프는 방대한 전파 데이터를 분석하기 위한 훨씬 저렴한 대안을 찾기로 했다. 자원자들이 (나도 초기 자원자들 중 1명이었다) 전파 데이터를 각자의 컴퓨터로 다운로드해서 컴퓨터를 쓰지 않는 동안 분석하고, 분석 결과가 자동으로 SETI 본부로 전송되는 방식이었다. 우리의 마음도 이런 식으로 한가한 시간에 무의식이 중요한 목표와 현재의 관심사를 처리해서 결과를 의식으로 보낸다. 특히 우리가 가끔 꾸는 강렬하고 비용이 많이 들고 의식적인 사고로 이어지는 극적인 꿈에서 해답이 발견될 때 그렇다.

마음이 한가한 시간을 지나치게 열심히 붙잡으려 할 때가 있다. 가령 시험 준비를 위해 전혀 관심이 없는 주제를 공부하거나 흥미로운 책이나 신문에서 지루한 부분을 읽을 때 그렇다. 이럴 때는 마음이 산만해지고, 우리는 그저 펼쳐진 면을 노려보면서 기계적으로 책장을 넘기지만 내용이 잘 들어오지 않는다. 마음이 다른 무언가에 가 있기 때문이다. 다른 무언가는 무엇이고, 마음이 그쪽으로 흐르는 이유는 무엇일까?

동기 연구가 에릭 클링거 Eric Klinger는 평생 이 질문에 매달렸다. 우리의 의식은 하루 평균 16시간 동안 깨어 있고, 우리는 그동안

• 프록스마이어가 제정한 상으로, 1975년에서 1988년까지 매달 가장 낭비가 심한 정부 지원 사업을 선정해서 준 상

의식적으로 생각한다. 클링거는 우리가 날마다 약 4,000가지 생각의 단편(다음 주제로 넘어가기 전에 한 가지 주제에 관한 생각)을 떠올린다고 추정한다.[15] 클링거의 연구에서는 깨어 있는 생각 중 무려 3분의 1에서 **2분의 1** 정도가 지금 이 순간 우리가 하거나 보는 것에 집중되지 않고 마음이 다른 주제로 넘어가 그곳에서 서성이는 것으로 나타났다. 물론 그것은 지금 이 순간에 하는 일보다 더 흥미로운 주제일 것이다(그러니 나는 독자 여러분이 이 책을 읽는 동안에는 **한 번도** 이런 경험을 하지 않았을 거라고 자신한다). 학생들이 교재를 읽을 때나 사람들이 여가시간에 좋아하는 책에서 흥미가 떨어지는 부분을 읽을 때도 다른 생각으로 흘러간다. '남자친구가 왜 전화를 안 하지?' '저녁은 어디 가서 먹을까?' '언젠가는 직장을 구할 수 있을까?' '내일 강의 준비가 됐나?' '아들한테 고등학교 졸업 선물로 사주기로 한 차를 구매할 형편이 될까?'

마음이 산만해질 때는 일정한 방향으로 흐른다. 나름의 목적을 향해 흐르지, 아무 데나 떠도는 것이 아니다. 모두 미래에 관한 것, 중요하지만 충족되지 않고 아직 남아 있는 목표, 걱정스럽고 빨리 해내야 하는 일에 대한 생각이다.[16] 마음은 한가한 시간을 생산적으로 활용하는데, 컴퓨터가 다운타임에 업데이트와 바이러스 검사 일정을 짜는 방식과 상당히 유사하다.

밤에 충돌하는 생각들

다시 꿈의 불가사의한 '메시지'로 돌아가자. 클링거의 연구를 중심으로 한 현대 심리학 연구에서는 현재의 중요한 목표가 깨어 있는 동안의 한가한 시간만이 아니라 잠든 동안에도 우리의 마음을 지배하는 것으로 나타났다. 클링거의 연구팀은 참가자들이 잠든 동안 꿈꾸는 상태라는 징후가 나타나면(빠른 안구 운동이 나타나는 REM 수면 상태) 헤드폰으로 단어와 구문을 들려주었다.[17] 잠든 사람의 현재 삶의 목표, 가령 "남을 돕는 직업을 갖고 싶다"거나 "아들과 다시 친구가 되고 싶다"는 식의 중요한 목표와 관련된 내용이었다. 그리고 몇 분 후 참가자가 잠에서 깨면 방금 무슨 꿈을 꾸었는지 물었다. 실험에서 제시한 단어와 구문이 참가자의 중요한 목표와 무관할 때보다 연관이 있을 때 그 주제로 꿈을 꿀 가능성이 세 배나 높았다. 무의식은 분명 밤사이 완전히 깨어 있는 것이다.

따라서 꿈을 꾸는 중에도 마음은 무의식중에 중요한 목표와 관심사를 처리하고, 목표와 관련된 정보가 들어오면 더 민감하게 반응한다. 무의식은 틀어진 관계를 회복할 방법, 직장 문제를 해결할 방법, 배우자나 자녀에게 줄 생일선물을 고를 방법과 같은 목표, 나아가 진로와 관련된 삶의 중대한 목표에 몰두한다. 클링거와 동료들은 마음이 삶의 중요한 목표에 부여하는 우선순위는 우리가 잠든 사이 꿈속에서도 계속 작용한다고 보았다.[18]

미래가 무의식에 미치는 영향이 불쾌하게 느껴질 때도 있다. 때로는 떨쳐낼 수 없는 꼭 필요한 목표가 있다. 가령 기말 보고서 마감이나 누군가와 나눠야 하는 괴로운 대화가 그렇다. 이렇게 즐겁지 않지만 꼭 해야 하는 일을 다른 날로 미루면서 공부하지 않고 술을 마시러 나가거나, 불편한 대화를 이번 주 안에는 하겠다고 미룰 수 있다. 그러면 우리가 의식적으로 적극 **회피하는** 동안 해결되지 않은 목표가 계속 무의식중에 작용할 수 있다. 노먼 메일러는 이렇게 말했다. "경험 법칙: 마음이 동요하는 정도는 지키지 않은 약속의 수로 측정할 수 있다."[19] 우리의 미래 지향적인 마음에게는 우리를 편안하고 행복하게 만들어주는 노력이 아니라 중요한 목표와 과제를 완수하는 노력이 중요하다. 그래서 걱정과 불안에 시달린다면 그래도 좋다. 이런 완고한 태도로 인해 우리의 마음은 밤에 충돌한다. 나쁜 꿈을 꿀 수 있다는 뜻이다.

수면 연구에서 흔히 보고되는 문제로, 밤에 자다 깰 때 걱정과 불안이 떠올라 다시 잠들지 못하는 문제가 있다. 우리가 잠든 동안 의식적으로 문제를 고심하는 뇌 영역과 동일한 영역이 무의식중에 계속 문제를 해결하려고 시도한다. 무의식은 미래의 구체적인 계획을 세우는 능력이 뛰어나지 않아서(문제의 해결책을 찾고 목표를 추구하는 데는 뛰어나지만, 구체적인 행동을 위한 세부 계획을 세우는 능력은 뛰어나지 않다) 문제를 의식으로 넘기면서 "자, 네가 처리해"라고 말한다.[20] 중요한 걱정거리라면(시험이나 발표나 연인과 헤어질지 여부) 자다가 깨는 순간에 당장 떠오른다. 내가 좋아하는 토킹 헤즈Talking Heads의 노래가 이런 특징이 잘 포착했다. "한밤중에 모두 잠들었지만 나는 추억으로 완전히 깨어 있어. 그 추억을 간절히 기다리지."

잠을 잘 자는 사람과 못 자는 사람을 비교한 불면증 연구에서 잠을 못 잔다고 보고한 사람들 중 80퍼센트 이상이 한밤중에 자다가 깨고는 다시 잠들지 못한다고 말했다.[21] 평생 안고 살아갈 수 있는 문제다. 이런 사람들은 평균 17년 이상 다시 잠드는 데 어려움을 겪었다. 그중 한 사람은 60년이나 이 문제를 안고 살았다. 연구에 따르면 이런 사람들을 잠 못 이루게 만드는 가장 흔한 생각의 유형으로 50퍼센트에 이르는 유형은 단연 미래, 특히 이튿날이나 다음 주에 있을 사건에 관한 것이었다. 이튿날이나 며칠 안에 해야 할 일에 관한 생각이었다. 사랑하는 사람의 생일선물을 준비하는 것처럼, 이튿날 해야 하는 미완의 과제처럼, 비교적 긍정적인 생각도 있었다. 한마디로 밤에 다시 잠들지 못하게 만드는 주된 원인은 가까운 미래나 해야 할 일이나 해결해야 할 문제에 관한 부정적이고 불안을 야기하는 생각에 있었다.

마음은 왜 우리가 잠든 사이 무의식적으로 이런 문제를 고심하다가 우리가 깨자마자 이런 문제로 괴롭히고 귀찮게 만들까? 중요하고 시간의 제약을 받는 문제이지만 무의식적으로는 해결되지 않기 때문이다. 의식적인 도움이 필요하기 때문이다. 따라서 잠이 깨서 의식이 돌아오자마자 시급한 목표와 걱정거리가 마음의 편지함에서 우리를 기다리는 것이다. 특히 무의식적 과정에서 요구하는 것은 구체적인 계획이다. 계획을 세우는 것은 의식적 사고 과정의 특성이고 무의식에서는 할 수 없는 일이라서 우리가 깨어 있는 동안 무의식이 끊임없이 우리를 성가시게 구는 것이다. 그런데 일단 계획이 나오면 무의식은 더 이상 우리를 괴롭히지 않는다. 다시 잠들 수도 있다.

밤중에 깨서 간밤에 오븐을 켜놨는지, 문단속을 잊었는지 걱정한다고 해보자. 그냥 누워서 걱정할 수도 있고 일어나서 확인할 수도 있다. 확인하면 문제가 해결되어 다시 잠들 수 있다. 하지만 한밤중에 골치 아픈 생각을 일으키는 다른 수많은 문제는 새벽 3시에 간단히 해결할 수 없다. 예를 들어 건강이상으로 검진을 받으려고 했지만 아직 받지 않았다면 그 걱정으로 잠을 이루지 못할 수 있다. 당장 해결책은 없지만 이튿날 아침에 병원이 문을 열면 전화로 검진예약을 잡겠다는 구체적인 계획을 세울 수는 있다. 그리고 이런 계획이 바로 무의식에서 요구하는 조치이므로 계획을 세우고 다시 잠들 수 있다.

연구자들은 이런 구체적인 계획을 세우면 미완의 목표가 마음에 침투해서 괴롭히는 것을 막을 수 있다고 실험으로 입증했다. 에세키엘 모셀라Ezequiel Morsella와 나와 우리 동료들은 미완의 목표가 어떻게 우리의 의식에 침투하는지 보여주었다.[22] 일부 참가자에게는 미국의 모든 주를 말하는 지리학 퀴즈를 보게 될 거라고 알리고, 다른 참가자들에게는 주 이름의 글자 수를 빠르게 세는 과제를 수행할 거라고 알렸다(WISCONSIN = 9). 두 과제의 중요한 차이는, 하나는 미리 생각하면 쉽게 수행할 수 있는 과제(모든 주의 이름 대기)이고, 다른 하나는 그렇지 않다는 점(주 이름의 글자 수 세기)이다.

따라서 우리는 주 이름을 말하는 목표가 주어지면 글자 수를 세는 목표가 주어질 때보다 (참가자가 무의식중에 미리 목표를 생각하기 때문에) 마음에 침투하는 생각이 증가할 거라고 예상했다. 이 실험의 중요한 부분은 참가자들이 실제로 과제를 수행하기 전 단계였다. 우리는 침가지들에게 8분 동안 명상하듯이 마음에서 넘치는 생각을 비우고 호흡에만 집중하라고 주문했다. 그런 다음 마음에 침투한 생각을 적어보게 했다. 50개 주를 모두 말할 예정인 참가자들은 글자 수를 세는 과제를 수행할 예정인 참가자들보다 마음에 침투하는 생각(가능한 모든 주 이름을 떠올리는 생각)을 7배나 많이 보고했다. 이 결과는 특히 한가한 시간에 '마음을 성가시게 하는 무의식' 효과의 첫 번째 부분을 보여준다.

그러면 두 번째 부분은 어떨까? 미완의 목표를 달성할 방법에 관한 구체적인 계획을 세우면 마음을 성가시게 하는 생각이 줄어들까? 이 질문의 답을 알아보기 위해 E. J. 매시캠포E. J. Masicampo와 로이 바우마이스터Roy Baumeister는 우선 참가자들에게 마감이 임박한 기말 보고서처럼 꼭 해야 하는 두 가지 중요한 과제를 적게 한 다음 추리소설의 한 대목을 읽게 했다. 실수를 모르는 변호사 페리 메이슨Perry Maso[23]이 나오는 얼 스탠리 가드너Erle Stanley Gardner의 《비로드의 손톱The Case of the Velvet Claws》을 읽혔다.[24] 참가자들이 메이슨 씨의 거침없는 활약을 다 읽으면, 실험자들은 참가자들에게 책을 읽는 동안 얼마나 자주 집중력이 흐트러지고, 얼마나 많이 미완의 과제를 생각했는지 물었다. 예상대로 참가자들은 마감이 임박한 기말 보고서를 많이 생각하고 마음이 추리소설에서 멀어졌다고 보고했다. 하지만 다른 집단에게는 추리소설을 읽기 전에 미완의 과제를 어떻게 수행할지에 관한 구체적인 계획을 세우게 했다. 이 집단은 추리소설을 읽는 동안 미완의 목표와 관련해서 마음에 침투하는 생각을 훨씬 적게 보고했다.

추후 연구에서는 참가자들에게 실험 후반부에 해양생물을 가능한 많이 열거하는 과제가 주어질 거라고 알렸다. 그 전에는 해양생물과 무관한 과제를 수행해야 했다. 첫 번째 과제를 수행하는 동안 각종 해양생물의 이름이 마구 떠올라 과제를 제대로 수행하지 못할 정도로 마음이 산만해졌다. 그러나 나중에 해양생물의 이름을 많이 생각해낼 방법에 관한 좋은 계획(알파벳순으로 글자마다 이름 떠올리기)이 주어진 집단은 달랐다. 유용한 계획이 마련되면 곧 다가올 과제에 대한 생각이 첫 번째 과제를 수행하는 단계에 훨씬 적게 침투했다. 시급하고 중요한 목표에 대한 구체적인 계획을 세우면 무의식적 목표가 마음을 괴롭히는 정도가 크게 감소하는 것이다. 끝으로 매시캠포와 바우마이스터는 구체적인 계획을 세우면 마감을 비롯해 중요하지만 완성하지 못한 프로젝트에 대한 긴장과 불안이 줄어드는 현상을 보여주었다.

메일러가 지적했듯이 무의식과 의식의 원만한 관계는 그냥 주어지는 것이 아니다. 신뢰가 바탕이 되는 관계이므로 둘 사이에 좋은 관계를 유지하려면 우리는 우리의 역할에 충실해야 한다. 우리가 소임을 다하면 다음에 한밤중에 성가신 생각을 잠재우기 위해 구체적인 계획을 세워서 효과를 볼 수 있을 것이다. 하지만 우리가 계획을 이행하지 않으면 계획을 세울 때 하는 말이 진심이 아니라는 뜻이 되기 때문에 무의식의 성가신 생각이 멈추지 않는다. 우리가 실천할 때까지, 이를테면 병원에 전화해서 예약을 잡거나 문제를 해결할 때까지 성가신 생각은 멈추지 않을 것이고, 따라서 이런 간절한 생각에 밤을 지새울 수도 있다.

　캘리포니아에 사는 내 누이가 첫아이를 낳고 몇 달 지나서 우리는 아기를 보려고 일리노이에서 조촐하게 모였다. 우리 집안의 자식 세대에서 처음 맞은 아이였다. 누이가 아기를 뒷방에 재운 후 우리 형제자매는 거실에서 누이 옆에 둘러앉아 아기에 관한 이야기를 들었다. 그런데 15분쯤 지나서 누이가 한참 재미있는 이야기를 하다가 갑자기 말을 끊고 그대로 굳었다. 굳은 얼굴로 복도 쪽을 돌아보려는 듯 눈길을 오른쪽으로 돌렸다. 우리는 영문을 모른 채 무슨 일이 있느냐고 물었고, 잠시 후 아기 엄마는 무슨 소리를 들은 것 같았다고 말했다. 그 자리의 누구도 아무 소리도 듣지 못했다. 사실 아기를 재운 방은 18미터 이상 떨어져 있었다. 우리는 울음소리나 뒤척이는 소리가 나지 않는 게 확실해질 때까지 잠시 조용히 기다렸고, 아기 엄마는 아까 하던 이야기로 돌아갔다.

　가장 중요한 목표와 동기는 일주일 내내 하루 종일 임무를 수행하면서 무슨 일이 일어나는지 끊임없이 바짝 경계하는 감시병 노릇을 한다. 우리가 다른 활동을 하거나 심지어 잠들었을 때도 배경에서 지속적으로 활동한다. 부모는 자다가도 아기가 칭얼대는 소리가 들리면 눈을 뜨지만, 요란한 천둥소리에는 잘도 잔다.[25] 잘 때는 무의식 상태인데도 뇌는 끊임없이 감각 신호를 처리해서 1초도 안 되는 짧은 순간에 중요하고 결정적인 자극에 온전히 깨어나게 한다. 굉장한 능력이다.

우리가 목표를 무시하고 다른 일에 몰두할 때도 목표가 우리의 주의를 얼마나 사로잡는지를 확인한 심리학의 중요한 실험 과제가 있다. 1935년에 테네시주 네슈빌의 조지 피바디 대학의 존 리들리 스트룹John Ridley Stroop이 개발한 스트룹 과제로, 한 번에 하나씩 나오는 단어의 색깔을 말하면 된다.[26] 단어를 읽으면 안 된다. 단어는 색깔을 말하는 과제와 무관하다. 스트룹 과제의 흥미로운 부분은 단어를 읽지 않을 수 없다는 데 있다. 통제할 수 없이 자동으로 나오는 반응이다. 단어가 중요한 목표와 관련이 있으면 단어를 읽지 않으려고 해도 관심이 가서 단어를 읽게 된다. 또 단어를 읽으면 정작 해야 할 과제, 곧 단어의 **색깔**을 최대한 빨리 말하는 과제에서 주의가 분산된다. 단어의 의미 때문에 주의가 많이 분산될수록 색깔을 말하는 시간이 더 걸린다.

어떤 사람이 특정 범주나 유형의 단어의 색깔을 말하는 데 걸리는 시간을 기준으로 그 사람이 그 범주에 얼마나 관심이 있는지 혹은 해당 단어가 그 사람의 중요한 목표나 욕구에 부합하는지 측정할 수 있다. 색깔을 말하는 데 시간이 오래 걸릴수록 주의가 더 많이 분산되고, 주어진 단어의 범주와 동기 차원과 더 관련이 많다는 뜻이다. 예를 들어 술을 자주 마시는 사람은 남들보다 '맥주'나 '칵테일', '독주'처럼 술과 관련된 단어의 색깔을 말하는 데 오래 걸렸다. 게다가 이런 분산 정도, 그러니까 술과 관련된 단어가 색깔을 말하는 속도를 늦추는 정도는 일주일에 술을 마시는 빈도와 상관관계를 보인다. 중요한 목표일수록, 그리고 목표와 관련된 단어가 매혹적일수록 단어의 색깔을 빨리 말해야 할 때 단어의 의미로 주의가 분산되는 정도가 심했다. 목표와 연관된 단어에 자동으로 관심이 가서 주의가 분산되는 현상은 그 사람이 현재 그 목표를 생각하지 않아도, 또 그 목표를 생각하면 당장 주어진 과제에서 수행이 떨어지는데도, 심지어 이 실험처럼 그 목표와 관련된 상황이 벌어질 거라는 사전 경고가 없는데도 나타난다.[27] 이를테면 술과 연관된 단어로 주의가 분산될 수밖에 없는 이유는 음주의 목표가 배경에서 항상 바짝 경계하고 있기 때문이다.

그래서 운전할 때 휴대전화를 사용하면 위험한 수준으로 주의가 분산되는 것이다. 친구와 가족처럼 가까운 사람에게 온 문자나 전화는 우리에게 중요한 사회적 관계의 목표와 연관될 가능성이 높다. 문자메시지의 핵심 목표는 항상 경계를 늦추지 않고 언제든 친구와 사랑하는 사람에게로 우리의 주의를 돌리는 데 있다. 요즘은 운전 중 문자를 보내는 것이 얼마나 위험한지 다들 안다. 시선을 도로에서 휴대전화로 옮긴 후 문자를 읽고 (최악의 경우에는) 답문을 보내야 되기 때문이다. 이런 본능적인 반응은 물론 도로에서 차량을 뚫고 안전하게 달려야 하는 중대한 요구에서 주의를 분산시킨다.

문자메시지만의 문제가 아니다. 요즘은 휴대전화 말고도 운전자가 도로에서 사용하는 애플리케이션이 많다. 내비게이션도 있고(원하는 목적지에 도착하려는 현재의 목표에 도움이 되는 장치), 스냅챗Snapchat에서 운전 중 속도가 표시된 사진을 올리는 서비스를 제공하고(친구들과 소통하고 사람들의 관심을 끌어 인기를 얻는 사회적 목표를 충족시킨다), (심각한 예로는) 운전자가 포켓몬 고Pokemon Go를 하면서 (친구나 다른 사람들과 경쟁하는 목표) 고속도로에서 게임 캐릭터를 찾기도 한다.[28] 실제로 미국은 지난 50년에 비해 현재 고속도로 사망률 최고치를 기록하고 있다. 40년 동안 꾸준히 감소하는 추세였다가 갑자기 증가한 현상이다. 2015년에 사망률이 급증하고 2016년에는 그보다 더 급격히 증가했다. 2017년만 해도 상반기 6개월 동안 고속도로 사망자가 17만 775명을 기록했다. 주 경찰과 관계 당국은 휴대전화와 애플리케이션의 급격한 증가에서 원인을 찾는다.[29] 예를 들어 플로리다주 탬파 근처에서 5명이 사망한 사고가 있었는데, 사고가 발생하기 직전에 충돌 차량들 중 한 대에 탄 소년이 시속 160킬로미터를 초과해서 달리는 장면이 담긴 동영상을 스냅챗에 올렸다.

자동차 제조사들은 이런 위험한 상황에 대해 새로운 핸즈프리 전화를 설치하면 운전자가 스마트폰을 사용하면서도 손은 계속 운전대를 잡고 눈은 도로를 볼 수 있기 때문에 문제가 해결될 거라고 말한다.[30] 하지만 이들은(그리고 대다수 사람들은) 운전 중에 통화하는 행위가 얼마나 집중력을 요구하고 주의를 분산시킬 수 있는지 이해하지 못한다. 핸즈프리(대개는 완전한 핸즈프리도 아니다) 장치가 나와서 도로에서 눈을 떼지 않고 전화를 받는다고 해도 통화 내용이 우리의 한정된 집중력을 빼앗아 당장 해야 할 일, 이를테면 다른 차량의 예기치 못한 움직임에 대처하기 위해 준비하는 일에서 주의를 분산시킬 수 있다. 직장 문제나 가정 문제, 혹은 그럴 일이 없기를 바라지만 자녀나 배우자와 다투는 내용의 통화라면 친밀한 관계, 직업과 직장의 압박, 이런저런 할 일, 가족의 일에 관한 중대한 목표와 관계가 깊다. 운전하면서 기분 좋은 통화를 한다고 해도 새로운 소식이나 새로운 전개나 새로운 감정에 관한 내용이라면 주의가 그쪽으로 분산될 수 있다. 어쨌든 우리의 주의력에는 한계가 있고, 다른 일에 주의가 분산되면 안전 운전에 필요한 집중력이 줄어든다.

　너무 천천히 달리는 앞차를 추월하면서 그 차의 운전자가 전화기를 사용하고 있었던 걸 본 적이 있는가? 주의가 분산되면 행동이 느려지고, 돌발 상황에 대한 반응시간이 길어지고, 복잡한 도로나 고속도로 상황에서 주의가 멀어진다. 그래서 보완책으로 더 천천히 운전하면서 대개는 자기가 그러는 줄도 모른다. 속도를 늦추면 반응하는 데 필요한 시간을 벌 수 있다. 나도 이런 경험이 있다. 뉴욕의 집에서 미시간 북부의 본가로 갈 때 어머니가 공항으로 마중 나왔을 때였다. 지방 국도로 시속 70킬로미터 정도로 달리는 동안 어머니가 가족들의 소식을 전해주었다. 나는 어머니 이야기에 푹 빠졌다. 그런데 어머니가 갑자기 말을 끊더니 어리둥절한 얼굴로 나를 보았다. "너 지금 차 세운 거 알고 있니?" 우리 차는 M-72 고속도로 한복판에서 속도를 늦추다 못해 거의 멈추고 있었다.

중요한 목표는 잠들지 않는다. 중요한 목표는 무의식중에 배경에서 작동하면서 우리가 안내하거나 인지하지 않아도 매 순간 경계를 늦추지 않고 환경을 감시하면서 우리의 요구를 충족시키는 데 도움이 될 무언가를 탐색한다. 그러면 뜬금없어 보이는 순간에 문제의 답이 떠오른다. 수면은 의식이 최소로 작동하는 한가한 시간의 큰 덩어리를 차지하고, 우리 마음은 무의식중에 이 시간을 활용하여 지속적으로 문제를 고민한다. 수면의 장점은 이따금 의식 차원에서 오래 고민하던 문제나 수수께끼에 대한 기발한 정답이나 해결책을 내놓는다는 것이다. 반면에 수면의 단점은 문제를 해결하는 과정이 충분히 진행되지 않고 시간이 부족하면, 마음이 계속 우리를 괴롭히면서 걱정과 불만을 끌어낸다는 것이다. 사실 마음은 얼핏 우리를 괴롭히는 것처럼 보일지라도 사실 일부러 괴롭히려는 것은 아니다. 그보다는 마음이 교착 상태에 빠진 것이고, 약간의 의식적 작업만으로도 교착 상태를 깨뜨릴 수 있다. 이를테면 가까운 미래에 문제를 해결할 방법을 구체적으로 계획하는 식의 의식적 작업이 필요하다.

　의식과 무의식은 상호작용을 하고 서로를 지지해준다. 이 장에서는 무의식이 의식적 노력에서 바통을 이어받아 우리가 이미 포기하고 다른 필요한 일로 넘어간 뒤에도 계속 문제를 고심하는 여러 가지 방식을 설명했다. 가까운 동료나 팀 동료끼리 어떤 작업을 수행하기 위해 힘을 모으듯이 무의식은 의식이 중요한 정보에 집중할 수 있도록 지원해준다. 무의식은 의식에게 잘하고 있는지를 솔직히 전한다. 때로는 어려운 문제의 답이 꿈에 나타나기도 하지만, 대개는 의식에서 그 문제를 오래 고심한 끝에 나온다. 창의성은 주로 이런 무의식적 활동에 의존한다. 마이클 조던이든 노먼 메일러이든 나 같은 평범한 노인네든 마찬가지다.

　어떤 문제를 오래 고심한 후 '그 문제를 안고 자거나' 그 문제에 관심을 끊는 방법도 괜찮다. 우선 의식적으로 몰두하는 데는 한계가 있고 금방 지치기 때문에 잠시 다른 일로 머리를 식히는 것도 좋은 방법이다. 나는 책상에 앉아 일하다가 잠깐 쉬고 싶을 때는 나 자신을 믿고 커피를 내리러 가거나 잠시 마당에 나가 걷는 법을 배웠다. 주로 다음에 쓸 내용이 모호하고 아직 제대로 형태를 갖추지 못했을 때 이렇게 한다. 휴식을 취하면 도움이 된다. 메일러의 조언을 간단히 적용해서 무의식에 잠시 틈을 내주는 것이다. 그러고 나서 다시 책상 앞에 앉으면 어떻게 써내려갈지에 관한 생각이 명료해진다. 작가나 학자 들은 산책이나 운동이 마음을 재충전하는 효과적인 연습이라고 생각하고 옹호한다. 나도 시골길을 오래 달리고 집에 돌아오자마자 새로운 통찰과 연구 아이디어를 써 내려가곤 한다. 이렇게 운동에 몰두하는 사이 우리의 목표와 무의식이 한가한 시간을 틈타 의식에서 해내지 못한 일을 해결한다.

메일러의 조언대로 스스로에게 다짐하고 스스로에게 과제를 내주는 방법이 다소 이상해 보일 수는 있다. 처음 뉴욕에 왔을 때 혼자 걸으면서 입 밖으로 소리 내서 말하는 사람들을 보았다. 당시 나는 조금 정신 나간 사람들인 줄 알고 그들과 거리를 두었다 (요즘은 예전보다 혼자 말하는 사람이 더 늘어났지만, 이런 사람들은 대개 헤드셋을 쓰거나 스마트폰을 가지고 있다). 그런데 생각해보면 의식적인 생각만 스스로에게 말하는 것은 아니지 않을까? 사실 마음속으로 말하는 행위는 어릴 때부터 시작된다. 아이들은 혼잣말을 많이 하고 자기와 대화를 나누며 심지어 다음에는 뭘 할지까지 미리 말한다. 발달단계에서 세 살 무렵의 이런 짧은 시기를 처음 발견한 사람은 1930년대에 활동한 러시아의 발달심리학자 레프 비고츠키Lev Vygotsky다.[31] 의식적으로 생각하는 능력이 발달하는 과정에서 처음에는 혼잣말을 소리 내어 말하는데 이 단계를 거쳐야 속으로 혼자 조용히 '말할' 수 있다.

따라서 메일러가 직접 연습하고 작가 지망생들에게 조언한 방법은 마음의 장치를 작동시키는 자연스러운 방법, 말하자면 생각하고 문제를 해결하는 의식과 무의식의 협조적인 성격을 보다 완벽하게 활용하는 방법이다. 스스로를 통제하는 능력, 곧 **자기조절**

self-regulate 능력은 스스로에게 말하는 능력에 달려 있다. 혼자 말할 수 있어야 (4세 무렵에) 자기조절 능력이 생기기 시작한다. 자신의 마음과 행동을 통제하는 능력, 곧 무의식뿐 아니라 의식적 수단을 활용하여 중요한 목표를 보다 효과적으로 달성하는 능력은 바로 다음 장에서 주목할 주제다.

10장

우리는 마음을
통제한다

　　　　　　　　　　수천 년간 우리는 특별한 존재였다.
더할 나위 없이 특별했다. 지구만이 아니라 온 우주가 우리를 중
심으로 돌았다. 서양의 사고에서 지구는 우주의 중심이고, 인간은
지구의 중심이었다. 모든 것이 오직 인간을 위해 창조되고 인간을
위해 존재했다. 그리고 그 중심에는 의식이 있었다. 우리의 정신
은 개인의 중심이자 신이나 영원과의 초자연적인 연결이었다.

　그 뒤로 수백 년에 걸쳐 반정이 일어났다. 코페르니쿠스와 갈릴
레오가 이론을 내놓고, 이후 망원경의 발명으로 지구가 우주의 중
심이 아니라는 증거가 나왔다. 지구가 태양계의 중심도 아니었다.
우리가 태양을 중심으로 돌지, 태양이 우리를 도는 것이 아니었

다. 이어서 더 강력한 일격이 날아왔다. 다윈이 인간은 지구에 사는 생명체의 중심이 아니라고 설명했다. 크든 작든 모든 생명체는 현재와 같은 형태로 창조된 것이 아니라 오랜 시간과 진화의 과정을 거치며 서서히 지금의 형태를 갖추었고, 인간도 다르지 않다는 것이다. 니체는 벽에 적힌 글을 읽고 신은 죽었다는 유명한 말을 남겼다.[1] 우리가 누구든 온 우주에 우리만 홀로 존재한다는 뜻이다. 그래도 우리에게는 의식이 있고 초능력superpower이 있으며 자유의지가 있다. 적어도 우리 몸 안에서는 우리가 우리 자신의 주인으로서 어떻게 행동하고 무슨 생각을 할지 통제했다.

　이어서 프로이트와 스키너가 마지막 일격을 가했다. 우리가 사는 거대한 바위덩이인 지구는 그저 우주 외딴 구석의 미세한 먼지에 불과하고 우리도 광대한 시간을 거치며 자연의 힘으로 빚어진 다른 모든 식물이나 동물과 다르지 않을 뿐 아니라, 마음이나 감정이나 행동조차 우리가 스스로 통제할 수 있는 것이 아니라는 것이다. 프로이트는 우리 안의 숨겨진 힘이 우리를 통제한다고 말했다. 그저 우리가 알아채지 못할 뿐이라는 것이다. 그리고 스키너는 우리에게서 그 미약한 힘마저 앗아 갔다. 스키너는 우리 안의 무엇도 중요하지 않다고 주장했다. 환경, 곧 외부 세계가 우리가 바이올린인 양 연주하지만 우리는 우리가 모차르트인 줄 착각한다는 것이다.

　지구는 더 이상 우주의 중심이 아니었다. 인간은 더 이상 지구의 중심이 아니었고, 의식은 더 이상 우리의 중심이 아니었다. 우리는 우리의 자리에 놓여졌다. 그리스 신화에서는 스스로를 신으로 생각하고 신과 같은 능력이 있는 줄 아는 인간을 자만한 자로 보았다. 복수의 여신 네메시스는 자만을 벌하고 인간을 인간의 자리로 보냈다. 우리는 코페르니쿠스의 시대 이전까지 유구한 세월을 자만하며 살았지만 드디어 네메시스가 청구서를 들고 나타났다. 그런 점에서 이 책은 문제를 해결하는 데 도움이 되지 않을 수 있지만, 내 목표는 인간 마음의 진정한 본성을 밝혀서 우리의 진정한 힘을 되찾을 수 있게 해주는 데 있다.

과거와 현재와 미래의 심오한 힘은 우리가 모르는 사이에 우리의 행동과 선택, 우리가 좋아하고 싫어하는 대상에 영향을 미치는 것으로 거듭 밝혀졌다. 삶은 잔상을 남긴다. 한 상황에서 다음 상황으로 넘어간 뒤에도 우리가 깨닫지 못하는 사이에 영향을 미친다. 우리는 자연히 남들의 행동을 모방하고 감기에 걸리듯 남들의 감정과 행동에 '물들어,' 텔레비전에서 흡연과 음주 장면을 보기만 해도 흡연과 음주가 늘어난다.[2] 어느 한순간의 목표와 욕구에 따라 좋아하고 싫어하는 대상이 달라지고, 주목하고 기억하는 대상도 달라지며, 슈퍼마켓에서 무엇을 얼마나 사는지도 달라진다. 우리는 얼굴만 보고도 그 사람을 제대로 평가할 수 있다고 자만하지만 사실은 그렇지 않다. 수면 밑에서 무수한 무의식적 영향이 작용한다. 그러면 나는 이런 영향을 어떻게 통제할까? 아니면 내가 이런 영향에 휘둘리는 것일까?

내게 자유의지란 것이 있을까?

마지막 장에서는 이런 무의식의 영향을 (원치 않을 때) 통제하고 (유용할 때) 적절히 활용하기 위한 가장 효과적인 방법을 설명하겠다. 양방향 도로와 같다. 의식적이고 의도적인 과정으로 원치 않는 무의식적 영향을 가로막거나 통제할 수 있고, 반대로 무의식적 기제를 이용해서 평소 의식적 방법으로 감당하지 못하는 일에 도움을 받을 수도 있다. 세 가지 핵심을 지적하겠다. 잘 기억해서 일상에 적용하기 바란다.

핵심 1: 의식적 사고가 중요하다. 심리학 용어로 말하면 우리에게는 '자유의지'가 있다. 다만 자유의지는 생각만큼 완전하고 전능하지는 않다.

지금까지 이 책을 읽은 독자라면 우리가 흔히 알아채지 못해서 통제하지도 못하는 온갖 힘이 우리에게 영향을 미친다는 사실을 알 것이다. 클리블랜드 인디언스의 전설적인 투수 밥 펠러Bob Feller는 강속구를 던지면서 "보이지 않으면 치지도 못한다"고 자신했다. 따라서 이런 숨겨진 영향력을 본다면(더 많이 알아채면) 통제하거나 유리하게 이용하기 위한 첫걸음을 내딛는 셈이다. 그러나 이런 영향력이 없는 것처럼 생각하거나 우리에게 완전한 자유의지와 통제력이 있다고 우긴다면 좋은 기회를 놓칠 수도 있다.

핵심 2: 우리에게 완전한 자유의지나 의식적 통제력이 없다는 사실을 받아들이면 우리가 실제로 가진 자유의지와 통제력이 늘

어난다.

어떻게 가능할까? 광고나 타인의 설득에 좀처럼 휘둘리지 않는 다고 주장하는 사람일수록 누구보다 쉽게 남에게 통제당한다. 남 들이 자신의 행동에 아무런 역할을 하지 않는다고 주장할수록 누 구보다 쉽게 남들에게 전염되고 직장에서 있었던 일을 집으로 끌 고 올 가능성도 크다. 사실 이런 사람들은 스스로를 통제하는 능 력이 가장 떨어진다. 의지만으로 뭐든 해낼 수 있다고 자신하면서 가장 효과적인 수단으로 밝혀진 무의식적인 자기조절 수단을 제 대로 써먹지 못하기 때문이다(핵심 3 참조).

우리는 물론 우리 마음의 선장이고 선장이 되는 것은 좋은 일이 지만, 세상일이 그렇듯 좋은 선장도 있고 나쁜 선장도 있다. 현명 한 선장은 풍향과 해류를 고려해서 항로와 역방향일 때는 적절히 조정하고 항로와 같은 방향일 때는 적절히 이용한다. 나쁜 선장은 조타륜만으로 통제할 수 있다고 자신하다가 결국 암초에 부딪히 거나 길을 잃고 표류한다.

마음의 숨겨진 영향력을 인정하면 그 힘에 조치를 취할 기회가 생기고, 전에 없던 실질적인 통제력이 생긴다. 이것은 순이익이다. 여기서 더 나아간다. 무의식적 힘에 통제력을 넘기면 의식적이고 의도적인 목표를 달성하는 능력이 더 향상된다. 의식이 다른 일에 몰두할 때 무의식이 이런 중요한 목표에 힘쓰게 놔두어서 무의식 의 문제 해결과 창의적인 능력을 활용할 수 있다. **우리에게 도움이 되도록 무의식을 이용할 수 있다.** 그러면 더 큰 이익이 돌아온다.

핵심 3: 가장 효과적인 자기조절은 의지력을 발휘하거나 열심히 노력해서 충동과 원치 않는 행동을 억압하는 과정이 아니다. 무의식의 힘을 제대로 활용해서 훨씬 수월하게 스스로를 조절하는 과정이다.

자, 오랜 믿음이 완전히 뒤집히지 않는가?

실제로 자기조절을 잘하는 사람(성적도 좋고 건강하고 운동도 많이 하고 살도 안 찌고 담배도 피우지 않고 돈도 많이 벌고 행복한 인간관계를 유지하는 사람)은 남보다 의지가 강한 사람이 아니다.[3] 오히려 정반대다. 자기 삶을 효과적으로 조절하는 성인군자 같은 축복받은 사람들은 바람직하게 행동하면서도 덜 의식적이고 더 자동적이고 더 습관적이다. 우리도 물론 이렇게 할 수 있다.

이것이 마지막 장에서 다룰 내용이다. 우선 의식에서 밤낮으로 안내하고 감시하지 않아도 '위층으로' 올라가게 하는 과정에 관한 이 책의 내용을 편안하게 받아들이자. 스스로를 훌륭한 직원을 둔 CEO라고 생각하자. 직원들은 모두 우리 회사를 위해 일하고, 우리의 행복과 성공에 헌신하고 몰두한다. 마음을 느긋하게 먹고 직원들이 일하게 놔두자.

의도를 실행하기

의식적 사고는 중요하다. 의식적 사고는 **인과적**이고 우리의 감정과 우리의 행동을 바꾸는 힘을 갖는다. 당연한 말처럼 들릴지 몰라도 100년 전 주류 과학 심리학에서는 이와는 반대로 단언했다.

이 책의 서두에서 1913년에 행동주의 창시자인 미국의 심리학자 존 왓슨이 과학 심리학의 초창기에 마음에 관한 연구 분야를 뒤흔들고 새로운 변화를 일으킨 획기적인 논문을 발표했다고 언급했다. 신의 죽음을 선언한 니체의 충격적인 발언에 비견할 만한 심리학계의 중요한 사건이었다. 왓슨은 실제로 "의식은 죽었다"고 말했다. 왜일까? 그가 이런 주장을 펼치던 시대에는 의식적 사고를 측정하거나 연구할 방법이 없었다.[4]

오늘날 인지심리학에서 지각과 주의력과 판단력에 관한 통제 실험에서 이용하는 컴퓨터와 전자 타이머와 모니터가 나오기 한참 전이었다. 왓슨에게는 참가자들이 스스로 무엇을 보고 어떻게 생각하는지를 직접 보고하는 자기 성찰 보고서밖에 없었고, 이것은 물론 신뢰할 만한 자료가 아니었다. 같은 대상을 보고 판단해도 참가자들마다 보고 내용이 달랐다. 같은 대상을 보고도 저마다 다른 방식으로 생각하고 느꼈고, 또 같은 사람이라도 시간에 따라 다르게 보거나 생각했다. 심리학이 시작된 초창기였고, 개척자들이 거친 황야에 홀로 떠돌듯 당시의 심리학 연구자들은 주어진 도구를 가지고 최선을 다했다. 하지만 모든 것이 뒤죽박죽이었다. 지금의 용어로 말하면 연구에서 나온 결과를 반복 검증할 수 없었다. 과학자들에게는 몹시 불편한 상황이었다. 일반화가 가능한 결론이 어디에 있는가? 확실성은 어디에 있는가?

왓슨은 내성법으로는 신뢰할 만한 결과를 얻을 수 없으니 과학 심리학에서는 내성법을 사용하거나 의식을 연구해서는 안 된다는 결론에 이르렀다. 대신 외부 자극Stimulus의 속성과 유기체의 실제 행동 반응Response에만 초점을 맞추고, 내면의 생각이나 경험 같은 개념은 고려하지 말아야 한다고 보았다. 이런 풍토를 훗날 '자극과 반응(S-R)' 심리학이라고 불렀다. 나아가 더 이상 의식이 중요하지 않으므로 동물의 행동도 인간의 행동과 거의 대등하게 연구할 수 있었다. 동물에게는 인간처럼 의식이 없지만, 어차피 의식이 중요하지 않으니 상관없었다. 그래서 왓슨과 행동주의자들은 인간의 의식에 대한 연구를 과학 심리학의 영역에서 금지시킬 수 있었다. 물론 지금 보면 황당한 일이다. 사실 인간 경험에서 **의식보다** 중요한 게 뭐가 있겠는가?

왓슨이 의식을 평가할 수 있는 신뢰할 만한 방법이 없으니 과학 심리학에 넣어서는 안 된다는 입장을 고수했지만, 그의 후계자 B. F. 스키너B. F. Skinner를 비롯한 '신행동주의자들'은 이런 강경한 입장을 더 강력히 밀어붙였다. 측정 불가능한 의식을 동물(인간도 포함) 행동의 실험 모형에 포함시킬 수 없으니 의식은 현실에서도 인과적으로 아무런 역할을 수행하지 않는다는 결론에 이른 것이다. 인간의 의식은 그들이 원하는 만큼 엄격히 연구할 수 없고, 실험실 연구의 변수로 존재하지 않으므로 실험실 바깥의 세계에도 존재할 리가 없다는 것이었다. 대신 의식을 부현상副現象이라고 불렀다. 다른 현상에 부수적으로 수반되는 현상일 뿐, 그 자체로는 중요하거나 인과관계를 갖지는 않는다는 뜻이다. **당시에는** 의식적 사고를 연구할 수 있는 신뢰할 만한 방법이 없다는 이유로 의식적 사고가 인간의 삶에서 영향력 있는 힘으로 **존재하지 않는다**는 원칙이 생긴 것이다.

행동주의자들은 현재의 환경에만 초점을 맞췄고, 우리의 마음이 머무르는 다른 시간대를 배제했다. 먼 과거와 가까운 과거의 영향은 물론이고, 미래의 목표와 열망에는 관심도 없었다. 행동주의자들에게는 모든 인간이 외부 환경에서 주어진 단서에 통제당하는 레르미트의 환자들처럼 보였다. 단지 심리학 역사에서 당시의 행동주의자들이 외부 환경만 보고 마음의 내적 작용을 볼 수 없었기 때문이다. 행동주의자들의 논리로는 보이지 않는 것은 존재하지도 않는다. 두 살짜리 아이가 제 눈을 가리고 숨바꼭질을 하는 격이다.

다시 한 번 자만이 오만한 고개를 든 것이다. 행동주의자들은 신뢰할 수 있는 방법에 대한 정당한 욕구를 한참 넘어선 셈이다. 내면의 생각과 판단을 연구하기 위한 신뢰할 만한 방법이 **아직** 나오지 않았으니 앞으로도 나오지 않을 거라고 단정해버렸다. 행동주의자들은 그들이 심리학이라는 과학의 역사에서 종착점에 와 있다고, 말하자면 당시의 과학은 이미 새로운 기술이나 방법론으로 뛰어넘고 개선할 수 없는 정점에 이르렀다고 믿었다. 하지만 알다시피 그로부터 불과 얼마 지나지 않아 트랜지스터와 컴퓨터, 텔레비전 모니터와 전자 측정 장치가 나와서 마음을 과학적으로

연구할 수 있게 되었다. 새로운 방법이 등장하면서 시작된 인지
혁명은 행동주의를 영원히 추방시켰다.

자유의지에 관한 심리학의 주장은 왓슨의 1913년 논문으로 거슬러 올라간다. 그는 자유의지 자체에 관해 묻지 않고 의식적 사고가 중요한지, 인과적 역할을 하는지를 물었다. 그리고 스키너와 행동주의자들은 중요하지 않다고 주장했다. 스키너는 비둘기와 쥐 연구를 토대로 인간의 자유의지는 착각이라고 주장하는 유명한 책을 몇 권 출간했다.⁵ 사람들이 "자유의지는 존재하는가?"라고 물을 때 알고 싶어 하는 것은 다음과 같다. 사람들은 이렇게 묻는다. 나의 사적인 생각과 결정이 필수적이고 효과적인가? 나의 생각과 결정이 나의 행동을 변화시키는가? 따라서 내게는 내 판단과 결정에 대한 통제력이 있고, 나아가 내 삶에 대한 통제력이 있을까? 지난 수십 년의 심리학 연구에 따르면 이들 질문의 답은 물론 "그렇다"이다.⁶

벤저민 프랭클린Benjamin Franklin은 《자서전Autobiography》에서 "고기나 생선을 포함한 '동물'이 '살육당할 만큼' 우리에게 잘못한 게 없으므로 이런 음식을 먹지 않겠다"고 적었다. 하지만 그는 생선을 좋아하고 "팬에서 뜨겁게 나올 때 냄새가 아주 좋다"고 생각했다.

—— 원칙과 기호를 오가던 어느 날, 나는 생선 배를 갈랐을 때 배 속에 든 작은 물고기를 보았다. 문득 이런 생각이 들었다. "너희끼리도 서로를 잡아먹는다면 내가 널 먹지 말아야 할 이유를 모르

겠구나." 그래서 대구를 실컷 먹었다. **그러니 합리적인 존재가 되면 편리하다. 뭐든지 하고 싶은 일에 대한 이유를 찾거나 갖다 붙이면 된다**(강조 표시는 내가 했다).

프랭클린은 의식적 추론을 이용하여 그동안 원하던 육식에 대한 원칙의 변화를 정당화했다. 이것을 **합리화**라고 하고, 프랭클린의 경우 이런 의식적 추론이 인과적이었다. 그래서 행동(과 생선을 먹는 것에 대한 도덕적 입장)이 달라졌다. 의식은 우리가 무엇을 하든, 혹은 무엇을 하고 싶든 긍정적으로 만드는 재주가 뛰어나고, 적어도 정당화하고 옹호할 수 있게 해준다. 우리는 삶의 좌절과 비극을 사소한 일처럼 보이게 만들어 정서적으로 더 잘 대처할 수 있다.

우리가 좋아하는 수법 중에 **하향 사회 비교**downward social comparison가 있는데, 누구나 잘 써먹는 수법이다. 각자의 삶에서 불만이 생기면 항상 자기보다 더 힘든 사람이 있다고 생각하고 자기는 적어도 그들보다는 나은 처지라는 데 안도한다. 의식적 사고가 마음의 고통을 효과적으로 변화시키므로(줄여주므로) 역시나 인과적이다. 마음속에서 주어진 상황을 다른, 좀 더 감당하기 수월한 상황으로 바꾸는 방법은 스스로 감정과 충동을 통제하는 주된 방법이다. 예를 들어 더블 초콜릿 케이크를 맛있는 음식이 아니라 칼로리가 엄청난 음식으로 생각할 수 있다.[7]

이 책의 주제는 무의식적 기제를 이용해서 의식적 목표를 달성하는 방법을 알아보는 것이다. 친구를 사귀고 새로운 사람과 친해지고 싶은가? 상대를 바라보고 상대에게 집중하고 자연스럽고 무의식적인 모방 효과가 일어나면 두 사람 사이에 호감과 유대감이 커진다. 어렵거나 시간이 많이 드는 일을 앞두고 있는가? 목표를 달성하는 과정에서 초기부터 무의식중에 목표를 추구하면 자연히 문제가 해결되고 상자 밖의 창의적인 해결책이 떠오르고 유용한 정보에 관심이 가고 마음이 한가한 시간에 문제에 몰두할 수 있다.

마찬가지로 효과적인 자기조절 방법은 무의식적이고 자동적인 기제에 가능한 많은 역할을 넘기는 것이다. 일상에 큰 도움이 되는 것으로 입증된 두 가지 무의식적 자기조절 방법이 있다. 하나는 단기적이고 전술적인 방법이고, 다른 하나는 장기적이고 전략적인 방법이다.

단기적으로(예: 해야 할 일을 번번이 잊어버릴 때 그 일을 해야 한다는 사실을 떠올리거나 연습을 시작하기) 어려운 의도를 실행에 옮기는 가장 효과적인 방법으로 **실행 의도**implementation intention라는 기법이 있다. 나의 오랜 동료 페터 골비처는 실행 의도가 어려운 의도와 바람직한 행동을 실행에 옮기게 해주는 가장 효과적인 방법이라는 것을 발견하고, 실행 의도라는 매우 효과적인 기법을 개발했다.[8] 실행 의도란 의도를 수행하는 **시간**과 **장소**와 **방법**을 구체적으로 계획하는 것이다. 실행 의도를 활용하면 이 책에서 설명한 갖가지 무의식의 영향을 제압할 수 있다.

장기적으로도(예: 규칙적으로 다이어트하거나 운동하거나 공부하기) 꾸준히 해나가면서 유혹을 피하고 목표를 성취하는 최선의 방법은 정신과 물질의 싸움에서 의지력을 발휘하는 것이 아니라 규칙적이고 일상적인 장소와 시간에서 **좋은 습관을 기르는** 것이다.[9]

이 두 가지 자기조절 방법은 모두 환경이 행동에 단서를 제시하는 자연스럽고 자동적인 방식을 활용하기 때문에 의식적으로 노력해야 하는 방법보다 효과적이다. 실행 의도는 원하는 행동을 수행하는 구체적인 장소와 시간을 정하는 방식으로 작동한다. 습관도 원하는 행동을 수행하기 위한 일상적인 장소나 시간과 같은 구조를 지정하는 식으로 작동한다. 그러면 원하는 행동을 수행할 것을 기억하지 않아도 되고(사실 일상의 다른 많은 일도 일일이 기억하는 것이 쉽지 않다), 또 한편으로는 그 일을 회피할 기회도 없어진다. (운동이나 다이어트나 음주를 줄이려는 경우처럼) 두 경우 모두에서 유용하고 필요한 일을 **생각 없이** 하다보면 보다 신뢰할 만하고 효과적인 자기조절 방법이 생긴다.

스키너도 프로이트처럼 모두 틀린 것은 아니다. 환경의 자극이 대개는 자동으로 행동을 유발하는 것은 사실이다. 레르미트의 환자들과 장면이 행동에 미치는 영향에 관한 로저 베이커의 연구에서 보았듯이 환경에서 주어진 단서는 우리가 어떤 행동을 어떤 식으로 할지 결정하는 직접적이고 효과적인 요인이 될 수 있다. 골비처와 제자들은 초기 연구에서 뮌헨 대학교 학생들에게 크리스마스 휴가로 고향에 돌아가면 무엇을 하고 싶은지 물었다. 예를 들어 중요한 강의 과제를 마무리하거나 특히 남학생이라면 아버지에게 사랑한다고 말하는 것과 같은 사적으로 중요한 과제를 수행하고 싶은가? 모든 학생이 이런 목표를 달성하고 싶어 했다. 연구자들은 한 집단에는 "아버지께 사랑한다고 말씀드릴 거야!"라는 식으로 단호하고 확고하게 목표에 대한 의지를 다지도록 지시했다. 다른 집단에는 실제로 목표를 수행할 장소와 시간과 방법에 관한 구체적인 계획을 세우도록 지시했다. "아버지가 기차역으로 데리러 나오시면 차에 타서 사랑한다고 말씀드릴 거야!" 학생들이 휴가를 끝내고 돌아오자 연구자들은 휴가 기간의 목표를 달성했는지 확인했다. 연구 결과, 실행 의도(원하는 행동을 실제로 수행하는 시간과 장소)를 생각한 학생들은 목표 달성 의지를 다진 학생들을 비롯한 다른 학생들보다 목표를 훨씬 더 많이 성취했다.

나는 실행 의도에 관한 연구 논문을 읽고 직접 실험해보기로 했다. 나는 전형적인 건망증 심한 교수처럼 NYU의 동료에게 책을 빌리고 돌려주는 것을 자꾸 잊어버렸다. 내 동료는 논문에 참조하기 위해 내가 빌린 책이 필요해지자 조금 짜증을 냈다. 다음에도 또 잊어서 내 연구실에서 다소 불편한 상황이 벌어지자 나는 이렇게 다짐했다. 오늘 저녁에 집에 가면 곧장 책상으로 가서 그 책을 서류가방에 넣어놓자! 그날 저녁, 나는 집에 들어서자마자 불도 켜지 않고 어둠 속에서 늘 먼저 들르던 주방이 아니라 침실로 향했다. 발길 닿는 데로 가면서 잠깐 어리둥절해하다가 이내 책상 앞에서 그 책을 보았다. 서류가방을 아직 들고 있어서 그 책을 가방에 넣는 것은 일도 아니었고, 다시 생각할 것도 없었다. 임무완

수! 의도가 실행되었다.

뇌 영상 연구로 이런 실행 의도가 어떻게 작동하는지 밝혀졌다.[10] 기본적으로 실행 의도가 정해지면 행동에 대한 통제력이 뇌의 한 영역에서 다른 영역으로 넘어간다. 어떤 일을 하겠다는 목표와 갈망이 생기면 브로드만Brodmann 영역이라는 뇌 영역에서 시작한 행동과 관련된 부위가 활성화된다. "오늘 가게에 가서 우유랑 저녁거리를 사고 싶어"와 같은 목표가 여기에 해당된다. 하지만 "이 보고서를 다 쓰면 책상에서 일어나 가게로 갈 거야"와 같은 실행 의도를 정하면 같은 뇌 영역의 다른 부위, 곧 환경에 의해 유도된 행동과 연관된 부위가 활성화된다. 따라서 뇌 영상 연구에서는 의도는 주로 내면의 생각(하고 싶은 일을 해야 한다고 기억하기)이 아니라 보다 확실하고 효과적인 실행 의도에 의해 통제되는 것으로 나타났다. 행동 통제력이 스스로 떠올리는 생각에서 외부 환경이 주는 자극으로 넘어가 X가 일어나면 Y를 하게 되지만, 그사이 내내 기억하거나 멈추고 그 일을 생각해야 하는 것은 아니다.

실행 의도가 과학적으로 인정받기 시작하자 건강 심리학자들은 약을 거르면 목숨이 위험할 수 있는 환자들이 복잡한 투약지침을 따르는 데 어려움을 겪을 때 실행 의도 기법을 적용했다. 파스칼 쉬런Pascal Sheeran과 수전 오벨Susan Orbell은 초기 연구에서 양로원의 노인 환자들에게 매일 먹는 약을 종류별로 언제, 어디서, 어떻게 먹을지에 대한 실행 의도를 정하게 했다.[11] 약을 먹는 게 생각만큼 간단하지 않았다. 식사와 함께 먹어야 하는 약, 빈속에 먹어야 하는 약, 아침에 먹는 약, 저녁에 먹는 약이 있었으므로, 매번 약을 먹어야 한다는 사실을 기억하는 것조차 어려울 수 있었다. 통제 조건의 노인 환자들은 몇 달간 매일 정해진 시간에 약을 제대로 챙겨 먹는 비율이 25퍼센트밖에 되지 않았다. 다른 집단의 환자들은 실행 의도를 정했다. "아침식사 후 바로 방에 가서 1번 약을 먹을 거야"라거나 "잠자리에 들고 불 끄기 직전에 4번 약을 먹을 거야"라는 식으로 다짐했다. 규칙적으로 발생할 가능성이 높은 미래의 사건을 정하는 것이 중요하다. 이 집단에서는 몇 달 동안 규칙적으로 약을 먹는 비율이 놀랍게도 100퍼센트에 달했다. 모든 연구에서 이렇게 완벽한 결과가 나오는 것은 아니지만, 이들 노인 환자들은 약을 먹는 행위에 대한 통제력을 의지력과 분리해서 규칙적인 환경 사건으로 위임하는 방법으로 큰 도움을 받았다.

우리가 바람직한 목적을 이루지 못하는 주된 이유는 무엇을 이루려고 했는지 잊어버리기 때문이다. 유방 자가 검진을 하고 싶지만 실천하지 못하는 여자들에 관한 설문조사에서 70퍼센트가 그냥 잊어버려서라고 보고했다.[12] 자가 검진을 하거나 정기검진을 받기 위해 병원에 검사를 예약하겠다는 실행 의도를 정하면 개인적으로 심각한 질병의 발병률을 줄이는 데 도움이 될 뿐 아니라 사회 전체로서는 모두를 위한 의료비 절감에 도움이 된다. 한 건강보험회사는 정기적인 대장내시경 검사 기간을 넘긴 직원 1만 2,000명에게 우편물을 보내서 내시경 검사 예약을 언제, 어디서, 어떻게 잡을지 실행 의도, 즉 구체적인 계획을 세우라고 요청했다. 예약을 잡는 비율은 우편물로 알림장만 받은 사람들의 6.2퍼센트에서 알림장과 함께 구체적인 계획을 세우라는 지침을 받은 사람들의 7.2퍼센트로 증가했다. 1퍼센트가 작아 보일 수 있지만, 메모리얼 슬로언 케터링 암센터의 연구자들은 정기적으로 대장내시경 검사를 받는 비율이 이 정도만 증가해도 위험 집단 10만 명의 수명이 271년이 증가한다고 보고한다.[13]

21세기에 들어 치러진 몇 차례의 미국 대통령 선거에서 보았듯이 투표에 참여하는 사람들의 수가 선거 결과에 영향을 미친다. 정치학자들은 실행 의도를 이용해 예비선거와 본선거에서 투표율을 높이기 시작했다. 예를 들어 2008년 버락 오바마와 힐러리 클린턴의 펜실베이니아 민주당 예비선거에서 실시된 현장 연구에서는 30만 명에 가까운 유권자가 그해에 각종 선거운동으로 수백만 통의 전화를 돌린 전문 업체의 전화를 받았다.[14] 이 연구에서는 두 집단으로 나누었다. 한 집단에게는 선거일에 언제, 어디서, 어떻게 투표할지에 대한 실행 의도를 정하게 했고, 다른 집단에게는 기본적인 투표 독려 메시지만 보냈다. 선거일은 주로 화요일이다. 사람들이 직장에 출근하고 아이들을 등하교시키는 날, 다시 말해 투표하러 갈 시간을 내기 어려운 보통의 바쁜 날이다. 투표소가 어디인지조차 모르는 사람이 많아서 미리 확인하고 구체적인 계획을 세운다면 큰 차이가 생길 수 있다. 실제 주 예비선거에 관한 대규모 연구에서 기본적인 투표 독려 전화를 받은 집단보다 실행 의도를 정하도록 요청받은 집단의 투표율이 4퍼센트 높았다. 선거운동에서 투표율을 1퍼센트 끌어올리기 위해 수백만 달러를 쓰는 마당이니(우편물, 직접 방문 유세, 텔레비전 광고) 정말 엄청난 효과였다.

실행 의도는 어떤 일을 하는 데 도움이 될 뿐 아니라 (원치 않는 무의식적 충동과 영향에 굴복하는 일을) **하지 않는** 데도 도움이 된다. 예를 들어 인종차별주의자가 되고 싶지 않다면 무의식적 실행 의도가 생각뿐 아니라 행동에도 도움을 준다. 골비처의 초기 연구에서 평등에 대한 신념이 확고한 학생들은 인종차별주의자가 되지 않겠다는 목표를 적극적으로 세우지 않은 학생들보다 빠르게 전개되는 대화에 잘 끼어들어 인종차별적 의견에 반박할 가능성이 높았다. 인종차별주의에 관한 다른 연구에서는 참가자들에게 경찰 역할을 맡기고, 총을 든 사람의 사진이 화면에 뜨면 최대한 빨리 총을 쏘게 했다. 사진 속 사람은 항상 뭔가를 들고 있었고, 그중 절반은 무기가 아니라 지갑과 같은 것이었다. 또 사진 속 사람의 절반은 백인이고 나머지 절반은 흑인이었다. 앞선 몇몇 연구처럼 통제 조건에서는 백인 참가자가 무장하지 않은 백인보다 무장하지 않은 흑인을 쏠 가능성이 높았고, 무장한 흑인보다 무장한 백인을 쏠 가능성이 낮았다. 하지만 사전에 "누군가를 보면 그 사람의 인종은 무시할 거야!"라고 다짐하게 한 실행 의도 조건에서는 편견에 따른 결과가 유의미하게 감소했다.[15] 이런 결과가 경찰에 던지는 메시지는 명백하다.

6장에서 보았듯이 상대를 모방하면 자연히 호감과 유대감이 커진다. 프랑스의 백화점 연구에서 고객을 따라 하는 판매원은 따라 하지 않는 판매원에 비해 고객이 고가의 전자제품을 구입하도록 더 많이 설득했다. 실행 의도가 이런 무의식적 영향을 막을 수 있을까? 골비처와 동료들의 최근 연구에서는 절약하겠다는 실행 의도를 정하면 누군가 나를 따라 해서 생기는 교묘한 모방 효과를 차단할 수 있는 것으로 나타났다. 참가자들은 우선 스스로 이렇게 다짐했다. "어떤 물건을 사고 싶은 유혹에 빠지면 중요한 투자를 위해 돈을 저축하겠다고 다짐할 거야!" 나중에 연구가 끝난 것처럼 말하고, 실험자가 참가자들에게 참가비를 현금 대신 초콜릿이나 커피로 받도록 유도했다. 실험자는 우리의 카멜레온 연구처럼 참가자의 보디랭귀지 몇 가지를 모방했다.[16] 통제 조건에서는 절약해야 한다는 목표는 동일하지만 저축에 관한 구체적인 실행 의도를 정하지는 않았다. 실행 의도를 정하지 않은 참가자들은 모방 효과에 더 취약해서 초콜릿과 커피를 받겠다고 수락할 가능성이 (실제로 세 배 이상) 높았다. 하지만 실행 의도를 정한 조건의 참가자들은 달랐다. 모방의 영향으로 초콜릿이나 커피를 받겠다는 사람이 증가하지 않았다. 실행 의도, 곧 미래의 행동에 대한 통제력을 확실한 단서로 위임하는 방법은 영업의 압력을 피해 원하는 것보다 더 많이 사서 나중에 후회할 일을 만들지 않기 위한 실용적인 방법으로 보인다.

유혹은 여러 형태로 다가온다. 자기가 특히 취약한 부분에 다음과 같은 간단한 공식을 적용할 수 있다. "내가 (커다란 디저트를 먹

도록/친구들과 나가도록/상사에게 말대꾸하도록/옷을 더 많이 사도록)
유혹을 받으면 나 스스로 (건강한 음식을 먹어야 해/수업 과제를 끝내
야 해/예의 바른 태도로 대해야 해/미래를 위해 돈을 저축해야 해)라고
다짐할 것이다."

다이어트에 실패한 사람 200명 이상을 대상으로 실시한 네덜란
드의 한 연구에서는 특정한 유혹(초콜릿, 피자, 감자튀김)에 굴복하
지 않겠다고 실행 의도를 정하면 이후 2주간 건강에 좋지 않은 음
식을 줄이는 데 더 많이 성공했다.[17] 예를 들어 초콜릿을 많이 먹
지 않고 싶은 사람이라면 이렇게 다짐하는 것이다. "다음에 초콜
릿을 먹으라는 유혹을 받으면 다이어트를 생각할 거야!" 그러면
"그걸 하지 말자"거나 "그걸 먹지 말자"("다음에 초콜릿을 먹으라는
유혹을 받으면 먹지 않을 거야!")라고 의지를 다지는 조건보다 효과
를 볼 수 있다. 그냥 하지 말자고만 다짐하면 그 유혹에 계속 주목
하게 된다.

나도 이 방법으로 직장에서 있었던 일이 저녁에 집에서까지 영
향을 미치는 이월효과를 차단했다. 내가 실행 의도를 정한 상황은
'집 앞 진입로에서 차에서 내릴 때'였다. 밤새 차에 앉아 있을 게
아니라면 매일 퇴근 후 반드시 이 상황에 처할 것이기 때문이었
다. 내가 변화를 원한 이유는 직장에서 쌓인 나쁜 감정이 계속 남
아서 집에서의 행동에 영향을 미친다는 사실을 깨달았기 때문이
다. 몇 년 전 (할 일은 많은데 시간이 부족해서 생기는 일반적인 압박감
으로) 연구실에서 힘든 하루를 보내면서 쌓인 기분과 스트레스와

사람들에 대한 감정이 집까지 넘어와, 가족과의 기분 좋은 사건을 해석하고 반응하는 방식에 영향을 미쳤다. 몹시 지쳐서 집에 돌아오면 세 살 된 딸이 아빠를 보려고 신나서 문 앞으로 뛰어나왔다. 내가 집에 들어가 앉아 있으면 딸은 자연히 내 관심을 끌어 자기가 끌고 온 물건을 보여주거나 같이 놀고 싶어 했다. 나는 딸에게 직장에서 만나는 사람들을 대하듯이, 그러니까 내게 무언가를 원하거나 내가 쉬고 싶고 내가 원하는 일을 하고 싶을 때 내 시간을 요구하는 사람을 대하듯 짜증을 냈다. 그러다 딸의 실망한 얼굴을 보고는 몹시 후회하면서 다시는 그러지 않기 위한 조치를 취하기로 마음먹었다. 무의식적 이월효과를 통제할 방법이 필요했다. 나와 뭔가를 같이하고 싶어 하는 딸의 소망을 "또 누가 내 시간을 요구한다"고 자동으로 해석하지 않을 방법이 필요했다.

그즈음 나는 실행 의도의 위력을 알았기에 이런 전략을 세웠다. (1) 집에 오면 가족을 만나고 대화를 나누며 행복한 마음을 보여주고 집에서 나를 반겨주고 나와 같이 있고 싶어 하는 가족의 마음에 고마움을 표하겠다. (2) 일상적이고 확실한 환경 단서, 이를테면 차에서 내려서 집에 들어가기 전 집 앞에 서 있는 순간을 단서로 삼겠다. 그래서 나는 이런 실행 의도를 세웠다. "차에서 내려 집 앞에 서면 내가 집에 돌아와 기뻐하는 가족을 따뜻하게 반기겠다!" 그리고 나는 차에서 내리는 일상적인 상황이 단서로 주어질 때마다 일상의 습관으로 굳어질 정도로 실행 의도를 반복했다. 그 뒤로 몇 번 깜빡할 때도 있었지만 자주는 아니었고, 내게는 직장에서 집으로 넘어오는 원치 않는 이월효과를 차단하기 위한 효과적인 전술이 되었다.

하지만 실행 의도는 마법의 주문이 아니다. 각자가 제 역할을 다해야 한다. 새로운 목표와 의도를 진실하게 정해서 성실히 수행해야 한다. 좋은 실행 의도를 세웠다고 해도 마음 깊이 진심으로 변화를 원하지 않아서 실패하는 경우가 많다. 가령 속으로는 계속 담배를 피우고 술을 마시고 게으르게 살고 싶어 할 수 있다. 실행 의도도 다른 목표처럼 진심으로 해내겠다는 의지가 확고할 때만 효과가 나타난다.

외부의 단서를 이용해서 원치 않는 충동과 행동을 통제하는 방법은 어쩌다 한 번만 효과가 나타나는 것이 아니라 중요한 생활양식의 변화를 이룰 수 있다. 실제로 연구에 의하면 행동의 통제력을 규칙적이고 일상적인 상황이나 사건에 맡기는 방법이 장기적으로 (성적을 올리고 좋은 직장을 구하고 건강하게 먹고 살기 위해) 스스로를 조절하는 가장 효과적인 방법으로 나타났다. 좋은 소식이기는 하지만, 그 전에 먼저 좋은 습관을 길러야 한다. 그 과정이 어려울 수 있다. 따라서 실행 의도를 보다 손쉽게 시작할 수 있는 경우를 소개하겠다. 가령 심장병 환자는 매일 직장에서 집으로 돌아오자마자 집 앞 진입로에서 차에서 내려 집에 들어서기 전에 산책을 할 수 있다. 혹은 2층으로 올라가 외출복을 벗고 곧바로 반바지와 티셔츠와 운동화로 갈아입을 수도 있다. 이런 작은 단계가 더 크고 바람직한 결과를 낳을 것이다.

새로운 바람직한 행동을 정하고 며칠간 실행 의도를 실천하면 새로운 습관이나 새로운 규칙이 생기고, 상황 단서(집 앞 진입로에 들어서기, 퇴근 후 방에서 옷 갈아입기)가 새로운 복잡한 행동의 무의식적 단서가 된다. 처음 몇 주는 무척 힘들지만, 점차 아무 생각 없이 이어가는 일상과 행동의 일부로 굳어진다. 우리가 하고 싶은 일도 마찬가지다. 나는 1990년대에 장거리 달리기를 많이 하고 뉴욕 마라톤에 출전하기 위해 훈련하면서 달리기 선수들이 많이 읽는 《마라톤Galloway's Book on Running》이라는 훌륭한 지침서에 의지했다.[18] 이 책에는 달리기의 선구자인 조지 시핸George Sheehan 박사의 말이 실려 있다. "몸은 어제 한 일을 하고 싶어 한다. 어제 달렸으면 오늘도 달리고 싶어 한다. 어제 달리지 않았으면 오늘도 달리고 싶어 하지 않는다." 따라서 규칙적인 일상을 유지하고, 이왕이면 빼먹지 않는 것이 중요하다. 한 번 빼먹으면 다시 돌아가는 것이 어려워지고 추진력을 잃어 아주 힘들게 노력해야 애써 익힌 습관을 되찾을 수 있기 때문이다.

생각해보면 우리 삶은 이미 습관으로 "돌아간다." 로저 바커는 1950년대에 우리가 행동하는 방식의 주된 원인은 단연 우리가 처한 상황이나 환경이라고 설명했다. 우리는 교회에서는 조용하고 경건하게 행동하고, 식사 자리에서는 여유 있게 대화를 나누며, 수천 수만의 관중이 모인 대학 풋볼 경기에서는 시끌벅적하게 떠든다. 상황에 따라 생각할 것도 없이 무엇을 할지 알고 적절히 행동하려면 어떻게 해야 하는지도 안다. 예를 들어 패스트푸드 매장에서는 원래 주문을 먼저 하고 기다렸다가 음식을 받아 자리로 가져가서 먹는다. 하지만 분위기 좋은 레스토랑에서는 음식을 먼저 주문하지 않는다. 자리를 안내해줄 때까지 기다리고 메뉴판을 기다리고 주문한 다음 음식이 나오기를 기다린다. 모두 익숙한 과정이라 지극히 단순하게 느껴진다. 패스트푸드점 하나 없고 근사한 레스토랑만 있는 지역에서만 살았다고 상상해보자. 그러면 맥도날드에 처음 들어가 테이블에 앉아서 누군가가 주문을 받으러 와주기를 한참 기다릴 것이다!

누구나 낯선 나라를 처음 여행할 때는 이런 '문화 충격'을 받는다. 이런저런 일들을 잘못 가정하고 무엇이 옳은 행동인지 모른다. 아주 단순한 행동을 할 때도 의식적으로 많이 노력해야 할 수 있다. 간판을 해석하고, 그 지역의 행동 규범과 관습을 익히고, 무지로 인해 현지인들에게 불쾌감을 주지 않으려고 애쓴다. 무척 피곤할 수 있다! 자칫 위험해질 수도 있다. 미국인들이 런던에서 길을 건널 때 별 생각 없이 반대 방향을 보다가 차에 치일 수 있다. 규범과 규칙이 다른 곳을 여행하면 우리가 사는 곳의 일상이 얼마나 무의식적이고 습관적으로 돌아가고, 덕분에 의식에 주는 부담이 얼마나 줄어드는지 깨닫는다.

다행히 습관을 이용해서 삶을 바람직하게 변화시킬 수 있다. 대다수까지는 아니더라도 많은 사람이 강한 유혹과 충동을 억제하려면 굳은 의지와 내면의 힘이 필요하고, 온종일 혹은 한평생 지속되는 거창한 싸움이 될 거라고 생각한다. 하지만 새로운 연구에서는 정반대로 나타난다. 자기조절을 효율적으로 하는 사람들은 자기조절을 잘 못하는 사람들보다 유혹에 **적게** 시달리고 충동을 억누르는 노력도 **적게** 들이는 것으로 나타났다.

맞다. 방금 제대로 읽었다. 자기조절 능력이 뛰어난 사람들은 삶을 미리 관리한다. **무의식적** 수단으로 절제하는 식으로 건강한 식습관과 운동과 공부 같은 '필요악'을 규칙적인 생활로 편입시킨다. 바람직한 행동을 규칙적인 습관으로 길들여서, 시작할 때 힘들게 싸우거나 나태한 마음을 떨쳐내려고 안간힘을 쓰지 않아도 된다. 의식적이고 의도적인 자기조절은 부담이 크고 확실하지 않을 뿐 아니라, 잘 알다시피 합리화("케이크 한 조각 먹는다고 해롭진 않아")와 핑계("오늘 힘들었으니까 오늘밤엔 그냥 쉬자")에 취약하다.

펜실베이니아 대학교의 브라이언 갈라Brian Galla와 앤절라 더크워스Angela Duckworth는 일련의 연구에서 자기조절 능력 표준 척도에서 높은 점수를 받은 사람들을 연구했다.[19] 참가자들에게 "나는 유혹을 잘 견딘다" "나는 당장은 기분이 좋아지지만 나중에 후회할 일을 한다" "때로는 잘못된 일인 줄 알면서도 하지 않을 수 없다"와 같은 문항이 10개 포함된 질문지를 나눠주고 1-5점 척도로 동의하거나 동의하지 않는지 표시하게 했다.[20] 첫 번째 연구에서는 이 척도에서 높은 점수를 받은 참가자가 남들보다 운동과 같은 유익한 행동을 "의식적으로 기억할 필요 없이" 한다고, "자동으로 하는 일"이라고 보고할 가능성이 높았다. 이런 사람들은 매일 규칙적인 시간과 장소에서 운동할 가능성이 남들보다 높았다. 장소와 시간 같은 외부 단서를 원하는 행동과 연결하는 것이다. 그리고 그 행동을 어쩌다 한 번 하는 것이 아니라 매일 하면서 규칙인 습관으로 만든다. 결과적으로 자기조절 능력이 뛰어난 사람은 그렇지 않은 사람에 비해 어떤 활동을 시작하는 데 덜 노력하고 덜 애쓸 뿐 아니라 그 활동을 하면서 어려움도 적게 경험한다. 다시 말해 자기조절을 잘하는 사람은 원하는 행동을 위해 의지나 노력을 적게 들인다.

갈라와 더크워스는 이런 기본 원리를 확인하기 위해 여러 연구를 진행했다. 예를 들어 한 연구에서는 자기조절을 잘하는 사람들은 공부하기 어려운 상황, 가령 공부하기 싫거나 기분이 좋지 않거나 스트레스가 심하거나 다른 일을 하고 싶을 때에도 공부할 수 있다고 보고할 가능성이 높았다. 규칙적으로 공부하는 습관은 이런 사람들에게는 온갖 난관을 극복하는 데 도움이 되지만 자기조절 능력이 부족한 사람에게는 도움이 되지 않았다.

최근 연구에서는 자기조절 능력이 뛰어난 사람들은 남보다 유혹을 적게 받아서 스스로를 통제할 필요도 적은 것으로 나타났다. 독일의 한 연구에서는 블랙베리를 이용해서 200명 이상을 일주일간 매일 추적했다. 블랙베리를 통해 무작위로 삐 소리로 알람을 보내서 그 순간의 경험, 이를테면 유혹과 욕망과 자기조절에 관한 질문을 던졌다. "나는 유혹을 잘 견딘다"와 같은 질문이 포함된 표준 질문지에서 자기조절 능력이 가장 뛰어난 것으로 나타난 사람은 한 주 동안 유혹을 적게 받았다고 보고했다. 몬트리올 맥길 대학교의 다른 연구에서는 유혹과 충동 앞에서 자기조절 능력을 잘 발휘한다고 보고한 학생들이 중요한 목표를 가장 성공적으로 달성하지는 않는 것으로 나타났다.[21] 그보다 학기말에 다시 확인했을 때 목표를 가장 성공적으로 달성한 학생들은 애초에 유혹을 적게 받는 학생들이었다. 연구자들은 "장기적으로는 자기조절 능력을 발휘하는 것이 유익하지 않다"[22]고 결론지었다.

따라서 자기조절을 잘하는 사람은 남들만큼 강렬한 욕구를 느끼지 않을 것으로 생각할 수 있다.[23] 시인 윌리엄 블레이크William Blake도 같은 생각이었던 듯하다. "욕구를 참는 사람은 그 욕구가 참을 수 있을 만큼 약하기 때문이다"라고 말했다. 하지만 여기서는 블레이크가 틀린 것 같다. 알고 보면 자기조절을 잘하는 사람들은 애초에 유혹의 단서와 기회의 싹을 자르도록 환경을 조성한다. 이들은 슈퍼마켓에 가서 몸에 좋지 않은 간식을 사지 않고, 술을 줄이고 싶으면 술잔에 술을 채우지 않는다. 외부 단서를 이용해 원하는 행동을 끌어내는 방식(실행 의도와 좋은 습관이 작동하는 방식)의 또 한 측면이다. 다만 이번에는 원치 않는 외부 단서를 제거하는 데 초점을 맞춘다. 오하이오 주립대학의 자기조절과 동기 연구자인 겐타로 후지타Kentaro Fujita는 이렇게 설명한다. "다이어트를 제대로 한 사람은 컵케이크를 사지 않는다. 애초에 빵집 앞을 지나지 않는다. 컵케이크를 보면 먹음직스럽다고 말하는 대신 역겹다고 말할 방법을 찾는다."[24]

서던캘리포니아 대학교의 습관과 자기조절 연구자인 웬디 우드Wendy Wood는 내게 이렇게 말했다.

—— 지난 25년 동안 성공적인 금연 운동은 주로 사람들의 거주 환
경에 변화를 주는 방식으로 이루어졌습니다. 금연법, 세금, 텔레비전
과 잡지에서 담배 광고 없애기, 상점에서 담배를 진열하지 않고 광고
를 없애는 조치 덕분에 흡연이 크게 줄었습니다. 이런 행동의 변화는
담배를 피우기 어려운 환경을 만들어 습관적인 행동 양식을 깨뜨리
는 데 도움이 됐습니다.[25]

우드의 연구에서는 습관적인 행동은 개인의 규칙적이고 일상
적인 환경에 기반을 두고 있고, 따라서 환경에서 자동적이고 무의
식적으로 단서를 받으며 유지되는 것으로 나타났다. 한마디로 행
동을 바꾸기 위한 최선의 방법은 주변 환경을 바꾸는 것이라는 사
실이 밝혀졌다.[26] 좋은 습관을 들이고 싶다면 규칙적인 장소와 시
간과 연결해야 하고, 나쁜 습관을 떨쳐내고 싶다면 나쁜 습관을
유지하는 단서와 기회를 환경에서 없애야 한다.

무의식은 강력하고 때로는 보이지 않는 방식으로 우리의 행동
에 영향을 미친다. 때로는 무의식의 영향이 무서울 정도다. 무의
식은 어떤 순간의 우리가 어떤 사람인지만이 아니라, 앞으로 어떤
사람이 되고 어떤 목표를 추구할지(혹은 추구하지 않을지)에도 영
향을 미친다. 하지만 이 장에서 보았듯이 무의식은 우리가 연주
할 악기가 될 수도 있다. 이를테면 클래식 록 음악의 시대에 상징

적인 기타인 펜더 스트라토캐스터나 깁슨 레스폴(지미 페이지Jimmy
Page가 좋아하던 기타)이 될 수 있다. 과학에서는 무의식이 의식의
메시지에 효과적으로 반응하도록 진화했다고 밝혀냈다. 다만 우
리가 이런 메시지를 효과적으로 소통할 법을 알기만 한다면 말이
다. 우리는 의도적으로 마음의 현을 조율하면서 건강과 마음의 평
화와 경력과 인간관계를 크게 향상시킬 수 있다. 우리는 자유의지
를 발휘하고 더 확장해서 인간을 아주 특별하게 만들어주는 방식
을 즐길 수 있다.

나가며

우리는 DJ다

　2006년 가을, 내 삶을 바꿔놓은 악어 꿈을 꾸었을 때 딸은 태어난 지 몇 달밖에 안 되었다. 조그맣고 까르륵거리는 딸은 내게 사랑의 약속이자 미래의 약속이었다. 나는 딸아이의 앞날에 기쁨과 평화, 열망과 충만감이 가득한 삶이 펼쳐지기를 소망했지만, 살다 보면 시련과 실의에 빠질 날도 올 것을 알기에 딸아이가 난관에 부딪힐 때 극복하도록 도와줄 수 있는 재주와 능력과 인내가 내게 주어지기를 간절히 바랐다.

　그날 오후 잠들어 꿈속에서 무의식이 내게 인간의 마음을 바라보는 관점을 완전히 뒤집는 메시지를 전해주던 순간에 딸아이의 마음은 빠르게 발달하고 있었다. 아이가 모르는 사이에 아이의 뇌는 이미 세계를 우리와 그들로 나누는 내집단內集團 선호 성향을 갖기 시작했다. 몇 년 지나지 않아 아이가 자신의 존재를 깨닫고 남들과 같은 자질을 가지고 있다는 점을 이해하기 시작하면, 여성에 대한 사회적 편견에 부딪혀 여자아이로서 자신의 능력을 깎아내릴 수 있었다. 그리고 더 자라서 무언가를 좋아하고 또 무언가를 갈망하면서 기호와 욕구에 따라 누구를 친구로 사귀고 어떻게 대할지가 결정될 수 있었다. 짐작하다시피 마음의 숨겨진 작은 통풍구를 내가 어떻게 할지 알자 이미 산적한 걱정거리가 더 커졌다. 한편으로는 무엇을 주의해야 할지 알 수 있었다. 그러니 내 연구는 학자로서만이 아니라 아버지로서도 중요했다.

이 책을 계획하고 집필한 10년 동안, 나는 딸이 자라는 것을 지켜보았다. 우리는 많은 일을 함께 겪었다. 부산스럽고 사랑스럽고 젖니가 난 아기가 이제는 치아 교정기를 끼고 놀랍도록 침착하고 재치 있는 열한 살 소녀가 되어 사춘기 문턱에 서 있다. 그사이 딸은 내 삶에서 몇 번이고 슈퍼영웅이 되어주었고, 나는 이 책을 딸에게 바쳤다. 모든 부모는 자신들이 세상을 떠나도 자식이 행복하게 사는 데 도움이 될 만한 소중한 무언가를 물려주고 싶어 한다. 이 책은 어떤 의미에서 딸에게 물려주고 싶은 유산이다. 내가 이토록 놀라운 세상에 살면서 어렵게 얻은 지혜와 통찰이 고스란히 담긴 일생의 작업이기 때문이다(물론 부모가 쓴 책을 읽거나 부모가 1분 이상 말하는 걸 들으면서 기뻐할 자식이 거의 없다는 건 안다). 그래도 내 딸만을 위한 유산은 아니다. 자기 마음을 이해하면 자기를 더 잘 이해해서 더 잘 사는 데 도움이 된다는 지식을 얻는 데 관심이 있는 사람이라면 누구에게나 도움이 되는 책이기를 바란다.

우리는 왜 더 나은 사람이 되고 싶을까? 개인주의의 관점에서는 답이 자명하다. 그래야 더 행복하고 더 건강하고 더 성공할 수 있기 때문이다. 하지만 누구도 혼자 살지 못한다. 진공 상태에서는 어떤 이득도 축적되지 않는다. 우리는 사방으로 파문을 일으키고 주위에서 오는 파문을 받으며, 우리의 소셜네트워크도 인터넷에서나 인터넷 밖에서나 친구와 가족, 지인과 낯선 사람들과의 소통으로 출렁인다.

우리가 진실로 더 나은 사람이 되면 우리의 공동체와 세계를 더 나은 곳으로 만들 수 있다. 이 과정에 필요한 것이 있지만 부족해 보일 때가 많다. 바로 **겸손**이다. 무언가를 하면서 왜 하는지 항상 이해하는 것은 아니라는 사실을 인정하는 겸손이다. 그렇다고 인정하기가 쉽다는 뜻은 아니다. 결코 쉽지 않다. 하지만 일단 자기 회의를 싹트게 하면 불편해지는 만큼 다른 것들도 따라온다. 호기심, 놀라움, 새로운 개념, 의심의 여지가 없는 가정에 대한 검토, 어렵지만 중요한 깨달음, 끝으로 (기적적인) 변화가 따라온다. 자식들이 우리가 쓴 책을 읽지 않는다고 해도 그들에게 더 나은 세상을 물려줄 가능성이 따라온다.

의식과 무의식의 정신 작용은 각기 다른 역할을 한다. 양쪽이 같은 일을 잘하고 같은 일을 못한다면 역할이 중복되어 오늘날 두 가지 모두가 존재하도록 진화하지 않았을 것이다. 따라서 하나는 나쁘고 하나는 좋은 것이 아니다. 각기 나름의 영역에서 장점이 있다. 대개는 둘이 함께 조화롭고 역동적으로 작동한다. 하나가 다른 하나를 유발하고, 그 반대로도 작동한다. 예를 들어 어떤 상황의 의식적 경험은 우리가 모르는 사이 다른 상황으로 넘어가고, 그 상황에서 무의식적으로도 영향을 미친다. 무의식은 중요한 문제와 목표에 작용하고, 의식에 정답과 해결책을 불쑥 내놓는다. 무의식의 목표는 의식의 주의를 목표와 관련된 것으로 돌리고 우리가 그것을 알아채 활용하도록 유도하는 데 있다. 생각의 두 형태는 **모두** 의식만이 아니라 우리의 일부가 된다. 두 가지가 함께 실질적인 내면의 자기를 이룬다. 그래서 무언가를 소망할 때는 신중해야 한다. 의식적 소망이 우리가 가장 기대하지 않는 순간에 무의식적으로 나타나서 우리가 하고 싶지 않은 일을 하게 만들 수 있기 때문이다. 강렬한 욕구는 의도치 않은 결과를 낳을 수 있다. 가령 배가 고플 때 장을 보러 가거나 주류점이 문을 닫기 전에 집에 돌아가려고 천 몇 백 킬로미터의 고속도로를 자동차 경주하듯 달릴 수도 있다.

나는 내 동료 페터 골비처에게서 동기에 관해, 특히 우리가 알아채기도 전에 외부 세계가 우리에게 미칠 수 있는 자동적이고 무의식적인 영향을 의식적으로 통제할 수 있는 방법을 배웠다. 페터는 1989년 뮌헨에서 처음 만났을 때 내게 그의 연구소에서 강의를 해주고 제자들과 함께 워크숍을 진행해달라고 부탁했다. 내 전공은 사회 인지이고 페터의 전공은 사회 동기라서 서로 완벽히 맞아떨어졌다. 하지만 페터는 내게 동기에 관해 가르쳐주기 전에 독일어부터 가르쳐주었다. 독일에 처음 가서 아직 독일어를 잘 모르던 어느 날 그에게 의식을 독일어로 뭐라고 하는지 물었다. "Bewusstsein"이라고 페터가 알려주었다. "Bewusstsein." 나는 혼자 중얼거렸다. 잠시 후 나는 "무의식은 뭐죠?"라고 물었다. 페터는 어리둥절한 얼굴로 눈을 굴렸다. "**Un**bewusstsein"라고 답했다. (이런 멍청아, 라는 뜻이리라. 그러고 보니 내 꿈속의 악어가 꼭 그런 표정이었던 것도 같은데…….)

1980년대 말, 골비처의 연구는 그야말로 수십 년을 앞선 연구였다. 무의식의 독일어 단어를 알아맞히는 것과는 차원이 다르게 나 혼자서는 생각해내지 못했을 연구였다. 그의 실험실에서는 무의식과 의식의 심리 효과 조합, 행동의 통제력을 의도적으로 외부 환경의 단서나 미래의 사건으로 위임하는 방식, 한마디로 자유의지와 자유의지가 아닌 것의 기이한 조합을 연구하고 있었다. 무의식의 힘을 의식적으로 활용하는 방법을 연구한 것이다. 마침 독일에 머물고 있던 내가 뮌헨에 가서 페터의 실험실에서 진행하던 연구를 접할 수 있었던 것은 뜻밖의 횡재였다. 페터의 1980년대 연구와 당시 외부 세계의 자동적이고 무의식적인 영향에 대한 내 연구를 결합시키자 다음과 같은 결과가 나왔다.

환경은 행동을 자극할 수 있는 단서만이 아니라 우리가 모르는 사이에 우리에게 영향을 미칠 수 있는 점화 단서로 이루어진다. 그러면 우리가 환경을 통제하면 되지 않을까? 점화 단서를 알림과 같다고 볼 때 우리는 이미 중요한 할 일을 잊어버리지 않도록 포스트잇이나 다른 방법으로 그 일을 해야 한다고 스스로에게 일깨워준다.[1] 이미 스스로를 점화시키는 방법의 기본 개념을 이해하는 셈이다. 다윈 시대의 농부들과 목장주들이 자연선택의 원리가 어떻게 작동하는 줄도 모른 채 소를 살찌우고 옥수수를 크게 재배한 것과 같다. 환경을 자기에게 유용하고 유익한 영향으로 만들어야 한다.[2] 원치 않는 힘에 계속 휘둘릴 이유가 없다. 사무실 책상에 놓인 사진이나 사춘기 아이들의 방에 붙은 포스터와 같은 단순한 예를 들어보자. 어떤 유형의 목표가 연관될까? 사진이나 포스터를 보면 무슨 생각이 들까? 어떤 사람에게는 배우자의 사진을 보는 것이 그리 좋은 방법이 아닐 수 있다. 직장에서는 사랑과 끌림을 자극하면 안 되고, 사람들에게 부적절하게 행동하면 안 되기 때문이다. 한편으로 가족에 대한 생각과 가족을 위해 열심히 일해야 한다는 목표를 자극하면 긍정적인 영향을 미칠 수도 있다. 〈심슨네 가족들The Simpsons〉에서 호머가 스프링필드 핵발전소의 자기 책상 앞에 아기 매기의 사진을 붙여놓고 옆에는 "이 아이를 위해 하라"는 표어를 붙여놓은 유명한 에피소드가 생각난다. 우리는 스스로에게 질문을 던지고 솔직하게 답하면서 사진이 무의식중에 우리의 미래에 어떤 영향을 미칠지 진지하게 고민하면 된다.

　어떤 연구자들은 아인슈타인이나 슈퍼맨 같은 유명인의 포스터가 오히려 역효과를 일으킬 수 있다고 지적했다.[3] 현실적으로 비슷해질 수 없을 때는 이들의 포스터가 자존감을 높이고 동기를 부여하기는커녕 오히려 자존감을 떨어뜨리고 사기를 꺾을 수 있다는 것이다. 나는 절대로 아인슈타인만큼 똑똑해지지 못할 테니 한없이 작아지는 기분이 들 수 있다. 따라서 역할 모델을 잘 골라야 한다. 존경하면서도 실제로 어느 정도 범접할 수 있는 인물이어야 한다. 예를 들어 링컨은 정직하게 살고 어려운 일을 해냈지만 포스터의 주인공으로는 인기가 없다. 또 비폭력과 인종간의 화합을 연설하고(실천하고) 말과 행동으로 모범을 보여 수많은 사람에게 영감을 준 마틴 루터 킹 목사도 마찬가지다. 외부 세계는 이미 우리 안에 있는 것만 점화시킬 수 있다는 점을 명심해야 한다. 말하자면 세상의 모든 슈퍼맨이 우리를 날게 해주지 못하고, 또 우리가 이미 원하지 않는 상태에서는 건강한 음식의 점화 효과가 나타나지 않는다. **외부 세계는 우리가 가진 목표와 자질, 우리가 가능한 범위 안의 행동만 활성화시킬 수 있다.**

　나는 오래전부터 많은 사람에게 자기를 점화시킬 수 있는지 알고 싶다는 말을 듣거나, 교사들에게 제자들이 공부를 더 잘해서 성적을 끌어올리도록 점화시키고 싶다는 말을 들었다. 좋은 생각이긴 하지만 두 가지 걸림돌이 있다. 첫 번째는 방금 설명했다. 외부에서는 이미 우리 안에 있는 것만 점화시킬 수 있다. 두 번째 문제는 자기가 점화시키는 것을 스스로 인지한다는 것이다. 의식적이고 의도적으로 점화시키면 무의식적이고 수동적으로 작동하는 영향력이 아니게 된다. 자기에게 간지럼을 태울 수 없는 것과 마찬가지다. 미리 알면 의식적으로 통제할 수 있다. 그렇다고 전혀 안 되는 것은 아니다. 벽에 링컨이나 마틴 루터 킹의 사진을 걸면 처음 며칠이나 몇 주간은 그 사진이 왜 걸려 있는지 기억한다. 그러다 결국 사진이 배경의 일부가 되어 우리가 인지하지도 않고 의식적으로 주의를 기울이지도 않는다. 애초에 그 사진이 왜 거기에 붙어 있는지 잊어버릴 수도 있다. 그렇게 눈앞에 보여도 더는 주목하지 않고 벽의 일부가 되는 순간부터 점화 효과가 발생할 수 있다. 직접 붙여놓고도 오랜 시간이 지나면 뉴요커들의 흔한 말로 **신경 꺼!**fuhgedaboudit, Forget about it가 되는 것이다.

이것은 무의식적 영향을 유리하게 이용하는 방법의 묘미다. 자연스럽게 저절로 일어나는 현상이므로 우리는 일단 시작만 하고 나서 뒷짐 지고 구경하면 된다. 카멜레온 효과를 예로 들어보자. 새로 알게 된 사람을 주목하기만 해도 자연히 그 사람을 모방하게 되고, 그러면 호감과 유대감이 싹튼다. 우리는 그저 상대에게 주목하기만 하면 된다. 상대를 바라보고, 상대가 하는 말을 들어주기만 하면 된다. 나머지는 저절로 일어난다. 때로는 나를 위해 중요한 목표를 세우고 싶고, 어떤 일을 완수하거나 문제를 해결하고 싶을 것이다. 중요한 목표로 '설정'하려면 그 목표를 의식적으로 생각해야 한다. 그런 다음 무의식중에 그 목표를 추구해서 효과가 나타난다. CEO가 믿음직하고 유능한 직원에게 일을 맡기는 것과 같다.

점화는 텔레비전 광고처럼 원치 않는 영향을 미치기도 한다. CNN의 기자 켈리 월리스Kelly Wallace는 텔레비전의 맥주와 술 광고가 미성년자의 음주에 미치는 강력한 영향에 관한 기사를 썼다. 월리스는 사춘기 직전의 자녀를 두고 있어서 (아이들과 함께) 보고 싶은 풋볼 경기를 녹화해서 보기로 했다. 빨리감기로 광고를 건너 뛰기 위해서였다.[4] '보이는 대로 한다' 효과를 진지하게 고민하고 생각해낸 괜찮은 방법이었다. 광고가 영향을 미친다는 생각을 부정하는 사람들도 그렇게 생각할 권리가 있고 광고의 영향을 막기 위해 아무런 조치를 취하지 않아도 되지만, 자녀들도 광고를 같이 보고 그 영향에 노출된다는 것을 알아야 한다. 게다가 **아이들이 영향을 받는다**는 증거는 비교적 명확하다.

삶이 한 장면에서 다른 장면으로 잔상을 남기는 것과 같은 무의식적 영향이 우리 삶에 문제를 일으킨다면 실행 의도를 정해서 무의식의 마력을 깨뜨릴 수 있다. "집 앞 진입로에 도착해 차에서 내리면 집에 돌아와 가족과 함께여서 행복하다고 되뇔 거야." 새로운 사람을 만날 때는 인종과 얼굴과 매력처럼 그 사람의 인상을 결정하는 피상적인 요인 너머로 그 사람의 성격과 그 사람이 남들을 대하는 태도에 주목해야 한다. 그 사람을 평가하고 신뢰할지 판단할 때는 그 사람의 행동을 기준으로 삼아야지, 겉모습만 보고 판단해서는 안 된다.

페이스북 '친구들'도 보다 현명하게 선별하고, 뉴스피드와 전반적인 소셜네트워크를 더 많이 통제해야 한다. 누군지도 모르는 사람들이 우리가 알아채기도 전에 우리의 기분과 몸무게와 남을 도와주고 협력하려는 성향을 비롯한 다양한 측면에 영향을 미치기

때문이다. 사람들이 어떻게 행동하고 어떻게 느끼고 생각하는지
가 소셜네트워크를 통해 우리에게 침투하고 우리 자신, 곧 우리의
내면뿐 아니라 타인에게 비춰지는 우리의 일부가 된다. 반드시 남
들에게 휘둘려야 하는 것은 아니다. 어떤 사람들과 접촉할지는 스
스로 통제할 수 있다. 오늘날의 대다수 사람보다는 훨씬 많이 통
제할 수 있다.

   좋은 습관을 길러야만 내가 원하는 내가 될 수 있다. 인종차별
과 성차별을 적게 하는 사람이 되고 싶다면 "유색인종을 만났을
때 공정하게 대해야 한다고 되뇔 거야!"라고 실행 의도를 세워야
한다. 나와 다른 사람을 평등주의와 공정성을 연습할 기회로 삼
아야 한다. 연습을 시작하는 동시에 날마다 실천하고 아주 긴급
한 상황을 제외하고는 연습을 빼먹을 핑계를 대서는 안 된다. 슈
퍼마켓에서는 건강한 음식을 사고 몸에 좋지 않은 간식을 적게 사
야 한다. 이런 바람직한 행동은 연습을 많이 할수록 점점 습관처
럼 수월해지고 결국에는 제2의 본성으로 굳어진다. 그러면 우리
는 새로운 '진정한 나'로 거듭날 것이다. 우리가 남들의 행동을 보
면서 영향을 받듯이 남들도 우리의 행동을 보면서 영향을 받는다.
우리의 선행과 친사회적 행동이 문자 그대로 남들에게 전염된다.
반대로 악행과 반사회적 행동도 마찬가지다. 남에게 모범을 보이
면 파도처럼 퍼져나갈 것이다.

   나는 1970년대에 대학원에서 우리가 인지하는 마음의 작용과
인지하지 못하는 마음의 작용을 분석한 이래로 오랫동안 발견의

길을 걸어왔다. 이 책은 우리가 우리의 마음을 얼마나 알고, 평소에 인지하지 못하는 작용이 얼마나 되는지에 관한 기록이다. 내가 이 책을 쓰는 동안 우리 실험실에서 최근까지 진행한 연구에서는 이런 기본적인 질문을 확장해서 우리가 **남들**의 마음을 얼마나 잘 아는지를 살펴본다. 우리는 우리 마음에서 무슨 일이 일어나는지 제대로 인지하지 못하며, 남들의 마음에서 일어나는 일은 더 모른다. 우리는 남들의 생각에 비해 우리의 생각을 상대적으로 많이 안다. 그래서 남들을 어떤 사람으로 생각하고, 남들이 어떤 상황에 처해 있으며, 남들이 얼마나 선하고 도덕적인지를 우리 자신과 견주어서 이해한다.

이 주제에 관해서는 프린스턴 대학교의 에밀리 프로닌Emily Pronin과 코넬 대학교의 데이비드 더닝David Dunning과 동료들의 통찰력 있는 연구가 발표되었다. 이들의 연구에 의하면, 우리는 남들의 생각과 의도는 몰라도 우리 자신의 생각과 의도는 잘 알기에 남에게 좋은 의도를 드러내지 않고도 우리에게 좋은 의도가 있다고 자신한다. 예를 들어 자선단체에 돈을 기부할 생각이었지만 기부하는 것을 잊어버렸어도 나는 여전히 좋은 사람이다. 하지만 타인의 선의는 같은 수준으로 이해하지 못하기 때문에 타인의 의도를 똑같이 선의로 해석해주지 않는다. 그래서 남들이 자선단체에 기부하지 않거나 좋은 뜻에 시간을 내주지 않으면 더 가혹하게 평가한다. 자기도 똑같이 자선단체에 돈을 기부하지 않았으면서도, 남들은 인색하거나 이기적이거나 무정해서 기부하지 않은 것으로 보

는 반면에 자기는 기부할 생각이었지만 '잊어버렸을 뿐'이라고 생
각하는 것이다.[5] 불공평하지 않은가?

하지만 우리는 우리 생각에는 특별히 접근하지만 남들 생각에
는 접근하기 어렵기 때문에 놀랍게도 스스로를 특별하다고 생각
하고, 나아가 사회에서 다소 외롭고 고립되었다고도 느낄 수 있
다. 내가 예일 대학교 동료 에리카 부스비Erica Boothby와 마거릿 클
라크와 함께 실시한 연구에서 사람들은 (모두 혹은 적어도 대다수
는) 공적인 장면에서 자기가 남에게 비교적 잘 보이지 않는다고
여기는 것으로 나타났다. 우리가 기차나 대기실이나 강의실이나
공원 벤치에서 일상적으로 남들을 '살피는' 것은 잘 알 것이다. 물
론 눈이 마주치지 않도록 흘끔거리면서 누가 그러는 걸 알아챌 거
라고 생각하지 않는다. 그러면서 남들이 우리를 살필 거라고는 생
각하지 않는다. 우리의 연구에서 사람들은 자기만 남을 살피는 줄
아는 것으로 나타났다. 우리는 남들을 살피면서도 남들도 우리를
살핀다고는 생각하지 않는 것이다. 나와 동료들은 해리포터 이야
기에서 착안해 이런 현상을 '투명망토 효과'라고 불렀다.[6] 가만히
생각해보면 우리가 남들을 쳐다보고 살피는 만큼 우리도 남들에
게 같은 시선을 받는 것이 당연하다. 어쨌든 당신은 나의 '상대'이
고 나는 당신의 상대이다. 당신은 나를 지켜보면서 내가 당신을
지켜보지 않는 줄 알고, 나 또한 당신이 날 지켜보지 않지만 나는
당신을 지켜본다고 생각한다. 논리적으로는 우리 둘 다 틀렸다.
실제로는 우리 둘 다 서로를 살피면서도 자기만 살핀다고 (잘못)

생각한다.

어찌 보면 우리는 개인적인 차원에서 존 왓슨과 행동주의자들이 100년 전에 저지른 것과 똑같은 논리적 오류를 범하고 있다. 알다시피 행동주의자들은 의식적 사고를 명확하게 측정할 방법이 없으니 의식적 사고가 중요하지 않고, 인간의 정서나 행동에 인과적으로 중요한 역할을 수행하지 않는다는 결론에 도달했다. 마찬가지로 남들이 우리를 관찰한다는 직접적인 증거가 없다는 이유로 남들이 우리를 관찰하지 않는다고 판단한다면 우리도 똑같은 논리적 오류에 빠지는 것이다. 물론 우리에게는 남들의 생각과 은밀한 관심에 관한 증거가 없지만, 남들에게도 우리에 관한 증거가 없기는 마찬가지다. 우리는 남들이 선의를 가졌다는 직접적인 증거가 없으므로 남들에게 선의가 없다는 결론에 이른다. 남들도 우리에게 선의가 없다는 결론에 이르러서 우리가 "아니다, 좋은 일을 할 생각이었다. 어떻게 나를 그렇게 생각할 수 있느냐"고 항변하게 만든다. 이런 현상은 우리가 서로를 어떻게 평가하고 서로에 대한 의견을 어떻게 구성하며, 특히 다른 정치 집단과 같은 외집단에 속한 사람들을 어떻게 생각하고 그들이 악의적인 의도를 품었다고 얼마나 쉽게 판단해버리는지에 관해 많은 것을 말해준다.

그러면 이제 우리가 우리 마음에 접근하는 것과 남들 마음에 접근하지 못하는 것 사이의 근본적인 이중성을 알아보자. 우리가 얼마나 서로를 보느냐는 문제가 아니라 **우리가 서로를 얼마나 생각**

하느냐란 문제를 알아보자. 똑같은 현상이 나타난다. 우리는 하루를 살면서 어느 한순간에 우리 삶의 다른 사람들, 이를테면 가족이나 자녀나 동료를 생각하지만 그들은 우리를 생각해주지 않을 거라고 생각한다(가끔 생각해줄 수도 있지만 우리가 그들을 생각하는 만큼 우리를 생각해주지는 않을 거라고 믿는다). 왜일까? 역시 그들도 우리를 생각해준다는 증거가 없기 때문이다. 그들이 왜 생각하겠는가? 우리가 옆에 없는데도 남들이 우리를 생각할 거라고 가정한다면 너무 자기중심적이지 않은가? 그런데 **우리는 우리가 아는 사람들을 우리가** 생각한다는 것을 안다. 그리고 사람들에게 물어보면 역시나 다들 하루에 몇 번씩 자기 삶의 누군가를 생각한다고 말하면서도 상대는 자기를 훨씬 적게 생각할 거라고 믿는다(우리는 이것을 **마음의 틈**mind gap이라고 부른다. 런던 지하철에서 승객들에게 열차와 승강장 사이의 "틈을 조심하라mind the gap"고 경고하는 유명한 표지판을 보고 착안한 명칭이다).[7]

유난히 외로움을 타거나 사랑받지 못하고 이해받지 못한다고 느끼는 사람들이라면 하루 중 언젠가 누군가 자기를 생각해준다는 사실을 알면 큰 위안이 될 것이다. 사람들이 그런 생각을 한 때, 그러니까 자기 삶의 누군가를 생각한 때를 기록했다가 나중에 한자리에 모여서 서로에게 "그래, 당신 생각을 해. 와, 정말 당신도 내 생각을 해?"라고 말한다면 관계가 무척 원만해질 것이다. 장담컨대 이런 사실을 알면 행복한 얼굴이 많아질 것이다.

이것은 우리 실험실의 연구에 새로운 방향을 제시하는 주제다.

우리가 우리 마음에서 일어나는 일을 얼마나 이해하느냐고 질문을 던질 뿐 아니라, 우리가 타인의 마음에서 일어나는 일을 얼마나 잘 아느냐로 확장되기 때문이다. 그리고 우리가 타인의 마음을 아는 정도에도(특히 모르는 경우) 중요한 함의와 결론이 있는 것으로 보인다. 우리는 분명 타인에 관해 중요한 결론을 내릴 때는 우리 자신에 관해 결론을 내릴 때에 비해 타인의 머릿속에서 무슨 일이 일어나는지 모르는 무지의 상태다. **무슨 일이 일어나는지 모른다**고 해서 **아무 일도 일어나지 않는다**고 생각하는 셈이다. 그리고 이 책에서 설명한 숨겨진 마음의 작용이 초래하는 수많은 부정적인 결과와 마찬가지로, 타인의 마음에 대한 잘못된 결론과 논리적 오류는 조금만 생각해보면 바로잡을 수 있다. 하지만 무엇보다도 새로운 연구는 사람들이 겉으로 드러나는 행동만이 아니라 눈에 보이지 않는 생각을 통해서도 얼마나 서로 연결되어 있는지 일깨워준다. 의식이 무의식에 의존하듯이 우리는 타인에게 의존한다. 이 사실을 우리의 세계관으로 받아들인다면 우리 인생의 중요한 사람들을 더 많이 지지해주고 그들에게 더 많이 지지를 받을 수 있을 것이다.

***

내가 고등학생으로 우리 지역의 대학 라디오 방송국에서 DJ를 보기 시작했을 때는 진행 실력이 형편없었다. 처음 마이크에 대고 말할 때 일기예보를 전하다가 목이 막혔고, 한 곡에서 다음 곡으로 넘어갈 때 예상보다 두껍게 겹쳐서 나갔으며, 한번은 긴 곡을 걸어놓고 화장실에 다녀오기도 했고, 조정실에 갇혔다가 간신히 빠져나온 적도 있다.

우리가 각자의 삶에서 DJ를 볼 때도 늘 순탄하게 흘러가는 것은 아니다. 중압감에 짓눌려 허둥대기도 하고, 새로운 무언가를 배우는 데 애를 먹기도 하고(처음 운전을 배울 때가 생각나는가?), 상황이 심각해지면 통제력을 잃기도 한다(경주마 주인 스티브 코번에게 물어보라).

하지만 이럴 때 교훈을 얻고 같은 실수를 반복하지 않으면 상황은 나아진다. 현재와 특히 미래는 과거보다 나아질 수 있다. 나도 한두 달쯤 방송하고 나서는 곡과 곡 사이를 매끄럽게 연결하고, 곡을 잘 조합하고, 말을 많이 하지 않고, 음악을 방해하지 않는 법을 배웠다. 어쨌든 청취자들은 음악을 들으려고 우리 방송에 주파수를 맞췄을 터였다. 그런데 청취자들이 몰랐을 사실이 있다. 나도 그들처럼 그 순간 흐르는 음악에 빠져 있었다는 것이다. 물론 뉴스를 전하거나 두 번째 턴테이블에 다음 곡을 올려놓느라 분주하긴 했지만, 나 역시 그 순간에는 청취자들과 함께였다. 마음은 다음번에 내보낼 방송 내용을 준비하고 있었지만, 내가 DJ가 된 진정한 이유는 바로 그 순간의 현재에 흐르는 음악을 느끼고 그 음악에 대한 통제력을 갖기 위해서였다.

오늘 내 아이폰의 플레이리스트를 보면 대부분 그때 내가 방송에서 틀었던 곡들이다. 물론 레드 제플린의 곡이 많지만, 트래픽Traffic과 크림Cream과 레너드 스키너드Lynyrd Skynyrd도 있고 스푸키 투스Spooky Tooth와 사보이 브라운Savoy Brown처럼 당시 내가 방송국 음악실에서 발굴한 유명하지 않은 곡들도 있다. 그리고 1980~1990년대를 대표하는 토킹 헤즈Talking Heads의 곡도 많고 너바나와 펄잼Pearl Jam의 곡도 조금 있다. 음악은 여전히 내 삶에서 늘 같은 위력을 발휘한다. 음악이 헤드폰에서 쾅쾅 울리면서 내 마음으로 흘러들어오면 오래전 감성과 느낌과 기억도 함께 물밀 듯이 밀려온다. 우리는 동시에 세 가지 시간대에 살면서 현재 우리의 뿌리인 과거를 기억하고 다시 체험하며 내일과 다음 주에 할 일과 올해 안에 하고 싶은 일과 앞으로 5년간 이루고 싶은 삶을 계획하고 걱정한다. 과거와 미래는 항상 현재에 영향을 미친다.

　1970년대의 현재에 레드 제플린이 미국 블루스의 잊히지 않는 과거를 새겼듯이, 1970년대에 일리노이에 사는 한 심리학 전공자의 현재 마음에는 스키너와 프로이트의 거대한 목소리가 울렸다. 그때부터 나의 현재는 대부분 우리가 생각과 감정과 행동에 자유의지와 통제력을 얼마나 행사하는지를 이해하는 미래의 목표를 향하는 시선과 함께였다. 그리고 모든 것의 배경에는 내 머릿속에서 연주되는 과거의 사운드트랙이 깔렸다. 라디오 방송국에서 보낸 근사한 시간뿐 아니라 어린아이가 느끼는 순수한 경이, 내가 타고 기어오른 나무들, 내가 출전한 야구 시합, 고교시절의 정신 나간 밴드부 친구들, 아버지에 대한 기억이 항상 배경에 깔렸다.

라디오 방송국에서 처음에는 어설프던 DJ 기술이 자연스럽게 몸에 배고 정해진 규칙에 익숙해지자 다시 즐거움을 찾고 근사한 기분으로 심야 청취자들에게 즐거움을 전할 수 있었다. 이 책을 내놓은 지금 나는 독자들이 지금쯤 각자 마음의 DJ 부스에 편안히 앉아서 삶의 사운드트랙을 보다 능숙히 통제할 수 있기를 바란다.

감사의 말

이 책은 두 사람이 없었다면 세상에 나오지 못했을 것이다. 우선 이 책은 아이디어 아키텍츠 소속의 내 에이전트 더그 애브램스의 생각에서 출발했다. 더그는 10년 전에 처음 나를 찾아온 이후 꾸준히 고집스럽게 나를 설득했고, 내 삶도 드디어 이 책을 시작할 수 있을 만큼 안정을 찾았다. 이 책의 주제와 가치에 대한 더그의 한결같은 믿음, 그의 경험과 전문성, 무엇보다도 그의 변함없는 지지와 격려가 없었다면 지금 여러분은 아무것도 손에 들지 않은 채 앉아 있을 것이다(어쩌면 왜 그런 이상한 짓을 하고 있는지 설명해줄 책이 나오기를 바랄 수도 있으리라). 학술서가 아닌 일반 서적의 문체로는 처음 써보는 글이라 더그의 동료들인 애런 슐만과 라라

러브 하딘이 학술적인 표현을 덜어내고 잘 읽히는 글로 다듬었을 뿐 아니라 핵심을 전달하기 위한 흥미로운 이야기를 찾는 데 큰 도움을 주었다.

그럼에도 아내 모니카가 실질적이고 정서적으로 지지해주지 않았다면 아무 일도 진척되지 않았을 것이다. 아내는 내가 집필에 전념할 수 있도록 도와주었다. 집안일의 부담을 혼자 떠안고, 몇 년 동안 하루도 빠짐없이 매일 아침 내가 글을 쓰는 데 필요한 시간과 공간을 마련해주었다. 아내는 초고를 읽고 명확하지 않은 부분이나 다른 장에 비해 흥미롭지 않은 장이 있으면 솔직히 지적해주었다. 아내의 변함없는 사랑과 지지와 격려, 그리고 적잖은 인내심이 무엇보다 중요했다. 수소와 산소 없이 물이 존재하지 않듯이 더그와 모니카가 없었다면 이 책은 존재하지 않았을 것이다.

나의 두 딸, 대니얼과 렉시도 내가 몇 년간 여름방학에 이 책을 쓰느라 여념이 없었는데도 늘 지지와 격려를 아끼지 않았다. 가까운 미래에 그 시간을 보상할 날이 오기를 바란다. 아이들은 몰랐을 테지만, 나는 두 아이가 자라는 모습을 유심히 지켜보면서 인간 본성의 전반을 이해하고 특히 아동기에 관해 많은 것을 배웠다.

지난 10년간 깊든 얕든 (몇몇은 아주 오랫동안) 내 곁을 지켜준 동료들에게도 감사의 뜻을 전한다. 마거릿 클라크, 랜 해신, 에제키엘 모젤라, 개리 래섬, 노버트 슈와츠, 댄 길버트, 샌드라 머레이, 마셔 존슨, 준 그루버, 토드 헤서튼, 진 보르지다, 팀 윌슨, 로이 바우마이스터, 페터 골비처, 개브리엘 오에팅겐, 사이먼 슈날, 아프 디익스테르후이스. 그리고 이 책에서 다룬 주제와 쟁점에 도움을 준 해리 레이스, 웬디 우드, 벤저민 카니, 마거릿 쉬, 시라 개브리엘에게도 감사의 마음을 전한다.

사이먼 앤 슈스터/터치스톤의 편집자 트리시 토드와 동료들과 직원들도 내게 열정을 불어넣고 설득력 있게 이끌어주면서 편집과 출판 과정에서 초고를 크게 개선해주었다. 처음부터 끝까지 그보다 더 좋은 지원을 받지 못했을 것이다. 모두 이 책을 믿어주고 시간과 노력을 아낌없이 쏟아준 덕분에 운 좋게도 이 책을 내놓을 수 있게 되었다.

연구자로 살면서 나를 이끌어주고 지지해주고 협력해준 많은 분께 큰 빚을 졌다. 이 책에 내 평생의 연구를 담았고 내 연구 인생은 유년기와 청소년기에도 영향을 받았으니, 모든 분의 중요한 기여를 알아봐주지 않는다면 모두 내가 소홀한 탓이다. 살면서 감사드릴 분이 많으니 이 지면을 빌어 모든 분의 도움에 깊은 감사의 뜻을 전하고, 앞으로 기회가 되면 일일이 찾아뵙고 감사의 뜻을 전하겠다는 확고한 실행 의도를 세워본다. 누이들과 어머니, 아버지에 대한 추억, 일리노이와 미시간 대학교의 제자들, NYU와 예일의 동료들과 대학원생들, 모두에게 감사드린다.

주

들어가며

1 Nisbett & Wilson (1977), Zajonc (1980).

2 Gazzaniga (1985, p. 64).

3 Penfield (1961).

4 Cherry (1953), Moray (1959).

5 Whyte (1960).

6 James (1890).

7 Perry & Laurence (1984).

8 Nisbett & Wilson (1977), Wilson & Brekke (1994).

9 Koestler (1967).

10 Raichle & Mintun (2006).

11 Miller, Galanter, & Pribram (1960).

12 Hill & Durante (2011).

13 Perry & Laurence (1984), Crabtree (1993).

14 이런 충돌은 1909년에 매사추세츠의 학술회의(여기서 윌리엄 제임스를 처음이자 마지막으로 만났다)에 참가하기 위해 둘이 함께 대서양을 건너던 중에 발생했고, 이 사건은 그들 사이에 점점 커지고 평생 지속된 균열의 주된 원인이었다. (Rosenzweig, 1994).

15 Freud (1915); Jones (1953, 1957).

16 Bargh (2016).

17 원래 율릭 나이서(Ulric Neisser)가 1963년 논문에서 프로이트의 정신역동 개념을 새로운 인지과학의 원리로 재개념화하면서 설명한 내용이다.

18 현대의 정신분석은 여전히 프로이트의 이론과 저서를 기반으로 대체로 과학 심리학 연구와 이론에서 동떨어져 있고, 따라서 지금도 정신분석 이론과 현장뿐 아니라 정신의학처럼 전통적으로 정신분석의 영향을 받은 영역에도 프로이트의 무의식의 '별개의 마음' 모형이 유산으로 남아 있다. 마음의 의학(정신의학)은 뇌 구조와 기능뿐 아니라 화학적 경로에 대

한 지식의 증가로 크게 영향을 받았고, 그래서 향(向)정신성 약물(항우울제)이 해결책이나 일시적인 처방으로 개발되었다. 하지만 무의식이 우리 안에서 별개의 접근할 수 없는 마음으로 존재한다는 프로이트의 개념은 여전히 대중문화에 존재한다. 가령 2015년 픽사의 영화 〈인사이드 아웃(Inside Out)〉이라는 감정과 마음에 관한 애니메이션 영화에서는 '무의식'이 마음의 중앙통제센터의 어둡고 잠긴 방으로 그려진다.

19 Wilson (2002).

1장

1 외츠티의 이야기는 사우스 티롤 인류학 박물관에서 소개하는 정보에서 가져왔다. http://www.iceman.it/en/oetzi-the-iceman.

2 Darwin (1877).

3 Langer (1978).

4 Bargh & Thein (1985).

5 Higgins, King, & Mavin (1982).

6 Donald (2001).

7 James (1890).

8 Bargh & Morsella (2010), Koestler (1967).

9 Ghiselin (1952), Hadfield (1954).

10 Dawkins (1976), Mayr (1976), Deacon (1997), Donald (1991), Jaynes (1976).

11 Bargh & Morsella (2008), Jaynes (1976, Chapter 1); 이것은 또한 아서 쾨슬러가 당시 심리학을 지배하던 행동주의학파에 과감하게 파괴적으로 공격한 핵심 주장 중 하나였다. The Ghost in the Machine (1967).

12 Darwin (1872).

13 Wolf (1994).

14 Dawkins (1976).

15 Chagnon (1988), LeBlanc (2003).

16 LeBlanc (2003), Chagnon (1988).

17 LeBlanc (2003); Pinker (2011).

18 오바마의 마지막 연두교서, 2016년 1월 13일.

19 Roosevelt (1933/1938).

20 Nail et al. (2009).

21 Skitka et al. (2002).

22 Block & Block (2006).

23 Oxley et al. (2008), also Dodd et al. (2012). 보수적인 성인은 또한 위협 (역겨움이나 위험)에도 진보적인 성인에 비해 더 민감하고(Duckitt et al., 2002; Inbar, Pizarro, & Bloom, 2009), 위협적인 가능성이 있는 자극에 더 경계한다. (Carraro, Castelli, & Macchiella, 2011; Hibbing et al., 2014).

24 Kanai et al. (2011).

25 Napier et al. (2017).

26 Johnson (November 7, 2016).

27 http://abcnews.go.com/politics/wirestory/talk-sex-tapes-presidential-campaign-sordid-turn-42491738   https://www.washingtonpost.com/news/post-politics/wp/2015/12/21/donald-trump-calls-hillary-clinton-disgusting-for-using-the-restroom-during-a-debate/.

28 Gilchrist (1998).

29 Kershaw (2000), pp. 13, 582~583.

30 Huang et al. (2011).

31 Schnall et al. (2008), see also Chapman et al. (2009), Denke et al. (2016).

32 Frank & Shaw (2016).

33 Snyder et al. (2010).

34 Ekman et al. (1969); see also Ekman (2003).

35 Kirschner & Tomasello (2004).

36 Over & Carpenter (2009).

37 협력 동기는 성인뿐 아니라 아이에게도 무의식중에 점화되고 작동할 수 있다. Neuberg (1988), Bargh et al. (2001), Storey & Workman (2013).

38 Busetta et al. (2013); Maestripieri et al. (2016).

39 Maestripieri et al. (2016).

40 Karremans et al. (2009).

41 Miller & Maner (2010, 2011).

42 냄새와 향기의 무의식적 영향에 관한 연구는 Holland et al. (2005)와 Arzi et al. (2014)을 참조하라.

43 Derlega et al. (1993).

2장

1 Inferno 34:53~57.

2 Inferno 34:10~15.

3 Inferno 33: 109.

4 Gardiner (1989).

5 Derlega et al. (1993).

6 Holmes & Rempel (1989).

7 Dawkins (1976).

8 Simpson et al. (2007, 2011, 2014).

9 Simpson et al. (2007, 2011, 2014).

10 Emlen (1967).

11 Harlow (1958).

12 Harlow & Suomi (1970).

13 Bowlby (1969).

14 Asch (1946).

15 Williams & Bargh (2008).

16 IJzerman & Semin (2009).

17 Storey & Workman (2013), Williams & Bargh (2008, Study 2).

18 Inagaki & Eisenberger (2013).

19 Kang et al. (2011).

20 "꽉꽉한 하루"나 "세계 밀어붙이다"와 같은 은유의 의미를 이해할 때도 해당 신체적 감각(꽉꽉함, 거셈)과 관련된 체감각피질이 활성화된다. Lacy et al (2012), Denke et al. (2013), Schaefer et al. (2014, 2015, 2017), Puvermueller & Fadiga (2010).

21 IJzerman et al. (2013).

22 Chen et al. (2015).

23 Kelly et al. (2005); Bar-Haim et al. (2006).

24 Kinzler et al. (2007).

25 Tajfel et al. (1971).

26 Perdue et al. (1990).

27 Fiske et al. (2007).

28 Dunham et al. (2008).

29 현재 심리학자들 사이에는 인종에 대한 내재적 태도에서 안정적인 개인
차를 측정하는 도구로서 IAT의 안정성이나 신뢰도에 관해 의견이 분분하
다. 하지만 IAT가 측정 시점의 긍정적이거나 부정적인 내재적 태도를 밝
힌다는 데는 의심의 여지가 적고, 이 책에서 소개한 모든 IAT 연구는 전
자가 아니라 후자에 해당한다. 개인차 문제에 관한 반대 시각에 관해서는
Banaji & Greenwald(2013)와 Singal(2017)을 참조하라.

30 내재적 태도 측정 방법은 개인에게 직접 의견을 묻지 않고 간접적으로 태
도를 드러내는 방법이다. 예를 들어 '백인'과 '좋음'을 같은 버튼으로 표
시할 때보다 혹인'과 '좋음'을 같은 버튼으로 표시할 때 어려운(반응 시간
이 오래 걸리는) 것은 그 사람의 인종적 태도에 관해 보여준다. 반대로 인
종적 태도를 명시적으로 측정하는 방법은 질문지나 설문조사 같은 기존
의 방식으로 측정한다. 사람들에게 혹인을 얼마나 좋아하는지/싫어하는
지, 백인을 얼마나 좋아하는지/싫어하는지 직접 물어보고 1점(전혀 아니
다)-7점(매우 그렇다) 척도로 응답한다.

3장

1 Pinker (1994).

2 http://www.dailymail.co.uk/news/article-3609562/Sons-American-GI-
defected-North-Korea-1960s-country-s-latest-propaganda-stars-one-
captain-imperial-army.html, http://www.cbsnews.com/news/joe-dresnok-
an-american-in-north-korea/.

3 Cohen (2015).

4 Uhlmann et al. (2009).

5   Uhlmann et al. (2009).

6   Cohen (2015).

7   Bargh & Chartrand (2000).

8   Bargh & Chartrand (2000).

9   Higgins et al. (1977).

10   Rogers & Milkman (2016).

11   Steele & Aronson (1995).

12   Meisner (2012).

13   Stone et al. (1999).

14   Ambady et al. (2001).

15   Fredrickson et al. (1998).

16   Fredrickson et al. (1998).

17   Weisbuch et al. (2009).

18   연구에 관한 자세한 내용과 동영상에 관해서는 다음을 참조하라. www.
     sciencemag.org/cgi/content/full/326/5960/1711/DC1

19   Gilens (1996).

20   Gilens (1996, p. 537).

4장

1   사실 연구에 따르면 패스트푸드점이 많은 지역(우편번호)에 사는 사람일
     수록 빠르고 성급하게 재무 결정을 내리는 것으로 나타났다. (Zhong &
     DeVoe, 2010).

2   97 http://dangerousminds.net/comments/marianne_faithfull_is_naked_
     under_leather_in_girl_a_motorcycle.

3   Cantor et al. (1975).

4   Dutton & Aron (1974).

5   Zillmann et al. (1974).

6   Schachter & Singer (1964).

7   Gilbert & Gill (2000).

8   James (1890, Volume 1, p. 82).

9   Schwarz & Clore (1983).

10 Hirschleifer & Shumway (2003).

11 Zaval et al. (2014).

12 Williams & Jarvis (2006).

13 Zhong & Leonardelli (2008, Study 1).

14 IJzerman et al. (2012).

15 Inagaki et al. (2016).

16 Zhong & Leonardelli (2008, Study 2).

17 Koltyn et al. (1992). 2형 당뇨병 환자들에 대한 온열치료 성공 사례를 보
    고한 연구로 Beever (2010)도 참조하라.

18 Nutt (2016).

19 Troisi & Gabriel (2011).

20 Shalev & Bargh (2011).

21 Tversky & Kahneman (1974).

22 Jacoby et al. (1989).

23 Ross & Sicoly (1979).

24 Eibach et al. (2003).

25 Phelps (2009, 2012).

26 https://www.youtube.com/watch?v=zZRSg-yabP0.

27 Black et al. (1998), Christianson et al. (1994).

28 https://www.scientificamerican.com/article/real-world-hoarding/.

29 Lerner & Keltner (2001), Lerner et al. (2004).

30 Kahneman et al. (1991).

31 Black et al. (1998), Christenson et al. (1994), Faber & Christenson (1996).

32 https://www.washingtonpost.com/news/business/wp/2015/06/03/why-
    wal-mart-is-ditching-its-celine-dion-soundtrack-and-getting-a-deejay/.

33 Sperling (1960).

34 Kahneman (2011, Chapter 11).

35 Kahneman (2011, p. 127).

5장

1 Sadler-Smith (2012, p. 126).

2 Johnson et al. (1985).

3 Osgood (1949).

4 Osgood (1949).

5 Schneirla (1959).

6 Zajonc (1968, 1980).

7 LeDoux (1996).

8 Fazio et al. (1986).

9 Bargh et al. (1992, 1996).

10 Herring et al. (2003).

11 Solarz (1960).

12 Chen & Bargh (1999).

13 Slepian et al.(2012).

14 Wiers et al. (2011).

15 LeBlanc (2003).

16 Pelham et al. (2003), Jones et al. (2002, 2004), Beggan (1991), Pelham & Carvallo (2015).

17 Pelham et al. (2003).

18 Pelham & Carvallo (2015).

19 Walton et al. (2012).

20 Darwin (1872).

21 Tooby & Cosmides (2005, pp. 49~50).

22 Tooby & Cosmides (2005, p.55).

23 Willis & Todorov (2006).

24 Todorov et al. (2005).

25 Ballew & Todorov (2007).

26 Zebrowitz & Montepare (2014).

27 Sommers (2006).

28 Snyder et al. (1977).

29 Langlois et al. (1987), Slater et al. (2000).

30 Olson & Marschuetz (2005).

31 Papies & Barsalou (2015).

32 O'Doherty et al. (2003).

33 Dawkins (1976).

34 Darwin (1872, p. 132).

35 http://www.newhavenindependent.org/index.php/branford/entry/yankee_
    fan_stabs_red_sox_fan_/.

36 Sherif et al. (1954).

37 Van Bavel & Cunningham (2009).

6장

1   Morewedge & Norton (2009), Morewedge et al. (2014).

2   직감을 믿을 때와 믿지 않을 때에 관한 통찰력 있는 분석은 Inbar, Cone,
    & Gilovich (2010)를 참조하라.

3   Kahneman & Frederick (2002).

4   Frederick (2005).

5   Frederick (2005), Morewedge & Kahneman (2010).

6   Wilson & Schooler (1991).

7   Dijksterhuis & Nordgren (2006).

8   Freud (1899, p. 593).

9   Creswell et al. (2013).

10 Nordgren et al. (2011).

11 Ham & van den Bos (2009, 2010a, 2010b).

12 Shaw & Olson (2012), Shaw et al. (2012).

13 론 샌들러(Ron Shandler)의 연간 〈야구 예보(Baseball Forecaster)〉를 참조
    하라.

14 Turk-Browne et al. (2005, 2009, 2010).

15 Lazarus (1991).

16 Bargh et al. (1996, Experiment 3).

17 Zebrowitz & Montepare (2015).

18 Ambady & Rosenthal (1992).

19 Ambady et al. (2001).

20 Ambady & Rosenthal (1993).

21 Kang et al. (2011).

22 Aragon et al. (2014).

23 McKenna & Bargh (1998).

24 Bargh & Mckenna (2004).

25 Cacioppo et al. (2013), see also Finkel et al. (2012).

26 Eagly et al. (1991).

7장

1 Lhermitte (1986, p. 342).

2 Frith et al. (2000).

3 Dijksterhuis & Bargh (2001).

4 Chartrand & Bargh (1999).

5 Meltzoff (2002).

6 Goodale et al. (1991).

7 Hommel (2013).

8 Bargh & Morsella (2010).

9 Wiltermuth & Heath (2009).

10 Tuchman (1962, pp. 201~202).

11 ahttps://www.thenation.com/article/the-cia-waterboarded-the-wrong-man-83-times-in-1-month/.

12 crime investigation and criminal interrogation: Collins et al (2002).

13 Frank et al. (2006).

14 Van Baaren et al. (2003).

15 Jacob et al. (2011).

16 Aragon et al. (2014).

17 Lakin et al. (2008).

18 Chartrand & Lakin (2013).

19 Miller & Maner (2011).

20 Macrae & Johnston (1998).

21 Bargh et al. (1996, Study 1).

22 Foulk et al. (2016).

23 Keizer et al. (2008).

24 Christakis & Fowler (2009), Fowler & Christakis (2008), Rosenquist et al. (2011).

25 Kramer (2012).

26 Hill (2014).

27 Kramer et al. (2014).

28 Lee & Shapiro (2016).

29 Barker & Wright (1954).

30 수감자의 범죄자 정체성을 점화시켜서 나온 유사한 결과는 Cohn et al. (2015)을 참조하라.

31 무의식이 직장의 윤리적 행동에 미치는 영향에 관한 연구는 Welsh & Ordonez(2014)을 참조하라.

32 Papies et al. (2014).

33 Papies & Hamstra (2010).

34 Wang et al. (2011).

35 Williams & Poehlman (2017).

36 Simmons et al. (2005).

37 Harris et al. (2009).

38 텔레비전 광고는 섭식 행동에 긍정적인 영향을 미칠 수도 있다. Anschutz et al. (2008).

39 Naimi et al. (2016); Wallace (2016).

40 Collins et al. (2016).

41 Chandon & Wansink (2011).

42 Tang et al. (2013).

43 Wegner (1994).

44 Earp et al. (2013).

45 Harris et al. (2014).

46 Zdaniuk & Bobocel (2013).

3부

1   Maurice Maeterlinck, Joyzelle, Act 1.

8장

1   Hardin (1968).

2   Huang & Bargh (2014).

3   Ratner (1927, p. 253) 재인용.

4   Loewenstein (1996).

5   Maestripieri et al. (2016, p. 44).

6   Pessiglione et al. (2007).

7   Bar-Anan et al. (2010).

8   Parks-Stamm et al. (2010).

9   Hill & Durante (2011).

10 Gabriel et al. (2016).

11 Brinkley (2012).

12 Aydin et al. (2012).

13 Xu et al. (2015).

14 Bruner (1957).

15 Wilson & Brekke (1994).

16 Pratkanis (1992), Moore (1982).

17 Weingarten et al. (2016).

18 Goldsmith (1994).

19 Stickgold et al. (2000), Goldsmith (1994), Leutwyler (2000).

20 Fitzsimons & Shah (2008).

21 Slotter & Gardner (2010).

22 Fitzsimons & Bargh (2003).

23 Bargh et al. (2008).

24 Bargh et al. (2001); see also Bargh & Gollwitzer(1994).

25 Mazur et al. (2008).

26 Darley & Batson (1973).

27 Darley & Batson (1973, pp. 107~108).

28 일반적으로 종교에 관한 점화 단서와 생각은 의식적으로든 무의식적으로 든 친사회적 행동을 증가시키므로(Shariff et al., 2016) 착한 사마리아인 연구 결과에서는 일시적으로 중요한 목표가 경쟁하는 다른 영향력을 압 도하고 행동에 미치는 영향이 얼마나 큰지 입증된다.

29 최근의 사례는 Bargh & Raymond(1995)를 참조하라. 권력을 가진 사람 들이 자기 자신이나 가족이나 친구를 위해 노골적이고 공공연하게 정책 을 내놓거나 공적인 권한을 남용하는 뉴스가 거의 날마다 쏟아진다. (막 떠오른 뉴스는, 백악관에서 최근에 대통령 딸이 운영하는 의류 브랜드의 제품을 구입하도록 권장한 일이다. 이런 식의 권력 남용이 얼마나 공공연 하고 일상적으로 일어나는지 놀랄 따름이다. 안타깝다!)

30 Gruenfeld et al. (2008).

31 정부 공식 보고서 미국질병통제예방센터(2012)와 국방부(2013)를 참조 하라.

32 Fitzgerald (1993).

33 Pryor (1987), Malamuth (1989a, 1989b).

34 Bargh et al. (1995).

35 https://www.buzzfeed.com/katiejmbaker/yale-ethics-professorand https:// sites.google.com/site/thomaspoggeopenletter/.

36 새로운 연구에서는 권력이 성희롱과 공격성에 미치는 영향은 특히 남에 게 미치는 영향력이 적고 권력을 갖는 것이 생소한 일인 경우에 특히 강한 것으로 나타났다. Williams et al. (2016).

37 Clark & Mills (1979).

38 Chen et al. (2001).

9장

1 Mailer (2003, pp. 142~144).

2 Maier (1931).

3 Duncker (1945).

4 Higgins & Chaires (1980).

5 Metcalfe (1986), Metcalfe & Wiebe (1987).

6 Creswell et al. (2013).

7 The Creative Process, Brewster Ghiselin (1952).

8 Hadfield (1954, p. 113).

9 Myers (1892), Crabtree (1993, pp. 327~350).

10 Gunderson (2016).

11 Clapton (2007).

12 http://www.espn.com/blog/statsinfo/post/_/id/116844/a-closer-look-at-michael-jordans-63-point-game.

13 Gilbert & Wilson (2007), Raichle et al.(2001), Buckner & Carroll (2007).

14 Buckner & Carroll (2007), Raichle & Mintun (2006).

15 Klinger (1978).

16 Klinger et al. (1980).

17 Hoelscher et al. (1981).

18 Klinger (2013, p. 4).

19 Mailer (2003, p. 144).

20 10장. Gollwitzer (1999)도 참조.

21 Fichten et al. (2001).

22 Morsella et al. (2010).

23 Masicampo & Baumeister (2011).

24 사실 실수가 전혀 없던 건 아니다. 텔레비전 드라마로 몇 년에 걸쳐 많은 에피소드가 나온 후 마침내 그가 재판에서 졌다. 시청자에게는 예상 밖의 충격적인 상황이라 우리 가족 중 몇몇은 배심원단이 평결을 발표할 때 비명을 질렀고, 누이 하나는 실신까지 했던 것 같다.

25 Siegel (2009).

26 Stroop (1935).

27 Fadardi & Cox (2009).

28 Boudette (2016).

29 http://www.stltoday.com/news/local/metro/why-are-traffic-fatalities-rising-in-missouri-illinois/article_4f3608bf-64a6-550d-9bc0-7924dc0d6429.html.

30 Boudette (2016).

31 Vygotsky (1934).

10장

1   1세기 후에도 대중문화에서는 이 말에 반응한다. 〈심슨네 가족들〉에서 내가 좋아하는 한 에피소드에서는 리사가 호머에게 밖에 나가 유성우를 보게 한다. 호머는 경이로운 광경에 감탄하며 나직이 말한다. "신이 살아서 이걸 보셨으면 좋았을 텐데."

2   Williams & Poehlman (2017).

3   Tangney et al. (2004).

4   Watson (1913).

5   Skinner (1971).

6   Baumeister et al. (2011).

7   Lazarus (1991), Mischel (2014).

8   Gollwitzer (1993, 1999), Gollwitzer & Brandstaetter, (1997), Gollwitzer & Sheeran (2006).

9   Wood & Ruenger (2016).

10 Gilbert et al. (2009), Burgess et al. (2007).

11 Sheeran & Orbell (1999), see also Gollwitzer (1999).

12 Orbell et al. (1997).

13 Rogers et al. (2015).

14 Nickerson & Rogers (2010).

15 Stewart & Payne (2008), Mendoza et al.(2010).

16 Wieber et al. (2014); see also Gollwitzer et al.(2011).

17 Van Koningsbruggen et al. (2011).

18 Galloway (1984).

19 http://www.sas.upenn.edu/~duckwort/images/upperdarbypd/01092013_
    briefscc.pdf.

20 Galla & Duckworth (2015).

21 Hofmann et al. (2012).

22 Milyavskaya & Inzlicht (2017).

23 Quoted in Resnick (2016).

24 Resnick (2016)에서 재인용.

25 W. Wood, 개인적인 서신, August 2016.

26 Wood & Ruenger (2016).

나가며

1 Rogers & Milkman (2016).

2 Darwin (1859).

3 Nelson & Norton (2005).

4 Wallace (2016).

5 Pronin (2009), Epley & Dunning (1999).

6 Boothby et al. (2017a).

7 Boothby et al. (2017b).

참고문헌

Ambady, N., LaPlante, D., & Johnson, E. (2001). Thin-slice judgments as a measure of interpersonal sensitivity. In J. A. Hall & F. J. Bernieri (Eds.), *Interpersonal sensitivity: Theory and measurement* (pp. 89~101). Mahwah, NJ: Erlbaum.

Ambady, N., & Rosenthal, R. (1992). Thin slices of behavior as predictors of interpersonal consequences: A meta-analysis. *Psychological Bulletin*, 111, 256~274.

Ambady, N., Shih, M., Kim, A., & Pittinsky, T. L. (2001). Stereotype susceptibility in children: Effects of identity activation on quantitative performance. *Psychological Science, 12*, 385~390.

Anderson, R. C., & Pichert, J. W. (1978). Recall of previously unrecallable information following a shift in perspective. *Journal of Verbal Learning and Verbal Behavior, 17*, 1~12.

Anschutz, D. J., van Strien, T. V., & Engels, R. C. (2008). Exposure to slim images in mass media: Television commercials as reminders of restriction in restrained eaters. *Health Psychology, 27*, 401~408.

Aragón, O. R., Sharer, E. A., Bargh, J. A., & Pineda, J. A. (2014). Modulations of mirroring activity by desire for social connection and relevance of movement. *Social Cognitive and Affective Neuroscience, 9*, 1762~1769.

Archer, R. L. (1987). Commentary: Self-disclosure, a very useful behavior. In V. L. Derlega & J. H. Berg (Eds.), *Self-disclosure: Theory, research, and therapy* (pp. 329~342). New York: Plenum.

Arzi, A., Rozenkrantz, L., Holtzman, Y., Secundo, L., & Sobel, N. (2014). Sniffing patterns uncover implicit memory for undetected odors. *Current Biology, 24*, R263~R264.

Asch, S. E. (1946). Forming impressions of personality. *Journal of Abnormal and Social Psychology, 41*, 258~290.

Aydin, N., Krueger, J., Fischer, J., Hahn, D., Kastenmuller, A., Frey, D., et al. (2012). "Man's best friend": How the presence of a dog reduces mental distress after social exclusion. *Journal of Experimental Social Psychology, 48*, 446~449.

Banaji, M. R., & Greenwald, A. G. (2013). *Blindspot: Hidden biases of good people.* New York: Random House.

Bar-Anan, Y., Wilson, T. D., & Hassin, R. R. (2010). Inaccurate self-knowledge formation as a result of automatic behavior. *Journal of Experimental Social Psychology, 46,* 884~894.

Bargh, J. A. (2016). The devil made me do it. In A. Miller (Ed.), *The social psychology of good and evil* (2nd ed.). New York: Guilford.

Bargh, J. A., Chaiken, S., Govender, R., & Pratto, F. (1992). The generality of the automatic attitude activation effect. *Journal of Personality and Social Psychology, 62,* 893~912.

Bargh, J. A., Chaiken, S., Raymond, P., & Hymes, C. (1996). The automatic evaluation effect: Unconditional automatic attitude activation with a pronunciation task. *Journal of Experimental Social Psychology, 32,* 185~210.

Bargh, J. A., & Chartrand, T. L. (2000). A practical guide to priming and automaticity research. In H. Reis & C. Judd (Eds.), *Handbook of research methods in social psychology* (pp. 253~285). New York: Cambridge University Press.

Bargh, J. A., Chen, M., & Burrows, L. (1996). Automaticity of social behavior: Direct effects of trait construct and stereotype priming on action. *Journal of Personality and Social Psychology, 71,* 230~244.

Bargh, J. A., Green, M. L., & Fitzsimons, G. M. (2008). The selfish goal: Unintended consequences of intended goal pursuits. *Social Cognition, 26,* 520~540.

Bargh, J. A., & Gollwitzer, P. M. (1994). Environmental control of goal-directed action: Automatic and strategic contingencies between situations and behavior. In W. D. Spaulding (Ed.), *Integrative views of motivation, cognition, and emotion: Nebraska symposium on motivation* (Vol. 41, pp. 71~124). Lincoln, NE: University of Nebraska Press.

Bargh, J. A., Gollwitzer, P. M., Lee-Chai, A. Y., Barndollar, K., & Troetschel, R. (2001). The automated will: Nonconscious activation and pursuit of behavioral goals. *Journal of Personality and Social Psychology, 81,* 1014~1027.

Bargh, J. A., & McKenna, K. Y. A. (2004). The Internet and social life. *Annual Review of Psychology, 55,* 573~590.

Ballew, C. C., & Todorov, A. (2007). Predicting political elections from rapid and unreflective face judgments. *Proceedings of the National Academy of Sciences, 104,*

17948~17953.

Bargh, J. A., & Morsella, E. (2008). The unconscious mind. *Perspectives on Psychological Science, 3*, 73~79.

Bargh, J. A., & Morsella, E. (2010). Unconscious behavioral guidance systems. In C. R. Agnew, D. E. Carlston, W. G. Graziano, & J. R. Kelly (Eds.), *Then a miracle occurs: Focusing on behavior in social psychological theory and research* (pp. 89~118). New York: Oxford University Press.

Bargh, J. A., & Raymond, P. (1995). The naive misuse of power: Nonconscious sources of sexual harassment. *Journal of Social Issues, 26*, 168~185.

Bargh, J. A., Raymond, P., Pryor, J., & Strack, F. (1995). Attractiveness of the underling: An automatic power → sex association and its consequences for sexual harassment and aggression. *Journal of Personality and Social Psychology, 68*, 768~781.

Bargh, J. A., & Thein, R. D. (1985). Individual construct accessibility, person memory, and the recall-judgment link: The case of information overload. *Journal of Personality and Social Psychology, 49*, 1129~1146

Bar-Haim, Y., et al. (2006). Nature and nurture in own-race face processing. *Psychological Science, 17*, 159~163.

Barker, R. G., & Wright, H. F. (1954). Midwest and its children: *The psychological ecology of an American town.* New York: Row, Peterson & Company.

Baumeister, R. F., Masicampo, E. J., & Vohs, K. D. (2011). Do conscious thoughts cause behavior? *Annual Review of Psychology, 62*, 331~361.

Beever, R. (2010). The effects of repeated thermal therapy on quality of life in patients with type II diabetes mellitus. *Journal of Alternative Complementary Medicine, 16*, 677~681.

Beggan, J. K. (1991). On the social nature of nonsocial perception: The mere ownership effect. *Journal of Personality and Social Psychology, 62*, 229~237.

Black, D. W., Reptertinger, S., Gaffney, G. R., & Gabel, J. (1998). Family history of psychiatric comorbidity in persons with compulsive buying: Preliminary findings. *American Journal of Psychiatry, 155*, 960~963.

Block, J., & Block, J. H. (2006). Nursery school personality and political orientation two decades later. *Journal of Research in Personality, 40*, 734~749.

Boothby, E. J., Clark, M. S., & Bargh, J. A. (2017a). The invisibility cloak illusion: People (incorrectly) believe they observe others more than others observe them.

Journal of Personality and Social Psychology, 112, 589~606.

Boothby, E. J., Clark, M. S., & Bargh, J. A. (2017b). *The mind gap: People (incorrectly) believe that they think more about others than others think about them.* Manuscript under review, Yale University.

Boudette, N. E. (2016, November 15). Biggest spike in traffic deaths in 50 years? Blame apps. *The New York Times,* online edition.

Bowlby, J. (1969). *Attachment and loss* (Vol. I: Attachment). London: Hogarth Press and the Institute of Psycho-Analysis.

Brinkley, D. (2012). Cronkite. New York: Harper.

Bruner, J. (1957). On perceptual readiness. *Psychological Review, 64,* 123~152.

Buckner, R. L., & Carroll, D. C. (2007). Self-projection and the brain. *Trends in Cognitive Sciences, 11,* 49~57.

Burgess, P. W., Dumontheil, I., & Gilbert, S. J. (2007). The gateway hypothesis of rostral prefrontal cortex (area 10) function. *Trends in Cognitive Sciences, 11,* 290~298.

Busetta, G., Fiorillo, F., & Visalli, E. (2013). Searching for a job is a beauty contest. MPRA (Munich Personal RePEc Archive) paper No. 49382. Available online at http://mpra.ub.uni-muenchen.de/49392/.

Cacioppo, J. T., Cacioppo, S., Gonzaga, G. C., Ogburn, E. L., & VanderWeele, T. J. (2013). Marital satisfaction and break-ups differ across on-line and off-line meeting venues. *Proceedings of the National Academy of Sciences, 110,* 10135~10140.

Cantor, J. R., Zillmann, D., & Bryant, J. (1975). Enhancement of experienced sexual arousal in response to erotic stimuli through misattribution of unrelated residual excitation. *Journal of Personality and Social Psychology, 32,* 69~75.

Carraro, L., Castelli, L., & Macchiella, C. (2011). The automatic conservative: Ideology-based attentional asymmetries in the processing of valenced information. *PLOS-One, 6:* e26456. doi: 10.1371/journal.pone.0026456.

Centers for Disease Control (USA). (2012). *Sexual violence.* Atlanta, GA: Author

Chagnon, N. A. (1988, February 26). Life histories, blood revenge, and warfare in a tribal population. *Science, 239,* 985~992.

Chandon, P., & Wansink, B. (2011). Is food marketing making us fat? A multi-disciplinary review. *Foundations and Trends in Marketing, 5,* 113~196.

Chapman, H. A., Kim, D. A., Susskind, J. M., & Anderson, A. K. (2009). In bad taste: Evidence for the oral origins of moral disgust. *Science, 323,* 1222~1226.

Chartrand, T. L., & Bargh, J. A. (1999). The chameleon effect: The perception-behavior link and social interaction. *Journal of Personality and Social Psychology, 76,* 893~910.

Chartrand, T. L., & Lakin, J. (2013). Antecedents and consequences of human behavioral mimicry. *Annual Review of Psychology, 64,* 285~308.

Chen, M., & Bargh, J. A. (1999). Consequences of automatic evaluation: Immediate behavioral predispositions to approach or avoid the stimulus. *Personality and Social Psychology Bulletin, 25,* 215~224.

Chen, S., Lee-Chai, A. Y., & Bargh, J. A. (2001). Relationship orientation as a moderator of the effects of social power. *Journal of Personality and Social Psychology, 80,* 173~187.

Chen, Z., Poon, K.-T., & DeWall, C. N. (2015). Cold thermal temperature threatens belonging: The moderating role of perceived social support. *Social Psychological and Personality Science, 6,* 439~446. doi:10.1177/1948550614562843.

Cherry, E. C. (1953). Some experiments on the recognition of speech, with one and two ears. *Journal of the Acoustical Society of America, 25,* 975~979.

Christakis, N., & Fowler, J. (2009). *Connected: The amazing power of social networks and how they shape our lives.* New York: Little, Brown.

Christenson, G. A., et al. (1994). Compulsive buying: Descriptive characteristics and psychiatric comorbidity. *Journal of Clinical Psychiatry, 55,* 5~11.

Clapton, E. (2007). *Clapton: The autobiography.* New York: Broadway Books.

Clark, M. S., & Mills, J. (1979). Interpersonal attraction in exchange and communal relationships. *Journal of Personality and Social Psychology, 37,* 12~24.

Cohen, D. (2015). Cultural psychology. In G. Borgida & J. Bargh (Eds.), *Handbook of Personality and Social Psychology: Attitudes and Social Cognition* (pp. 415~456). Washington, DC: American Psychological Association.

Cohn, A., Fehr, E., & Marechal, M. A. (2014). Business culture and dishonesty in the banking industry. *Nature, 516,* 86~89. doi: 10.1038/nature13977.

Cohn, A., Marechal, M. A., & Noll, T. (2015). Bad boys: How criminal identity salience affects rule violation. *Review of Economic Studies, 82,* 1289~1308.

Collins, R., Lincoln, R., & Frank, M. G. (2002). The effect of rapport in forensic interviewing. *Psychiatry, Psychology, and Law, 9,* 69~78.

Collins, R. L., Martino, S. C., Kovalchuk, S. A., Becker, K. M., Shadel, W. G., & d'Amico, E. J. (2016). Alcohol advertising exposure among middle school-age youth: An assessment across all media and venues. *Journal of Studies on Alcohol and Drugs, 77*, 384~392.

Crabtree, A. (1993). *From Mesmer to Freud: Magnetic sleep and the roots of psychological healing.* New Haven, CT: Yale University Press.

Cresswell, J. D., Bursley, J. K., & Satpute, A. B. (2013). Neural reactivation links unconscious thought to decision-making performance. *Social Cognitive and Affective Neuroscience, 8*, 863~869.

Darley, J. M., & Batson, C. D. (1973). From Jerusalem to Jericho: A study of situational and dispositional variables in helping behavior. *Journal of Personality and Social Psychology, 27*, 100~119.

Darwin, C. (1859). *On the origin of species.* London: John Murray.

Darwin, C. (1872). *The expression of the emotions in man and animals.* London: John Murray.

Darwin, C. (1877). A biographical sketch of an infant. *Mind, 2*, 285~294.

Dawkins, R. (1976). *The selfish gene.* New York: Oxford University Press.

Deacon, T. W. (1997). *The symbolic species: The co-evolution of language and the brain.* New York: Norton.

Denke, C., Rotte, M., Heinze, J-J, & Schaefer, M. (2016). Lying and the subsequent desire for toothpaste: Activity in the somatosensory cortex predicts embodiment of the moral-purity metaphor. *Cerebral Cortex, 26*, 477~484. doi: 10.1093/cercor/bhu170.

Derlega, V. J., Metts, S., Petronio, S., & Margulis, S. T (1993). *Self-disclosure.* London: Sage.

Dijksterhuis, A., & Bargh, J. A. (2001). The perception-behavior expressway: Automatic effects of social perception on social behavior. In M. P. Zanna (Ed.), *Advances in experimental social psychology* (Vol. 33, pp. 1~40). San Diego: Academic Press.

Dijksterhuis, A., & Nordgren, L. F. (2006). A theory of unconscious thought. *Perspectives on Psychological Science, 1*, 95~109.

Donald, M. (1991). *Origins of the modern mind: Three stages in the evolution of culture and cognition.* Cambridge, MA: Harvard University Press.

Donald, M. (2001). *A mind so rare: The evolution of human consciousness.* New York: Norton.

Duncker, K. (1945). On problem solving. *Psychological Monographs, 58* (Whole No. 270).

Dunham, Y., Baron, A. S., & Banaji, M. R. (2008). The development of implicit intergroup cognition. *Trends in Cognitive Sciences, 12,* 248~253.

Dutton, D. G., & Aron, A. P. (1974). Some evidence for heightened sexual attraction under conditions of high anxiety. *Journal of Personality and Social Psychology, 30,* 510~517.

Eagly, A. H., Ashmore, R. D., Makhijani, M. G., & Longo, L. C. (1991). What is beautiful is good, but . . . : A meta-analysis review of research on the physical attractiveness stereotype. *Psychological Bulletin, 110,* 109~128.

Earp, B. D., Dill, B., Harris, J. L., Ackerman, J. M., & Bargh, J. A. (2013). No sign of quitting: Incidental exposure to no-smoking signs ironically boosts cigarette-approach tendencies in smokers. *Journal of Applied Social Psychology, 43,* 2158~2162.

Eibach, R. P., Libby, L. K., & Gilovich, T. D. (2003). When change in the self is mistaken for change in the world. *Journal of Personality and Social Psychology, 84,* 917~931.

Ekman, P. (2003). *Emotions revealed.* New York: Henry Holt.

Ekman, P., Sorenson, E. R., & Friesen, W. V. (1969). Pan-cultural elements in facial display of emotions. *Science, 164,* 86~88.

Emlen, S. T. (1967). Migratory orientation in the indigo bunting, Passerina cyanea. Part II: Mechanism of celestial orientation. *The Auk, 84,* 463~489.

Epley, N., & Dunning, D. (1999). Feeling "holier than thou": Are self-serving assessments produced by errors in self- or social prediction? *Journal of Personality and Social Psychology, 79,* 861~875.

Faber, R. J., & Christenson, G. A. (1996). In the mood to buy: Differences in the mood states experienced by compulsive buyers and other consumers. *Psychology and Marketing, 13,* 803~819.

Fadardi, J. S., & Cox, W. M. (2009). Reversing the sequence: Reducing alcohol consumption by overcoming alcohol attentional bias. *Drug and Alcohol*

Dependence, 101, 137~145.

Fazio, R. H., Sanbonmatsu, D. M., Powell, M. C, & Kardes, F. R. (1986). On the automatic activation of attitudes. *Journal of Personality and Social Psychology, 50*, 229~238.

Fichten, C. S., Libman, E., Creti, L., Amsel, R., Sabourin, S. Brender, W., et al. (2001). Role of thoughts during nocturnal awake times in the insomnia experience of older adults. *Cognitive Therapy and Research, 25*, 665~692.

Finkel, E. J., Eastwick, P. W., Karney, B. R., Reis, H. T., & Sprecher, S. (2012). Online dating: A critical analysis from the perspective of psychological science. *Psychological Science in the Public Interest, 13*, 3~66.

Fiske, S. T., Cuddy, A., & Glick, P. (2007). Universal dimensions of social cognition: Warmth and competence. *Trends in Cognitive Sciences, 11*, 77~83.

Fitzgerald, L. F. (1993). Sexual harassment: Violence against women in the workplace. *American Psychologist, 48*, 1070~1076.

Fitzsimons, G. M., & Bargh, J. A. (2003). Thinking of you: Nonconscious pursuit of interpersonal goals associated with relationship partners. *Journal of Personality and Social Psychology, 84*, 148~164.

Fitzsimons, G., & Shah, J. (2008). How goal instrumentality shapes relationship evaluations. *Journal of Personality and Social Psychology, 95*, 319~337.

Foulk, T., Woolum, A., & Erez, A. (2016). Catching rudeness is like catching a cold: The contagion effects of low-intensity negative behaviors. *Journal of Applied Psychology, 101*, 50~67.

Fowler, J. H., & Christakis, N. A. (2008). Dynamic spread of happiness in a large social network: Longitudinal analysis over 20 years in the Framingham Heart Study. *British Medical Journal, 337*, a2338.

Frank, M. G., & Shaw, A. Z. (2016). Evolution and nonverbal communication. In D. Matsumoto, H. C. Hwang, & M. G. Frank (Eds.), *American Psychological Association handbook of nonverbal communication* (pp. 45~76). Washington, DC: American Psychological Association.

Frank, M. G., Yarbrough, J. D., & Ekman, P. (2006). Investigative interviewing and the detection of deception. In T. Williamson (Ed.), *Investigative interviewing: Rights, research, and regulation* (pp. 229~255). Portland, OR: Willan.

Frederick, S. (2005). Cognitive reflection and decision making. *Journal of Economic Perspectives, 19*, 25~42.

Fredrickson, B. L., Roberts, T-A, Noll, S. M., Quinn, D. M., & Twenge, J. M. (1998). That swimsuit becomes you: Sex differences in self-objectification, restrained eating, and math performance. *Journal of Personality and Social Psychology, 75,* 269~284.

Freud, S. (1899). *The interpretation of dreams.* Translated by James Strachey. New York: Basic Books.

Freud, S. (1915). The unconscious. In *The Standard Edition of Sigmund Freud* (Vol. 14) pp. 159~215. London: Hogarth.

Frith, C. D., Blakemore, S.-J., & Wolpert, D. M. (2000). Abnormalities in the awareness and control of action. *Philosophical Transactions of the Royal Society of London, 355,* 1771~1788.

Gabriel, S., Valenti, J., & Young, A. F. (2016). Social surrogates, social motivations, and everyday activities: The case for a strong, subtle, and sneaky social self. In J. M. Olson & M. P. Zanna (Eds.), *Advances in experimental social psychology, 53,* 189~243.

Galla, B. M., & Duckworth, A. L. (2015). More than resisting temptation: Beneficial habits mediate the relationships between self-control and positive life outcomes. *Journal of Personality and Social Psychology, 109,* 508~525.

Galloway, J. (1984). *Galloway's book on running.* Bolinas, CA: Shelter.

Gardiner, E. (Ed., 1989). *Visions of heaven and hell before Dante.* New York: Italica Press.

Ghiselin, B. (Ed., 1952). *The creative process: Reflections on invention in the arts and sciences.* Berkeley: University of California Press.

Gilbert, D. T., & Gill, M. J. (2000). The momentary realist. *Psychological Science, 11,* 394~398.

Gilbert, D. T., & Wilson, T. D. (2007). Prospection: Experiencing the future. *Science, 317,* 1351~1354.

Gilbert, S. J., Gollwitzer, P. M., Cohen, A. L., Oettingen, G., & Burgess, P. W. (2009). Separable brain systems supporting cued versus self-initiated realization of delayed intentions. *Journal of Experimental Psychology: Learning, Memory, and Cognition, 35,* 905~915.

Gilchrist, M. R. (1998). Disease and infection in the American Civil War. *American Biology Teacher, 60,* 258~262.

Gilens, M. (1996). Race and poverty in America: Public misperceptions and the

American news media. *Public Opinion Quarterly, 60*, 515~541.

Gladwell, M. (2004). *Blink: The power of thinking without thinking*. New York: Little, Brown.

Goldsmith, J. (1994, May 1). This is your brain on Tetris. *Wired*. https://www. wired. com/1994/05/tetris~2/.

Gollwitzer, P. M. (1993). Goal achievement: The role of intentions. European *Review of Social Psychology, 4*, 141~185.

Gollwitzer, P. M. (1999). Implementation intentions: Strong effects of simple plans. *American Psychologist, 5*, 493~503.

Gollwitzer, P. M., & Brandstätter, V. (1997). Implementation intentions and effective goal pursuit. *Journal of Personality and Social Psychology, 73*, 186~199.

Gollwitzer, P. M., & Sheeran, P. (2006). Implementation intentions and goal achievement: A meta-analysis of effects and processes. *Advances in Experimental Social Psychology, 38*, 69~119.

Gollwitzer, P. M., Sheeran, P., Troetschel, R., & Webb, T. L. (2011). Self-regulation of priming effects on behavior. *Psychological Science, 22*, 901~907.

Goodale, M. A., Milner, A. D., Jakobsen, L. S., & Carey, D. P. (1991). Perceiving the world and grasping it: A neurological dissociation. *Nature, 349*, 154~156.

Gruenfeld, D. H., Inesi, M. E., Magee, J. C., & Galinsky, A. D. (2008). Power and the objectification of social targets. *Journal of Personality and Social Psychology, 85*, 111~127.

Gundersen, E. (2016, October 29). World exclusive: Bob Dylan—"I'll be at the Nobel Prize Ceremony . . . if I can." *The Telegraph*.

Hadfield, J. A. (1954). *Dreams and nightmares*. Harmondsworth, England: Penguin.

Ham, J., & Van den Bos, K. (2009). Lady Justice thinks unconsciously: Unconscious thought can lead to more accurate justice judgments. *Social Cognition, 27*, 509~ 521.

Ham, J., & Van den Bos, K. (2010a). The merits of unconscious processing of directly and indirectly obtained information about social justice. *Social Cognition, 28*, 180~190.

Ham, J., & Van den Bos, K. (2010b). On unconscious morality: The effects of unconscious thinking on moral decision-making. *Social Cognition, 28*, 74~83.

Hanusch, K. U., Janssen, C. H., Billheimer, D., Jenkins, I., Spurgeon, E., Lowry,

C. A., et al. (2013). Whole-body hyperthermia for the treatment of major depression: Associations with thermoregulatory cooling. *American Journal of Psychiatry, 170*, 802~804.

Hardin, G. (1968). The tragedy of the commons. *Science, 162*, 1243~1248.

Harlow, H. F. (1958). The nature of love. *American Psychologist, 13*, 673~685.

Harlow, H. F., & Suomi, S. J. (1970). The nature of love—simplified. *American Psychologist, 25*, 161~168.

Harris, J. L., Bargh, J. A., & Brownell, K. D. (2009). Priming effects of television food advertising on eating behavior. *Health Psychology, 28*, 404~413.

Harris, J. L., Pierce, M., & Bargh, J. A. (2014). Priming effect of antismoking PSAs on smoking behaviour: A pilot study. *Tobacco Control, 23*, 285~290.

Herring, D. R., White, K. R., Jabeen, L. N., Hinojos, M., Terrazas, G., Reyes, S. M., Taylor, J. H., & Crites Jr., S. L. (2013). On the automatic activation of attitudes: A quarter century of evaluative priming research. *Psychological Bulletin, 139*, 1062~1089.

Hibbing, J. R., Smith, K. B., & Alford, J. R. (2014). Differences in negativity bias underlie variations in political ideology. *Behavioral and Brain Sciences, 37*, 297~307.

Higgins, E. T., & Chaires, W. M. (1980). Accessibility of interrelational constructs: Implications for stimulus encoding and creativity. *Journal of Experimental Social Psychology, 16*, 348~361.

Higgins, E. T., King, G. A., & Mavin, G. H. (1982). Individual construct accessibility and subjective impressions and recall. *Journal of Personality and Social Psychology, 43*, 35~47.

Higgins, E. T., Rholes, W. S., & Jones, C. R. (1977). Category accessibility and impression formation. *Journal of Experimental Social Psychology, 13*, 141~154.

Hill, K. (2014, June 28). Facebook manipulated 689,003 users' emotions for science. *Forbes* online blog: http://www.forbes.com/sites/kashmirhill/2014/06/28/facebook- manipulated~689003-users-emotions-for-science/#1a5b8624704d.

Hill, S. E., & Durante, K. M. (2011). Courtship, competition, and the pursuit of attractiveness: Mating goals facilitate health-related risk taking and strategic risk suppression in women. *Personality and Social Psychology Bulletin, 37*, 383~394.

Hirschleifer, D. A., & Shumway, T. (2003). Good day sunshine: Stock returns and the weather. *Journal of Finance, 58,* 1009~1032.

Hoelscher, T. J., Klinger, E., Barta, S. G. (1981). Incorporation of concern- and nonconcern- related verbal stimuli into dream content. *Journal of Abnormal Psychology, 49,* 88~91.

Hofmann, W., Baumeister, R. F., Foerster, G., & Vohs, K. D. (2012). Everyday temptations: An experience sampling study of desire, conflict, and self-control. *Journal of Personality and Social Psychology, 102,* 1318~1335.

Holland, R. W., Hendriks, M., & Aarts, H. (2005). Smells like clean spirit: Nonconscious effects of scent on cognition and behavior. *Psychological Science, 16,* 689~693.

Holmes, J. G., & Rempel, J. K. (1989). Trust in close relationships. In C. Hendrick (Ed.), *Review of personality and social psychology* (Vol. 10, pp. 187~220). London: Sage.

Hommel, B. (2013). Ideomotor action control: On the perceptual grounding of voluntary actions and agents. In W. Prinz, M. Beisert, & A. Herwig (Eds.), *Action science: Foundations of an emerging discipline* (pp. 113~136). Cambridge, MA: MIT Press.

Huang, J. Y., Sedlovskaya, A., Ackerman, J. M., & Bargh, J. A. (2011). Immunizing against prejudice: Effects of disease protection on attitudes toward out-groups. *Psychological Science, 22,* 1550~1556.

IJzerman, H., Gallucci, M., Pouw, W. T., Weissgerber, S. C., Van Doesum, N. J., & Williams, K. D. (2012). Cold-blooded loneliness: Social exclusion leads to lower skin temperatures. *Acta Psychologica, 140,* 283~288.

IJzerman, H., Karremans, J. C., Thomsen, L., & Schubert, T. W. (2013). Caring for sharing: How attachment styles modulate communal cues of physical warmth. *Social Psychology, 44,* 161~167.

IJzerman, H., & Semin, G. (2009). The thermometer of social relations: Mapping social proximity on temperature. *Psychological Science, 20,* 1214~1220.

Inagaki, T. K., & Eisenberger, N. I. (2013). Shared neural mechanisms underlying social warmth and physical warmth. *Psychological Science, 24,* 2272~2280.

Inagaki, T. K., Irwin, M. R., & Eisenberger, N. I. (2015). Blocking opioids attenuates physical warmth-induced feelings of social connection. *Emotion, 15,* 494~500.

Inagaki, T. K., Irwin, M. R., Moieni, M., Jevtic, I., & Eisenberger, N. I. (2016). A pilot study examining physical and social warmth: Higher (non-febrile) oral temperature is associated with greater feelings of social connection. *PLoS-One, 11(8)*: e0160865.

Inbar, Y., Cone, J., & Gilovich, T. (2010). People's intuitions about intuitive insight and intuitive choice. *Journal of Personality and Social Psychology, 99*, 232~247.

Inbar, Y., Pizarro, D. A., & Bloom, P. (2009). Conservatives are more easily disgusted than liberals. *Cognition and Emotion, 23*, 714~725.

Jacob, C., Gueguen, N., Martin, A., & Boulbry, G. (2011). Retail salespeople's mimicry of customers: Effects on consumer behavior. Journal of Retailing and *Consumer Services, 18*, 381~388.

Jacoby, L. L., Kelley, C., Brown, J., & Jasechko, J. (1989). Becoming famous overnight: Limits on the ability to avoid unconscious influences of the past. *Journal of Personality and Social Psychology, 56*, 326~338.

James, W. (1890). *Principles of psychology.* New York: Henry Holt.

James, W. (1912/1938). Does consciousness exist? In *Essays in radical empiricism* (pp. 1~38). New York: Longmans, Green.

Jaynes, J. (1976). *The origin of consciousness in the breakdown of the bicameral mind.* New York: Houghton Mifflin.

Johnson, J. (2016, November 7). "Something is happening that is amazing," Trump said. He was right. *Washington Post.* Available online at www.washingtonpost. com/politics/something-is-happening-that-is-amazing-trump-said-he-wasright/ 2016/11/06/ab9c0b48-a0ef–11e6–8832–23a007c77bb4_story.html.

Johnson, M. K., Kim, J. K., & Risse, G. (1985). Do alcoholic Korsakoff's syndrome patients acquire affective reactions? *Journal of Experimental Psychology: Learning, Memory, and Cognition, 11*, 22~36.

Jones, E. (1953, 1957). *The life and work of Sigmund Freud* (Vols. I and III). New York: Basic Books.

Jones, J. T., Pelham, B. W., Carvallo, M., & Mirenberg, M. C. (2004). How do I love thee? Let me count the Js: Implicit egotism and interpersonal attraction. *Journal of Personality and Social Psychology, 87*, 665~683.

Jones, J. T., Pelham, B. W., Mirenberg, M. C., & Hetts, J. J. (2002). Name letter preferences are not merely mere exposure: Implicit egotism as self-regulation.

Journal of Experimental Social Psychology, 38, 170~177.

Kahneman, D. (2011). *Thinking, fast and slow.* New York: Farrar, Straus & Giroux.

Kahneman, D., & Frederick, S. (2002). Representativeness revisited: Attribute substitution in intuitive judgment. In T. Gilovich, D. W. Griffin, & D. Kahneman (Eds.), *Heuristics and biases: The psychology of intuitive judgment* (pp. 49~81). New York: Cambridge University Press.

Kahneman, D., Knetsch, J. L., & Thaler, R. H. (1991). Anomalies: The endowment effect, loss aversion, and status quo bias. *Journal of Economic Perspectives, 5,* 193~206.

Kanai, R., Feilden, T., Firth, C., & Rees, G. (2011). Political orientations are correlated with brain structure in young adults. *Current Biology, 21,* 677~680.

Kang, Y., Williams, L., Clark, M., Gray, J., & Bargh, J. A. (2011). Physical tempera-ture effects on trust behavior: The role of insula. *Social Cognitive and Affective Neuroscience, 6,* 507~515.

Karremans, J. C., Verwijmeren, T., Pronk, T. M., & Reitsma, M. (2009). Interacting with women can impair men's cognitive functioning. *Journal of Experimental Social Psychology, 45,* 1041~1044.

Kawakami, K., Phills, C. E., Steele, J. R., & Dovidio, J. F. (2007). (Close) distance makes the heart grow fonder: The impact of approach orientation on attitudes towards Blacks. *Journal of Personality and Social Psychology, 92,* 957~971.

Keizer, K., Lindenberg, S., & Steg, L. (2008). The spreading of disorder. *Science, 322,* 1681~1685.

Kelly, D. J., Quinn, P. C., Slater, A. M., Lee, K., Gibson, A., Smith, M., Ge, L., & Pascalis, O. (2005). Three-month-olds, but not newborns, prefer own-race faces. *Developmental Science 8,* F31~F36.

Kershaw, I. (2000). *Hitler 1936~1945:* Nemesis. New York: Norton.

Kinzler, K. D., et al. (2007). The native language of social cognition. *Proceedings of the National Academy of Sciences USA, 104,* 12577~12580.

Kirschner, S., & Tomasello, M. (2004). Joint music making promotes prosocial behavior in 4-year-old children. *Evolution and Human Behavior, 31,* 354~364.

Klinger, E. (1978). Modes of normal conscious flow. In K. S. Pope & J. L. Singer (Eds.), *The stream of consciousness: Scientific investigations into the flow of human experience.* New York: Plenum.

Klinger, E. (2013). Goal commitments and the content of thoughts and dreams: Basic principles. *Frontiers in Psychology, 4*, 415. doi: 10.3389/fpsyg.2013.00415.

Klinger, E., Barta, S. G., & Maxeiner, M. E. (1980). Motivational correlates of thought content frequency and commitment. *Journal of Personality and Social Psychology, 39*, 1222~1237.

Koestler, A. (1967). *The ghost in the machine.* London: Hutchinson.

Koltyn, K. F., Robins, H. I., Schmitt, C. L., Cohen, J. D., & Morgan, W. P. (1992). Changes in mood state following whole-body hyperthermia. International *Journal of Hyperthermia, 8*, 305~307.

Kramer, A. D. I. (2012). The spread of emotion via Facebook. *Proceedings of the Computer-Human Interaction Society* (CHI: Association for Computing Machinery, New York), pp. 767~770.

Kramer, A. D. I., Guillory, J. E., & Hancock, J. T. (2014). Experimental evidence of massive-scale emotional contagion through social networks. *Proceedings of the National Academy of Sciences, 111*, 8788~8790.

Lacey, S., Stilla, R., & Sathian, K. (2012). Metaphorically feeling: Comprehending textural metaphors activates somatosensory cortex. *Brain and Language, 120*, 416~421.

Lakin, J. L., Chartrand, T. L., & Arkin, R. M. (2008). I am too just like you: Nonconscious mimicry as an automatic behavioral response to social exclusion. *Psychological Science, 19*, 816~822.

Langer, E. J. (1978). Rethinking the role of thought in social interaction. In J. H. Harvey, W. J. Ickes, & R. F. Kidd (Eds.), *New directions in attribution research* (Vol. 2, pp. 25~35). Hillsdale, NJ: Erlbaum.

Langlois, J. H., Roggman, L. A., Casey, R. J., Ritter, J. M., Rieser-Danner, L. A., & Jenkins, V. Y. (1987). Infant preferences for attractive faces: Rudiments of a stereotype. *Developmental Psychology, 23*, 363~369.

Lazarus, R. S. (1991). *Emotion and adaptation.* New York: Oxford University Press.

LeBlanc, S. A. (2003). *Constant battles: The myth of the peaceful, noble savage.* New York: St. Martin's Press.

LeDoux, J. (1996). *The emotional brain.* New York: Simon & Schuster.

Lee, T. K., & Shapiro, M. A. (2016). Effects of a story character's goal achievement: Modeling a story character's diet behaviors and activating/deactivating a character's diet goal. *Communication Research, 43*, 863~891.

Leutwyler, K. (2000, October). Tetris dreams. *Scientific American.* Available online at https://www.scientificamerican.com/article/tetris-dreams/.

Lhermitte, F. (1986). Human anatomy and the frontal lobes. Part II: Patient behavior in complex and social situations: The "environmental dependency syndrome." *Annals of Neurology, 19*, 335~343.

Lieberman, M. D., Ochsner, K. N., Gilbert, D. T., & Schacter, D. L. (2001). Do amnesics exhibit cognitive dissonance reduction? The role of explicit memory and attention in attitude change. *Psychological Science, 12*, 135~140.

Loewenstein, G. (1996). Out of control: Visceral influences on behavior. *Organizational Behavior and Human Decision Processes, 65*, 272~292.

Macrae, C. N., & Johnston, L. (1998). Help, I need somebody: Automatic action and inaction. *Social Cognition, 16*, 400~417.

Maestripieri, D., Henry, A., & Nickels, N. (2016, in press). Explaining financial and prosocial biases in favor of attractive people: Interdisciplinary perspectives from economics, social psychology, and evolutionary psychology. *Behavioral and Brain Sciences.* doi: 10.1017/S0140525X16000340.

Maier, N. R. F. (1931). Reasoning in humans: II. The solution of a problem and its appearance in consciousness. *Journal of Comparative and Physiological Psychology, 12*, 181~194.

Mailer, N. (2003). *The spooky art: Some thoughts on writing.* New York: Random House.

Malamuth, N. M. (1989a). The attraction to sexual aggression scale: Part One. *Journal of Sex Research, 26*, 26~49.

Malamuth, N. M. (1989b). The attraction to sexual aggression scale: Part Two. *Journal of Sex Research, 26*, 324~354.

Masicampo, E. J., & Baumeister, R. F. (2011). Consider it done! Plan making can eliminate the cognitive effects of unfulfilled goals. *Journal of Personality and Social Psychology, 101*, 667~683.

Mazur, N., Amir, O., & Ariely, D. (2008). The dishonesty of honest people: A theory of self-concept maintenance. *Journal of Marketing Research, 45*, 633~644.

McKenna, K. Y. A., & Bargh, J. A. (1998). Coming out in the age of the Internet: Identity "demarginalization" from virtual group participation. *Journal of*

Personality and Social Psychology, 75, 681~694.

Meisner, B. A. (2012). A meta-analysis of positive and negative age stereotype priming effects on behavior among older adults. Journals of Gerontology Series B: *Psychological Sciences and Social Sciences, 67,* 13~17.

Meltzoff, A. N. (2002). Elements of a developmental theory of imitation. In A. N. Meltzoff & W. Prinz (Eds.), *The imitative mind: Development, evolution, and brain bases* (pp. 19~41). Cambridge: Cambridge University Press.

Mendoza, S. A., Gollwitzer, P. M., & Amodio, D. M. (2010). Reducing the expression of implicit stereotypes: Reflexive control through implementation intentions. *Personality and Social Psychology Bulletin, 36,* 512~523.

Metcalfe, J. (1986). Feeling of knowing in memory and problem solving. *Journal of Experimental Psychology: Learning, Memory, and Cognition, 12,* 288~294.

Metcalfe, J., & Wiebe, D. (1987). Intuition in insight and noninsight problem solving. *Memory & Cognition, 15,* 238~246.

Miller, G. A., Galanter, E., & Pribram, K. A. (1960). *Plans and the structure of behavior.* New York: Holt, Rinehart, & Winston.

Miller, S. L., & Maner, J. K. (2010). Scent of a woman: Men's testosterone responses to olfactory ovulation cues. Psychological *Science, 21,* 276~283.

Miller, S. L., & Maner, J. K. (2011). Ovulation as a male mating prime: Subtle signs of women's fertility influence men's mating cognition and behavior. *Journal of Personality and Social Psychology, 100,* 295~308.

Milyavskaya, M., & Inzlicht, M. (in press). What's so great about self-control? Examining the importance of effortful self-control and temptation in predicting reallife depletion and goal attainment. *Social Psychological and Personality Science.*

Mischel, W. (2014). *The marshmallow test: Mastering self-control.* New York: Little, Brown.

Moore, T. E. (1982). Subliminal advertising: What you see is what you get. *Journal of Marketing, 46,* 38~47.

Moray, N. (1959). Attention in dichotic listening: Affective cues and the influence of instructions. *Quarterly Journal of Experimental Psychology, 11,* 56~60.

Morewedge, C. K., & Norton, M. I. (2009). When dreaming is believing: The (motivated) interpretation of dreams. *Journal of Personality and Social Psychology, 96,* 249~264.

Morewedge, C. K., Giblin, C. E., & Norton, M. I. (2014). The (perceived) meaning of spontaneous thoughts. *Journal of Experimental Psychology: General, 143*, 1742~1754.

Morewedge, C. K., & Kahneman, D. (2010). Associative processes in intuitive judgment. *Trends in Cognitive Sciences, 14*, 435~440.

Morsella, E., Ben-Zeev, A., Lanska, M., & Bargh, J. A. (2010). The spontaneous thoughts of the night: How future tasks breed intrusive cognitions. *Social Cognition, 28*, 640~649.

Myers, F. W. H. (1892). The subliminal consciousness. *Proceedings of the Society for Psychical Research, 7*:298~355, 8:333~404, 436~535.

Nail, P. R., McGregor, I., Drinkwater, A. E., Steele, G. M., & Thompson, A. W. (2009). Threat causes liberals to think like conservatives. *Journal of Experimental Social Psychology, 45*, 901~907.

Naimi, T. S., Ross, C. S., Siegel, M. B., deJong, W., & Jernigan, D. H. (2016). Amount of televised alcohol advertising exposure and the quantity of alcohol consumed by youth. *Journal of Studies on Alcohol and Drugs, 77*, 723~729.

Napier, J. L., Huang, J., Vonasch, A., & Bargh, J. A. (2017). Superheroes for change: Physical safety promotes social (but not economic) liberalism. *European Journal of Social Psychology*.

Neisser, U. (1963). The multiplicity of thought. *British Journal of Psychology, 54*, 1~14.

Nelson, L. D., & Norton, M. I. (2005). From student to superhero: Situational primes shape future helping. *Journal of Experimental Social Psychology, 41*, 423~430.

Neuberg, S. (1988). Behavioral implications of information presented outside of conscious awareness: The effect of subliminal presentation of trait information on behavior in the Prisoner's Dilemma Game. *Social Cognition, 6*, 207~230.

Nickerson, D. W., & Rogers, T. (2010). Do you have a voting plan? Implementation intentions, voter turnout, and organic plan making. *Psychological Science, 21*, 194~199.

Nisbett, R. E., & Wilson, T. D. (1977). Telling more than we can know: Verbal reports on mental processes. *Psychological Review, 84*, 231~259.

Nordgren, L. F., Bos, M. W., & Dijksterhuis, A. (2011). The best of both worlds: Integrating conscious and unconscious thought best solves complex decisions.

Journal of Experimental Social Psychology, 47, 509~511.

Nutt, A. E. (2016, October 19). Report: More than half of mentally ill U.S. adults get no treatment. *Washington Post,* online edition. Available at https://www. washingtonpost. com/news/to-your-health/wp/2016/10/19/report-more-than-halfof- mentally-ill-u-s-adults-get-no-treatment/?utm_term=.64aff6703167.

O'Doherty, J., Winston, J., Critchley, H., Perrett, D., Burt, D. M, & Dolan, R. J. (2003). Beauty in a smile: The role of medial orbitofrontal cortex in facial attractiveness. *Neuropsychologica, 41*, 147~155.

Olson, I. R., & Marshuetz, C. (2005). Facial attractiveness is appraised in a glance. *Emotion, 5*, 498~502.

Orbell, S., Hodgkins, S., & Sheeran, P. (1997). Implementation intentions and the theory of planned behavior. *Personality and Social Psychology Bulletin, 23*, 945~954.

Osgood, C. E. (1949). *The measurement of meaning.* Urbana, IL: University of Illinois Press.

Over, H., & Carpenter, M. (2009). Eighteen-month old infants show increased helping following priming with affiliation. *Psychological Science, 20*, 1189~1193.

Oxley, D. R., et al. (2008). Political attitudes vary with physiological traits. *Science, 321*, 1667~1670.

Papies, E. K., & Barsalou, L. W. (2015). Grounding desire and motivated behavior: A theoretical framework and empirical evidence. In W. Hofmann & L. F. Nordgren (Eds.), *The psychology of desire* (pp. 36~60). New York: Guilford.

Papies, E. K, & Hamstra, P. (2010). Goal priming and eating behavior: Enhancing self-regulation by environmental cues. *Health Psychology, 29*, 384~388.

Papies, E. K., Potjes, I., Keesman, M., Schwinghammer, S., & van Koningsbruggen, G. M. (2014). Using health primes to reduce unhealthy snack purchases among overweight consumers in a grocery store. *International Journal of Obesity, 38*, 597~602.

Papies, E. K., & Veling, H. (2013). Healthy dining: subtle diet reminders at the point of purchase increase low-calorie food choices among both chronic and current dieters. *Appetite, 61*, 1~7.

Parks-Stamm, E. J., Oettingen, G., & Gollwitzer, P. M. (2010). Making sense of one's actions in an explanatory vacuum: The interpretation of nonconscious goal striving. *Journal of Experimental Social Psychology, 46,* 531~542.

Pelham, B. W., Carvallo, M., DeHart, T., & Jones, J. T. (2003). Assessing the validity of implicit egotism: A reply to Gallucci (2003). *Journal of Personality and Social Psychology, 85,* 800~807.

Pelham, B., & Carvallo, M. (2015). When Tex and Tess Carpenter build houses in Texas: Moderators of implicit egotism. *Self and Identity, 14,* 692~723.

Penfield, W. (1961). Activation of the record of human experience. *Annual Reports of the College of Surgeons England, 29,* 77~84.

Perdue, C. W., Dovidio, J. F., Gurtman, M. B., & Tyler, R. B. (1990). Us and them: Social categorization and the process of intergroup bias. *Journal of Personality and Social Psychology, 59,* 475~486.

Perry, C., & Laurence, J.-R. (1984). Mental processing outside of awareness: The contributions of Freud and Janet. In K. S. Bowers & D. Meichenbaum (Eds.), *The unconscious reconsidered* (pp. 9~48). New York: Wiley.

Pessiglione, M., Schmidt, L., Draganski, B., Kalisch, R., Lau, H., Dolan, R., & Frith, C. (2007). How the brain translates money into force: A neuroimaging study of subliminal motivation. *Science, 316,* 904~906.

Phelps, E. A. (2009). Emotion's influence on attention and memory. In L. Squire, T. Albright, F. Bloom, F. Gage, & N. Spitzer (Eds.), *New encyclopedia of neuroscience* (pp. 941~946). Oxford, UK: Elsevier.

Phelps, E.A. (2012). Emotion and memory. In L. Nadel & W. Sinnott-Armstrong (Eds.), *Memory and law.* New York: Oxford University Press.

Pinker, S. (1994). *The language instinct.* New York: William Morrow.

Pinker, S. (2011). *The better angels of our nature: Why violence has declined.* New York: Viking.

Pratkanis, A. (1992). The cargo cult science of subliminal persuasion. *Skeptical Inquirer, 16,* 260~272.

Pronin, E. (2009). The introspection illusion. In M. P. Zanna (Ed.), *Advances in experimental social psychology, 41,* 1~67.

Pryor, J. B. (1987). Sexual harassment proclivities in men. *Sex Roles, 77,* 269~290.

Pulvermueller, F, & Fadiga, L. (2010). Active perception: Sensorimotor circuits as a cortical basis for language. *Nature Reviews: Neuroscience, 11,* 351~360.

Raichle, M. E., et al. (2001). A default mode of brain function. *Proceedings of the National Academy of Sciences USA, 98,* 676~682.

Raichle, M. E., & Mintun, M. A. (2006). Brain work and brain imaging. *Annual Review of Neuroscience, 29,* 449~476.

Raison, C. L., Hale, M. W., Williams, L. E., Wager, T. D., & Lowry, C. A. (2015). Somatic influences on subjective well-being and affective disorders: The convergence of thermosensory and central serotonergic systems. *Frontiers of Psychology, 5,* 1580.

Ratner, J. (Ed., 1927). *The philosophy of Spinoza—Selected from his chief works.* New York: Random House.

Reinhard, M.-A., Greifender, R., & Scharmach, M. (2013). Unconscious processes improve lie detection. *Journal of Personality and Social Psychology, 105,* 721~739.

Resnick, B. (2016, November 3). *The myth of self-control.* Vox.com. Available online at http://www.vox.com/science-and-health/2016/11/3/13486940/self-control-psychology-myth.

Rogers, T., & Milkman, K. L. (2016). Reminders through association. *Psychological Science, 27,* 973~986.

Rogers, T., Milkman, K. L., John, L. K., & Norton, M. I. (2015). Beyond good intentions: Prompting people to make plans improves follow-through on important tasks. *Behavioral Science & Policy, 1,* 33~41.

Roosevelt, F. D. (1933, March 4/1938). Inaugural address. In S. Rosenman (Ed.) (1938), *The public papers of Franklin D. Roosevelt* (Vol. 2, pp. 11~16). New York: Random House.

Rosenquist, J. N., Fowler, J. H., & Christakis, N. A. (2011). Social network determinants of depression. *Molecular Psychiatry, 16,* 273~281.

Rosenzweig, S. (1994). *The historic expedition to America (1909): Freud, Jung and Hall the king-maker.* St. Louis: Rana House.

Ross, M., & Sicoly, F. (1979). Egocentric biases in availability and attribution. *Journal of Personality and Social Psychology, 32,* 880~892.

Sadler-Smith, E. (2012). *Inside intuition.* New York: Routledge.

Schaefer, M., Charkasskiy, L., Denke, C., Spies, C., Heinz, A., Stroehle, A., Song, H., & Bargh, J. A. (2017). *Incidental haptic sensations influence judgment of crimes: Neural underpinnings of embodied cognitions.* Paper presented at the annual meetings of the Cognitive Neuroscience Society, San Francisco, March 2017.

Schaefer, M., Heinze, H.-J., & Rotte, M. (2014). Rough primes and rough conversations: Evidence for a modality-specific basis to mental metaphors. *Social Cognitive and Affective Neuroscience, 9*, 1653~1659.

Schaefer, M., Rotte, M., Heinze, H.-J., & Denke, C. (2015). Dirty deeds and dirty bodies: Embodiment of the Macbeth effect is mapped topographically onto the somatosensory cortex. *Scientific Reports, 5*, 1~11.

Schnall, S., Haidt, J., Clore, G. L., & Jordan, A. H. (2008). Disgust as embodied moral judgment. *Personality and Social Psychology Bulletin, 34*, 1096~1109.

Schneirla, T. C. (1959). An evolutionary and developmental theory of biphasic processes underlying approach and withdrawal. In M. R. Jones (Ed.), *Nebraska Symposium on Motivation* (pp. 1~42). Lincoln, NE: University of Nebraska Press.

Schwarz, N., & Clore, G. (1983). Mood, misattribution, and judgments of well-being: Informative and directive functions of affective states. *Journal of Personality and Social Psychology, 45*, 513~523.

Shalev, I., & Bargh, J. A. (2011). Use of priming-based interventions to facilitate psychological health: Commentary on Kazdin & Blase (2011). *Perspectives on Psychological Science, 6*, 488~492.

Shariff, A. F., Willard, A. K., Andersen, T., & Norenzayan, A. (2016). Religious priming: A meta-analysis with a focus on prosociality. *Personality and Social Psychology Review, 20*, 27~48.

Shaw, A., DeScioli, P., & Olson, K. R. (2012). Fairness versus favoritism in children. *Evolution in Human Behavior, 33*, 736~745.

Shaw, A., & Olson, K. R. (2012). Children discard a resource to avoid inequity. *Journal of Experimental Psychology: General, 141*, 382~395.

Sheeran, P., & Orbell, S. (1999). Implementation intentions and repeated behaviors: Augmenting the predictive validity of the theory of planned behavior. *European Journal of Social Psychology, 29*, 349~370.

Sherif, M., Harvey, O. J., White, B. J., Hood, W. R., & Sherif, C. W. (1954/1961). *Intergroup conflict and cooperation: The Robbers Cave experiment.* Manuscript available online at https://www.free-ebooks.net/ebook/Intergroup-Conflict-and-Cooperation-The-Robbers-Cave-Experiment/pdf?dl&preview.

Shook, N. J., & Clay, R. (2011). Valence asymmetry in attitude formation: A correlate of political ideology. *Social Psychological and Personality Science, 2*, 650~655.

Siegel, J. M. (2009). Sleep viewed as a state of adaptive inactivity. *Nature Reviews Neuroscience, 10*, 747~753.

Simmons, W. K., Martin, A., & Barsalou, L. W. (2005). Pictures of appetizing foods activate gustatory cortices for taste and reward. *Cerebral Cortex, 15*, 1602~1608.

Simpson, J. A., Collins, W. A., & Salvatore, J. E. (2011). The impact of early interpersonal experience on adult romantic relationship functioning: Recent findings from the Minnesota Longitudinal Study of Risk and Adaptation. *Current Directions in Psychological Science, 20*, 355~359.

Simpson, J. A., Collins, W. A., Salvatore, J. E., & Sung, S. (2014). The impact of early personal experience on adult romantic relationship functioning. In M. Mikulincer & P. R. Shaver (Eds.), *Mechanisms of social connection: From brain to group* (pp. 221~234). Washington, DC: American Psychological Association.

Simpson, J. A., Collins, W. A., Tran, S., & Haydon, K. C. (2007). Attachment and the experience and expression of emotions in adult romantic relationships: A developmental perspective. *Journal of Personality and Social Psychology, 92*, 355~367.

Singal, J. (2017). Psychology's racism measuring tool isn't up to the job [Blog post]. Retrieved from http://nymag.com/scienceofus/2017/01/psychologys-racism-measuring-tool-isnt-up-to-the-job.html.

Skinner, B. F. (1971). *Beyond freedom and dignity.* New York: Knopf.

Skitka, L. J., Mullen, E., Griffin, T., Hutchinson, S., & Chamberlin, B. (2002). Dispositions, ideological scripts, or motivated correction? Understanding ideological differences in attributions for social problems. *Journal of Personality and Social Psychology, 83*, 470~487.

Slater, A., Bremner, G., Johnson, S. P., Sherwood, P., Hayes, R., & Brown, E. (2000). Newborn infants' preference for attractive faces: The role of internal and external facial features. *Infancy, 1*, 265~274.

Slepian, M. L., Young, S. G., Rule, N. O., Weisbuch, M., & Ambady, N. (2012). Embodied impression formation: Trust judgments and motor cues to approach and avoidance. *Social Cognition, 30*, 232~240.

Slotter, E. B., & Gardner, W. L. (2010). Can you help me become the "me" I want to be? The role of goal pursuit in friendship formation. *Self and Identity, 10,* 231~247.

Snyder, P. J., Kaufman, R., Harrison, J., & Maruff, P. (2010). Charles Darwin's emotional expression "experiment" and his contribution to modern neuropharmacology. *Journal of the History of the Neurosciences, 19,* 158~170.

Snyder, M., Tanke, E. D., & Berscheid, E. (1977). Social perception and interpersonal behavior: On the self-fulfilling nature of social stereotypes. *Journal of Personality and Social Psychology, 35,* 656~666.

Solarz, A. (1960). Latency of instrumental responses as a function of compatibility with the meaning of eliciting verbal signs. *Journal of Experimental Psychology, 59,* 239~245.

Sommers, S. R. (2006). On racial diversity and group decision-making: Identifying multiple effects of racial composition on jury deliberations. *Journal of Personality and Social Psychology, 90,* 597~612.

Sperling, G. (1960). The information available in brief visual presentations. *Psychological Monographs: General and Applied, 74,* 1~29.

Steele, C. M., & Aronson, J. (1995). Stereotype threat and the intellectual test performance of African Americans. *Journal of Personality and Social Psychology, 69,* 797~811.

Stewart, B. D., & Payne, B. K. (2008). Bringing automatic stereotyping under control: Implementation intentions as efficient means of thought control. *Personality and Social Psychology Bulletin, 34,* 1332~1345.

Stickgold, R., Malia, A., Maguire, D., Roddenberry, D., & O'Connor, M. (2000, October 13). Replaying the game: Hypnagogic images in normal and amnesics. *Science, 290,* 350~353.

Stone, J., Lynch, C. I., Sjomeling, M., & Darley, J. M. (1999). Stereotype threat effects on Black and White athletic performance. *Journal of Personality and Social Psychology, 77,* 1213~1227.

Storey, S., & Workman, L. (2013). The effects of temperature priming on cooperatio in the iterated prisoner's dilemma. *Evolutionary Psychology, 11,* 52~67.

Stroop, J. R. (1935). Studies of interference in serial verbal reactions. *Journal of Experimental Psychology, 18,* 643~662.

Tajfel, H., Billig, M. G., Bundy, R. P., & Flament, C. (1971). Social categorization and intergroup behavior. *European Journal of Social Psychology, 1*, 149~177.

Tang, Y.-Y., Tang, R., & Posner, M. I. (2013). Brief meditation training induces smoking reduction. *Proceedings of the National Academy of Sciences, 110*, 13971~13975.

Tangney, J. P., Baumeister, R. F., & Boone, A. L. (2004). High self-control predicts good adjustment, less pathology, better grades, and interpersonal success. *Journal of Personality, 72*, 271~324.

Todorov, A., Mandisodza, A. N., Goren, A., & Hall, C. C. (2005). Inferences of competence from faces predict election outcomes. *Science, 308*, 1623~1626.

Tooby, J., & Cosmides, L. (1990). The past explains the present: Emotional adaptations and the structure of ancestral environments. *Ethology and Sociobiology, 11*, 375~424.

Tooby, J., & Cosmides, L. (2005). Conceptual foundations of evolutionary psychology. In D. Buss (Ed.), *The handbook of evolutionary psychology* (pp. 5~67). Hoboken, NJ: Wiley.

Troisi, J. D., & Gabriel, S. (2011). Chicken soup really is good for the soul: "Comfort food" fulfills the need to belong. *Psychological Science, 22*, 747~753.

Tuchman, B. (1962). *The guns of August*. New York: Random House.

Turk-Browne, N. B., Jungé, J. A., & Scholl, B. J. (2005). The automaticity of visual statistical learning. *Journal of Experimental Psychology: General, 134*, 552~564.

Turk-Browne, N. B., Scholl, B. J., Chun, M. M., & Johnson, M. K. (2009). Neural evidence of statistical learning: Efficient detection of visual regularities without awareness. *Journal of Cognitive Neuroscience, 21*, 1934~1945.

Turk-Browne, N. B., Scholl, B. J., Johnson, M. K., & Chun, M. M. (2010). Implicit perceptual anticipation triggered by statistical learning. *Journal of Neuroscience, 30*, 11177~11187.

Tversky, A., & Kahneman, D. (1974). Judgment under uncertainty: Heuristics and biases. *Science, 184*, 1124~1131.

Uhlmann, E. L., Poehlman, T. A., & Bargh, J. A. (2009). American moral exceptionalism. In J. Jost, A. Kay, & H. Thorisdottir (Eds.), *Social and psychological bases of ideology and system justification* (pp. 27~52). New York: Oxford.

U.S. Department of Defense. (2013). 2012 *workplace and gender relations survey of active duty members*. (Note No. 2013~007). Washington, D. C.: Retrieved from http://www.sapr.mil/public/docs/research/2012_Workplace_and_Gender_Relations_Survey_of_Active_Duty_Members-Survey_Note_and_Briefing.pdf.

Van Baaren, R. B., Holland, R. W., Steenaert, B., & van Knippenberg, A. (2003). Mimicry for money: Behavioral consequences of imitation. *Journal of Experimental Social Psychology, 39*, 393~398.

Van Bavel, J. J., & Cunningham, W. A. (2009). Self-categorization with a novel mixedrace group moderates automatic social and racial biases. *Personality and Social Psychology Bulletin, 35*, 321~335.

Van Koningsbruggen, G. M., Stroebe, W., Papies, E. K., & Aarts, H. (2011). Implementation intentions as goal primes: Boosting self-control in tempting environments. *European Journal of Social Psychology, 41*, 551~557.

Von Hartmann, E. (1884/1931). *Philosophy of the unconscious—Speculative results according to the inductive method of physical science*. Translated by W. C. Coupland (based on the 9th German edition of 1884). New York: Harcourt, Brace.

Vygotsky, L. S. (1934/1962). *Thought and language* (E. Hanfmann & G. Vakar, Trans.). Cambridge, MA: MIT Press. (Original work published 1934.)

Wallace, K. (2016, September 9). The more alcohol ads kids see, the more alcohol they consume. CNN. http://www.cnn.com/2016/09/07/health/kids-alcohol-ads-impact- underage-drinking/index.html.

Walton, G., Cohen, G., Cwir, D., & Spencer, S. J. (2012). Mere belonging: The power of social connections. *Journal of Personality and Social Psychology, 102*, 513~532.

Wang, Y. C., McPherson, K., Marsh, T., Gortmaker, S. L, & Brown, M. (2011, August 27). Health and economic burden of the projected obesity trends in the USA and the UK. *Lancet, 378*, 815~825.

Watson, J. B. (1913). Psychology as the behaviorist views it. *Psychological Review, 20*, 158~177.

Wegner, D. M. (1994). Ironic processes of mental control. *Psychological Review, 101*, 34~52.

Weingarten, E., Chen, Q., McAdams, M., Yi , J., Hepler, J., & Albarracin, D.

(2016). From primed concepts to action: A meta-analysis of the behavioral effects of incidentally-presented words. *Psychological Bulletin, 142*, 472~497.

Wiers, R. W., Eberl, C., Rinck, M., Becker, E., & Lindenmeyer, J. (2011). Re-training automatic action tendencies changes alcoholic patients' approach bias for alcohol and improves treatment outcome. *Psychological Science, 22*, 490~497.

Weisbuch, M., Pauker, K., & Ambady, N. (2009). The subtle transmission of race bias via televised nonverbal behavior. *Science, 326*, 1711~1714.

Welsh, D. T., & Ordonez, L. D. (2014). Conscience without cognition: The effects of subconscious priming on ethical behavior. *Academy of Management Journal, 57*, 723~742.

Whyte, L. L. (1960). *The unconscious before Freud.* New York: Basic Books.

Wicklund, R. A., & Gollwitzer, P. M. (1982). *Symbolic self-completion theory.* Hillsdale, NJ: Erlbaum.

Wieber, F., Gollwitzer, P. M., & Sheeran, P. (2014). Strategic regulation of mimicry effects by implementation intentions. *Journal of Experimental Social Psychology, 53*, 31~39.

Williams, K. D., & Jarvis, B. (2006). Cyberball: A program for use in research on interpersonal ostracism and acceptance. *Behavioral Research Methods, 38*, 174~180.

Williams, L. E., & Bargh, J. A. (2008). Experiencing physical warmth influences interpersonal warmth. *Science, 322*, 606~607.

Williams, L. E., & Poehlman, T. A. (2017). Conceptualizing consciousness in consumer research. *Journal of Consumer Research.* Digitally published August 2016. doi: 10.1093/jcr/ucw043.

Williams, M. J., Gruenfeld, D. H., & Guillory, L. E. (2016, in press). Sexual aggression when power is new: The effects of acute high power on chronically low-power individuals. *Journal of Personality and Social Psychology.*

Willis, J., & Todorov, A. (2006). First impressions: Making up your mind after 100 ms exposure to a face. *Psychological Science, 17*, 592~598.

Wilson, T. D. (2002). *Strangers to Ourselves: Discovering the Adaptive Unconscious.* Cambridge, MA: Harvard University Press.

Wilson, T. D., & Brekke, N. (1994). Mental contamination and mental correction: Unwanted influences on judgments and evaluations. *Psychological Bulletin, 116*, 117~142.

Wilson, T. D., & Schooler, J. W. (1991). Thinking too much: Introspection can reduce the quality of preferences and decisions. *Journal of Personality and Social Psychology, 60*, 181~192.

Wiltermuth, S. S., & Heath, C. (2009). Synchrony and cooperation. *Psychological Science, 20*, 1~5.

Wolf, S. (1994). *Freedom within reason.* New York: Oxford University Press.

Wood, W., & Ruenger, D. (2016). Psychology of habit. *Annual Review of Psychology, 67*, 280~314.

Xu, A. J., Schwarz, N., & Wyer Jr., R. S. (2015). Hunger promotes acquisition of nonfood objects. *Proceedings of the National Academy of Sciences, 112*, 2688~2692.

Zajonc, R. B. (1968). The attitudinal effects of mere exposure. *Journal of Personality and Social Psychology, 9*, Monograph Supplement 2, part 2, pp. 1~27.

Zajonc, R. B. (1980). Feeling and thinking: Preferences need no inferences. *American Psychologist, 35*, 151~175.

Zajonc, R. B., Adelmann, P. K., Murphy, S. T., & Niedenthal, P. M. (1987). Convergence in the physical appearance of spouses. *Motivation and Emotion, 11*, 335~346.

Zaval, L., Keenan, E. A., Johnson, E. J., & Weber, E. U. (2014). How warm days increase belief in global warming. *Nature: Climate Change, 4*, 143~147.

Zdaniuk, A., & Bobocel, D. R. (2013). The automatic activation of (un)fairness behavior in organizations. *Human Resource and Management Review, 23*, 254~265.

Zebrowitz, L., & Montepare, J. (2015). Faces and first impressions. In G. Borgida & J. Bargh (Eds.), *Handbook of Personality and Social Psychology* (Vol. 1, Attitudes and Social Cognition). Washington, DC: American Psychological Association.

Zhong, C.-B., & DeVoe, S. E. (2010). You are how you eat: Fast food and impatience. *Psychological Science, 21*, 619~622.

Zhong, C.-B., & Leonardelli, G. J. (2008). Cold and lonely: Does social exclusion literally feel cold? *Psychological Science, 19*, 838~842.

Zhong, C.-B., & Liljenquist, K. (2006). Washing away your sins: Threatened morality and physical cleansing. *Science, 313*, 1451~1452.

Zillmann, D., Johnson, R. C., & Day, K. D. (1974). Attribution of apparent arousal and proficiency of recovery from sympathetic activation affecting excitation transfer to aggressive behavior. *Journal of Experimental Social Psychology, 10*, 503~515.

우리가 모르는 사이에

1판 1쇄 발행   2019년 5월 3일
1판 3쇄 발행   2019년 7월 22일

지은이   존 바그
옮긴이   문희경
펴낸이   고병욱

기획편집실장 김성수 **책임편집** 윤현주 **기획편집** 박혜정 장지연
마케팅 이일권 송만석 현나래 김재욱 김은지 이애주 오정민
디자인 공희 진미나 백은주 **외서기획** 이슬
제작 김기창 **관리** 주동은 조재언 **총무** 문준기 노재경 송민진 우근영

펴낸곳   청림출판(주)
등록   제1989-000026호

본사   06048 서울시 강남구 도산대로 38길 11 청림출판(주) (논현동 63)
제2사옥   10881 경기도 파주시 회동길 173 청림아트스페이스 (문발동 518-6)
전화   02-546-4341 **팩스** 02-546-8053
홈페이지   www.chungrim.com
이메일   cr1@chungrim.com
블로그   blog.naver.com/chungrimpub
페이스북   www.facebook.com/chungrimpub

ISBN   978-89-352-1276-7 03180

BEFORE YOU KNOW IT